기독교문서선교회 (Christian Literature Center: 약칭 CLC)는 1941년 영국 콜체스터에서 켄 아담스에 의해 시작되었으며 국제 본부는 미국 필라델피아에 있습니다.
국제 CLC는 약 650여 명의 선교사들이 59개 나라에서 180개의 서점을 운영하며 이동 도서 차량 40대를 이용하여 문서 보급에 힘쓰고 있으며 이메일 주문을 통해 130여 국으로 책을 공급하고 있는 국제적 문서선교 기관입니다.

개혁주의 설교학의 쟁점들

Reformed Homiletical Issues
Written by Lee, SeungJin
All rights reserved.
Korean Edition Copyright © 2024 by Christian Literature Center, Seoul, Korea.

개혁주의 설교학의 쟁점들

2024년 09월 30일 초판 발행

지은이 | 이승진

편　　집 | 이신영
디 자 인 | 이보래
펴 낸 곳 | (사)기독교문서선교회
등　　록 | 제16-25호(1980.1.18.)
주　　소 | 서울특별시 동대문구 천호대로71길 39
전　　화 | 02-586-8761~3(본사) 031-942-8761(영업부)
팩　　스 | 02-523-0131(본사) 031-942-8763(영업부)
이 메 일 | clckor@gmail.com
홈페이지 | www.clcbook.com
송금계좌 | 기업은행 073-000308-04-020(사)기독교문서선교회
일련번호 | 2024-107

ISBN 978-89-341-2740-6(93230)

이 한국어판 출판권은 (사)기독교문서선교회가 소유합니다.
신저작권법에 의하여 한국 내에서 보호를 받는 저작물이므로 무단 전재와 무단 복제를 금합니다.

개혁주의 설교학의 쟁점들

이승진 지음

CLC

목차

머리말　　　　　　　　　　　　　　　　　　　　　　　008

제1장　성령 하나님과 설교자의 설교학적인 상호 관계

1. 들어가는 말　　　　　　　　　　　　　　　　　　011
2. 구속사적인 중첩을 통한 양자 간의 연합　　　　　　017
3. 성령의 나타남과 능력(고전 2:4-5)　　　　　　　　021
4. 성령의 조명을 통한 인간 설교자와의 연합　　　　　027
5. 설교의 효과수반발화를 위한 성령의 필수적인 역할　031
6. 성령과 연합한 진정성 있는 설교자　　　　　　　　　034
7. 나가는 말　　　　　　　　　　　　　　　　　　　038

제2장　언약신학과 설교

1. 들어가는 말　　　　　　　　　　　　　　　　　　040
2. 문제 제기　　　　　　　　　　　　　　　　　　　041
3. 율법주의 설교와 새 관점 논쟁　　　　　　　　　　046
4. 초월과 내재를 연결하는 개혁파 언약신학　　　　　051
5. 언약 갱신 설교의 구성 요소들　　　　　　　　　　057
6. 언약 갱신을 위한 설교　　　　　　　　　　　　　066
7. 나가는 말　　　　　　　　　　　　　　　　　　　078

제3장 칭의론에 관한 설교학적인 문법

1. 들어가는 말 …… 080
2. 신인 협력설을 부추기는 설교의 문제점 …… 085
3. 기독교의 세속화와 사사화 …… 091
4. 효과수반발화행위를 추구하는 설교학적인 문법 …… 095
5. 구속사에 기초한 설교학적인 인간론 …… 098
6. 개혁주의 칭의론에 관한 설교학적인 문법 …… 103
7. 나가는 말 …… 111

제4장 칼빈의 교회 개혁과 설교

1. 들어가는 말 …… 113
2. 칼빈의 교회관 …… 114
3. 말씀을 통한 교회 개혁 …… 122
4. 교회 개혁과 설교 전략 …… 127
5. 권징을 통한 교회 개혁 …… 137
6. 결론 …… 142

제5장 도르트 신경과 교리 강설

1. 들어가는 말 …… 143
2. 교리 강해 설교에 관한 선행연구들 …… 145
3. 도르트 신경의 목회적인 목적과 이를 위한 수사적인 형식 …… 150
4. 교리 강설을 위한 청중 이해 …… 162
5. 도르트 신경에 관한 교리 강해 설교의 방법 …… 166
6. 도르트 신경에 관한 교리 강설의 개요 …… 169
7. 나가는 말 …… 202

제6장 청교도 설교의 유산과 적실성

1. 들어가는 말 · 204
2. 21세기 한국 교회의 기현설적인 설교와 신앙의 사사화 · 207
3. 뉴잉글랜드의 새로운 환경과 교회 언약에 근거한 말씀 사역 · 213
4. 뉴잉글랜드 청교도의 결의론과 실천적 삼단 논법 · 220
5. 21세기 한국 교회를 위한 청교도 설교의 적실성 · 230
6. 나가는 말 · 236

제7장 대재앙에 대한 신정론 관점의 설교 연구

1. 들어가는 말 · 238
2. 펴는 글 · 244
3. 고난에 대한 목회적인 대응과 신정론 · 249
4. 대재앙에 대한 라이프니츠의 신정론 · 257
5. 레비나스의 타자 지향적인 책임 윤리 · 264
6. 대재앙에 관한 설교 전략 · 270
7. 나가는 말 · 277

제8장 신자의 고난에 관한 설교 전략: 욥기에 관한 틀 의미론 해석을 중심으로

1. 들어가는 말 · 279
2. 언약 관계 안에서 고난 설교의 목적과 언어 수단 · 281
3. 고난의 의미를 합리적으로 설명하려는 시도 · 282
4. 틀 의미론과 욥기 해석 · 291
5. 신자의 고난에 관한 설교 전략 · 302
6. 나가는 말 · 304

제9장 반전의 깨달음을 통한 섬김의 내러티브를 만들어내는 설교

1. 들어가는 말	306
2. 영적인 친교를 방해하는 설교	309
3. 동일성의 철학과 비인격적인 물화	331
4. 설교자와 청중: 이타적인 자아	337
5. 오스틴의 화행론과 영적인 변화를 끌어내는 설교	353
6. 반전의 깨달음과 설교 형식	357
7. 나가는 말	372

제10장 미디어 생태계의 변동에 따른 기독교 설교의 소통 전략

1. 들어가는 말	374
2. 연구방법론과 선행 연구	377
3. 기독교 미디어에 관한 신학적인 이해	380
4. 발터 벤야민의 언어 철학과 미디어	388
5. 하나님의 영광을 소통하는 언어와 인간의 감각	390
6. 하나님의 말씀을 소통하는 목회 사역의 미디어	395
7. 미디어 생태계 변동과 기독교 설교의 소통 전략	397
8. 나가는 말	406

머리말

인류 문명은 비약적인 발전을 거듭하고 있다. 21세기에 이르러 등장한 인공지능은 인간 지성의 최고 걸작품이다. 이런 의미에서 볼 때, 인류 문명의 원동력은 생각할 줄 아는 인간의 지성에 있다.

인류 문명이 사상의 역사라면, 사상의 역사를 주도하는 원동력은 어디에 있을까?

인류 역사가 심각한 위기에 봉착했을 때, 혜성같이 등장했던 천재들은 획기적인 발상의 전환을 제공하여 심각한 위기를 타개하고 새로운 도약을 이끌어 냈다.

개혁주의 신학의 관점에서 볼 때, 수많은 천재의 획기적인 발상의 전환은 성령 하나님의 일반계시 차원의 조명(enlightenment)이 선행한 덕분이라고 할 수 있다. 인류 지성의 발전, 또는 철학의 역사를 추동하는 강력한 힘은 천재적인 통찰에 앞서 선행하는 하나님의 계시 말씀에 있다.

개혁주의 설교학의 관점에서 볼 때, 하나님의 계시 말씀을 선포하는 설교단은 교회가 하나님의 말씀에 순종할지 여부를 결정짓는 시금석이라고 해도 과언이 아니다.

교회 강단에서 얼마나 올바르게 하나님의 말씀이 선포되는가 그렇지 않은 가에 따라 교회가 부흥하기도 하고 쇠락하기도 한다.

설교단에서 하나님의 계시가 올바로 선포될 때, 교회는 부흥하고 그를 통해 세상은 인류가 직면한 파멸의 위기를 극복해 왔다.

하지만, 21세기 인공지능(AI, Artificial Intelligence) 로봇을 만들어낸 인류 문명은 기독교 교회 전반에 그리고 설교학의 관점에서는 예수 그리스도의 절대주권을 따르는 개혁주의 설교학에 심각한 도전장을 던지고 있다.

설교를 잘한다는 것은 무슨 뜻일까?

이것은 설교학의 전통적인 쟁점 중의 하나였다.

하지만, 챗GPT에 성경적인 설교문을 주문하면 1분 안에, 때로는 10초 안에 원하는 설교문을 얻을 수 있는 시대가 되었다. 인공지능과 챗GPT의 등장으로 성경적인 설교를 판별하는 기준 자체가 달라졌다.

이런 상황에서 설교자가 성령 충만한 가운데 설교를 올바로 선포한다는 말의 의미는 과연 무엇일까?

인류 문명이 비약적으로 발전을 거듭하는 시대에 필자는 고전적인 느낌을 주는 개혁주의 설교학의 몇 가지 쟁점에 관한 설교자들의 심각한 고민과 반성(reflection)을 요청하고자 한다.

"성령 하나님과 설교자의 설교학적인 상호 관계"는 제목 그대로 성령 하나님과 설교자의 설교학적인 상호 관계에 관한 질문에 대하여 개혁주의 설교학의 관점에서 한 가지 해답을 모색하였다. 이 외에도 "언약신학과 설교", "칭의론에 관한 설교학적인 문법", "칼빈의 교회 개혁과 설교", "도르트 신경과 교리 강설", "청교도 설교의 유산과 적실성" 등의 논문은 삼위 하나님의 최고 특별 계시의 정점인 예수 그리스도의 절대주권적인 구속에 관한 선포로서의 설교와 관련된 신학적인 쟁점들을 다루었다.

필자가 그동안 몇몇 학술지(「신학정론」, 「복음과 실천신학」, 「성경과 신학」)에 기고했거나 세미나에서 구두 발표했던 소논문들을 『개혁주의 설교학의 쟁점들』이란 제하로 묶어서 출간한다.

이 책을 통해서 현대 개혁주의 설교학의 영역에서 중요한 쟁점으로 부상하는 주제들과 쟁점들에 대한 개혁주의 설교학의 통찰을 습득할 수 있기를 기대한다.

제1장

성령 하나님과 설교자의 설교학적인 상호 관계

1. 들어가는 말

개혁주의 설교의 전통을 형성하는 중요한 설교신학적인 신앙고백은 다음과 같다.

> 하나님의 말씀에 관한 선포로서의 "설교는 곧 하나님의 말씀 그 자체"(*Praedicatio verbi Dei est verbum Dei*)다.[1]

계시된 하나님의 말씀인 예수 그리스도와 성경에 관한 인간 설교자의 해설과 선포는 단순한 교리적인 강의나 본문 해설의 차원에 머무르지 않는다. 설교는 구속하시는 하나님의 임재 사건이요, 하나님의 말씀이 선포이며, 하나님과 신자 간의 영적인 만남의 사건이다. 인간 설교자가 강단에서 성경 본문의 영적 권위와 토대에 근거하여 하나님의 말씀을 선포할 때, 그 설교 메시지는 사람의 웅변이나 연설의 차원에 머무르지 않고 온 세상 사람들을 향한 삼위 하나님의 임재 사건, 하나님의 말씀이 선포되는 말씀 사건(Word-

---

[1] 스위스의 종교개혁자 Henry Bullinger가 작성한 제2차 스위스 신앙고백서(The Second Helvetic Confession of 1566)의 1장 1절. Cf. Gottfried W. Locher, *Zwingli's Thought: New Perspectives*(Netherlands: E. J. Brill, 1981), 277-302.; Arthur C. Cochrane ed. *Reformed Confessions of the 16th Century*(Louisville: Westminster John Knox Press, 2003), 220-302.

Event)이 된다.

거룩하신 하나님 앞에서 인간 설교자의 죄성의 한계와 하나님 말씀 선포의 불가능성을 제대로 인정하는 설교자라면, 강단에서 선포된 설교가 하나님의 말씀 사건이 되도록 하는 필수적인 전제 조건을 확보해야 한다.

왜냐하면, 예수 그리스도는 항상 하나님의 말씀이시지만, 강단에서 특정 설교자의 입을 통하여 선포되는 모든 설교 메시지가 반드시 하나님의 말씀으로 들리는 것은 아니기 때문이다. 어떤 설교 메시지가 어떤 신자에게는 하나님의 말씀으로 설득력을 발휘하지 못할 때가 있다. 그런 설교 때문에 하나님의 말씀을 기대했던 신자들은 실망하기도 하고, 교회를 떠나기도 한다.

인간 설교자를 통해 선포된 설교 메시지가 사람의 말이 아니라 하나님의 말씀으로 변화할 수 있는 근거는 무엇인가?
성령 하나님은 설교자의 설교 메시지 선포 가운데 어떻게 임재하시고, 어떻게 인간 설교자와 동역하시는가?
설교에서 인간 설교자의 역할은 무엇이고, 또 보이지 않는 성령 하나님이 설교에서 설교자와 함께 역사하는 방식이나 증거는 무엇인가?
설교자의 음성과 성령 하나님의 음성이 언제 어떻게 충돌하는가, 혹은 어떻게 조화를 이룰 수 있는가?

설교가 단지 인간 설교자의 연설이나 강연의 차원에 머무르지 않고, 하나님의 임재 사건이요 하나님의 말씀 선포 사건이 될 수 있는 결정적인 이유는 설교에 성령 하나님이 함께 감화 감동으로 일(역사)하시기 때문이다. 특히, 설교에서 설교자와 청중 모두에게 선포되는 말씀에 진리의 빛을 비춰 주시고 이해하도록 감화 감동하시는 성령 하나님의 조명(illumination)이 동반되지 않는다면, 설교는 일반 연설이나 웅변과 다를 바가 하나도 없다.

따라서, 설교의 신비와 기적을 규명하는 설교학은 육신의 눈으로는 보이지 않지만, 분명히 역사하시는 성령 하나님과 설교자의 상호 관계 그리고 그 상호 관계 속에서 성령 하나님의 조명의 역할을 분명히 밝혀야 한다.

인간 설교자와 성령 하나님의 상호 관계가 설교에서나 설교학에서 매우 중요한 주제임에도 불구하고, '신설교학'(new homiletic)으로 대표되는 현대 설교학은 설교에서 성령의 역사에 관하여 충분한 관심을 쏟지 못했다.

사우스이스턴침례신학교(Southeastern Seminary)의 설교학 교수인 그렉 하이슬러(Greg Heisler)는 자신이 예전에 수강한 설교학 강의로부터 성경 본문을 분석하고 주해하는 방법에 대해서는 충분히 배웠다 해도, 어떻게 성령 하나님이 설교자의 심령을 깨뜨리는가에 관해서 그리고 설교학의 성령에 관해서는 제대로 배우지 못했다고 토로한다.[2]

실제로 설교학의 고전에 해당하는 존 브로더스(John Broadus)의 『설교의 준비와 전달』(*On the Preparation and Delivery of Sermons*)은 설교에서 성령의 역할에 관하여 거의 다루지 않았다.[3] 1930년대 이후 60년대까지 영미권의 대부분 목회자가 설교학 교과서로 삼았던 앤드류 블랙우드(Andrew Blackwood)의 『성경적인 설교』(*Preaching from the Bible*)나 『설교 준비』(*The Preparation of Sermons*)도 설교에서의 성령의 역할을 거의 강조하지 않았다.[4]

1970년대 이후 영미권에서 설교에서 청중의 자율성을 강조하는 신 설교학이 등장할 때,[5] 이와 동시에 복음주의권에서도 강해 설교에 대한 새로운 관심과 아울러 설교에서 성령의 역할을 적극적으로 강조하기 시작하였다.

---

[2] Greg Heisler, *SPIRIT-LED Preaching*(Nashville: B & H Publishing, 2007), 11, 129.

[3] John A. Broadus, rev. by Vernon L. Stanfield, *On The Preparation and Delivery of Sermons*(New York: Harper & Brothers, 1926).

[4] Andrew W. Blackwood, *Preaching from the Bible*(New Yokr: Abingdon Press, 1941); *The preparation of sermons*(Nashville: Abingdon Press, c1948).

[5] 설교학자 리처드 에슬링거(Richard L Eslinger)는 연역식의 권위적인 논리를 강조하는 전통적인 설교학의 새로운 대안으로 등장한 신설교학의 여러 설교 방법론을 "코페르니쿠스의 혁명"(the Copernican Revolution in homiletics)에 비유한다. Richard L Eslinger, *A new hearing: living options in homiletic methods*(Nashville: Abingdon, 1987), 65; Richard L Eslinger, *The web of preaching: new options in homiletical method*(Nashville: Abingdon Press, 2002), 11.

일례로 도날드 밀러(Donald G. Miller)는 『성경적인 설교의 길』(*The Way to Biblical Preaching*)에서 성령을 성경 본문을 '살아 있는 실체'(a living reality)로 만드는 주역으로 언급하면서 '성령은 청중을 성경의 진리와 대면하게 하는 분'으로 소개하였다.[6]

또 마틴 로이드존스(Martyn Lloyd-Jones) 목사의 『설교와 설교자』(*Preaching and Preacher*)는 하나님의 말씀 선포로서의 설교를 구성하는 빛(진리)과 열기(성령 충만으로 인한 열정)를 강조하면서 설교에서 성령 하나님의 역할에 대한 균형 잡힌 시각을 강조하였다.[7]

독일의 저명한 설교학자 루돌프 보렌(Rudolf Bohren)은 신율론적인 상호 작용(theonomic reciprocity)의 관점에서 설교에서 성령 하나님과 인간 설교자의 상호 호혜적인 관계를 제시하였다.

이 외에도 데니스 킨로(Dennis F. Kinlaw)[8]나 스티븐 올포드(Stephen Olford)와 데이비드 올포드(David Olford)[9], 제리 바인스(Jerry Vines)와 짐 샤딕스(Jim Shaddix)[10] 그리고 그렉 하이슬러(Greg Heisler)[11]는 설교의 준비와 전달 과정에서 성령 하나님의 역할을 적극적으로 규명하였고, 제프리 크로츠(Jeffrey Crotts)[12]는 성령의 조명을 받는 설교와 관련하여 조명에 의한 정죄(condemnation), 소통(communication), 회심(conversion), 확신(conviction)의 네 가지로 구분되면서도

---

6   Donald G. Miller, *The Way to Biblical Preaching*(New York: Abingdon, 1957), 26.

7   D. Martyn Lloyd-Jones, *Preaching and preachers*(London: Hodder and Stoughton, 1971).

8   Dennis F. Kinlaw, *Preaching in the spirit*(Grand Rapids, Michigan: Zondervan, 1985).

9   Stephen F. Olford with David L. Olford, *Anointed expository preaching*(Nashville: Broadman & Holman Publishers, 1998).

10   Jerry Vines & Jim Shaddix, *Power in the pulpit: how to prepare and deliver expository sermons*(Chicago: Moody Press, 1999).

11   Greg Heisler, *SPIRIT-LED Preaching*(Nashville: B & H Publishing, 2007).

12   Jeffrey Crotts, *Illuminated Preaching: The Holy Spirit's vital role in unveiling His Word, the Bible*, 이승진 역, 『성령의 조명을 받는 설교』(서울: 성서유니온, 2011).

상호 연관성을 가진 조명의 결과들을 제시하였다.

이렇게 여러 복음주의적인 설교학 교과서들이 설교에서 성령의 역할에 관하여 신학적으로 유익한 통찰을 제시하고 있지만, 설교에서 성령 하나님과 인간 설교자의 독특하고 다차원적인 상호 관계에 대해서는 여전히 일부분의 주제에 집중할 뿐, 통합적인 차원에서 양자의 관계를 다루지 못하고 있다.[13]

즉, 설교자와 성령 하나님의 상호 관계에 관한 기존의 연구는 양자 사이의 다층위적인 상호 관계를 거시적으로 고려하지 못하고, 주로 성경 본문을 해석하는 과정에서 성령 하나님의 조명에 관한 교리적인 해설이나 설교 사건에서 성령 하나님의 강력한 역사를 위한 기도, 혹은 성령의 역사로 말미암은 열정적이고 자유로운 설교 전달 형식과 같이 일부분만을 다루는 차원에 머물러 있다.

그러나 설교에서 인간 설교자와 성령 하나님의 상호 관계는 단순히 성령의 조명에 관한 교리로나 또는 설교에서 성령 하나님의 강력한 역사를 위한 기도와 같은 단편적인 사항으로 충분히 규명되기에는 너무나도 거대하고 다층위적이며 복합적인 관계다.

설교를 대화의 관점에서 접근한다면 설교자와 성령 하나님 사이의 설교학적인 상호 관계는 먼저 설교자에게 내주하시는 성령 하나님의 사역에 관한 구속 역사적인 동기로부터 시작된다. 그다음 성경 본문과 설교자 간의 주해적이고 해석학적인 대화(hermeneutical dialogue)와 설교자와 청중의 설교적인 대화(sermonic dialogue) 그리고 설교자와 청중에게 하나님의 진리를 조명하시는 성령론적인 대화(pneumatological dialogue), 궁극적으로는 삼위일체 하나님과 신자들 간의 언약 갱신을 위한 종말론적인 대화(eschatological dialogue)를

---

13 Scott Pace에 의하면, "복음주의자들은 설교에서 성령에 관한 주제와 그분의 역할을 충분히 심도 있게 논의하지 못하고 있다." Scott Pace, *Hermeneutics and Homiletics: A Case for the Necessity and Nature of Contextual-Theological Application in the Expository Sermon*(Ph.D Diss. Southeastern Baptist Theological Seminary, 2007), 144.

모두 다뤄야 한다.[14]

따라서, 설교에서 설교자와 성령의 상호 관계를 통전적으로 이해하려면, 구속사적인 패러다임과 아울러 성경 해석을 통한 설교자와 회중의 대화 그리고 그 과정에서 성령 하나님의 조명을 통한 설교자와 성령의 상호 관계를 전체적으로 고찰해야 한다.

본서에서 필자는 설교에서 성령 하나님과 인간 설교자 사이의 설교학적이고 성령론적인 상호 관계의 출발점을 예수 그리스도의 십자가 죽음과 부활, 그리스도의 대위임명령 그리고 오순절 성령 강림으로 말미암은 구속사적인 연합의 패러다임에서 규명하고자 한다.

이어서 성령과 설교자 사이의 구속사적인 연합의 형식으로서 설교에서의 성령의 나타남과 능력(고전 2:4-5)에 관하여 살펴보고, 설교자와 성령의 상호 연합의 방식으로서 성령의 조명에 관한 칼빈의 견해를 순차적으로 고찰할 것이다.

마지막으로 성령과 설교자 사이의 구속사적인 연합의 목표로 화용론의 관점에서 성경 본문에 담긴 성령의 의도에 관하여 논의하고자 한다.

이러한 논의에 근거하여 설교에서 성령 하나님과 인간 설교자의 바람직한 설교학적인 상호 관계를 좀더 포괄적으로 논의할 수 있는 설교학적인 토대를 제시하고자 한다.

---

14 Greg Heisler는 설교를 성령과 설교자 그리고 회중 사이의 삼자 간의 대화(trialogue, a three-way conversation)로 이해한다. 한편, 남아프리카공화국의 설교학자 Johan Cilliers는 설교의 다차원성을 살아 계신 하나님의 음성과 성경 본문의 음성, 설교자의 음성 그리고 회중의 음성의 네 가지 음성들의 조화 관점에서 이해하면서, 설교에 역사하는 성령 하나님에 의하여 이상의 네 가지 음성이 설교 사건에서 고유한 하나님의 음성으로 통합되기 때문에 설교의 비밀은 결국 성령론적인 신비(a pneumatological mystery)라고 주장한다. Johan Cilliers, *The Living Voice of the Gospel: Revisiting the basic principles of preaching*(Stellenbosch, SUN Press, 2004), 22-28.

2. 구속사적인 중첩을 통한 양자 간의 연합

하나님의 말씀 선포로서의 설교 사건에서 성령 하나님과 인간 설교자가 상호 관계를 맺고 연합할 수 있는 신학적인 토대는 무엇일까?

계시가 종결된 이후 교회의 역사에서 또는 오늘날 설교자들이나 목회자들이 말씀을 조명하시는 성령 하나님의 사역 속에서 하나님의 말씀을 선포할 수 있는 신학적인 근거는 설교자 개인의 경건이나 능력이나 열심이 아니다. 이는 오직 하나님께서 자신의 주권적인 뜻을 따라서 그리스도의 은혜 안에서 자기 백성을 선택하시고 구원하셨기 때문이다.

> 하나님이 우리를 구원하사 거룩한 소명으로 부르심은 우리의 행위대로 하심이 아니요 오직 자기의 뜻과 영원 전부터 그리스도 예수 안에서 우리에게 주신 은혜대로 하심이라(딤후 1:9).

예수 그리스도의 은혜 안에서 성령 하나님이 인간 설교자와 서로 연합하고 협력한다는 의미는 구속 역사 속에서 연속성과 불연속성의 이중적인 측면으로 나누어 생각해 볼 수 있다.

먼저 연속성의 측면에서 볼 때, 하나님의 천지 창조 사건으로부터 그리스도의 재림사건으로 진행되는 거대한 하나님의 구속 역사 속에서 먼저 구약 시대에 성령 하나님은 선지자들이나 사도들과 같이 특정한 인물들을 선택하여 하나님의 말씀을 대언하도록 그들을 감화하셨다(민 24:1-4; 삼상 10:6-12; 대하 24:20; 겔 8:3). 이런 구속 역사적인 맥락에서 신약 시대 사도들도 성령 하나님의 감화 감동 속에서 하나님의 말씀을 선포하였다(행 10:19; 고전 2:13).

또 구약 시대 여러 선지자나 사도들이 성령 하나님의 역사 속에서 하나님의 말씀을 받아서 하나님의 백성에게 대언하였던 것과 마찬가지로, 이 시대 설교자들도 성령 하나님과 상호 관계를 맺고 성령 하나님의 조명 역사 속에서 하나님의 말씀을 대언한다.

어느 시대든 인간 설교자는 성령 하나님과 관계를 맺지 않고서 감히 하나님의 말씀을 선포할 수 없다.[15] 하지만, 이러한 연속성에도 불구하고 하나님의 말씀 선포라는 동일한 목적을 위해서 선지자들과 사도들을 감화 감동했던 성령 하나님의 개입 방식이나 계시적인 권위는 이 시대 설교자들에게 역사하시고 감화 감동하시는 성령 하나님의 개입 방식이나 계시적인 권위와 동일할 수 없다.

구약 시대나 성경이 정경으로 완성되기 이전 사도들이 복음 전도를 위하여 활동하던 당시에, 이들과 이들의 메시지를 듣던 청중을 감화 감동했던 성령 하나님은 잠정적이고 선별적인 차원에서 계시적인 권위가 있는 구체적인 표징들을 통하여 역사하셨다.[16] 하지만, 성령 하나님이 계시적인 권위를 가지고 아주 구체적인 임재의 표징을 가지고 인간 설교자에게 찾아오는 방식은 계시의 종결과 함께 종료되었다.

그러므로 오늘날 설교자들이 나름대로 독특한 방식으로 소명을 받고 또 설교를 준비하는 과정에서 성령 충만을 경험할 수 있지만, 그런 방식이나 징후는 성경에 등장하는 선지자나 사도들과 동일한 계시적인 권위나 절대성을 갖지 않는다. 아울러 모든 설교자가 그런 방식과 전철을 그대로 따라야 하는 필연성이 있는 것도 아니고, 설령 그런 방식이나 징후를 경험한다고 해서 그것이 성령 하나님의 역사를 보증하는 근거가 되는 것도 아니다.

구속 역사에서 구약 시대와 신약 시대 이후 교회 시대에 성령 하나님과 인간 설교자 간의 구속사적인 연합의 방식이나 계시적인 권위의 부재가 이전의 구약 시대나 정경 완성 이전의 사도들의 시대의 성령 하나님과 인간 설교자의 연합의 방식이나 계시적인 권위와 다르더라도, 결코 부인할 수 없는 사실이 하나 있다. 그것은 오늘날의 설교자들 역시 이전의 사도들이나 선지자들과 동일한 성령 하나님과의 연합 속에서 이전의 설교자들이 선포했던 하나님의 구속 계시를 선포한다는 사실이다.

---

15 C. Van der Waal, *Search the Scriptures*(Grand Rapids: Paideia Press, 1978).

16 ex. 행 2:1-3, 3:6-7.

오늘날의 설교자들이 예전의 사도들이나 선지자들과 동일한 성령론적인 연속성을 확보할 수 있는 근거는, 예수 그리스도의 십자가 죽음과 부활, 그리스도의 대위임명령 그리고 오순절 성령 강림으로 말미암아 '이 세대'(this age)가 아직 종결되지 않았음에도 불구하고 하나님의 온전한 통치로서의 '오는 세대'(the age to come)가 이미 도래하여 두 세대가 서로 중첩하는 구속사적인 패러다임 속에서 설교자와 그리스도가 연합하기 때문이다.

구속사적인 중첩의 패러다임(redemptive historical overlapping paradigm)이란, 인류의 죄악으로 오염된 이 세상과 온전한 하나님 나라가 성취되는 오는 세상이 예수 그리스도의 십자가 죽음과 부활, 모든 성도가 그리스도의 복음을 온 세상에 전파하라는 그리스도의 대위임명령(마 28:18-20) 그리고 오순절의 성령 강림 사건으로 대위임명령을 실행할 능력을 공급하는 성령 하나님의 역사가 특정한 설교자의 설교 행위 안에서 복합적으로 관여하는 것을 의미한다.[17]

이 세대와 오는 세대가 중첩하는 가운데 예수 그리스도를 따르는 모든 신자는 예수 그리스도의 죽음과 부활, 대위임명령, 오순절 성령 강림 사건에 근거하여, 자신의 시간과 공간의 한계를 초월하여 그리스도의 십자가 죽음 사건에 동참한다. 그리고 그리스도와의 연합 안에서 모든 신자는 그리스도와 함께 옛 사람이 죽고, 그리스도와 함께 부활하고, 또 오순절 성령 강림 사건에 동참하여 성령을 받고 그 능력을 따라서 성화의 삶을 살아갈 수 있다.

그러므로 어느 시대를 살아가든, 신자의 관점에서 '예수를 믿는다'는 신앙고백의 의미는 시공의 한계를 초월하여 예수님의 십자가 죽음과 부활에 동

17　G. Goldsworthy, *Preaching the Whole Bible as Christian Scripture*(Grand Rapids: Eerdmans, 2000); G. K. Beale, *New Testament Biblical Theology*(Grand Rapids: Baker, 2011); D. E. Johnson(ed), *Heralds of the King*(Wheaton: Crossway, 2009); M. Williams, *How to read the Bible through the Jesus Lens*(Grand Rapids: Zondervan, 2012); 박윤선, "계약 사상", 「신학지남」30/4(No.126, 1963년 12월), 11-26; 박윤선, "그리스도의 탄생과 계약 사상", 「신학지남」3 1/1(No.127, 1964년 9월), 15-20; 박윤선, 『성경 신학』(서울: 영음사, 1974). 최낙재, "신약해석학과 구속사," 「신학지남」40(1973년 3월), 60, 64.

참하여 옛 사람이 죽고 새 사람이 새롭게 부활하며, 오순절에 강림하신 성령께서 자신의 삶에 그대로 강림하여 말씀을 통해 새 사람답게 살아갈 능력을 공급하고 계심을 믿는 것이다.

그런 의미에서 그리스도와 신자의 연합은 구속사적인 연합(redemptive historical unification)이다.[18]

예수 그리스도와 일반 신자의 연합이 예수 그리스도의 십자가 죽음과 부활, 그리스도의 대위임명령 그리고 오순절 성령 강림 사건에서 정점에 도달한 하나님의 구원 계시에 연합하는 구속사적인 연합이듯이, 성령 하나님과 인간 설교자가 설교 행위에서 연합할 수 있는 것도 오직 하나님의 은혜로 말미암아 예수 그리스도의 십자가 죽음과 부활, 대위임명령 그리고 오순절의 성령 강림으로 말미암아 새 창조의 시대가 시작되었기 때문이다.

하나님은 '이 세대'(this age)와 '오는 세대'(the age to come)가 서로 중첩하는 구속사적인 중첩의 패러다임 속에서 설교자들을 은혜로 부르시고 선택하시고 성령을 보내셔서, 이들의 설교 현장에 성령의 감화 감동과 조명의 역사가 뒤따르도록 역사하여 구속사적인 중첩 속에서 설교자와 그리스도가 서로 연합하기 때문이다.

이런 의미에서 설교에서 성령 하나님과 인간 설교자의 상호 관계는 구속사적인 연합(redemptive historical union)의 관점에서 이해되어야 한다.

그래서 성령 하나님과 인간 설교자의 설교학적인 상호성은 구속사적인 상호성이라고 말할 수 있다.[19]

---

18 김은수, "칼빈의 구원론의 이해: 그리스도와의 연합과 이중 은혜를 중심으로", 「한국기독교신학논총」 67(2010), 178.

19 구속사적인 중첩의 패러다임은 설교에서 성령 하나님과 설교자 사이의 다차원적인 대화를 모두 아우를 수 있는 최대한의 신학적인 패러다임을 제공하는 동시에 모든 설교 사건과 그 속에서 이뤄지는 모든 설교학적인 대화 속에 반드시 들어 있어야 하는 최소한의 핵심 요소들이기도 하다. 예를 들어, 한 편의 설교가 문제 제기와 해답 제시의 순서로 이루어졌다고 할 때, 문제 제기와 해답 제시의 구조가 설교학적인 정당성을 확보할 수 있는 최소한의 설교신학적인 근거는 구속사적인 중첩의 관점에서 볼 때 이미 하나님 나라가 이 땅에 임하였음에도 불구하고(already), 그 나라의 능력과 영광이 아직 온전히 구현되

3. 성령의 나타남과 능력(고전 2:4-5)

설교에서 인간 설교자와 성령 하나님의 상호 관계를 규명할 수 있는 효과적인 성경 신학적인 방법은 예수님의 죽음과 부활, 그리스도의 대위임명령 그리고 오순절 성령 강림으로 새롭게 시작된 새 창조의 시대에 예수 그리스도에 관한 복음 전도의 현장에서 성령의 역사 속에서 복음을 전했던 사도 바울의 증언을 살펴보는 것이다.

1) 고대 그리스 사회의 수사학

예수 그리스도의 승천과 오순절 성령 강림 이후 사도들이 소아시아와 지중해 그리고 그리스와 로마에서 복음을 전파하던 당시 헬라 사회의 변론과 연설의 현장에서는 BC 6세기부터 발전을 거듭해 온 수사학이 널리 사용되었다. BC 6세기와 5세기에 헬라 도시들과 국가들이 정치적인 혼란과 격변을 겪으면서 전제 정치가 막을 내리고 민주주의가 정착되어가는 과정에서, 상대방을 설득하기 위한 수사학은 자유로운 토론과 대중적인 합의를 끌어낼 수 있는 가장 중요한 능력으로 간주되었다.[20]

당시 수사학이 가미된 연설의 형태는 공공의 회의나 집회에서 정치적인 주제에 관한 토의나 주장을 담은 심의를 위한 연설(deliberative speech)과 배심원들이나 재판관 앞에서 변론을 펼칠 목적으로 진행되는 재판을 위한 연설(judical speech) 그리고 공공의 의식상 제의를 위한 연설(ceremonial speech)의 세 종류로 나뉠 수 있었다.

지 않았기 때문이다(not yet). 이러한 구속사적인 중첩은 하나님의 말씀 선포로서의 설교가 출발하는 토대를 제공하는 동시에 하나님 나라의 온전한 구현을 추구하는 설교의 지향점을 함께 제공한다. Cf., David Buttrick, *Homiletics: Moves and structures*(Philadelphia: Fortress Press, 1987), 16.

20 Burton L. Mack, *Rhetoric and the New Testament*, 유태엽 역, 『수사학과 신약성서』 (서울: 나단출판사, 1990), 38-39.

심의의 연설은 주로 설득과 충고, 또는 확증과 논박이 주목받으며, 재편의 연설은 고소와 변호로, 제의를 위한 연설에서는 찬양과 비난이 강조되었다. 또한, 수사적인 연설의 표준적인 형태로는 연설의 도입 단계에서 연설의 상황을 소개하고 청중에게 말을 건네는 서언(proomion, exordium)으로 시작하여, 수사적인 상황에 관한 서술(diegesis, narratio)과 지지 논증들(pistis, confirmatio) 그리고 결어(epilogos, conclusio)로 구성되었다.[21]

수사적인 상황에 관한 서술은 상황을 자세히 열거하면서 연설의 쟁점을 명백히 부각하고 핵심적인 화제에 대한 호소를 통해서 설득하려는 명제를 확립한다. 이어서 논증은 설득력 있는 증거들을 제시하고 관례적인 전략에 따라서 충분히 분석된 사례들을 제시한다. 마지막 결어에서 다시금 논증을 요약하고 청중 편에서의 수락을 위한 호소력 있는 압력을 가하면서 마무리하였다.[22]

물론, 실제 연설 현장에서는 이상의 형태나 순서가 엄격하게 적용되기보다는 주어진 수사적인 상황(rhetorical situation)에 따라서 다양한 논쟁 형태들이 복합적으로 활용되었다.

2) 수사학을 거부한 사도 바울의 의도

예수 그리스도에 관한 복음을 전하던 사도 바울은 설득력 있는 연설을 위해 당시 폭넓게 사용되던 수사학에 대해 어떤 입장을 취했는가?

고대 그리스 사회에서의 설득력 있는 연설과 사도 바울의 복음 전도 사이에는 인간의 언어를 통한 연설이라는 외형적인 공통분모가 자리하고 있다.

---

21 G. A. Kennedy, *New Testament Interpretation through Rhetorical Criticism*(Chapel Hill: North Carolina University Press, 1984), 4-87; Marcin Kowalski, *Transforming Boasting of Self into Boasting in the Lord: The Development of the Pauline Periautologia in 2 Cor 10-13*(Lanham, Maryland: University Press of America, 2013), 12-13.

22 Burton L. Mack, *Rhetoric and the New Testament*, 65.

하지만, 사도 바울은 고린도전서 1장 17절과 2장 1-5절에서 자신의 복음 전도와 당시 폭넓게 사용되던 수사적인 전통과의 차별성을 분명하게 밝히고 있다.

바울은 소아시아 지역의 교회 신자들 앞으로 "나아가 하나님의 증거를 전할 때 말과 지혜의 아름다운 것(ὑπεροχὴν λόγου ἢ σοφίας)으로 아니하였다"고 말한다. 이는 그에게 가장 중요한 복음 전도의 목적은 "예수 그리스도와 그가 십자가에 못 박히신 것 외에는 아무것도" 알거나 전하지 않는 것이었기 때문이다.

사도 바울이 초대 교회 신자들에게 복음을 전하고 설교할 때, 그는 "설득력 있는 지혜의 말로(ἐν πειθοῖς σοφίας λόγοις) 하지 아니하고, 다만 성령의 나타남과 능력으로(ἐν ἀποδείξει πνεύματος καὶ δυνάμεως) 복음을 전하여" 복음을 듣는 사람들에게 자라나는 믿음의 기원이나 근거가 "사람의 지혜에 있지 아니하고 다만 하나님의 능력에 있도록" 하려고 하였다(고전 2:1-5).

사도 바울은 예수 그리스도의 복음을 전하는 자신의 복음 전도 사역의 독특성과 차별성을 묘사하면서 "말과 지혜의 아름다운 것"(ὑπεροχὴν λόγου ἢ σοφίας)이나 "설득력 있는 지혜의 말"(πειθοῖς σοφίας λόγοις)을 "성령의 나타남과 능력"(ἀποδείξει πνεύματος καὶ δυνάμεως)과 대비하고 있다.

여기서 πειθοῖς(설득력 있는)라는 단어는 대체로 당시 연설 현장에서 자주 사용되던 수사학(rhetoric)을 가리키는 것으로 이해할 수 있다.[23] 말하자면, 사도 바울은 예수 그리스도에 관한 복음을 전하는 현장에서 당시 연설을 위해서 빈번하게 사용되던 지혜의 아름답고 설득력 있는 말의 힘에 관한 수사학을 사용하지 않고, 오히려 성령의 나타남과 능력을 의지하여 복음을 전했다는 의미다.

---

23 B. M. Metzger, *A Textual Commentary on the Greek New Testament*(New York: United Bible Society, 1971), 546. G. A. Kennedy, *A New History of Classical Rhetoric*(Princeton, New Jersey: Princeton University Press, 1994), 12-13. πειθοῖς의 문제는 이 단어가 신약성경 이외의 어떤 희랍어 문서에서도 나타나지 않는다는 것이다.

그렇다면 사도 바울은 그리스도의 복음을 전하는 복음 전도 현장에서 수사학의 전략이나 방법은 전혀 사용하지 않았는가?

그리고 그가 작성한 서신서는 당시의 수사학 전략이나 방법론으로부터 완전히 자유로운가?

사도 바울이 그의 서신서에서 다양한 수사적인 방법론이나 관습을 활용하고 있음은 잘 알려진 사실이다.[24]

그런데도 고린도전서 2장 1-5절에서 사도 바울이 수사학에 관하여 부정적인 견해를 취하는 이유는 무엇인가?

그것은 복음 전도에 개입하시는 성령 하나님의 역사로 말미암은 예수 그리스도의 은혜에 대한 사도 바울의 일관된 초점 때문이다. 피터 마샬(Peter Marshall)에 따르면, 고린도전서는 사도 바울이 고린도 교회 성도들에게 자신을 스스로 추천하려는 목적이 깔린 서신으로, 여기서 바울은 수사학을 동원하여 언변과 설득력이 탁월하지만 결국 그리스도를 높이는 복음 전도의 목적에서 빗나가는 다른(거짓) 교사들로부터 자신을 차별화하려는 목적으로 수사학을 거부했다고 한다.[25]

티모시 림(Timothy H. Lim) 역시 사도 바울이 고린도전서 2장 1-5절에서처럼 한편으로는 복음 전도 현장에서 수사학을 사용하지 않겠다고 언명하면서도, 또 다른 서신서에서는 교차대구법(chiasmus)과 같은 수사 전략을 사용함으로써 복음 전도에서의 수사학 활용의 불일치와 모순을 보여 주는가에 관해 질문을 던진다.[26]

24　Nils Wilhelm Lund, *Chiasmus in the Mew Testament*(Chapel Hill, NC: University of North Carolina, 1942) 216-17; Peter F. Ellis, *Seven Pauline Letters*(Collegeville, MN: The Liturgical Press, 1982) 38-113; John Breck, *The Shape of Biblical Language: Chiasmus in the Scriptures and Beyond*(Crestwood, NY: St. Vladimir's Seminary, 1994) 150; Greg Heisler, 『성령이 이끄는 설교』, 86.

25　Peter Marshall, *Enmity in Corinth: Social Conventions in Paul's Relation with the Corinthians*(Tubingen: Morh, 1987), 91-129.

26　Timothy H. Lim, "Not in Persuasive Words of Wisdom, but in the Demonstration of the

티모시 림에 의하면 사도 바울이 복음을 전하던 당시 그의 주변에는 연설의 현장에서 일반인이 쉽게 경험할 수 없는 아름답고 감동적인 연설을 전하거나 그런 지혜로운 연설의 비법을 가르쳐 줌으로써 청중이나 학생들로부터 정당한 재물의 대가를 받았던 소피스트들이나 교사들이 많았다고 한다.[27] 이런 상황에서 사도 바울은 의도적으로 고린도 교회로부터 복음 전도에 관한 사례를 받는 것을 거부함으로써 자신을 거짓 교사들과 분명히 차별화했다(고후 11:5-15).

그러므로 사도 바울은 구술적인 선포와 서신서의 기록을 포함한 모든 복음 전도 현장에서 일체의 수사적인 전략과 방법을 완벽하게 거부한 것이 아니라, 예수 그리스도의 영광을 구하지 않고 수사적인 지혜나 아름다운 언어의 감동을 통하여 청중의 인기와 자신의 연설에 대한 정당한 보수를 추구하던 당시의 거짓 교사들과 설교자들의 일차적인 관심사를 거부한 것으로 이해해야 한다.[28]

3) 성령의 나타남과 능력

사도 바울이 예수 그리스도의 복음을 전도하고 설교하는 현장에서 "설득력 있는 지혜의 말"(πειθοῖς σοφίας λόγοις)과 같은 수사학을 사용하지 않고 무엇보다도 "성령의 나타남과 능력"(ἀποδείξει πνεύματος καὶ δυνάμεως)으로 복음을 전했다면, 이때의 "성령의 나타남과 능력"은 무엇을 의미하는가?

Spirit and Power", *Novum Testamentum* 29(1987), 137-149.

27 Timothy H. Lim, Not in Persuasive Words of Wisdom, but in the Demonstration of the Spirit and Power", 139-140.

28 Timothy H. Lim, "Not in Persuasive Words of Wisdom, but in the Demonstration of the Spirit and Power", 148. 고전 9:12, 15에서 사도 바울이 고린도 교회로부터 복음 전도에 대한 정당한 사례의 대가를 받지 않았던 것도 같은 맥락에서 이해될 수 있다. E. A. Judge, "The Early Christians as a Scholastic Community Part II", Journal of Religious History 1(1961), 125.

티모시 림에 의하면 신약성경에서는 오직 이곳에서만 등장하는 독특한 표현(*hapax legomenon*)이지만, 당시 헬라의 수사학 전통에서는 일반적으로 합의된 논증에 대하여 설득력 있는 '증거를 제공'한다는 의미가 담긴 전문적인 용어로 종종 사용되었다고 한다.[29]

여기서 성령의 나타남과 능력은 단순히 언어적인 설명이나 논증을 통해서 청중 편에서의 지성적인 이해나 수용의 차원을 뛰어넘어, 성령 하나님이 청중의 인식 세계 속에 직접 개입하여 말씀하시고 설명하시며 이해시키고 계심을 청중 편에서 저절로 수긍할 수밖에 없는 '결정적인 증거들'(demonstration)을 가리킨다.[30]

성령의 나타남은 성령 하나님이 직접 청중의 심령에 하나님의 강력한 임재 의식을 불러일으키는 초감각적인 현상이며, 복음 전도나 설교 현장에서 설교 메시지를 듣는 청중의 마음에 인간 설교자가 연설하는 것이 아니라 하나님이 직접 말씀하신다는 강력한 증거다.

고린도전서 2장 4절에서 사도 바울이 논리적이고 설득력 있는 연설로서의 수사학과 성령 하나님이 복음 전도에 직접 하나님의 말씀에 합당한 '증거를 제시'하는 차원에서의 성령의 나타남을 대비시킨다면, 이는 구속의 역사 속에서 전혀 새로운 대비가 아니라 이미 구약 시대 하나님이 거짓 선지자들과 참 선지자들을 구분하는 한 가지 방편으로 이미 언급된 대비이기도 하다.

한 가지 사례가 신명기 18장 20-22절에서 하나님의 말씀 선포에 "증험과 성취가 뒤따르는 선지자"와 "증험과 성취가 동반되지 않는 거짓 선지자"로 대비되어 나타난다.[31]

---

29 Timothy H. Lim, "Not in Persuasive Words of Wisdom, but in the Demonstration of the Spirit and Power", 147.

30 Timothy H. Lim, 147. Hans Dieter Betz, "The Problem of Rhetoric and Theology according to the Apostle Paul", in A. *Banhoye ed. L'Apôtre Paul*(Leuven: Uitgeverij Peeters, 1986), 37.

31 이러한 대비는 욥기 42장 5절에서도 발견된다. 욥은 "내가 주께 대하여 귀로 듣기만 하였사오나 이제는 눈으로 주를 뵈옵나이다"라고 회개하면서 하나님에 대한 청각적인 정보의 청취와 하나님과의 초감각적이고 인격적인 대면을 서로 대비시킨다.

하나님의 말씀이 전체 구속 역사 속에서 항상 예수 그리스도를 가리킨다면, 예수 그리스도 사건 이전과 이후의 모든 하나님의 말씀은 구속 역사 속에서 모두가 분명히 바라볼 수 있는 그리스도 사건이라는 증험과 성취로 나타났다. 그리고 이러한 그리스도 사건을 통한 증험과 성취는 다시 설교와 복음 전도의 현장에서 그리스도의 복음을 선포하고 전달하는 현장에서 성령께서 설교자와 회중의 심령 속에서 동시에 그리스도의 진리에 관한 메시지를 조명함으로써, 그 복음의 메시지가 단순한 지식이나 정보로 전달되는 것이 아니라 성령 하나님의 나타남과 능력과 그리스도의 언어 사건으로 성취되도록 역사하신다.

따라서, 참된 하나님의 설교자는 항상 예수 그리스도의 죽음과 부활 사건을 선포함으로 말씀 선포와 증험이 일치되도록 해야 한다. 또한, 미시적인 차원에서는 모든 하나님의 말씀 선포는 선포자와 청중의 마음속에서 선포된 진리를 온전히 이해하고 수용하며 합당한 회개와 성화의 결단이라는 반응이 나타나도록 하는 성령 하나님의 조명 역사가 말씀 선포의 증거로 동반되어야 한다.[32] 그런 의미에서 "하나님의 나라는 말에 있지 아니하고 오직 능력에 있다"(고전 4:20).

4. 성령의 조명을 통한 인간 설교자와의 연합

사도 바울이 고린도전서 2장 4절에서 효과적인 복음 전도의 핵심 비결로 언급하는 "성령의 나타남과 능력"을 복음 전도와 설교 현장에서의 성령 하나님과 설교자(와 회중)의 연합과 결부시켜서 올바로 이해하려면(앞서 2장에서 살펴본 바와 같이) 구속사적인 중첩이라는 신학적인 토대가 반드시 선행되어야 한다. 그뿐만 아니라 예수 그리스도의 복음의 메시지로서의 성경 본문 그리고 성경 본문에 대한 성령의 내적인 조명이 반드시 확보되어야 한다.

---

32 Greg Heisler, 『성령이 이끄는 설교』, 88.

거꾸로 말하자면, 그리스도의 십자가 죽음과 부활, 그리스도의 대위임명령 그리고 오순절 성령 강림으로 시작된 이 세대와 오는 세대의 구속사적인 중첩 안에서 삼위일체 하나님의 일하심이 선행하지 않는다면, 설교에서 성령 하나님과 인간 설교자의 상호 관계는 무의미하다.

마찬가지로, 예수 그리스도의 복음 말씀으로서의 성경 본문과 이 성경 본문에 대한 성령의 내적인 조명이 고려되지 않고서는 설교에서 성령 하나님과 인간 설교자의 상호 관계나 연합은 무의미하다.

설교 시간에 성령 하나님과 인간 설교자가 설교학적인 상호 관계와 연합을 맺을 수 있는 신학적인 근거는 다음 두 가지로 설명된다.

첫째, 설교자는 자신의 메시지가 예수 그리스도의 죽음과 부활, 그리스도의 대위임령 그리고 오순절 성령 강림에 의한 구속사적인 중첩에 포함되기를 간절히 간구해야 한다.

둘째, 메시지를 듣는 신자들은 자신의 삶과 신앙이 하나님의 은혜로 예수 그리스도의 십자가 죽음과 부활 그리고 오순절 성령 강림으로 진행되는 구속 역사 속에 포함되어 있음을 확신할 수 있어야 한다.

하나님의 말씀으로서의 성경과 성경을 기록하고 해설하는 과정에서 성령의 영감과 조명의 필연성은 종교개혁자 존 칼빈(John Calvin)으로부터 시작하여 칼빈주의 신학 사상의 근간을 형성한다.33

성령의 신학자로 알려진 칼빈에 의하면 성경이 살아 계신 하나님의 말씀으로 탁월한 권위를 갖는 부인할 수 없는 두 가지 증거는 로마가톨릭이나 이교도들이 주장하는 교회와 전통의 권위도 아니고, 인간의 이성이나 경험도

---

33 Calvin's Com. on 딤후 3:16. J. K. S. Reid, *The Authority of Scripture: A Study of the Reformation and Post-Reformation Understanding of the Bible*(New York: Harper and Brothers, 1958), 36 ff; John T. McNeil, "The Significance of the Word of God for Calvin," Church History 28/2(1959, Jun), 132-33.

아니며, 오직 성경의 자증(the self-authentication of the Scripture)과 성령의 증거(the witness of the Holy Spirit) 때다.[34]

여기서 칼빈은 성경 본문에 대한 성령 하나님의 내적인 증거(*testimonium spiritus sancti internum*)를 "말씀의 효력 있는 확증"으로 정의한다.[35] 칼빈이 말하는 성령의 내적인 증거는 설교자와 신자들이 성경 말씀을 읽고 해석하며 해설할 때, 이들의 마음속에서 이 말씀이 죽은 문자가 아니라 살아서 자신들에게 다가와 말씀하시는 하나님의 음성으로 들려지고 체험되며 각인되도록 성령 하나님께서 사람의 죄에 대하여, 그리스도의 대속의 필요성에 관하여, 하나님이 거저 베푸시는 은혜에 관하여 새로운 깨달음과 새로운 각성과 확신으로 다가오도록 감화하시고 감동하시는 역사와 그에 대한 신자 편에서의 확신을 가리킨다.

칼빈에 의하면, "이러한 내면적인 증거나 조명이 심령의 감긴 눈이 열리고 하나님의 존재가 새롭게 인식되고 자신의 존재 안으로 받아들여지도록 하는 언어적인 증거의 수단을 통하여 일어난다"고 한다.[36]

그래서 칼빈은 성경 말씀이 해설되고 적용되는 현장에서 성령 하나님이 그 진리의 말씀을 조명하시기 때문에, 성경 말씀이 비로소 청중의 심령에 온전히 수용될 수 있어서, 이러한 성령의 조명 사역은 '인간의 이성보다 더 탁월하다'고 말한다.[37]

성경 말씀이 신자들에게 하나님의 말씀으로 수납될 수 있는 근거가 성경의 자증과 성령의 내적인 조명 때문이라면, 이 두 가지 증거 중 어느 것이 우

---

34 John Calvin, *The Institutes of the Christian Religion*, I.7.5. "그러므로 이 점을 분명히 하도록 하자. 즉, 성령으로 내적인 가르침을 받은 자들은 참으로 성경에 머무르며 성경도 진정으로 자증한다. 그러므로 성경을 다른 증거나 이성에 종속시키는 것은 옳지 못하다."

35 John Calvin, *The Institutes of the Christian Religion*, I. 9. 3.

36 J. I. Packer, "Calvin the Theologian," in G. E. Duffield(ed), *John Calvin: A Collection of Essay*(London: Sutton Courtenay Press, 1966), 166.

37 J. I. Packer, "Calvin the Theologian," 79.

선적으로 성경을 하나님의 말씀으로 증거하는가?

이런 질문에 대하여 칼빈은 성경과 성령 사이에는 서로 분리할 수 없는 통일성이 존재한다고 한다.

> 말씀과 성령은 불가분리로 서로 묶여 있다…우리의 대적자들은 하나님의 말씀 바깥에 교회의 권위를 놓는다. 그러나 우리는 그것이 말씀에 덧붙여져야만 하며 말씀으로부터 분리되는 것을 허락하지 않는다…성령은 끊을 수 없는 유대로 하나님의 말씀에 결합되기를 원하시며, 그리스도께서도 그의 교회에 성령을 약속하실 때에 이것과 관련하여 확언하셨다.[38]

그래서 성령의 조명의 관점에서 보자면 성경 저자들이 성경 말씀을 기록할 당시에 이들에게 영감을 불어 넣으셨던 성령께서는(딤후 3:16; 벧후 1:21) 말씀과 함께 일하시며(*cum verbo*), 말씀을 통하여 일하시며(*per verbum*), 말씀과 별도로는 결코 일하시지 않는다(*sine verbo*).[39]

결국, 복음 전도나 설교의 현장에서 성령의 나타나심(demonstration of the Holy Spirit)은 예수 그리스도에 관한 진리를 전하는 설교자나 듣는 청중의 심령 속에서 살아 계신 하나님의 말씀으로 온전히 이해되고 이해되며 수긍되도록 역사하시는 성령 하나님의 조명 역사로 설명된다.

그러므로 설교자와 성령 하나님 사이의 설교학적인 상호 관계를 양자 간의 대화로 이해한다면, 성령과 설교자 사이, 성령 하나님과 사람들 사이에 진행되는 설교적인 대화를 주도하는 것은 성령 하나님의 조명 사역이다.

말하자면, 설교자의 입에서 선포되고 청중의 마음에서 수납되는 진리에 이해와 공감과 수납의 빛을 비춰 주시는 성령 하나님의 조명 사역이 일어나기 때문에, 인간 설교자와 성령 하나님이 하나님의 말씀 선포로서의 설교를

---

38 John Calvin, *The Institutes of the Christian Religion*, IV. 8. 13.

39 R. C. Sproul, "The Internal Testimony of the Holy Spirit," in Norman L. Geisler(ed.), *Inerrancy*(Grand Rapids, MI: Zondervan, 1980), 338.

위하여 상호 관계를 맺을 수 있게 되는 것이다.⁴⁰

성령 하나님의 조명이 없이는 하나님의 말씀과 진리를 올바로 이해할 수도 없고 받아들일 수도 없다(고전 2:14).

5. 설교의 효과수반발화를 위한 성령의 필수적인 역할

예수 그리스도의 복음에 관한 성경 본문을 해설하고 적용하는 설교의 과정에서 성령 하나님과 인간 설교자가 상호 관계를 맺고 연합하는 것은, 하나님의 말씀의 선포인 설교 행위에서는 선택 사항이 아니라 필수적인 요소다. 이는 언어 철학자 오스틴(J. L. Austin)이 설명하는 삼중의 언어 행위를 고찰해 보면 명백하게 드러난다.

오스틴에 의하면 사람이 말을 주고받는 언어 행위는 단순발화행위(locutionary act)와 효과수반발화행위(the illocutionary act) 그리고 효과수반발화행위(the perlocutionary act)의 세 차원으로 이루어진다.⁴¹

오스틴의 언어 철학 이론을 하나님의 말씀으로서의 성경을 해석하고 적용하는 과정에 그대로 대입하는 케빈 밴후저(Kevin J. Vanhoozer)에 의하면, 의미는 형식과 질료(명제적 내용), 에너지와 궤적(의미수반발화 작용력) 그리고 목적론 혹은 최종 목적(효과수반발화효과)을 가지고 있는 삼차원적인 커뮤니케이션 행위다. 그리고 (하나님과 인간 사이에 혹은 인간들끼리의) 소통 과정에서

---

40 Craig Collier Christina는 하나님의 설교에서 말씀을 조명하시는 성령의 조명을 통하여 먼저 하나님의 말씀과 성령이 연합하고 그 연장선상에서 인간 설교자가 성령 하나님과 연합하여 설교에서 신성한 요소(divine factor)와 인간적인 요소(human factor)가 서로 연합하는 것을 가리켜서 성례전적인 연합(sacramental union)이라는 용어로 설명한다. Craig Collier Christina, *Calvin's Theology of Preaching: the Activity of the Holy Spirit in the Preaching Event*, Ph. D dissertation of the Southern Baptist Theological Seminary(2001, May), 48-52.

41 J. L. Austin, "Performative utterance", Philosophical Papers, 3d ed.(Oxford: Oxford Univ. Press, 1979), 233-252. Cf. J. L. Austin, *How to Do Things with Words*, 2d. ed.(Cambridge: Harvard Univ. Press, 1975), 8장-10장, 94-132.

의미를 주고받는 언어 행위에는 이상의 세 차원에 더하여 '상호 소통적 발화'(interlocutionary dimension)라는 네 번째 차원이 존재한다.⁴²

텍스트를 읽고 해석하는 행위 그리고 설교의 관점에서 볼 때, 설교자가 청중과 함께 성경 본문을 해석하고 선포하는 설교 행위(preaching)는 질료(명제적인 내용)와 에너지(효과수반발화의 작용력) 그리고 목적(효과수반발화의 효과)을 지닌 복합적인 커뮤니케이션 행위다.⁴³

이렇게 다양한 요소와 차원으로 구성된 '의미의 소통 행위'가 본래 염두에 두었던 소통의 목표를 달성하는 과정을 제대로 이해하기 위해서는, 케빈 밴후저가 설명하는 의미의 창발적인 속성(emergent property)을 먼저 이해해야 한다.

앞서 살펴본 바와 같이 의미를 소통하는 커뮤니케이션 행위 과정에는 수많은 요소가 관여한다. 말과 글로 의미를 전달하는 저자(writer)나 화자(speaker), 의미가 담긴 텍스트나 메시지 그리고 음파나 시각적인 이미지와 같이 텍스트나 메시지를 전달하는 다양한 물리적인 요소들, 메시지가 소통되는 물리적인 소통 환경, 의미를 수용하는 독자(reader)나 청중(audience) 그리고 독자나 청중의 눈과 귀, 사람의 뇌 신경, 인지 구조와 인지 능력 등 수많은 요소가 상호 작용함으로 하나의 커뮤니케이션 행위가 발생한다.

생화학의 분야의 지식을 비유로 들어 소통 과정을 설명한다면, 하나의 작은 세포는 세포를 구성하는 더 작은 분자들과 원자들에게 의존하지만, 그 아래의 낮은 층위로 환원될 수 없고, 그 작은 요소들의 층위를 초월하여 전혀 새로운 차원의 생화학적인 작용을 보여 주는 '창발적인 속성'을 갖고 있다.

이와 마찬가지로 의미의 소통 과정 역시 소통을 구성하는 작고 다양한 하부 요소들의 층위에 의존하지만, 그 낮은 층위로 환원되거나 축소하여 설명될 수도 없고 온전히 이해될 수도 없는 창발적인 현상이다.

---

42 Kevin J. Vanhoozer, *Is There a Meaning in the Text?*, 김재영 역, 『이 텍스트에 의미가 있는가』 (서울: IVP, 2003), 350-51, 361.

43 Kevin J. Vanhoozer, *Is There a Meaning in the Text?*, 367.

텍스트 의미의 소통 행위를 창발적인 속성으로 이해하는 케빈 밴후저는 (의미의 창발론을 성경 해석과 적용에도 그대로 적용하여) "신적인 저자성과 연결된 의미로서의 성경의 더 충만한 의미는 정경 전체의 층위에서만 창발한다"는 입장을 취한다.[44]

말하자면, 파편적인 성경 본문의 참되고 진정한 의미는 낮은 층위에서는 제대로 이해될 수 없고, 오직 '전체 성경'(*tota scriptura*)이라는 정경 전체의 층위에서 비로소 창발하여 성공적인 의미 소통이 이뤄진다는 것이다.[45]

창발적인 현상으로 의미의 소통 행위를 하나님의 말씀 선포로서의 설교에 적용한다면, 하나님의 말씀 선포로서의 설교 행위는 설교에서의 성령의 역사를 위한 설교자의 준비 기도, 성경 본문에 대한 설교자의 해석 작업, 설교문을 준비하고 작성하는 행위, 설교자의 인격, 설교가 전달되는 설교 환경, 설교를 듣는 청중의 기대와 관심 등으로 이루어졌지만, 하나님의 말씀 선포로서 설교는 이러한 낮은 층위의 일부 요소로 환원하여 설명될 수 없다.

설교는 오직 삼위일체 하나님의 영광으로부터의 출발과 예수 그리스도의 죽음과 부활, 그리스도의 대위임명령, 오순절 성령 강림, 성령의 영감에 의한 성경의 기록 그리고 성령 하나님의 내적인 조명이라는 더 높은 층위의 요소들을 통하여 비로소 하나님의 말씀으로서의 영적인 권위를 발휘하는 창발적인 사건(emergent event)이다.

하나님의 말씀 선포로서 설교가 설교를 구성하는 낮은 층위를 초월하는 창발적인 사건이라는 말은 하나님의 말씀이 그 본래 출발할 때부터 의도했던 소통의 궁극적인 목적을 달성하여 '효과수반발화'라는 본래의 목적을 성취하기 위하여 성령의 역사가 설교에 필수적으로 관여해야 한다는 의미다.

44　Kevin J. Vanhoozer, 403, 429.

45　Geerhardus Vos, *Redemptive History and Biblical Interpretation*, ed., R. B. Gaffin, Jr.(NJ: Presbyterian and Reformed Pub. Co., 1980), xiv. Geerhardus Vos, *Biblical Theology*, 이승구 역, 『성경신학』 (서울: CLC, 1985), 4-15; *Graeme Goldsworthy, According to plan*, 김영철 역, 『복음과 하나님의 계획』 (서울: 성서유니온, 1994).

효과수반발화의 효과는 이해를 낳는 (효과수반발화의) 효과를 넘어서 언어 행위들이 수신자에게서 궁극적으로 달성하는 바를 가리킨다.

하나님의 말씀으로서의 설교가 가능하기 위해서는 인류를 향한 하나님의 구원 계획으로부터 시작하여, 하나님의 말씀이신 예수 그리스도의 성육신 계시, 예수 그리스도의 성육신과 십자가 죽음, 부활, 오순절 성령 강림 사건을 통한 하나님의 계시 완성, 말씀의 온전한 기록을 위한 성령의 영감 그리고 하나님의 말씀으로서의 정경의 종료, 설교자의 성경 본문 해석과 설교 준비와 전달이 반드시 선행되지만, 이러한 필수적인 요소에도 불구하고 말씀과 함께 역사하는 성령 하나님의 조명 역사가 뒤따르지 않는다면, 하나님의 말씀으로서의 설교는 본래 의도했던 소통의 완결성을 잃어버릴 수밖에 없다.

그래서 하나님의 절대성과 완전성을 믿고 성경이 절대적으로 성령의 영감에 의하여 기록된 하나님의 말씀임을 믿는다면, 효과수반발화의 효과의 성취 관점에서 성령 하나님이 반드시 인간 설교자와 연합하여, 인간 설교자의 입을 통하여 선포된 설교 메시지에 감화·감동하시고 조명하여, 궁극적으로는 하나님의 말씀인 예수 그리스도와 그 말씀에 참여한 설교자 그리고 회중이 모두 구속사적인 연합을 이룰 수밖에 없음도 함께 믿어야 한다.

6. 성령과 연합한 진정성 있는 설교자

성령 하나님이 설교에서 인간 설교자와 연합하여 하나님의 말씀 선포로서 설교의 본래 의도했던 효과수반발화 효과를 성취하는 것이 필연적이라면, 성령과 연합한 설교자의 설교 방식이나 독특한 설교 형식은 무엇일까?

앞서 확인한 바와 같이 하나님의 말씀 선포로서 설교는 설교자가 다루는 특정한 성경 본문의 해석이나 설교자의 음성, 음파의 진동이나 청중의 인지 구조와 이해의 차원을 초월하는 창발적인 현상이기 때문에, 눈에 보이는 특정한 설교 전달 형식이나 방법으로 성령과 연합한 설교자의 진정성을 평가할 수 없다.

그런데도 성령과 연합한 진정성 있는 설교를 위한 기도의 중요성은 결코 무시될 수 없다. 독일의 저명한 설교학자 루돌프 보렌(Rudolf Bohren)에 의하면 기도는 모든 설교를 지탱하는 가장 근원적인 구조이자 가장 근본적인 형식이다.[46]

하나님의 말씀의 선포인 설교가 효과수반발화로서의 본래 목적을 달성하기 위해서 예수 그리스도 중심적인 성경 해석과 말씀에 대한 성령 하나님의 조명이 필연적으로 동반됨을 인정한다면, 설교자는 자신이 선포하는 설교 메시지가 진정한 하나님의 말씀으로 선포될 수 있도록 준비하기 위해 하나님의 온전한 말씀(*tota scriptura*)에 관한 해석학적인 관점을 가지고 성경을 해석할 뿐만 아니라, 그렇게 준비된 설교가 진정한 하나님의 말씀으로 성령 하나님에 의하여 조명되고 감화 감동되며 선포될 수 있도록 기도한다.

그뿐만 아니라 사도 바울의 복음 전도와 설교 그리고 2천 년의 교회 역사에서도 알 수 있듯이, 하나님의 말씀 선포로서 설교에는 청중의 입장에서 "성령의 나타남과 능력"을 인정하게 만드는 가시적인 현상들이나 특징들이 나타나기 마련이다. 그렉 하이슬러는 성령의 능력을 공급 받은 설교를 구별할 특징으로 자유(freedom)와 활력(vitality), 능력(power), 붙들림(possession)의 네 가지 요소를 제시한다.[47] 이상의 네 가지 요소는 성령과 연합한 설교자의 진정성을 나타내는 중요한 징표로 간주할 수 있다.

하지만, 오늘날과 같이 정보 기술이 비약적으로 발전하여 커뮤니케이션 과정에서 때로는 존재하지 않는 가짜 이미지들이 실제로 존재하는 현실 세계(reality)보다 더 실감 나게 전달되는 인공물들인 시뮬라크르(*simulacre*)가 지배하는 현대 문명 사회에서,[48] 성령과 연합한 설교자로서 교회가 기대하고 그렇게 감지될 수 있는 중요한 징표 중의 하나는 설교에서의 설교자의 자유

---

46 Rudolf Bohren, *Predigtlehre*(München: Kaiser Verlag, 1971), 104-105.

47 Greg Heisler, 『성령이 이끄는 설교』, 295-299.

48 Walter B. S. Benjamin, *Das Kunstwerk im Zeitalter seiner technischen Reproduzierbarkeit*, 최성만 역, 『기술복제시대의 예술 작품』(서울: 길, 2007).

로움(freedom)과 진정성(또는 진실함, authenticity)이다. 성령과 연합한 설교자의 설교에서 확인되는 결정적인 요소로서 설교자의 진정성은, 인격적인 진정성과 설교의 비확정성의 두 가지 차원으로 구분하여 설명된다.

먼저 무능력하고 무기력하여 전혀 감동과 변화를 가져오지 못하는 현대 설교를 예리하게 비판하는 바이런 얀(Byron Yawn)에 의하면, 설교자가 진정한 설교를 하려면 설교자가 설교단에서 다른 사람들이나 청중을 만족시키려거나 그들의 평가를 의식하기 이전에, 또는 다른 유명한 설교자들의 설교를 모방하고 흉내내려고 하기 이전에, 먼저 독특한 개성과 특징, 장단점을 가진 자신에 대하여 만족해야 하며, 설교에서 배어 나는 설교자의 고유한 인격에 대한 진정성을 숨기거나 감추려 들지 말아야 한다고 조언한다.[49]

> 시간이 흐르면서 최고의 설교에서 전달되는 것은 결국 설교자의 진정성이다.[50]

그렉 하이슬러에 의하면 설교자가 성령의 역사를 방해할 수 있는 가장 확실한 방법의 하나는 하나님께서 그를 지으신 모습이 아닌, 딴 사람 같이 행동함으로써 사람들에게 감동을 주려고 하는 것이다.

> 성령이 당신에게 요구하지 않는 틀 속에 억지로 자기 자신을 맞추려고 하지 말라. 이런 유혹을 막는 유일한 안전판은 설교자가 하나님께서 만드신 독특한 사람이 되라고 하나님께서 불러주신 자신의 소명을 전심으로 받아들이는 것이다.[51]

---

49 Byron Yawn, *Well-Driven Nails: The Power of Finding Your Own Voice*, 전의우 역, 『자기 목소리로 설교하라』(서울: 성서유니온, 2012), 41-45, 51-65.

50 Robert Stephen Reid, *The Four Voicer of Preaching: Connecting Purpose and Identity Behind the Pulpit*(Brazos Press; Grand Rapids, 2006), 16-17.

51 Greg Heisler, *SPIRIT-LED Preaching*(Nashville: B & H Publishing, 2007), 218.

바이런 얀이 강조하는 진정성은 설교자가 강단에서 선포하는 진리가 설교자 자신의 삶을 바꿔놓았다는 사실을 설교자의 인격 전체를 통해서 그대로 전달하는 진실함이다. 이 진정성과 진실함을 위하여 설교자는 강단에서 진리를 설명하는 데 그치지 말고, 그 진리를 선포하기 이전과 이후에 그 진리를 있는 그대로 자신의 모든 삶으로 실천하고(딤전 4:12), 실천하는 진리를 가감 없이 선포해야 한다.

성령과 연합한 설교자의 설교에서 감지될 수 있는 자유롭고 진정성 있는 설교의 또 다른 차원은 인간 설교자가 설교 사건에서의 "성령의 나타남과 능력"을 설교의 수단이나 방법 안에 가둬두거나 보장할 수 없다는 설교의 비확정성의 관점에서도 설명될 수 있다.

그렉 하이슬러에 의하면 설교의 비확정성(sermonic indeterminacy)이란 설교가 실시간으로 청중 앞에서 선포되기 전까지는 그 어떤 메시지도 진정한 설교가 아니라는 뜻이다. 즉, 하나님의 말씀 선포로서의 설교는 예수 그리스도의 복음에 관한 설교 내용이 기록된 설교 원고의 차원을 벗어날 뿐만 아니라, 설교자의 머릿속에 들어 있는 설교 메시지의 차원을 넘어서서 삼위일체 하나님과 그 백성 사이의 구속 역사와 성경, 성령, 전인격적인 설교자, 특정한 시대적인 상황 그리고 삼위일체 하나님과의 언약적인 만남의 사건을 기대하는 신앙공동체가 모두 관여함으로 파생되는 유일무이한 말씀 사건이다.

이런 의미에서 하나님의 말씀 선포로서의 설교는 실제 말씀 사건으로 성취되는 그 순간에 비로소 온전히 본래 의도했던 효과수반발화 효과를 획득할 수 있다.

7. 나가는 말

하나님의 말씀 선포로서의 설교에서 성령 하나님과 인간 설교자는 어떤 관점으로나 어떤 방식으로 상호 관계를 맺는가?

이 질문에 대한 설교학적인 이해의 토대를 마련하기 위하여 필자는 먼저 예수 그리스도의 십자가 죽음과 부활 사건, 그리스도의 대위임명령 그리고 오순절의 성령 강림으로 시작된 이 세대와 오는 세대의 '구속사적인 중첩'(redemptive historical overlapping paradigm)을 다루었다.

이를 통해서 오늘날 교회 시대에 어떤 설교자가 성령 하나님과 설교학적이고 성령론적인 관계를 맺는다면, 이는 특정한 설교자 개인의 능력과 헌신 이전에, 예수 그리스도의 십자가 죽음과 부활, 대위임명령 그리고 성령 강림 사건 속에서 새 시대가 시작되었으며, 이러한 새 창조로 말미암아 이 세대와 오는 세대가 함께 중첩되는 가운데, 특정한 설교자가 하나님의 말씀으로서 성경 본문이 증언하는 예수 그리스도의 복음을 특정한 회중에게 해설하고 선포하는 과정에서 성령 하나님이 하나님의 말씀과 함께 조명의 역사로 설교자와 회중을 감화 감동하시기 때문임을 살펴보았다.

이어서 설교에서 인간 설교자와 성령 하나님의 구속사적인 연합의 성경적인 징후로서 고린도전서 2장 4절에서 사도 바울이 이야기한 "설득력 있는 지혜의 말"(πειθοῖς σοφίας λόγοις)과 "성령의 나타남과 능력"(ἀποδείξει πνεύματος καὶ δυνάμεως)의 대비를 살펴보았다. 설교에서 성령 하나님과 인간 설교자는 구속사적인 관점에서 함께 연합하기 때문에, 하나님의 말씀 선포로서 설교에서 인간 설교자는 세속적인 설득 수단인 수사학적인 방법이나 기교를 의지하기보다는 오직 그리스도의 복음에 집중해야 하며 또 그 복음의 선포가 하나님의 말씀으로 들려지도록 설교자와 청중을 조명하시는 성령 하나님의 나타남과 능력을 의지해야 함을 보았다.

설교에서 인간 설교자가 다루는 하나님의 말씀으로서의 성경과 그 말씀을 감동으로 기록하고 또 해설하도록 조명하는 성령 하나님의 관계는 필연적이다. 말하자면, 설교에서 성령 하나님과 인간 설교자 사이의 구속사적인 연합의 관계는, 말씀과 성령의 필연적인 관계에 철저히 의존한다.

그렉 하이슬러에 의하면 말씀과 성령은 불가분리의 관계를 맺고 있으므로 '성령이 이끄는 설교'(Spirit-led preaching)를 하기 원하는 설교자는 말씀을 성령과 균형 잡히게 하거나, 성령을 말씀과 균형 잡히게 해야 한다는 생각을 하기보다, 오히려 설교자 자신이 성령으로 충만해져야 하고, 동시에 말씀으로 풍성하게 젖어야 한다.[52]

마지막으로 성령과 연합한 설교자의 외면적인 징후로서 자유로움과 진정성 그리고 설교의 비확정성(sermonic indeterminacy)에 대하여 살펴봄으로써 오늘날과 같이 실제 현실 세계에서는 전혀 존재하지 않는 가상 현실이나 초현실의 인공물들, 가공의 이미지들이 난무하는 커뮤니케이션 시대에 참된 하나님의 말씀 소통으로서 설교의 본래 효과수반발화 효과를 획득할 중요한 설교 형식에 관하여 고찰하였다.

이상의 논의를 통해서 하나님의 말씀 선포로서 설교에서 성령 하나님과 인간 설교자의 설교학적인 상호 관계와 연합에 대한 설교학적인 논의의 토대가 마련될 수 있기를 기대한다.

---

[52] Greg Heisler, *SPIRIT-LED Preaching*, 145.

제2장

언약신학과 설교

1. 들어가는 말

　강해 설교의 대가인 해돈 로빈슨(Haddon W. Robinson)은 1980년에 *Biblical preaching: the development and delivery of expository messages*를 통하여 성경적인 설교의 원리와 실제에 관한 설교학적인 청사진을 제시하였다.[1] 그는 *Biblical preaching*(『강해 설교』, CLC 刊)에서 성경 본문이 추구하는 의미를 효과적으로 전달할 올바른 성경 해석 방안과 효과적인 설교 형식을 제시하였다.
　그러나 이러한 설교학 이론에도 불구하고 목회 현장에서는 성경 본문에 대한 정확한 주해 작업에 근거한 설교 메시지의 선포가 본래 의도하는 신자의 회심과 성화의 열매를 제대로 달성하지 못하고 있다.
　이런 문제점 때문에 최근 20년 어간에 북미권과 한국의 장로교회를 중심으로 성경적 설교(biblical preaching)가 실제 신자들의 회심과 성화의 열매로 귀결될 수 있는 설교학적인 방안이 활발히 모색되고 있다.[2]

1　Haddon W. Robinson, *Biblical preaching: the development and delivery of expository messages*(Grand Rapids, Mich.: Baker Book House, 1980). Haddon W. Robinson, 박영호 역, 『강해 설교: 강해 설교의 원리와 실제』(서울: CLC, 2011).
2　박영선, 정찬균 외, 『성화 중심 설교: 교인들이 변한다』(서울: 나침반, 1998); Bryan Chapell, *Holiness by Grace*, 조계광 역, 『성화의 은혜』(서울: 생명의말씀사, 2002); 박영선, 브라이언 채플, 『구원 이후에서 성화의 은혜까지』(서울: 이레서원, 2005).

하지만, 설교 메시지가 신자의 성화라는 목표를 달성하는 것은 결코 쉬운 일이 아니다. 신자의 성화는 범위가 매우 광범위하지만 설교 메시지는 신자의 성화를 설득하기 위한 수사적인 설득의 제한된 역할만을 감당하기 때문이다.

신자가 성경의 가르침에 근거하여 일상생활에서 성화의 삶을 살아가는 데는 성경 본문에 기초한 성경적인 설교 메시지뿐만 아니라 신자가 성화를 구현하는 삶의 자리인 교회와 공동체 구성원들의 전방위적인 지원과 격려 그리고 그러한 격려가 발생하는 실존적인 삶의 정황과 세상의 맥락(context) 전체가 동원된다.[3]

이러한 거시적이고 총체적인 목표를 달성하려면, 설교에 대한 화행론(speech-act theory)관점의 이해로부터 시작하여, 설교자의 인격적인 관여, 목회 리더십 그리고 유기적인 교회의 목회 사역 전반에 관한 통전적인 지혜가 종합적으로 요청된다.

성경적인 설교 메시지를 선포하여 신자의 성화라는 결과를 얻어내려면, 설교자들, 목회자들은 하나님과 신자 그리고 세계 전체를 아우르는 광범위한 성찰과 아울러 이론적인 성찰을 실제 세계에 구현하는 통전적인 실천지(實踐智, φρόνησις, phronesis)를 갖추어야 한다.

2. 문제 제기

1) 구속사와 구원의 서정의 간격

올바른 성경 해석에 근거한 설교 메시지를 선포하여 신자의 회심과 영적인 성숙의 과정을 효과적으로 끌어낼 수 있는 설교 방안은 무엇인가?

---

[3] Cf., 이승진, "3. 미시 설교학과 거시 설교학", in "한국 교회 설교의 사사화와 공동체 지향적인 설교", 「성경과 신학」 67(2013), 31-73.

장로교 목회자들, 설교자들이 성경적인 설교를 올바로 선포하고 있음에도 불구하고 그 설교 메시지를 들은 성도의 삶에 윤리적인 변화와 성화가 올바로 구현되지 않는 이유는 무엇인가?
최근 한국 교회 안팎으로 기독교 신자의 도덕성 붕괴에 관한 비판적인 목소리들이 높아지는 가운데, 신자의 성화를 효과적으로 안내할 수 있는 설교 전략은 무엇인가?

이 질문에 대한 설교학적인 방안을 모색하기 위하여 필자는 "구속사를 구원의 서정에 적용하는 성화 설교"라는 논문을 작성하였다.[4] 이 논문에서 필자는 한국 교회에 널리 퍼진 왜곡된 성화론의 문제를 비판하면서 그리스도의 은혜에 근거한 지속적인 성화가 실제 신자들의 삶에서 실현되도록 하는 설교 방안을 제시하였다.

논문의 출발점은 한국 교회에 만연한 왜곡된 성화론이다. 왜곡된 성화론이란 구원 이후 성화의 원동력을 신자 자신의 인본주의적인 노력이나 율법주의(legalism) 공로에 의지하려 하거나 반대로 그리스도의 은혜만을 의지한다는 핑계로 칭의 이후의 당연한 성결과 선행을 무시하는 방임주의(licentiousness)를 가리킨다.

이런 문제점을 극복하기 위하여 필자는 성경이 증언하는 그리스도 중심의 구속 역사에 관한 내러티브를 신자의 구원 서정에 적용하는 성화 설교의 방안, 성화 설교의 실제적인 전략을 제시하였다.

첫째, 직설법 + 명령법의 구조
둘째, 대조법과 역설의 논리
셋째, 구원의 확신에 관한 실천적 삼단 논법
넷째, 공동체적인 차원의 실천적 선행

---

4 이승진, "구속사를 구원의 서정에 적용하는 성화설교", 「신학정론」, 30/2(2012.11): 697-720.

또한, 필자는 신자가 성화를 '공동체적인 차원의 실천'으로 구현할 수 있는 설교학적인 방안을 모색하기 위하여 "구속사 내러티브를 구현하는 설교 목회"라는 제목의 논문을 발표하였다.[5] 이 논문에서 필자는 구속사 내러티브가 신자들에게 선포될 때 신자 개인과 공동체의 정체성의 내러티브와 조우하여(encounter) 신자들의 자기 정체성 이해에 변화를 가져온다는 점에 주목하였다. 그리고 구속사 내러티브를 통한 회중 정체성 내러티브의 변화에 관한 제임스 호프웰(James Hopewell)의 회중 연구 이론을 설교학에 접목하였다.

제임스 호프웰은 노스럽 프라이(Northrop Frye)의 원형 비평 이론을 회중의 세계관에 접목한 회중 분석(congregation analysis) 방안을 소개하였다.[6] 제임스 호프웰은 노스럽 프라이의 희극과 로맨스, 비극 그리고 아이러니에 대응하여 영지주의 세계관과 은사주의 세계관, 정경적 세계관 그리고 실증주의 세계관의 네 가지 범주로 청중의 세계관이 담긴 내러티브를 파악할 것을 제안한다.

필자는 제임스 호프웰의 통찰을 설교자의 청중 이해에 적용하였다. 성경의 구속사 내러티브가 신자들의 성화를 끌어내리면 필연적으로 청중의 세계관을 담은 내러티브들과 조우하여 청중의 세계관 내러티브를 변혁해야 한다. 이 과정에서 설교자는 구속사 내러티브에 관한 설교 메시지 속에서 회중의 정체성 내러티브들을 함께 다룰 줄 알아야 한다.

그리고 그렇게 변화된 세계관을 반영한 회중의 정체성 내러티브들은 공동체 전체가 참여하는 부름과 세움 그리고 보냄의 목회 사역을 통해서 구현된다.

---

5 이승진, "구속사 내러티브를 구현하는 설교 목회", 한국복음주의실천신학회 제32회 정기 학술대회 주제 발표(2016, 10).

6 James Hopewell, *Congregation: Stories and structures*(Philadelphia, Fortress Press:1987), 57ff. Northrop Frye, 임철규 역, 『비평의 해부』 (서울: 한길사: 2000), 261-460.

2) 율법과 복음의 분리

이상의 설교학적 논의를 진행하는 과정에서 필자는 '현대 교회의 무기력한 성경적 설교'의 또 다른 원인에 주목하게 되었다.

오늘날 한국의 장로교회 강단에서 선포되는 성경적인 설교가 본래 의도했던 신자와 교회의 지속적인 성화를 끌어내지 못하는 또 다른 이유가 있다. 성경 해석과 설교, 목회 사역 전체가 율법과 복음을 포괄하는 언약신학(covenant theology)의 기초 위에서 통합적으로 정립되지 않았기 때문이다.

달리 말하면, 장로교 개혁파 신학의 핵심적인 신학 사상인 언약신학이 실제 설교 사역이나 목회 사역에 올바로 적용되지 못하기 때문이다.

개혁 신학(또는 칼빈주의, Calvinism)은 예수 그리스도와 성경의 계시에서 발원하여 사도 바울과 어거스틴 그리고 칼빈과 같은 16세기의 종교개혁자들과 그 이후 청교도 신학자들에 의하여 체계적으로 정리되고 장로교회의 역사 속에서 계승, 발전된 신학 사상이다. 방대한 저술들과 신앙고백서들을 통해서 그 모습을 드러내는 개혁 신학의 핵심 사상이다.

이것을 아래의 여섯 가지 관점으로 간단히 정리할 수 있다.

첫째, 삼위일체 하나님의 절대주권 사상
둘째, 구속 역사 속에서의 일관된 하나님의 언약
셋째, 하나님의 말씀으로 영감 된 성경의 절대적인 권위
넷째, 하나님의 영광을 구현하는 지상 교회의 사명에 대한 인식에 근거한 끊임없는 교회 개혁
다섯째, 튤립 신앙(Tulip Faith)
여섯째, 개혁주의 5대 솔라(Five Sola)

이상의 개혁 신학의 핵심 사상 중에서 개혁주의 언약신학은 하나님의 은혜로운 구원의 사역과 그다음에 신자의 수고와 노력이 동반되는 성화의 삶을 하나의 통일된 신학적인 프레임 안에서 해명한다.

그동안 이론적인 개혁 신학이나 언약신학이 실천신학에 적용된 몇 가지 대표적인 주제로는 개혁파 신앙고백서와 교리문답 교육, 성경 신학적인 설교학, '경험적 설교'(experimental preaching)[7] 등이 있었다. 기존의 개혁 신학에서는 하나님의 은혜로운 구원과 신자의 성화 그리고 신자의 계명 준행에 관한 주제들을 성경 신학의 관점에서 통합하려는 시도들이 계속되고 있다.[8]

하지만, 율법과 복음을 통합하는 개혁주의 언약신학이 성화의 삶을 유도하는 설교 사역에까지 온전히 적용되지 못하고 있는 것으로 보인다.

그래서 필자는 개혁주의 언약신학을 신자의 성화를 추구하는 성화 설교에 적용할 설교학 방안을 모색하고자 한다. 개혁주의 언약신학은 설교 사역에서 율법과 복음의 통합 방안, 즉 목회 현장에서 하나님의 자기 주권적인 은혜의 구원과 신자의 도덕적인 성화를 하나로 통합할 수 있는 중요한 신학적인 근거를 제공할 수 있다고 판단하기 때문이다.

먼저 율법과 복음이 분리된 한국 교회 강단의 현실을 비판적으로 살펴보고자 한다. 율법과 복음이 분리된 명백한 증거를 율법주의 설교 형식과 바울

---

[7] Joel R. Beeke, *Puritan Reformed Spirituality*, 김귀탁 역, 『개혁주의 청교도 영성』(서울: 부흥과개혁사, 2006), 717-743. Joel R. Beeke에 의하면 경험적 설교(experimental preaching)는 "신자들이 성경의 진리에 입각하여 삶의 목표를 결정하고 그 목표를 향하여 인생의 문제들을 어떻게 풀어가야 하는지를 제시하는 설교다. 그래서.경험적 설교의 목표는 하나님의 진리를 가족과 교회, 주변 세계와의 관계를 비롯하여 신자의 신앙생활의 경험이 일어나는 전체 영역에 적용하는 것이다." 필자가 보기에 Joel R. Beeke의 경험적 설교는 하나님의 언약 관계가 포괄하는 신앙 세계 전반에 관한 이해와 아울러 그러한 통전적인 언약 관계가 신자의 삶 속에서 구현되도록 하는 실천적 차원에 관심을 쏟는 설교다. 경험적 설교가 언약신학에 근거하고 있는 증거는 이 설교가 율법과 복음, 혹은 옛 시대와 새 시대의 차별적인 특성을 분명히 의식하여 신자를 위한 은혜와 불신자를 향한 하나님의 심판이라는 차별성을 분명하게 선포할 것을 강조하는 데서 발견된다.

[8] Joel Beeke에 의하면 윌리엄 퍼킨스(William Perkins, 1558-1602)의 언약신학은 하나님의 절대주권에 관한 조직신학과 구원의 서정(ordo salutis)에서 인간의 성실한 책임과 계명 준행에 관한 실천신학 사이에 효과적인 연결 고리(chain)를 제공해 준다고 한다. Joel R. Beeke, *Personal Assurance of Faith: English Puritanism and the Dutch 'Nadere Reformatie:' From Westminster to Alexander Comrie*(1640-1760)," Ph.D. Diss.(Westminster Theological Seminary, 1988):97-99.

의 새 관점 논쟁을 중심으로 살펴볼 것이다. 이어서 이 문제에 대한 한 가지 대안으로 율법과 복음을 통합하는 언약신학의 핵심적인 개념을 설교학의 입장에서 정리하고자 한다. 마지막으로 설교 사역의 현장에서 목회자들이 언약에 관한 성경 본문을 설교하여 실제 언약 갱신의 결과가 달성될 수 있는 실천적인 방안을 제시하고자 한다.

3. 율법주의 설교와 새 관점 논쟁

1) 한국 장로교회의 율법주의 설교의 문제

한국 장로교회 목회자들이 개혁주의 언약신학을 설교 강단에 올바로 적용하지 못함으로써 신자들의 삶 속에서 율법과 복음이 나뉘었다. 그리하여 신자들의 신앙적인 패러다임 속에 하나님의 주권적인 예정과 은혜의 구원에 관한 이해가 성결한 삶과 이를 위한 계명 준행의 필요성과 실천적인 삶으로 이어지지 못하고 있다.[9]

목회자들, 설교자들이 언약신학을 설교 사역에 적용하지 못한 결과로 신자들의 삶 속에 율법과 복음이 분리된 명백한 증거가 율법주의 설교와 새 관점(바울의 새 관점) 논쟁이다.

율법주의 설교란, 하나님의 구원 사역이 신자의 선행 여부에 달려 있다는 논리로 신자에게 율법과 계명 준수를 지나치게 강조하는 설교를 말한다. 설교자들이 율법주의 설교 메시지를 전달하는 이유 중 하나는, 설교자가 율법과 복음을 통합하는 언약신학에 대한 이해가 부족하여 신자들의 거룩한 삶의 문제를 율법주의로 이해하기 때문이거나, 또는 반대로 무율법주의 또는

---

9 마이클 호튼(Michael Horton)에 의하면, 도덕적 불감증의 원인은 신자들에게 율법과 복음을 균형 있게 설교하지 않기 때문이다. Michael Horton, *Introducing Covenant Theology*(Grand Rapids, MI: Baker Books, 2009), 86-7.

소위 말하는 은혜 만능주의의 시각을 갖고 있기 때문이다.

설교학자 요한 실리에(Johan Cilliers)에 의하면, 신자에게 율법을 지나치게 부과하는 율법주의 설교의 기본 구조는 다음과 같다.[10]

첫째, (과거에) 하나님이 역사하셨다.
둘째, (미래에) 하나님이 역사하기를 원하시거나 역사하실 것이다.
셋째, (현재에) 이를 위하여 우리가 어떤 것을 실행해야 한다.

율법주의 설교에 좀더 인본주의적인 알미니안 신학의 색채를 가미한다면 다음과 같은 설교 구조(또는 형식)가 나타날 것이다.

첫째, (과거에) 하나님이 여러분을 위하여 사랑의 선물을 마련하셨다.
둘째, (현재) 하나님의 선물을 위해 (믿음으로 열심히) 노력한다면,
셋째, (가까운 미래에) 여러분이 하나님의 축복을 누릴 것이다.

율법주의 설교에서는 다음 세 가지 특징이 관찰된다.

첫째, 설교 전반에 걸쳐서 언급되는 하나님의 미래 역할은 신자의 가치 있는 행동 여부에 달려 있음을 강조하는 조건문(conditional syntax)이 지배적이다.
둘째, 과거 하나님의 행동과 미래 하나님의 행동 사이에 끼어 있는 현재 하나님의 이미지는 '승리자 그리스도'(Christus Victor)보다는 신자의 실천 여부를 지켜보면서 다음 행동을 결정하는 방관자 같은 이미지다.

---

10 Johan H. Cilliers, *The Living Voice of the Gospel: Revisiting the Basic Principle of Preaching*, 이승진 역, 『설교 심포니: 살아 있는 복음의 음성』(서울: CLC, 2014), 159.

셋째, 하나님의 확정된 과거와 불확실한 미래를 연결하는 신인 협력의 연결고리로 현재 선택과 실천을 위한 인본주의적인 의지가 부각된다.[11]

그렇다면 일선 목회자들, 설교자들이 강단에서 율법과 복음을 균형 있게 설교하지 못하는 이유는 무엇일까?

목회자들, 설교자들이 율법과 복음, 또는 구약(시대)와 신약(시대), 옛 시대와 새 시대의 대비를 개혁주의 언약신학의 관점에서 올바로 이해하지 못하기 때문이다. 그래서 신앙생활에서 율법과 복음을 양자택일의 개념으로 이해하거나, 신자들이 은혜의 복음을 더 좋아하고 율법과 계명에 관한 메시지는 신자들의 마음을 무겁게 만든다고 오해하기 때문이다.

한편, 목회자들이 설교 현장에서 율법과 복음을 통합하는 언약신학에 기초하여 설교 사역을 올바로 감당하지 못하는 원인에 대해서는 장로교 신학자들도 일정 부분 책임이 있다. 한국의 일부 장로교회 신학자들이 율법과 복음을 개혁파 언약신학의 관점에서 제대로 통합하지 못하거나 개혁주의 언약신학을 실천신학이나 설교학으로 적용할 방안을 충분히 제시하지 않기 때문이다.

말하자면, 목회자들이 목회 현장에서 율법과 복음을 통합하지 못하는 이유는 장로교 신학자들이 언약신학에 근거하여 목회 현장에서 하나님의 절대주권적인 구원에 대한 신앙을, 성결한 삶과 성화를 위한 헌신과 계명 준행으로 연결할 실천적인 방안을 올바로 제시하지 않기 때문이다.

2) 새 관점 논쟁

한국의 장로교회와 신학계에서 언약신학에 대한 논의가 충분하지 않은 것은 아니다. 하지만, 대부분의 연구는 주로 조직신학의 울타리 안에 갇혀 있

---

11 이승진, "칭의론에 관한 설교학적인 문법", 「신학정론」33(1)(2015,5), 116-7. Johan H. Cilliers, 『설교 심포니』, 168.

을 뿐 실천신학이나 설교학의 영역으로까지 발전되지 못하고 있다. 그 명백한 증거가 한국의 장로교회와 관련 신학계 안에서 진행되는 새 관점 논쟁이다.[12]

새 관점(New Perspectives on Paul, 바울의 새 관점) 논쟁은 주로 샌더스(E. P. Sanders)[13]나 제임스 던(James Dunn)[14] 그리고 톰 라이트(N. T. Wright)와 같은 저명한 신약신학자들을 중심으로 시작되었다. 이들의 공통된 주장은 신약성경에서 사도 바울이 비판한 팔레스타인 유대주의의 구원론은 종교개혁자들이 비판했던 것처럼 인간의 노력과 행위에 의한 구원이 아니라는 것이다. 유대주의에서 주목했던 구원은 하나님의 은혜에 의하여 비롯되더라도, 구원 이후의 구별된 삶을 지탱하는 수단으로 의식적인 차원의 규례와 율법의 준수를 주장했던 '언약적 율법주의'(covenantal nomism)라는 것이다.[15]

새 관점의 영향을 받은 한국의 대표적인 신약신학자로는 '유보된 칭의론'(reserved justification)을 주장하는 김세윤 교수가 있다. 김세윤은 한국 교회에 만연한 도덕 윤리의 붕괴와 무율법주의 성화론의 문제점의 원인을 '이신칭의' 구원론에서 찾는다. 그는 전통적인 개혁주의 구원론이 강조한 구원의

---

12   김병훈, "율법주의, 언약적 율법주의, 은혜 언약: '바울의 새관점들'의 신학적 소재?" 『한국개혁 신학』 28(2010):147-191; 박동근, 『칭의의 복음: N.T. Wright의 칭의론에 대한 언약적/구원론적 비평』 (수원: 합신대학원출판부, 2012), 68, 78, 115, 124; 이승구, 『톰 라이트에 대한 개혁 신학적 반응』 (수원: 합신대학원출판부, 2013), 52; 이승구, 『우리 이웃의 신학들』 (서울: 나눔과섬김, 2014), 330.

13   E. P. Sanders, *Paul and the Palestinian Judaism: A Comparison of Patterns of Religion* (London: SCM, 1977), 552-556; E. P. Sanders, *Paul, the Law, and the Jewish People*, 김진영 역, 『바울, 율법, 유대인』 (서울: 크리스챤다이제스트, 1995).

14   James D. G. Dunn, "The New Perspective on Paul", *The New Perspective on Paul* (Grand Rapids, Michigan: Eerdmans, 2005), 102-119; J. D. G. Dunn, *The Theology of Paul the Apostle*, 박문재 역, 『바울신학』 (서울: 크리스챤다이제스트, 2003).

15   Guy Prentiss Waters, *Justification and the New Perspectives on Paul*, 배종열 역, 『바울에 관한 새관점: 기원. 역사. 비판』 (서울: P&R Korea, 2012); 김영한, "바울신학에 대한 새관점에 대한 비판적 성찰: 종교개혁 신학의 관점에서" 『한국개혁 신학』 29(2011), 212-44.

확신이 무율법주의의 방종으로 변질하지 않게 하려는 의도로, 아무리 예수를 믿고 구원을 받더라도 최종적인 칭의는 종말론적으로 최후 심판 때까지 유보되었다는 유보적 칭의론을 주장한다.

김세윤은 자신의 주장을 뒷받침하기 위하여 칭의를 시간의 순서를 따라 세분화한다. 과거의 칭의와 현재의 칭의 그리고 미래의 칭의를 구분하며, 과거에 칭의를 받았더라도 최종적인 칭의는 신자의 선행 여부에 의하여 최후 심판대 앞에 설 때까지는 유보되어 있으므로 그때까지는 구원을 맹목적으로 확신할 수 없다고 주장한다.[16]

김세윤 교수의 유보적 칭의론은 전통적으로 종교개혁자들이 통합한 칭의와 성화의 긴밀한 연결 고리를 끊어 놓을 뿐만 아니라, 신자의 선행과 무관하게 오직 그리스도께서 신자를 대신하여 완성하신 대속 사역에 근거한 그리스도의 칭의와 이중 전가로 인한 신자의 칭의의 완결성을 올바로 설명하지 못한다.

이런 약점에도 불구하고 최근 한국 교회와 신학계 안에서 새 관점 논쟁이 확산되고 '유보적 칭의론'이 설득력을 얻는 이유가 있다. 그것은 한국 기독교의 도덕성 붕괴 때문이다.

21세기 한국 기독교와 목회자들이 한국 사회 안에서 도덕과 윤리의 영역에서 선도적인 역할을 감당하지 못하고 오히려 비난의 대상으로 전락하고 있는 상황에서, 일부 신학자들은 전통적인 구원론이나 이신칭의론이 무율법주의를 조장했기 때문이라고 잘못 진단한다.

그리고 무율법주의에 오염된 한국 교회를 위한 대안을 유보적 칭의론에서 찾으려 하면서 종교개혁자들이 구축한 전통적인 의미의 성경적 구원론마저 허물고 있다.

하지만, 한국 기독교인들의 도덕과 윤리의 붕괴 문제는 새로운 구원론으로 해결될 수 없다. 오히려 성경이 말씀하는 율법과 복음을 성경적인 언약신

---

16 김세윤, 『칭의와 성화: 칭의란 무엇이고, 성화란 무엇인가』 (서울: 두란노서원, 2013), 189-92.

학의 관점에서 통합해야 하고, 그것을 설교와 목회 사역에 올바로 적용할 수 있도록 안내해야 한다.

4. 초월과 내재를 연결하는 개혁파 언약신학

게할더스 보스(Geerhardus Vos)는 "언약들에 대한 교리는 독특하게 개혁주의적인 교리"라고 한다.[17]

성경에서 언약(covenant)은 일반적으로 하나님이 사람의 영생을 얻는 방법과 관련하여 특정한 조건을 결정하는 상호 약속을 의미한다. 팔머 로버트슨(Palmer Robertson)은 *The Christ of the Covenant*에서 언약을 "(하나님의) 주권으로 집행되는 피로 맺은 약정"(bond in blood sovereignly administered)으로 정의한다.[18]

이 정의는 사람들이 하나님의 영원한 생명을 얻는 방법과 관련하여 사람의 자격이나 능력보다 하나님의 절대주권을 강조하며, 영생을 얻는 결정적인 방법으로서의 그리스도의 대속과 속죄 사역을 강조한다.

일반적으로 개혁파 언약신학자들은 아담의 타락 이전에 영생을 얻는 방법에 관한 행위 언약과 아담의 타락 이후에 영생을 얻기 위한 필수적인 방안으로서의 그리스도의 속죄를 포함하는 은혜 언약을 구분한다. 그리고 은혜 언약의 범주 안에 (율법 준행이 부각되는 것처럼 보이는) 옛 언약(Old Testament)과 (그리스도의 속죄가 비로소 부각되는 것처럼 보이는) 새 언약(New Testament)을 포함한다.

---

17   Geerhardus Vos, "The Doctrine of the Covenant in Reformed Theology", in *Redemptive History and Biblical Interpretation: The Shorter Writings of Geerhardus Vos*, ed. Rechard B. Gaffin Jr.(Philadelphia, NJ: P & R, 1980), 234.

18   Palmer Robertson, *The Christ of the Covenant*, 김의원 역, 『계약신학과 그리스도』 (서울: CLC, 1983), 12.

개혁파 언약신학자들이 옛 언약을 행위 언약이 아니라 은혜 언약의 범주에 포함하는 의도는, 옛 언약의 시대도 새 언약의 시대와 마찬가지로 하나님의 은혜로 구원을 얻는 시대였고 구원 받은 자는 반드시 말씀과 성령의 조명으로 성화의 삶을 살 수밖에 없는 은혜의 시대였음을 강조하기 위함이다.[19]

개혁주의 언약신학은 하나님과 백성 사이의 영원한 언약을 다음 세 가지 언약 관계로 구분한다. 창조 이전에 삼위 하나님 사이에 맺은 인류의 구속에 관한 '구속 언약'(pactum salutis)과 타락 이전에 모든 인류를 대표하여 아담과 맺은 '행위 언약'(foedus operum) 그리고 그리스도를 통하여 모든 신자와 맺은 '은혜 언약'(foedus gratiae)이다.[20]

종교개혁의 유산을 지속해서 발전시켜 온 개혁 신학의 정수는 웨스트민스터 신앙고백의 저변을 지탱하는 언약신학(covenant theology)으로 집약된다.[21]

웨스트민스터 신앙고백서 제7장 "사람과 맺은 하나님의 언약에 관하여"에서는 구속 역사 전체를 관통하는 행위 언약과 은혜 언약의 주제적인 일관성과 통일성을 다음과 같이 강조한다.

> 본질이 다른 두 개의 은혜 계약이 있는 것이 아니라, 여러 시대에 오직 하나만 있을 뿐이다.

웨스트민스터 신앙고백서에 담긴 개혁주의 언약신학의 핵심은 구약 시대와 신약 시대 모두를 은혜 언약의 범주에 포함한다는 것이다. 그래서 타락 이후 구속 역사 전체에 걸쳐서 오직 하나뿐인 은혜의 언약이 존재하고 이 은

---

19 김병훈, "웨스트민스터 신앙고백서와 언약신학", 「신학정론」제32권 2호(2014.11), 333.

20 Peter J. Gentry & Stephen J Wellum, *Kingdom through Covenant: A Biblical-Theological Understanding of the Covenants*(Wheaton: Crossway, 2012), 57.

21 김병훈, "웨스트민스터 신앙고백서와 언약신학", 328. Cf,. David B. McWilliams, "The Covenant Theology of the Westminster Confession of Faith and Recent Criticism," *Westminster Theological Journal* 53(1991), 109.

혜 언약의 성취를 통하여 모든 시대에 선택 받은 자들로 구성된 하나님의 유일한 백성인 교회가 창조되고 보존된다는 것이다.[22]

구약 시대와 신약 시대는 모두 은혜 언약의 시대 아래 있으며, 그 은혜 언약은 하나님의 주도성을 강조하는 구원과 그 언약 관계의 가시적인 증표를 위한 신자 편에서의 거룩한 삶과 이를 위한 계명의 준행의 두 가지 차원으로 구성된다.

달리 말하면, 은혜 언약은 하나님의 절대주권적인 구원에 관한 무조건성과 신자의 거룩한 행위의 의무에 관한 조건성의 이중적 차원으로 구성된다.[23]

또한, 이 은혜 언약은 구속 역사 속에서 아담의 타락 직후부터 집행되기 시작하며 노아 언약과 아브라함 언약, 모세 언약(또는 시내산 언약)과 모압 언약, 다윗 언약 그리고 새 언약의 예언과 그리스도의 죽음과 부활 그리고 성령 강림 사건으로 모두 성취되고 완성되었다.[24]

이렇게 성경의 구속 역사에 관한 내러티브는 초월적인 하나님이 시공의 역사 속에서 자기 백성과 맺은 언약을 갱신하시는 과정을 다룬다.

그 핵심적인 에피소드와 순차적인 배열은 아래와 같다.

22　김병훈, "웨스트민스터 신앙고백서와 언약신학", 325-346.

23　Cf,. Richard A. Muller, Richard A. Muller, "Divine Covenants, Absolute and Conditional: John Cameron and the Early Orthodox Development of Reformed Covenant Theology," *Mid-America Journal of Theology* 17(2006), 20.

24　성경 전체를 언약이라는 단일한 주제로 파악하는 대표적인 구약학자로는 Walter Eichrodt를 비롯하여 Palmer Robertson, W. J. Dumbrel, Thomas McComiskey, Michael Horton 등이 있다. Walter Eichrodt, *Theology of the Old Testament*(Philadelphia: Westminster Press, 1961). Palmer Robertson, *The Christ of the Covenants*(New York: Persbyterian and Reformed, 1980); Thomas McComiskey, *The Covenants of Promise: A Theology of the Old Testament Covenants*(Grand Rapids: Baker Books House, 1985); Michael Horton, *God of Promise: Introducing Covenant Theology*(Grand Rapids: Baker Book House, 2006).

첫째, 창세 전에 삼위 하나님이 그의 자녀들의 구속을 성취하기로 작정한 구속 언약
둘째, 삼위 하나님과 인류의 조상 아담 사이의 행위 언약
셋째, 사탄의 반역과 아담의 언약 파기 그리고 그 이후의 언약 갱신에 대한 하나님의 의지
넷째, (노아 언약, 아브라함 언약, 시내산 언약 그리고 다윗 언약으로 계속되는) 은혜 언약에 관한 예언
다섯째, 옛 언약의 근본적인 문제점과 이를 그리스도의 은혜 언약으로 완전히 갱신하려는 하나님의 의지
여섯째, 예수 그리스도의 죽음과 부활을 통한 새 언약의 성취
일곱째, 성령의 강림과 조명을 통한 새 언약의 향유와 교회를 통한 구속 역사의 계승
여덟째, 그리스도의 재림과 영원한 새 하늘과 새 땅의 완성[25]

김병훈에 의하면, 웨스트민스터 신앙고백서는 개혁 신학의 정수인 언약신학을 한 가지 신학 주제에 국한하지 않고 성경론, 신론, 인간론, 기독론, 구원론, 교회론 그리고 종말론 전체를 포괄하는 모든 신앙고백의 항목 안에 전방위적으로 반영하고 있다. 그래서 웨스트민스터 신앙고백서는 개혁 신학의 정수인 언약신학의 목회적인 결정체라고 해도 과언이 아니다.[26]

개혁파 언약신학에서 주목할 점은 구약 시대 이스라엘 백성에게 부과된 율법 준행의 의무를 신약 시대에 구원 받은 초대 교회 신자들의 성결한 삶과 성화의 의무와 같은 맥락에서 이해한다는 점이다. 달리 말하면, 개혁파 언약신학의 탁월성은 아담의 범죄와 타락 이후 노아 언약과 아브라함 언약, 모세 언약, 다윗 언약을 거쳐서 예수 그리스도의 새 언약으로 이어지는 은혜 언약

---

25 이승진, "반전의 깨달음을 위한 설교 플롯에 관한 연구"「신학과 실천」46(2015, 9), 129-30.

26 김병훈, "웨스트민스터 신앙고백서와 언약신학", 345.

의 전체 과정 속에서 그 언약 구조의 일관성과 주제의 통일성을 강조하는 것에 있다.

은혜 언약의 기본적인 구조는 창세 전에 삼위 하나님께서 그의 자녀들의 구속을 위하여 무조건인 선택과 성자 하나님의 속죄 사역 그리고 성령의 내주로 구속을 완성하기로 작정하신 구속 언약의 작정에 근거하여 하나님과 그 백성 사이에 "나는 너희 하나님이 되고 너희는 내 백성이 된다"는 생명과 구원을 공유하는 영원한 관계를 맺는 것이다. 그리고 그 은혜 언약의 핵심적인 주제는 공의와 자비가 무한한 하나님이 그 백성 된 신자들 중심에 말씀과 성령의 조명의 방식으로 내주하는 '임마누엘'이다.

하나님과 그 백성 사이에 그리스도의 피 흘림에 근거한 사망과 생명의 맞바꿈 안에서 상호 생명과 구원을 영원토록 베푸시고 하나님이 그 백성들 가운데 말씀과 성령의 조명으로 내주하시고 동행하시는 '임마누엘'이 은혜 언약 전체를 관통한다.[27]

이상과 같이 전개되는 그리스도 중심의 은혜 언약에 관한 성경 내러티브(biblical narrative)는 이 내러티브를 읽거나 경청하여 듣는 신자들 편에서 달성하려는 수사적인 목표를 염두에 두고 있다.

성령 하나님이 감화 감동하심으로 신자의 심령에 달성하려는 수사적인 의도는 구속 언약의 작정에서 이미 지급된 그리스도의 핏값의 담보에 근거하여 지급되는 은혜와 축복을 신자가 깨닫고 말씀 순종의 삶을 살도록 하려는 것이다. 삼위 하나님이 역사 속에서 행하신 과거와 미래의 구속 사건들과 언약 갱신을 다시금 새롭게 확인하고 기억하며 그 은혜 언약의 최종적인 완성을 예상하는 것이다. 그리고 이러한 해석학적인 인식의 전환 사건에 근거하여 성화의 삶을 살도록 유도한다.

성경의 언약 갱신의 과정에 관한 구속사 내러티브는 언약 갱신이라는 수사적인 의도를 실현하려는 하나님의 최고 전략인 셈이다.

---

27 Palmer Robertson, 『계약신학과 그리스도』, 36-59.

결국, 언약공동체의 흥망성쇠는 하나님의 계시와 구속 사건에 관한 내러티브의 기억에 달려 있다고 해도 과언이 아니다.[28] 설교 시간에 신자들은 그리스도 중심의 구속사 내러티브를 다시금 기억하고 확인함으로, 옛 사람은 예수 그리스도의 죽음에 함께 연합하여 죽고, 또 그리스도의 부활에 연합하여 새 사람이 이미 탄생했음을 확인하고, 이러한 영적인 깨달음에 근거하여 성화의 삶을 다짐하고 결단한다.

현대의 설교자들이 신자들에게 은혜 언약을 올바로 설교하여 신자들이 성경이 제시하는 임마누엘의 거룩한 삶을 살 수 있도록 안내하려면 어떻게 설교해야 할까?

이 질문의 실마리는 논리적인 분석보다는 성경의 구속사 내러티브와 그 내러티브의 수사적인 의도의 입장에서 언약신학을 연구한 신학자들에게서 얻을 수 있다.

개혁주의 신학의 발전 과정에서 종교개혁자들 이후 청교도 시대에 비약적인 발전을 이룬 언약신학은, 크게는 논리적인 분석의 방법을 따르는 조직신학적인 연구방법론과 성경의 구속사 내러티브의 점진적인 발전 구조를 따르는 성경 신학적인 연구방법론으로 구분된다.

개혁 신학자들의 언약신학에 관한 두 가지 대표적인 연구 방법으로서 조직신학의 논리적인 접근 방법과 성경 전체가 제시하는 구속 역사의 내러티브 접근 방법을 비교 연구한 송영재에 의하면, 역사성을 강조하는 구속사적인 언약신학은 성경 본문이 생생하게 증언하는 구원의 전개 과정에서 인간의 자율성이나 결정권을 현실성 있게 제시할 수 있어서 결과적으로 신자 편에서의 영성이나 경건을 위한 동기부여를 더욱 효과적으로 끌어낼 수 있다고 한다.[29]

---

28 Brevard S. Childs, *Memory and tradition in Israel*, 윤천석 역, 『이스라엘에게 있어서 기억과 전통』 (서울: 이컴비즈넷, 2005), 113. 이승진, "설교를 통한 신앙공동체의 집단기억 형성에 관한 연구",「신학과 실천」24/1(2010, 9월), 145-175.

29 송영재, "언약신학의 두 가지 방법론: 조직적 접근과 구속사적 접근"「개혁신학」3(2002),

그래서 개혁파 언약신학이 강조한 은혜 언약의 통일성과 일관성을 현대 신자의 구원의 서정에 가감 없이 적용하려면, 언약신학을 언약에 관한 조직적인 논리 전개 방법보다는 전체 성경(tota scriptura)이 제시하는 구속 역사의 내러티브 방법을 따라서 연구했던 언약신학자 요한 코케이우스(Johannes Coccius)와[30] 성경 신학과 구속 역사의 관점에서 언약신학을 해명하려고 노력했던 게할더스 보스 그리고 그레임 골즈위디(Graeme Goldsworthy)와 같은 성경 신학자들의 연구에 주목할 필요가 있다.

5. 언약 갱신 설교의 구성 요소들

성경 본문의 수사적인 의도는 독자들과 하나님 사이에 맺은 언약을 갱신하려는 것이다. 이와 마찬가지로 성경의 구속사 내러티브에 관한 설교의 목적도 하나님의 백성에게 성경의 구속 역사를 통해서 전개되는 언약 갱신에 관한 말씀을 선포하여 언약 백성들의 삶 속에서 언약 갱신의 목적이 달성되도록 하려는 것이다.

언약 설교는 설교의 기본적인 다섯 가지 구성 요소(하나님, 성경, 설교자, 청중, 상황)를 언약신학의 관점에서 이해한다. 즉, 설교의 중심 주제다.

첫째, 말씀을 통해서 자기 백성에게 찾아오시는 하나님

187-88.

[30] 개혁파의 저명한 언약신학자인 Johannes Cocceius는 성경의 언약을 연구할 때 성경 내 러티브의 역사적인 속성(the historical nature of the biblical narrative)을 매우 중요하게 다루었고 이를 위하여 해석자들이 성경 원어에 대한 지식을 갖출 것을 강조하였다. Cf., Johannes Coccius, *The Doctrine of the Covenant and Testament of God*, tr. by Casey Carmichael(Grand Rapdis, Michigan, Reformation Heritage Books, 2016), xix. Andrew A. Woolsey, *Unity and Continuity in Covenant Thought: A study in the reformed tradition to the Westminster Assembly*(Grand Rapdis, Michigan, Reformation Heritage Books, 2012), 81.

둘째, 언약의 말씀에 반응하는 그 백성
셋째, 새 언약의 중보자인 설교자
넷째, 언약의 말씀에 반응하는 언약 백성인 회중
다섯째, 언약 갱신이 요청되는 특정한 수사적 상황(rhetorical situation)

이 다섯 가지가 언약 갱신을 추구하는 설교의 핵심적인 구성 요소다.
그렇다면 성경의 구속 역사에 관한 내러티브를 구원의 도상에 있는 신자들에게 설교하여 율법과 복음에 대한 새로운 이해에 근거해 그들과 하나님 사이의 언약이 새롭게 갱신되는 결과를 가져올 수 있는 효과적인 설교 방법은 무엇일까?
언약 갱신의 목표를 달성하는 효과적인 설교 방안을 모색하려면, 설교의 핵심적인 다섯 가지 구성 요소(하나님, 성경, 설교자, 청중, 상황)를 언약신학의 관점에서 심화시켜 이해할 필요가 있다.

1) 영원한 은혜 언약과 그 말씀

언약 갱신을 지향하는 설교에서 먼저 점검할 요소는 하나님과 신자들 사이의 영원한 언약 관계의 기원이다.
하나님과 신자 사이의 언약 관계는 어디서 비롯된 것인가?
하나님과 신자 사이에 영원한 생명을 공유하고 하나님이 신자의 중심에 거주하는 임마누엘의 언약 관계는 삼위 하나님의 영원한 친교와 인류의 구원에 관한 작정에 기초한다.
논리적인 순서로 말하자면 경세적 삼위일체론은 내재적 삼위일체론에 기초한다. 하나님이 사람들을 구원하시고, 자기 백성으로 삼아서, 그들에게 하늘의 유업을 베풀기로 약속하시고 언약을 맺으시는 이유는 외부의 어떤 강요나 의무 때문이 아니라 하나님의 영원한 사랑 때문이다.
삼위 하나님이 영원토록 서로 하나를 이루어 사랑하고 연합함으로 영원토록 스스로를 기뻐하고 즐거워하시며 스스로 영광을 거두시기 때문이다.

삼위 하나님께서 무조건적인 사랑 안에서 그리고 그리스도 안에서 일정한 수의 사람들을 자녀 삼기로 작정(또는 예정)하셨다(구속 언약의 작정). 이러한 창세 전의 작정과 예정을 실현하는 과정에서 천지 창조와 그리스도 안에서 인류의 구속을 위한 구속 역사가 전개된다.

하나님과 신자 사이의 언약 관계가 내재적 삼위일체의 사랑에서 비롯된 것이라면, 하나님은 무슨 방편으로 구속 역사 속에서 자기 백성과의 언약을 갱신하시는가?

언약 갱신의 전체 역사에서 하나님은 언약 체결에 관한 예언의 말씀과 그 말씀에 대한 신자의 믿음 그리고 이후의 성취를 반복적으로 증언하심으로써 반복적으로 언약을 갱신하신다.

성경의 구속사 내러티브 안에서는 언약에 관한 말씀의 선포와 그 말씀으로 인한 믿음의 형성 그리고 약속의 말씀 성취 사이에 일정한 구도가 형성된다. 예를 들어, 하나님은 아브라함에게 찾아오셔서 하나님 나라의 건설에 관한 예언의 말씀을 선포하신다(창 12:1-3; 13:14-18). 아브라함이 그 예언의 말씀을 듣고서 믿을 수 없는 상황에서(창 15:1-2), 그 말씀을 액면 그대로 받아들이고 믿으면 하나님은 그 믿음을 의로 인정하신다(창 15:6). 그리고 시간이 흐르면서 아브라함의 인생 가운데 그 이전의 약속들이 단계적으로 성취된다(17:1-16; 22:16-18).

이 과정에서 하나님이 자기 백성과 맺은 언약을 계속해서 갱신하시는 구속사적인 패턴이 발견된다. 예언의 말씀과 믿음의 형성 그리고 이후의 성취 패턴이다.

하나님이 아브라함 개인에게 말씀하신 하나님 나라 건설에 관한 약속의 말씀(창 12:1-3)은 아브라함 개인에게만 약속하신 것이 아니라 그 약속의 말씀을 믿었던 아브라함과 동일한 믿음을 가진 모든 후손을 포함한다(롬 4:23-25). 아브라함과 맺은 은혜의 언약은 모세 언약(또는 시내산 언약)과 다윗 언약을 거쳐서 새 언약에 관한 예언과 성취로 이어진다.

이렇게 구약 시대와 신약 시대 전체를 관통하는 은혜 언약 시대에 하나님은 반복적으로 말씀 선포를 통하여 자기 백성에게 찾아오셔서, 죄악으로 말미암아 하나님의 언약을 파기하고 불신앙의 삶을 사는 자기 백성과 반복적으로 언약을 갱신하시며, 그들을 구원과 평강의 자리로 인도하신다.

그래서 화란의 개혁파 실천신학자 제이콥 피렛(Jacob Firet)은 언약신학의 관점에서 '말씀을 통해서 자기 백성에게 찾아오시는 하나님의 프락시스'(praxis of God)를 실천신학의 핵심 의제로 삼는다. 그에 의하면 말씀을 통하여 자기 백성에게 찾아오시는 하나님의 '목회적인 역할 성취'(pastoral role-fulfillment)는 케리그마를 통한 임재의 실행화(mode of actualization)와 디다케를 통한 임재의 지속화(mode of continuation), 파라클레시스를 통한 하나님의 임재의 집중화(mode of concentration)의 세 가지 양식을 취한다.[31]

2) 언약 관계에 반응하는 인간

하나님이 주도하는 언약 관계의 파트너인 인간은 어떤 존재인가?

다른 모든 피조물은 하나님의 말씀으로 창조되었지만, 인간은 하나님의 말씀 방법에 덧붙여 '하나님의 형상을 따라' 창조되었다.

> 하나님이 이르시되 우리의 형상을 따라 우리의 모양대로 우리가 사람을 만들고 그들로 바다의 물고기와 하늘의 새와 가축과 온 땅과 땅에 기는 모든 것을 다스리게 하자 하시고 하나님이 자기 형상 곧 하나님의 형상대로 사람을 창조하시되 남자와 여자를 창조하시고 하나님이 그들에게 복을 주시며 하나님이 그들에게 이르시되 생육하고 번성하여 땅에 충만하라, 땅을 정복하라 바다의 물고기와 하늘의 새와 땅에 움직이는 모든 생물을 다스리라 하시니라(창 1:26-28).

천지 창조 과정에서 인간이 다른 모든 피조물과 구별되는 독특성은 인간은 하나님의 형상대로 지음을 받았다는 점이다. 여기서 '하나님의 형상'은

31　Jacob Firet, *Dynamics in Pastoring: The Agogic Moment in Pastoral role-fulfillment*(Grand Rapdis, Mich: Wm. B. Eerdmans, 1986), 15-17.

인간이 하나님과 맺은 언약 관계를 의지적으로 구현할 가능성을 지닌 존재로 창조되었음을 의미한다.

인간은 하나님이 천지 창조의 과정에서 맨 처음에 창조하신 시간과 공간 그리고 물질계에 속하면서도, 피조 세계와 달리 하나님의 말씀에 반응하여 언약 관계를 의지적으로 구현할 수 있는 존재로 지음을 받았다.

인간이 하나님과의 언약 관계 안에서 하나님의 말씀에 반응할 수 있는 존재로 지음을 받았다는 사실은, 개혁주의 언약신학을 실천신학에 적용하려고 할 때 실천신학적인 인간론의 정립을 위한 중요한 신학적인 토대를 제공한다.

계몽주의 이후에 인간론의 기본 패러다임은 주로 이성적인 사고 능력을 갖춘 인간(cogito ergo sum)이었다. 인간론이 주로 지성적인 사고 능력에 집중되면, 실천신학의 핵심 쟁점은 성경 해석 방법론이나 기독교 핵심 교리에 대한 논리적인 설명이나 교육에 집중되고, 설교학에서 청중이 쉽게 이해할 수 있는 연역식 설교 형식에 집중된다.

하지만, 지성 중심의 인간 이해, 즉 지성적인 인간론(rational anthropology)의 가장 심각한 문제점은 하나님의 말씀 선포 이후 지행 격차(knowledge-action gap)가 발생한다는 것이다.

성경적인 메시지를 설교해도 청중이 성화의 삶을 살지 않는 이유는 설교자의 청중 이해가 지성적인 인간론에 머물렀기 때문이다. 청중이 하나님과의 언약 관계에 근거하여 하나님의 말씀에 반응해서 윤리와 도덕의 차원에서 책임 있는 성화의 삶을 살아야 하는 존재로 여기지도 않고, 또 언약 갱신의 목적을 달성할 의도를 염두에 두면서 청중을 상대하지 않았기 때문이다.

하지만, 신학 이론과 목회 실천을 통합하여 실천적인 지혜를 추구하는 프로네시스 실천신학(phronesis practical theology)의 관점에서 볼 때 하나님의 말씀을 경청해야 하는 인간은 단순히 선포된 말씀을 이성적으로 수납하는 차원에 머물지 않는다.

이런 문제점을 직시한 개혁파 실천신학자들은 실천신학적인 인간론을 이성적인 인간(cogito ergo sum)에서 '반응하는 인간'(respondeo ergo sum, I respond [and I am responsible] therefore I am)으로 수정한다.

남아공의 대표적인 개혁파 실천신학자인 다니엘 로우(Daniel Louw)에 의하면, 사람이 하나님의 형상으로 창조되었다는 것은 사람이 하나님의 말씀에 반응하고 특정 상황에서 언약 관계의 구현을 책임지는 존재로 지음 받았음을 의미한다. 이런 배경에서 다니엘 로우는 실천신학적인 인간론(practical theological anthropology)의 핵심을 하나님의 말씀에 반응하는 책임과 언약 관계를 구현해야 할 목표를 추구하는 존재(telic being)로 이해한다.[32]

이런 맥락에서 다음 장에서 "칭의론에 관한 설교학적인 문법"이란 논문을 통해 설교자들이 하나님의 말씀을 듣는 회중에 관한 설교학적인 인간론(homiletical anthropology), 혹은 실천신학적인 인간론을 그리스도 중심의 구속사 관점(redemptive history perspective)에 기초하여 기독론과 구원론 성령론, 교회론 그리고 종말론 전체가 적용되는 대상으로 신자들을 이해해야 할 것을 제안하고자 한다.[33]

언약 갱신을 추구하는 설교에서 청중은 선포된 하나님의 말씀을 통해서 자신이 처한 언약 파기의 상황을 깨닫고 회개하며, 자비를 베푸시는 하나님의 은총을 깨닫고 그 마음의 변화를 경험하며, 새 생명으로 거듭났음을 깨닫고 새롭게 변화된 정체성에 합당한 거룩한 삶을 살기로 결단하며, 하나님의 계명과 율법을 준행하는 자리로 나아가는 언약 백성들이다.

---

[32] Daniel Louw, *A Pastoral Hermeneutics of Care and Encounter*(Cape Town, Lux Verbi, 1999), 155-156, 165, 251.; Daniel Louw, *A mature faith: spiritual direction and anthropology in a theology of pastoral care and counseling*(Hadleigh: BRAD, 1999),74.

[33] 이승진, "칭의론에 관한 설교학적인 문법", 「신학정론」33(1)(2015,5), 126-131. Peter Stuhlmacher나 Fred M. Jensen도 신자의 칭의(justification)를 그리스도와 신자 개인 사이에 진행되는 법정적인 사건이라는 제한적인 관점으로만 이해할 것이 아니라 그리스도 중심의 구속사적인 관점에서 통전적으로 이해할 것을 주장한다. "Justification as Paul teaches it has salvation-historical dimensions. This can be seen both christologically and anthropologically." Peter Stuhlmacher, *Revisiting Paul's Doctrine of Justification: A challenge to the new perspective*(Downes Grove: IVP, 2001), 62; Fred M. Jensen, *A Study of the Foundation of Justification*(Illinois: Tyndale House Publishers, 2010), 6.

따라서, 새 언약의 일꾼으로 부름을 받은 설교자들은 설교학적인 인간론(homiletical anthropology)을 선포된 하나님의 말씀에 반응하여 언약 갱신이 실현되는 대상으로 정립해야 한다.

3) 언약 갱신 사건을 재현하는 설교자의 파토스

성경의 구속사 내러티브를 오늘의 회중에 설교하여 회중들과 하나님 사이에 파기된 언약 갱신의 목적을 달성하려면 하나님과 회중 사이에서 설교자는 어떤 역할을 감당해야 하는가?

언약 갱신 설교에서 설교자의 핵심적인 역할은 무엇일까?

설교를 통한 회중과 하나님 사이에 언약 갱신 사건의 주도자는 철저하게 삼위 하나님이시다. 그 어떤 수사적인 방법으로도 인간 설교자는 하나님과 회중 사이의 언약을 갱신할 수 없다.

그렇다면 설교 시간에 언약 갱신 사건을 위한 설교자의 역할은 무엇인가?

언약 갱신 설교에서 설교자의 중요한 역할은 파기된 언약 관계로 인하여 고난 중에 있는 회중을 긍휼히 여기시는 하나님의 파토스(πάθος, pathos)를 자신의 전인격으로 공감하고, 하나님의 파토스를 자신의 파토스로 회중에 중재하는 것이다.

언약 갱신 설교의 중요한 구성 요소인 설교자는 성경 본문에 펼쳐진 언약 갱신 사건을 오늘 회중 앞에서 자신의 전인격적인 증언으로 재현할 수 있어야 한다. 이 과정에서 설교자는 한편으로는 언약을 파기한 언약 백성에 대한 진노와 심판의 불가피성을 표출하면서도, 다른 한편으로는 이들을 향한 하나님의 무한한 자비를 그대로 공감하면서, 죄인이 파기한 하나님의 언약을 하나님이 하나님의 방법으로 다시 회복하고 돌이키실 것에 대한 믿음과 확신을 자신의 파토스에 담아서 회중에게 전달해야 한다.

달리 말하면, 언약 갱신 설교를 위하여 설교자는 언약 갱신에 관한 논리적인 로고스뿐만 아니라, 언약을 하나님의 방법으로 회복하시고 갱신하시기 위해 언약 백성을 긍휼히 여기시고 그들의 죄악을 체휼하시는 '하나님의 파토스'(pathos of God)를 자신의 파토스에 담아서 회중에 옮길 수 있어야 한다.[34] 설교자가 자기 백성을 향한 하나님의 파토스를 자신의 정서로 고스란히 옮기듯이 증언할 때, 설교를 통한 언약 갱신이 가능해 진다.

첫째, 출애굽기 19-31장에서 하나님은 이스라엘 백성을 시내산으로 인도하신 다음에 시내산에 강림하여 모세를 언약의 중보자 삼아서 십계명을 비롯한 계시의 말씀을 이스라엘 백성에게 선포하시고 시내산 언약을 체결하신다. 하지만, 출애굽기 32장 1절 이하에서 이스라엘 백성들은 모세가 시내산에서 지체하자 그 아래에서 금송아지를 만들어 우상을 섬기면서 하나님과 맺은 언약을 즉시로 파기하는 범죄를 저지른다.

그러자 하나님은 시내산 언약을 파기한 범죄에 대한 심판으로 "내가 그들에게 진노하여 그들을 진멸하고 너를 큰 나라가 되게 하리라"고 모세에게 말씀하신다(출 32:10). 자신의 공의에 근거하여 언약을 파기한 이스라엘 백성들의 죄악을 심판하시겠다는 것이다.

이때 모세는 하나님의 자비에 근거하여 진노를 그쳐 달라고 중보 기도 한다(출 32:11-13). 모세는 중보자의 입장에서 언약의 하나님 이중적인 성품인 공의와 자비 중에서 하나님의 자비의 파토스에 모세가 공감하여 하나님의 공의를 누그러뜨려 달라고 간구한 것이다. 모세의 중보 기도를 통해서 하나

---

34 Richard Bauckham, "Only the Suffering God Can help: Divine passibility in modern theolog", *Themelios* 9.3(1984, April), 6-12. 유대교 신학자 Abraham Heschel이나 희망의 신학자 Jürgen Moltmann은 하나님이 자신의 공의에도 불구하고 범죄한 자기 백성을 긍휼히 여기시며 구속의 역사를 통하여 그들의 죄악을 대속하시는 원동력인 하나님의 파토스의 출발점을 하나님이 자기 백성과 맺은 은혜 언약에서 찾는다. Abraham Heschel, *Between God and Man: An interpretation of Judaism*(New York: Harper & Row, 1959), 119-120; Richard Bauckham, *The Theology of Jürgen Moltmann*(London, T&T Clock, 1995), 66. Cf., J. C. Merkle, "Herschel's Theololgy of Divine Pathos,' in *Abraham Joshua Heschel: Exploring His Life and Thought*, ed. J. C. Merkle(New York: Macmillan/London: Collier Macmillan, 1985), 66-83; Terence E. Frethheim, *The Suffering of God: An Old Testament Perspective*(Overtures to Biblical Theology 14; Philadelphia: Fortress, 1984).

님은 다시 이스라엘 백성과 언약을 갱신하신다.

결국, 하나님의 자비에 공감한 모세의 파토스에 근거한 중보 기도가 하나님의 진노를 누그러뜨림으로 하나님은 파기된 언약을 갱신하시고 십계명의 말씀을 선포하신다(출 34:1-28).

둘째, 이스라엘의 미래 군왕으로 기름 부음을 받은 다윗도 사무엘상 25장 9절 이하에서 나발의 푸대접에 대한 순간적인 분노로 인하여 하나님과 맺었던 언약을 파기할 위기 상황에 직면한다.

> 다윗이 자기 사람들에게 이르되 너희는 각기 칼을 차라 하니 각기 칼을 차매 다윗도 자기 칼을 차고 사백 명 가량은 데리고 올라가고 이백 명은 소유물 곁에 있게 하니라 (삼상 25:13).

다윗의 분노는 "밝는 아침에는 과연 나발에 한 남자도 남겨 두지 않고"(삼상 25:22) 모조리 몰살하겠다고 다짐할 정도로 파국으로 치닫는 상황이었다. 하지만 다행히 나발의 아내 아비가일이 등장하여 순간적인 분노의 감정에 휩싸인 다윗을 하나님의 말씀이 성취된 미래 언약 갱신의 시점으로 인도한다. 아비가일의 현명한 조언 덕분에 다윗은 악을 행하지 않고 하나님의 말씀을 믿고 인내하는 쪽을 선택한다. 다윗을 향한 하나님의 파토스가 아비가일의 파토스와 메시지에 담겨서 다윗에게 전달된 것이다.

따라서, 이 본문의 내러티브를 설교할 때 설교자는 다윗이 나발에 품었던 분노를 하나님이 자신에게 약속하셨던 언약의 성취에 대한 불신이 폭발한 증거로 해석하면서, 언약 파기에 대한 실망감을 자신의 파토스에 담아서 드라마틱하게 재현함으로써 회중이 본문의 Q-A(Question & Answer) 구조를 생생하게 경험할 수 있도록 유도해야 한다.

성경에 등장하는 하나님의 백성과 왕, 제사장 그리고 선지자들은 하나님과 맺은 언약이 쉽사리 실현되지 않는 현실 세계에서 하나님의 언약에 관한 의심과 불확실성의 문제에 직면하였다.

이런 상황에서 하나님은 그 인물들의 인생에 개입하여 말씀하시고, 시간이 흐른 다음에 그 약속을 스스로 성취하시고, 말씀을 선포하는 전령들(선지자들, 사도들, 설교자들)이 그 전체 과정을 목격하게 하신다.

말씀의 전령들은 자신의 목격에 근거하여 증언한다. 따라서, 언약 갱신을 추구하는 설교자들은 성경에 등장하는 인물들이 언약 갱신 과정에서 경험했던 Q-A의 패러다임을 설교자 자신의 전인격적인 파토스와 증언 사역으로 회중 앞에서 언어로 재현해야 한다.

이 과정에서 설교자는 파기된 언약 때문에 고난 중에 있는 회중을 긍휼히 여기시는 하나님의 파토스를 자신의 전인격적인 파토스로 회중을 향하여 중재해야 한다. 그럴 때 회중은 그 메시지 속에서 하나님의 파토스를 체험하면서 언약 갱신의 사건에 참여하여 이를 경험할 수 있게 된다.

6. 언약 갱신을 위한 설교

1) 화행론 관점의 언약 갱신 사건

설교자가 구속사 내러티브를 회중에 증언하고, 또 하나님의 파토스를 전인격적으로 전달하여 회중이 언약 갱신 사건에 참여하여 이를 경험하도록 하기 위해서, 실제 설교는 어떻게 진행되어야 하는가?

앞에서 소개한 제이콥 피렛(Jacob Firet)에 의하면, 말씀을 통하여 자기 백성들 가운데 찾아오시는 하나님의 임마누엘 사건은 기본적으로 케리그마를 통한 임재의 실행화(mode of actualization)와 디다케를 통한 임재의 지속화(mode of continuation) 그리고 파라클레시스를 통한 하나님의 임재의 집중화(mode of concentration)의 세 가지 양식을 취한다.

그리고 제이콥 피렛에 의하면 말씀을 통한 삼차원의 임마누엘은 하나님의 백성들 가운데 자신의 죄악과 하나님의 구속하시고 사죄하시는 은총에 대한 깨달음과 회심의 해석학적인 사건(hermeneutical moment)과 회중과 하나님 사

이의 언약 관계의 갱신과 영적인 변화와 성숙의 사건(agogic moment)으로 나타난다.[35]

쉽게 말하면, 설교를 통한 언약 갱신 사건의 핵심적인 목표는 설교를 듣는 회중의 깨달음과 변화에 있다. 그래서 신자들의 삶 속에서 말씀(설교)을 통한 언약 갱신은 기본적으로 회심(칭의)과 성화의 과정으로 나타난다.

그렇다면 언약 갱신을 목적하는 설교는 어떻게 회중의 해석학적인 사건과 영적인 변화와 성숙의 사건을 끌어내고 이를 통해서 회중과 하나님 사이의 언약 갱신을 성취할 수 있을까?

이 질문에 응답하려면 화행론을 언약신학에 접목해서 화행론 관점의 언약신학을 설명하는 것이 효과적이다.

화행론(speech act theory)이란 화자와 청자 사이에 어떤 메시지가 본래 의도했던 효과를 거두는 소통 행위 전반을 논리적으로 해명하는 것이다. 소통 과정에서 화자는 단순발화행위를 하지만 그 발화행위 속에는 의미가 수반되며(효과수반발화), 발화를 통해서 전달되는 의미는 반드시 새로운 파장과 효과를 가져온다(효과수반발화).[36]

오스틴의 화행론을 언약 갱신을 위한 설교 사역에 적용해 보자.

먼저 단순발화행위는 설교자가 하나님과 그 백성들 사이의 언약에 관한 성경 본문을 주해하고 설명하는 과정에서 (그리고 그 본문이 전제하는 구속 역사의 연장선상에 위치하여) 현대의 신자들을 향한 하나님의 언약 갱신을 설득하는 행위를 가리킨다. 효과수반발화는 언약 갱신에 관한 성경 본문의 메시지가 현대 청중들이 하나님과 맺은 언약 관계가 파기된 자신들의 현실을 하나님의 시각으로 조망하도록 하는 과정을 가리킨다. 마지막으로 효과수반발화란 언약 갱신에 관한 설교 메시지를 듣는 청중들이(본문 속의 하나님이 설교자의 인격과 설교 행위 그리고 성령의 조명을 도구 삼아서 자신들의 심령과 자신들이 속한

---

35 Jacob Firet, *Dynamics in Pastoring*, 95ff.

36 Kevin J. Vanhoozer, *Is There a Meaning in the Text?*, 김재영 역, 『이 텍스트에 의미가 있는가』 (서울: IVP, 2003), 350-51, 361.

교회 안에서) 하나님을 향한 언약 관계를 새롭게 갱신하는 경험을 가리킨다.

2) 언약신학과 교집합 설교 모델

언약 갱신을 끌어내는 설교의 기본 형식은 무엇인가?
성경의 구속 역사에 관한 내러티브를 설교함으로 언약 갱신의 목적을 달성하는 설교의 기본 형식은, 서론과 본론 그리고 결론의 설교 기본 형식에 언약신학을 접목한 것이다.
폴 스콧 윌슨(Paul Scott Wilson)의 네 페이지 설교는 언약 갱신을 위한 설교의 수사적인 전략 구조와 관련하여 유용한 모델을 제시한다. 네 페이지 설교는 다음과 같이 구성된다.

첫째, 성경 본문에 소개되는 인간의 문제점
둘째, 성경 본문의 해답
셋째, 오늘 청중의 문제점
넷째, 오늘 청중에 대한 해답[37]

폴 스콧 윌슨의 네 페이지 설교를 언약 갱신을 추구하는 수사적인 전략 구조에 다음과 같이 적용할 수 있다.

① 서론: 파기된 언약의 문제로 인한 청중의 고난에 관한 서술
② 성경 본문에 등장하는 등장인물의 고난과의 동일시
③ 성경의 등장인물에 찾아오시는 하나님의 해답과 언약 갱신
④ 성경 본문 속에서 제시된 해답과 청중의 현실 세계의 유비적인 연관성
⑤ 성경 본문의 해답을 청중의 현실에 믿고 적용할 수 있는 실천 방안

---

37 Paul Scott Wilson, 『네 페이지 설교』 (서울: WPA, 2006).

이상은 폴 스콧 윌슨이 제안한 네 가지 주제를 언약 갱신의 전체 과정에 적용한 것이다.

여기서 주목할 부분은 성경 본문 안에서 발견되는 언약 파기와 고난의 문제점(question)과 이에 대한 해답의 말씀을 통한 언약 갱신(Answer)의 논리적인 전개 과정이다. 문제와 해답의 논리적인 전개 과정이 먼저 성경 본문 속에서 발견된다면 설교자는 그 구조를 다시 설교를 통하여 오늘의 회중에 재현해야 한다.

이렇게 성경 본문의 Q-A 대응 구조를 그대로 오늘 회중의 Q-A의 대응 구조에 그대로 적용하는 설교 모델이 바로 교집합 설교 모델이다.

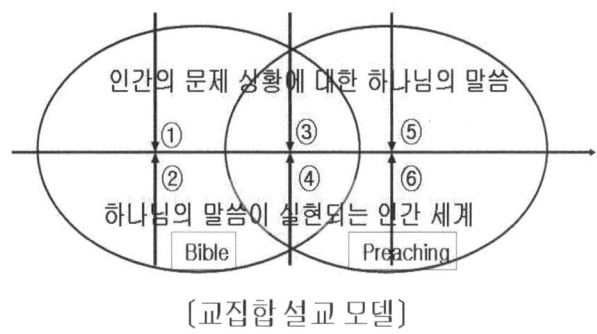

[교집합 설교 모델]

위의 그림에서 교집합 설교 모델(intersection preaching model)은 성경 본문의 Q-A의 대응 구조가 설교를 통해서 오늘의 회중에게 그대로 재현되도록 하는 설교 모델을 말한다.

②는 성경 본문에 등장하는 인물들의 고난의 상황을 가리킨다. 하나님이 말씀을 통해서 언약 백성에게 찾아오실 때 언약 백성들은 하나님과 언약을 맺었음에도, 그 언약을 망각하고 언약 백성에 합당한 구별된 삶을 살아내지 못하고 있다. ②의 상황은 하나님의 말씀이 선포되고 언약 관계가 회복되어야 할 인간 세계와 그들의 문제 상황을 가리킨다.

①은 말씀을 통해서 자기 백성에게 찾아오시는 하나님을 가리키며 그 말씀의 핵심적인 의미는 항상 언약을 망각한 백성에게 하나님이 다시 은혜로 인한 언약의 회복에 집중된다.

설교자는 설교 메시지를 통해서 ②-①의 대응 구조(또는 Q-A 구조)를 해설함으로써 ②의 연장선상에서 ②와 유사한 언약 관계의 망각 또는 언약 관계의 파기로 인한 고난의 상황에 부닥친 현대 청중(⑥)에게 언약 관계를 회복하시는 하나님의 말씀(⑤)을 선포한다.

이렇게 설교를 통한 회중의 언약 갱신 사건은 Q-A 구조로 이루어진다.

3) 서론의 문제 제기: 파기된 언약과 고난의 상황

앞서 확인한 바와 같이 말씀을 통한 언약 갱신의 내러티브는 먼저 파기된 언약 관계의 문제에 대한 묘사로부터 시작된다.

구속사 내러티브에 언급된 이스라엘 백성들의 범죄와 타락상 그리고 언약이 파기된 이후의 고난의 삶에 관한 묘사의 수사적인 의도(rhetorical intention)는 후대의 독자들이 율법의 한계를 깨닫고 자기 내면에 남아 있는 옛 시대의 한계로부터 돌아서도록 자극하기 위함이다(고전 10:6).

언약 갱신 설교의 서론 역시 하나님과 언약을 맺었음에도 언약 관계가 보장하는 은혜와 평강을 누리지 못하고 오히려 하나님과의 분리로 말미암은 고난의 상황으로부터 시작된다.[38]

성경의 구속사 내러티브의 수사적인 의도는 언약 갱신이기 때문에, 구속사 내러티브의 서론은 대체로 파기된 언약의 문제점에 관한 묘사로부터 시작된다.

---

38 설교자가 설교의 서론에서 문제점을 포착하는 방식을 가리켜서 Bryan Chapell은 '타락한 상황에 초점 맞추기'(fallen-condition focus)라는 개념으로 설명한다. Bryan Chapell, *Christ-Centered Preaching: Redeeming the Expository Sermon*, 김기제 역, 『그리스도 중심의 설교』(서울: 은성, 1999), 51-56.

예를 들어, 하나님이 창세기 12장 이하에서 아브라함과 언약을 체결하시는 과정을 살펴보자. 하나님이 아브라함과 언약을 체결하기(창 15:1-21) 전에 아브라함이 부친 데라와 함께 메소포타미아 우르에 있을 때, 그에게 나타나셔서 "네 고향과 친척을 떠나 내가 네게 보일 땅으로 가라"고 말씀하신다(행 7:1-3).

창세기 12장 1-3절의 말씀은 마치 아브라함이 하란에서 데라가 사망한 직후에 주어진 말씀처럼 보이지만, 사도행전에서는 이 말씀이 "하란에 있기 전 메소보다미아에 있을 때에 영광의 하나님이 그에게 보여"(행 7:2) 말씀하신 것으로 설명한다. 즉, 하나님은 아브라함이 그의 부친 데라와 함께 메소포타미아 우르에 거하며 여호와 하나님에 대한 신 인식이 충분하지 못한 상황에서, 그에게 찾아오셔서 말씀하시고 자신을 계시하시며 점차적으로 아브라함을 언약 체결의 자리로 인도하신다.

창세기 12장에서 하나님이 아브라함에게 찾아오셔서 아브라함의 후손을 통하여 하나님 나라를 세우실 것을 말씀하셨음에도 불구하고, 아브라함은 애굽에서 자신의 아내를 누이라고 속이기도 하고(창 12:10-20), 자신의 종인 다메섹 사람 엘리에셀을 하나님의 상속자로 착각하기도 한다(창 15:1-3). 또 하나님과 영원한 언약을 체결(창 15:1-2)한 이후에도 아브라함은 하나님이 약속하신 아들을 생산하지 못하는 사래를 대신하여 그녀의 여종 하갈을 대안으로 생각하기까지 한다(창 16:1-16).

하나님과 언약을 맺었음에도 불구하고 하나님의 약속하신 말씀을 철저하게 신뢰하지 못하고 인간적인 방법으로 하나님의 약속을 성취하려고 시도하는 아브라함의 모습은 오늘날 언약 백성의 한계를 그대로 보여준다.

이렇게 설교를 통한 언약 갱신을 추구하는 설교자들은 언약 갱신에 관한 내러티브를 설교할 때 본문에 등장하는 인물들의 언약 관계에서 발생한 문제점을 잘 파악해야 할 뿐만 아니라, 그 연장선상에서 오늘 회중의 삶 속에서 발견되는 언약 관계의 문제점을 설교 메시지의 과녁으로 포착하고 이것

을 서론에서 다뤄야 한다.[39]

4) 설교 본론: 구속사 내러티브를 통한 그리스도와의 연합

서론에서 제기된 언약 파기와 신자의 고난에 관한 하나님의 해답을 제시하여 언약이 갱신되는 단계다.

설교 본론 단계에서 하나님과 신자 사이의 언약 갱신이 일어나도록 하려면 설교의 기본 형식과 구조가 그 목적을 달성하는 데 효과적인 수사적인 전략을 갖추어야 한다.

다음은 구속사 내러티브가 언약 갱신의 목표를 달성하기 위하여 빈번하게 사용하는 수사적인 전략이다.

첫째, 약속-성취의 프레임
둘째, 옛 언약의 한계와 새 언약의 성취 사이의 대조법
셋째, 무조건적인 은혜의 구원에 관한 서술과 이에 근거한 조건적인 순종에 관한 명령

(1) 약속-성취의 프레임

성경의 구속사 내러티브가 언약을 파기한 이스라엘 백성을 언약 갱신의 단계로 이끌기 위하여 가장 대표적으로 활용하는 수사적인 전략은 내러티브 안에 내재한 약속-성취 프레임(promise-fulfillment frame)이다. 약속-성취 프레임을 통한 언약 갱신은 구속 역사 전반에 광범위하게 나타난다.

---

[39] 세례 요한의 질문(마 11:3, 예수께 여짜오되 오실 그이가 당신이오니이까 우리가 다른 이를 기다리오리이까?)이나 부활한 그리스도를 향한 제자들의 질문(행 1:6, 이스라엘 나라를 회복하심이 이 때니이까?)도 동일한 맥락에서 이해할 수 있다.

첫째, 아브라함 언약의 경우, 하나님은 "아브라함을 이끌고 밖으로 나가 이르시되 하늘을 우러러 뭇별을 셀 수 있나 보라 또 그에게 이르시되 네 자손이 이와 같으리라"(창 15:5)고 약속하신다. 아브라함은 이 말씀을 계기로 하나님의 약속이 완성된 미래 시점을 바라보면서 그 약속을 믿는다. 그러자 하나님은 그 믿음을 그의 의로 여기신다.

> 아브람이 여호와를 믿으니 여호와께서 이를 그의 의로 여기시고(창 15:6).

둘째, 아비가일도 나발에 대하여 분노한 다윗에게 하나님의 약속이 성취된 미래 시점을 제시함으로써, 분노에 휩싸인 현재의 다윗이 하나님의 약속이 성취된 미래 시점을 미리 바라보도록 유도한다.

> 여호와께서 내 주에 대하여 하신 말씀대로 모든 선을 내 주에게 행하사 내 주를 이스라엘의 지도자로 세우실 때에 내 주께서 무죄한 피를 흘리셨다든지 내 주께서 친히 보복하셨다든지 함으로 말미암아 슬퍼하실 것도 없고 내 주의 마음에 걸리는 것도 없으시리니 다만 여호와께서 내 주를 후대하실 때에 원하건대 내 주의 여종을 생각하소서 하니라(삼상 25:30-31).

셋째, 국가적인 차원에서 언약을 파기한 이스라엘에 대한 엘리야의 언약 기소(왕상 18:20-40)에도 약속 성취의 프레임이 등장한다. 이스라엘이 국가적인 차원에서 하나님과 맺은 언약을 파기한 상황에서, 엘리야는 언약 중보자의 신분으로 이스라엘 전체를 하나님의 법정에 제소하여 하나님의 판결을 요청한다.

> 엘리야가 모든 백성에게 가까이 나아가 이르되 너희가 어느 때까지 둘 사이에서 머뭇머뭇 하려느냐 여호와가 만일 하나님이면 그를 따르고 바알이 만일 하나님이면 그를 따를지니라 하니 백성이 말 한마디도 대답하지 아니하는지라(왕상 18:21).

엘리야는 송아지 두 마리를 가져오게 하여 각을 떠서 한 마리는 바알의 제단 위에 다른 한 마리는 여호와의 제단 위에 제물로 올려놓고, 하나님의 판결을 요청한다. 이때 엘리야는 "제단에 불을 붙이지 말라"고 거듭 명령한다 (왕상 18:23, 25).

엘리야가 제단에 불을 붙이지 말라고 거듭 요청하는 까닭은 엘리야는 현재 언약을 파기한 이스라엘의 현재 상황에 포획되지 않고, 오히려 하나님이 자신의 영광과 능력의 불로 친히 강림하여 언약을 갱신하는 완성된 구속 역사의 미래 시점을 내다보고 있기 때문이다.

그 미래 구속사가 완성된 세계 속으로 포획되었기 때문이다. 그래서 "불로 응답하는 신 그가 하나님이니라"(왕상 18:24)는 엘리야의 주장은 주술적이거나 예언적인 주장이 아니라, 여호와 하나님이 자기 백성들의 언약 파기에 대한 심판의 불과 언약 갱신을 위한 회복의 불로 강림하시는 과거 구속사(창 15:17; 출 19:8; 삿 6:21; 삿 13:20)와 미래 구속사(행 2:1-4)에 온전히 편입하여 연합했기에 가능한 메시지다.

(2) 옛 언약의 한계와 새 언약의 성취 사이의 대조법

성경의 구속사 내러티브가 언약을 파기한 하나님의 백성을 언약 갱신의 단계로 이끌기 위하여 빈번하게 활용하는 또 다른 수사적인 전략은 옛 언약의 한계와 새 언약의 성취 사이의 대조법이다.[40]

창세기부터 계시록까지 모든 성경 본문은 하나님께서 언약 백성과 반복적으로 언약을 갱신하신 과정을 담고 있다. 그 과정은 주로 그리스도를 중심으

---

40 Geerhardus Vos는 바울신학의 핵심적인 신학 주제로서 그리스도로 말미암아 시작된 새 창조의 시대를 옛 언약의 시대와 대조하는 종말론적인 대조법(eschatological antithesis)으로 이해하였다. Cf., Jeon Jeong Koo, *Covenant Theology: John Murray's and Meredith G. Kline's Response to the Historical Development of Federal Theology in Reformed Thought*(Lanham. Boulder. New York. Toronto. Oxford: University Press of America, 1999), 93. Cf., Geerhardus Vos, *The Pauline Eschatology*, 이승구 역, 『바울의 종말론』(서울: 엠마오, 1989), 99.

로 율법과 복음의 대조, 옛 언약과 새 언약의 대조, 또는 옛 시대와 새 시대의 대조법(antithesis)을 거치면서 진행된다.

이렇게 언약 갱신 사건에 관한 구속사 내러티브가 율법과 복음의 대비나 옛 시대와 새 시대 사이의 대조법을 자주 사용하는 이유가 있다. 그것은 언약 갱신의 핵심적인 과정이 파기된 언약으로 인한 범죄와 하나님의 심판과 사망으로부터 시작하여 그리스도 안에서의 새 생명으로 진행되기 때문이다. 따라서, 언약 갱신 설교도 율법과 복음의 대비나 두 시대 사이의 대조법을 중요한 수사적 전략으로 활용해야 한다.

첫째, 다윗 언약 안에서 옛 언약의 한계와 새 언약 성취의 대조법(삼하 7:1-17). 이스라엘의 왕위에 등극하고 왕권이 안정된 후, 다윗은 하나님의 언약궤가 거처할 장소를 염려한다. 그러자 하나님은 나단 선지자를 통하여 하나님의 언약궤가 영원토록 거처할 성전은 다윗의 후손으로 태어날 하나님의 메시아가 최종적으로 건축할 것을 예언한다.

옛 언약 하에서 언약 관계를 증명하는 핵심적인 도구인 율법과 성전은 결국 사람의 힘으로 이 세상 가운데 하나님의 거처를 마련하고 그분을 예배하며 섬기는 방법을 제시하는 것처럼 보인다.

다윗은 옛 언약 하에서 하나님이 거할 성전을 건축할 것을 고민하지만 하나님은 다윗의 고민을 역전시켜서 스스로 사람들 가운데 자신의 성전을 스스로 완성하실 새 언약의 시대를 예고하신다.

> 네 수한이 차서 네 조상들과 함께 누울 때에 내가 네 몸에서 날 네 씨를 네 뒤에 세워 그의 나라를 견고하게 하리라 그는 내 이름을 위하여 집을 건축할 것이요 나는 그의 나라 왕위를 영원히 견고하게 하리라(삼하 7:12-13).

둘째, 옛 언약의 파기가 최고조에 도달한 상황에서 새 언약을 예언하는 선지자들(렘 31:31-34). 예레미야 선지자는 옛 언약의 문제점과 이스라엘의 언약 파기가 최고조에 도달한 상황에서 언약 파기에 대한 심판의 불가피성과 함께 하나님이 사람의 마음 중심을 완전히 새롭게 변화시켜서 언약이 최종적이면서도 영원토록 갱신될 새 시대의 도래를 예고한다.

> 새 언약은 내가 그들의 조상들의 손을 잡고 애굽 땅에서 인도하여 내던 날에 맺은 것과 같지 아니할 것은 내가 그들의 남편이 되었어도 그들이 내 언약을 깨뜨렸음이라 여호와의 말씀이니라 그러나 그날 후에 내가 이스라엘 집과 맺을 언약은 이러하니 곧 내가 나의 법을 그들의 속에 두며 그들의 마음에 기록하여 나는 그들의 하나님이 되고 그들은 내 백성이 될 것이라 여호와의 말씀이니라(렘 31:32-33).

(3) 무조건적인 은혜와 조건적인 계명의 조화

개혁주의 언약신학의 탁월성은 옛 언약과 새 언약을 모두 은혜 언약의 범주 안에서 포함하고, 하나님과 사람 사이의 언약 관계를 형성하는 무조건적인 구원의 은혜와 그 언약 관계를 증명하는 거룩한 삶에 관한 명령을 모두 언약의 효력에 포함한다는 점에 있다.

구약과 신약을 막론하고 하나님의 백성들은 율법과 복음의 대조적인 구조 안에서 하나님과의 언약 관계를 증명하는 삶으로 초청 받는다. 율법을 통해서 옛 질서를 따르는 옛 사람의 죽음을 확인하고, 복음을 통해서 새 질서를 따르는 새 사람의 탄생을 확인한다. 그 이후에는 다시 하나님의 말씀과 성령의 능력으로 거룩한 삶을 살기 위한 계명을 준행한다.

하나님의 백성은 공의의 하나님 앞에서 온전한 자로 세워져야 하지만 자신의 능력만으로는 전적으로 불가능하고, 오직 은혜로운 하나님의 대속 사역과 성령의 조명을 통해서만 가능하다.

그런 이유로 언약 갱신을 추구하는 구속사 내러티브는 율법과 복음, 또는 옛 언약과 새 언약의 대조적인 수사적 전략을 활용하여 언약 갱신의 목적을 달성한다.

새롭게 거듭난 신자들이 성화의 과정에서 하나님의 계명에 순종할 때 그 순종의 주체는 하나님의 백성이다. 하지만, 구속사 내러티브에 관한 화행론 설교의 관점에서 이런 질문이 제기된다.

그 계명에 순종하는 의지나 순종의 동력은 어디에서 비롯된 것인가?

이 질문에 대하여 개혁주의 성화론은 성화의 원동력이나 의지가 사람의 고유한 성품에서 비롯되는 것이 아니라 하나님의 말씀과 성령의 인도하심으로 가능하다고 말한다. 그러면 여기서 이런 질문이 제기된다.

성화의 삶을 살아가는 주체가 하나님이 아니라 신자라면, 신자가 자신의 의지가 아니라 하나님의 말씀과 성령의 인도하심을 따라서 계명을 순종하고 언약 관계를 증명한다는 설교학적인 말은 무슨 뜻인가?

이 질문에 대한 해답은 구속사 내러티브가 신자의 마음속에서 하나님의 말씀에 순종하고 싶은 의지를 만들어내는 과정이나 방식을 이해함으로써 얻어질 수 있다.

예를 들어, 열왕기상 18장의 갈멜산 전투 장면에서, 앞에서 하나님과 맺은 언약을 파기한 이스라엘 백성이 39절 이후에서 "여호와 그는 하나님이시로다 여호와 그는 하나님이시로다"라고 고백하면서 하나님과 맺은 언약을 갱신한다.

그다음에 엘리야가 바알의 선지자들을 모두 생포하라고 명령했을 때, 이스라엘이 그 명령에 적극적으로 순종할 수 있었던 이유는 무엇인가?

일차적인 이유는 하늘로부터 불을 내려 달라는 엘리야의 기도에 하나님이 불로 응답하셨기 때문이다. 하지만, 더 근본적으로는 엘리야가 하나님과 이스라엘 백성들 사이에서 언약의 중보자 역할을 감당했기 때문이기도 하다.

엘리야가 자기 목숨을 걸고서 두 번째(사망과 생명을 맞교환하려는) 맞바꿈을 감당했기 때문이다. 엘리야가 모든 기도와 간구와 중보 사역을 통해서 이스라엘을 언약의 하나님이 주관하시는 언약 재판의 현장으로 이끌고 가서, 언약 파기의 기소자로 백성을 향한 하나님 심판의 불과 회복의 불을 간구하여 그 자리에 언약 갱신의 하나님이 친히 강림하시도록 중재하였기 때문이다.

이 과정에서 엘리야는 철저하게 언약 파기의 문제를 심판하시고, 다시 회복하시는 하나님의 섭리에 관한 구속 역사 내러티브에 매달려서 이 내러티브를 선포하였다.

아브라함과 이삭과 이스라엘의 하나님 여호와여 주께서 이스라엘 중에서 하나님이신 것과 내가 주의 종인 것과 내가 주의 말씀대로 이 모든 일을 행하는 것을 오늘 알게 하옵소서. 여호와여 내게 응답하옵소서 내게 응답하옵소서 이 백성에게 주 여호와는 하나님이신 것과 주는 그들의 마음을 되돌이키심을 알게 하옵소서(왕상 18:36-37).

엘리야가 은혜 언약의 무조건성을 선포하고 간구하자, 하나님이 실제 불로 응답하시고 이스라엘 백성들은 거룩한 삶을 위하여 바알의 선지자들을 모조리 체포하여 처형할 수 있었다.

신자가 은혜 언약 하에서 언약 관계를 증명하는 가장 기본적인 방법은 무조건적인 은혜의 구원에서 조건적인 계명의 순종으로 나아가는 것이다.

성부 하나님이 성자의 대속적 죽음과 함께 신자의 옛 사람을 죽이시고, 그리스도의 부활 사건과 함께 새 사람을 살리신다. 그리고 성령 하나님을 그 마음 중심에 보내셔서 말씀으로 신자를 조명하시고 인도하셔서 은혜 언약 관계를 완성하셨음을 먼저 선포하여 믿게 하신다(롬 8:12). 그 말씀이 신자에게 선포되면 그 말씀을 온전히 받아들여 믿는 믿음이 신자 내면에서 점차 자라는 가운데(롬 10:17) 성결을 추구하며 하나님의 말씀을 준행하기 위한 최선의 노력을 경주한다.

7. 나가는 말

언약신학은 성경 전체를 관통하는 성경 신학의 핵심적인 주제인 동시에, 개혁파교회의 신앙고백서의 저변에 깔린 중요한 신학 사상이기도 하다.

그런데 오늘날 실천신학이나 설교 사역에서 언약신학이 큰 관심을 얻지 못하는 이유는 무엇일까?

필자는 청교도 언약신학자들의 언약신학에 관한 연구가 근대 이후에 주로 조직신학의 영역에서 연구될 뿐, 구속사 내러티브가 보여 주는 방식으로 성경의 언약을 가르치고 설교하는 전통이 장로교 신학 전통 안에서나 설교 사역의 현장에서 꾸준히 발전되지 못했기 때문이라고 생각한다.

이런 문제점을 고려하여, 본 장에서 성경 전체가 일관되게 증언하는 언약신학이 실제 설교와 목회 현장에서 좀더 적극적으로 선포됨으로써 목회 현장에서 하나님과 신자들 사이의 언약 관계가 지속해서 갱신되는 결과가 나타날 수 있기를 기대하면서 언약 갱신을 목적하는 실제적인 설교의 방안을 모색하고, 이를 위하여 설교의 핵심적인 구성 요소인 하나님과 설교자, 성경, 청중, 상황을 언약신학에 접목하였다.

설교자는 설교의 핵심 주제를 성경이 펼쳐 보이는 언약 갱신의 하나님을 설교의 핵심 주제로 설교할 것을 제안하고, 이를 위하여 구약과 신약 전체를 은혜 언약의 범주에 포함하고 언약 갱신이 반복적으로 진행되는 과정으로 해석할 것을 강조하였다. 그리고 설교자가 새 언약의 중보자로 부름을 받아서 하나님의 파토스를 자신의 설교로 회중에 전달할 것을 강조하였다.

아래는 언약 갱신에 효과적인 수사 전략이다.

[약속-성취의 프레임]
① 옛 언약의 한계와 새 언약의 성취 사이의 대조법
② 무조건적인 은혜의 구원에 관한 서술과 이에 근거한 조건적인 순종에 관한 명령

현대의 장로교 설교자와 목회자들이 자신의 설교 사역을 언약신학의 관점에서 이해하고, 그것에 근거하여 성경에 펼쳐진 구속사 내러티브에 관한 설교 사역을 함으로써, 신자들과 하나님 사이에서 파기된 언약을 새롭게 갱신하는 새 언약 일꾼의 역할을 올바로 감당할 수 있기를 기대한다.

제3장

칭의론에 관한 설교학적인 문법

1. 들어가는 말

1980년대 초반 이후 "바울에 관한 새 관점"(새 관점, New Perspective on Paul, 이하 '새 관점') 논쟁이 신약학계뿐만 아니라 신학계와 교계 전반에 중요한 쟁점으로 부상하였다.

새 관점 주창자들 안에서도 약간의 견해 차이는 존재하지만 대체로 샌더스(E. P. Sanders)[1]와 제임스 던(James Dunn)[2] 그리고 톰 라이트(N. T. Wright)[3]와 같은 새 관점 주창자들에 의하면, 신약성경에서 사도 바울이 비판했던 팔레스타인 유대주의는 종교개혁자들이 비판한 "율법주의"나 "행위에 의한 구원"의 종교가 아니라 하나님의 은혜에 의한 구원을 인정함과 동시에 은혜의 구원을 유지하기 위한 수단으로 의식법적인 차원의 율법을 인정하는 "언약

---

[1] E. P. Sanders, *Paul and the Palestinian Judaism: A Comparison of Patterns of Religion*(London: SCM, 1977), 552-556; E. P. Sanders, *Paul, the Law, and the Jewish People*, 김진영 역, 『바울, 율법, 유대인』(서울: 크리스챤다이제스트, 1995).

[2] James D. G. Dunn, "The New Perspective on Paul," *The New Perspective on Paul*(Grand Rapids, Michigan: Eerdmans, 2005), 102-119; J. D. G. Dunn, *The Theology of Paul the Apostle*, 박문재 역, 『바울신학』(서울: 크리스챤다이제스트, 2003).

[3] N. T. Wright, "New Perspectives on Paul." 10th Edinburgh Dogmatic Conference, 25-28 August, 2003, Rutherford House, Edinburgh. Cf http://www.ntwrightpage.com/Wright_New_Perspectives.htm; N. T. Wright, What *St. Paul Rally Said: Was Paul of Tarsus the Real Founder of Christianity?*, 최현만 역, 『바울의 복음을 말하다』(서울: 에클레시아북스, 2011).

적 율법주의"(covenantal nomism)라는 것이다.[4]

제임스 던에 의하면 사도 바울이 비판했던 유대주의나 유대파 그리스도인들의 문제는 율법의 행위로 구원 안으로 들어가려는(getting in) 행위 구원의 문제가 아니라, 하나님의 일방적인 은혜의 구원을 수용하는 '언약적 율법주의' 안에서 구원을 유지하는(staying in) 수단으로 유대인들의 전통적인 의식을 고집하면서 이방인들을 하나님의 은혜로부터 배제하려는 배타적인 민족주의의 문제라는 것이다.[5]

그러므로 신약 서신서에서 사도 바울이 유대주의를 가리켜 율법주의라 비판한 것으로 이해한다면, 사도 바울의 본의를 잘못 이해하는 것이라는 논리다. 바울서신이 관심 두는 교회론에 관한 논쟁을 구원론의 관점에서 이해해서는 안 된다는 것이다.[6]

새 관점 주창자들의 입장은 전통적인 개혁주의 칭의론과 분명한 대립각을 유지한다. 전통적인 개혁주의 구원론은 칭의와 성화의 전 과정에서 오직 하나님의 은혜로 말미암은 칭의(이신칭의)와 하나님의 은혜에 대한 신자의 믿음을 통한 성화(이신성화)를 강조한다.

특히, 이신성화 교리는 구원 이후의 성화의 과정에서 신자가 성결한 삶을 살아갈 수 있는 원동력으로 인간의 의지나 공로보다는 그리스도의 대속의 은혜와 그 은혜를 깨닫게 하시는 성령의 감화를 강조한다. 반면에 새 관점 주창자들은 은혜로 구원 받은 이후–성화의 과정에서–인간 편에서의 공로를 강조한다.

---

4 Guy Prentiss Waters, *Justification and the New Perspectives on Paul*, 배종열 역, 『바울에 관한 새관점: 기원. 역사. 비판』(서울: P&R Korea, 2012); 김영한, "바울신학에 대한 새관점에 대한 비판적 성찰: 종교개혁 신학의 관점에서"『한국개혁 신학』 29(2011), 212-44.

5 James D. G. Dunn, *Jesus, Paul and the Law: Studies in Mark and Galatians*(Louisville: Westminster John Knox Press, 1990), 198.

6 Guy Prentiss Waters,『바울에 관한 새 관점: 기원. 역사. 비판』, 215.

전통적인 개혁파 칭의론의 관점에서 볼 때, 바울 당시 랍비 유대교나 종교개혁자들이 상대했던 로마가톨릭이나 알미니우스자들은 칭의 이후에 인간 편에서의 적극적인 역할을 강조한다는 점에서 펠라기우스적 종교는 아닐지라도 본질상 반(半)펠라기우스적 종교(semi-pelagianism)다."[7]

그런데도 새 관점 주창자들은 1세기 유대교와 사도 바울의 입장에 대한 재해석을 통해서 종교개혁자들이 사도 바울과 그의 서신서들을 이신칭의의 관점에서 잘못 해석했다고 주장하는 것은 물론, 로마가톨릭의 반펠라기우스주의와 분명한 차별성을 구축했던 종교개혁자들의 칭의론에 대해서도 전면적인 재수정을 요청한다.

이렇게 이들은 한편으로는 이신칭의와 성화에 관한 개혁파 신학의 입장과 로마가톨릭의 입장 사이의 조화를 시도하는 것 같으나,[8] 결국 개혁주의 칭의론을 무력화하고 있다.[9]

그렇다면 새 관점 논쟁이 설교학이나 목회 현장, 실제 설교 사역과는 무슨 관계가 있는가?

---

[7] 김병훈, "율법주의, 언약적 율법주의, 은혜 언약: '바울의 새관점들'의 신학적 소재?" 『한국개혁 신학』28(2010):147-191; 박동근, 『칭의의 복음; N.T. Wright의 칭의론에 대한 언약적/구원론적 비평』(수원: 합신대학원출판부, 2012), 68, 78, 115, 124; 이승구, 『톰 라이트에 대한 개혁 신학적 반응』(수원: 합신대학원출판부, 2013), 52; 이승구, 『우리 이웃의 신학들』(서울: 나눔과섬김, 2014), 330.

[8] 김병훈, "천주교회의 선행론에 대한 개혁교회의 신학적 평가," 『신학정론』 32/1(2014.05), 198. "천주교회는 하나님의 은혜도 인간의 자유의지의 선택의 대상이며, 인간이 받아들일 것인가 아니면 거부할 것인가를 결정하는 선택의 능력에 따라 결과가 달라진다고 생각한다. 따라서, 공로의 여지가 확보가 된다."

[9] 17세기 후반 영국 교회 내에서 John Tillotson처럼 칼빈주의 칭의론에서 떠나서 알미니안 성화론과 도덕 설교를 전하는 관용주의(혹은 광교주의, latitudinarianism) 주창자들이 등장하여 엄밀한 의미의 개혁주의 칭의론 대신에 이성적이고 합리적인 도덕 생활을 강조하며 기독교와 반펠라기우스적인 로마가톨릭과의 조화를 시도하였다. 광교주의의 명백한 설교학적인 특징은 이들의 도덕 설교(moralistic preaching)에서 발견된다. Cf., Julius J. Kim, "The Rise of Moralism in Seventeenth-Century Anglican Preaching", in R. Scott Clark, Covenant, Justification, and Pastoral Ministry(New Jersey: P & R Publishing, 2007), 366-369.

전통적으로 종교개혁자 루터나 칼빈은 칭의론에 의하여 교회가 올바로 서기도 하고 무너지기도 한다고 경고하였다.[10]

칭의론에 관한 올바른 가르침에 의하여 교회가 하나님의 은혜로 구원 받고 하나님의 은혜로 성화의 삶을 살아가노라고 고백하는 신자들로 구성될 수도 있고, 반대로 이신성화의 교리를 제대로 설교하지 않고 신인 협력설에 빠지면 인본주의적인 노력과 헌신과 공로를 빌미로 인간적인 능력을 앞세우고 과시하는 사람들의 집단으로 변질될 수도 있기 때문이다.

전통적으로 개혁주의 칭의론은 칭의가 전적으로 하나님의 은혜인 것처럼, 성화의 과정에서도 오직 하나님의 은혜와 오직 성령의 능력으로 말미암은 신자의 거룩한 행실을 강조한다.

새 관점 운동이 확산할수록 개혁주의 목회 사역이나 설교 사역과 정면 대치하는 피할 수 없다. 왜냐하면, 새 관점 운동은-직접적으로든 혹은 간접적으로든-설교 사역이나 교회 안팎에서의 신자의 성화 과정에서 전적인 하나님의 은혜(sola gratia)와 그 은혜에 대한 전적인 믿음(sola fide)의 중요성을 희석하고 신자의 인본주의적인 행위와 노력, 혹은 공로의 비중을 부각하는 신인 협력설의 결과를 가져올 수 있기 때문이다.

개혁주의 칭의론은 성화의 과정에서 오직 하나님의 은혜를 강조한다. 그런데 일각에서는 신자들이 구원 이후에 '값싼 은혜'의 함정에 빠져서 교회가 세속화의 길을 걷게 된 것은 신자의 성화 과정에서 인간의 적극적인 역할과 책임을 충분히 강조하지 않은 개혁주의 칭의론 때문이라고 주장한다.[11]

---

10 Alister E. McGrath, *Iustitia dei: A History of the Christian Doctrine of Justification*(Cambridge: Cambridge Univ. Press, 1991-93), 2. 193n3; 칼빈은 칭의의 교리를 가리켜서 '종교 생활의 요점'(the principal ground of religion)이라고 강조한다. Calvin, *Institutes*, 3.11.1.

11 Bruce L. McCormack, "What's at Stake in Current Debates over Justification?: The Crisis of Protestantism in the West," in Mark Husbands and Daniel J. Treier(eds). *Justification; What's at Stake in the Current Debates*(Downers Grove: IVP, 2004), 83-84, 81-117. Robert H. Gundry, "The Nonimputation of Christ's Righteousness," in M. Husbands and D. Treier, *Justification; What's at Stake in the Current Debates*(Downers Grove: IVP, 2004), 17-45.

하지만, 이런 비판은 역설(paradox)과 모순(irony)이 지배적인 것처럼 보이는 개혁주의 칭의론에 관한 설교학적인 문법을 잘 이해하지 못한 것에 기인한다.

문법(文法, grammar)이란 언어의 구성 및 운용상의 규칙으로 언어 활동을 통하여 의미를 소통할 때 소통 당사자가 효과적인 소통을 위하여 서로 따르기로 합의한 규칙 체계다. 이러한 문법적인 원리는 일반적인 언어 활동에 국한되지 않으며, 하나님의 말씀을 선포하는 설교의 이론과 실제에도 적용될 수 있다.

설교자가 강단에서 아무리 하나님의 은혜와 복음을 언급하더라도 개혁주의 칭의론에 부합하는 설교학적인 문법의 원리에 맞게 전달하지 않으면, 하나님의 은혜와 복음이 원래 의도했던 목적을 달성할 수 없다.

따라서, 개혁파 신학자들이 새 관점 논쟁에 대한 개혁주의 관점의 평가를 통해서 새 관점 논쟁 속의 반펠라기우스 사상이 명료하게 드러낸 것처럼, 개혁파 설교학자들 역시 개혁주의 칭의론에 부합하는 설교학적인 문법 원리를 규명함으로써 목회자와 설교자들이 반펠라기우스 사상이나 신인 협력설의 문제를 극복하고 하나님의 은혜와 복음의 효과가 교회와 신자들의 삶 속에 올바로 구현될 수 있도록 해야 한다.

필자는 실천신학의 연구방법론을 활용하여 개혁주의 칭의론에 대한 올바른 설교학적인 문법을 해명하고자 한다.[12]

실천신학 연구방법론은 현재 진행되고 있는 상황을 있는 그대로 서술하는 기술적인 과제(descriptive task)와 현재 상황과 문제점에 대한 비평적인 해석(interpretation), 현재 상황과 문제점을 극복할 규범 설정(normative task) 그리고 목표지향적인 규범에 비추어 현재의 문제점을 개선할 실행 가능한 전략 제시(strategic task)의 네 가지 과정으로 진행된다.[13]

---

12   Gijisbert D. J. Dingemans, "Practical Theology in the Academy: A Contemporary Overview," *The Journal of Religion,* vol. 76, no. 1(January 1996), 82-96.

13   Daniel J. Louw, *A Pastoral Hermeneutics of Care and Encounter*(Cape Town: Lux Verbi,

첫째, 서술적인 과제 단계에서는 설교 현장에서 심각한 문제점을 드러내고 있는 율법주의 설교의 문제점을 지적하고자 한다. 율법주의 설교는 칭의나 성화에 관한 주제를 신인 협력설적인 관점으로나 반펠라기우스주의의 관점에서 설교하는 경우를 가리킨다.

둘째, 해석학적인 과제 단계에서는 율법주의 설교의 원인을 현대 기독교의 세속화와 사사화에 의한 설교 메시지의 심리화 혹은 사사화의 관점에서 추적할 것이다.

셋째, 규범적인 과제 단계에서는 설교에서 설교자와 회중이 함께 전제해야 할 성화의 당위성과 설교학적인 인간론(homiletical anthropology)을 구속사적인 관점에서 정립할 것이다.

넷째, 전략적인 과제 단계에서는 예수 그리스도의 죽음과 부활 그리고 성령 강림 사건에서 정점에 도달한 하나님의 객관적인 구속 사역과 이신칭의 그리고 신자의 성화를 올바로 설교할 수 있는 실천적인 설교학적인 문법을 제안할 것이다.

2. 신인 협력설을 부추기는 설교의 문제점

마이클 호튼(Michael S. Horton)이나 김영한 또는 김병훈에 의하면, 새 관점 진영이 주장하는 언약적 율법주의(covenantal nomism)는 신인 협력적인 요소(synergistic element)를 포함하고 있거나 종교개혁자들이 배격한 중세 가톨릭의 공로주의와 흡사한 반(半)펠라기우스주의(semi-pelagianism), 혹은 넓은 의미에서 율법주의(legalism)나 마찬가지라고 한다.[14]

 2004), 96-98; Don S. Browning, ed., *Practical Theology*(San Francisco: Harper & Row, 1983), 1-16.

14 Michael S. Horton, *Covenant and Salvation: Union with Christ*(Louisville, KT: Westminster John Knox Press, 2007), 39-40; Michael S. Horton, "Which Covenant Theology?," in *Cov-*

언약적 율법주의는 한편으로는 하나님의 전적인 은혜로 말미암은 구원과 언약 관계의 시작을 인정하면서도, 구원 이후 언약 관계의 유지와 최종 구원이 인간 편에서의 율법 순종과 공로에 근거함을 함께 주장하기 때문이다.

언약적 율법주의가 신인 협력적인 요소를 담고 있는 반(半)펠라기우스주의(semi-pelagianism) 혹은 광의의 율법주의(legalism)와 마찬가지라면, 새 관점 진영의 언약적 율법주의와 기독교 설교는 무슨 관계인가?

새 관점 주창자들이 직접 의도한 것은 아닐지라도 기독교 설교 현장에서 신인 협력설적인 설교나 율법주의 설교는 아주 오래 전부터 문제점으로 지적됐다.

마이클 호튼에 의하면, 신인 협력설(synergism)이란 칭의와 구원 이후의 언약 관계 유지와 최종 구원의 완성을 위한 필수 조건으로 인간 편에서의 선행과 공로를 강조하는 견해를 말한다.[15]

신인 협력적인 설교(synergistic preaching)나 율법주의 설교(legalistic preaching)는 그 내용이 신인 협력적인 내용이나 율법주의적인 내용을 담고 있는 것도 문제지만, 더 심각한 문제는 설교의 저변에 깔린 의도나 파급 효과가-설교자가 원하든 원하지 않든-신자들이 율법주의적인 차원에서 혹은 행위 구원론적인 차원에서 성화의 삶을 추구하도록 압박하는 결과를 초래한다는 데 있다.

설교학자 요한 실리에(Johan Cilliers)가 비판했던 율법주의 설교에 알미니안의 색채를 가미한다면 설교는 다음과 같은 기본 구조를 가지게 될 것이다.[16]

---

enant, *Justification, and Pastoral Ministry*(Phillipsburg, N.J.: P&R Publishing, 2007), 197-227; 김영한, "현대판 유대주의 기독교의 구원론에 대한 비판적 성찰: 종교개혁적 구원론의 관점에서," 『한국개혁 신학』 28(2010), 30; 김병훈, "율법주의, 언약적 율법주의, 은혜 언약: '바울의 새관점들'의 신학적 소재?," 164; Guy Prentiss Waters, 『바울에 관한 새관점: 기원. 역사. 비판』, 106.

[15] Michael S. Horton, *The Christian Faith: A Systematic Theology for Pilgrims on the Way*(Grand Rapids: Zondervan, 2011), 684.

[16] Johan H. Cilliers, *The Living Voice of the Gospel: Revisiting the Basic Principle of Preaching*, 이

(1) (과거에) 하나님이 여러분을 위하여 사랑의 선물을 마련하셨다.
(2) (현재) 하나님의 선물을 위하여(믿음으로 열심히) 노력한다면,
(3) (가까운 미래에) 하나님의 축복은 여러분이 누릴 것이다.

이상의 3대지로 압축될 수 있는 율법주의 설교는 다음의 특징이 있다.

첫째, 율법주의 설교 전체를 주도하는 문법적인 특징은 조건문(conditional syntax)이 지배적이며, 조건문 문장을 통해서 하나님의 현재와 하나님의 미래가 매우 불확실하게 묘사된다는 점이다.

요한 실리에(Johan Cilliers)에 의하면 "조건문 문장들은 확정적인 진리보다는 가변적인 사실들을 전달하는 수사적인 전략으로 사용된다."[17]

위의 설교 개요에서 주목할 점은 다음과 같다.

첫 번째 대지는 성경 본문에 대한 올바른 주해와 해설로부터 출발하는 것처럼 보이지만, 두 번째 대지는 확정적인 미래가 아니라 조건절에 의한 불확실한 미래가 지배적이다. 세 번째 대지는 다른 설교처럼 설교 후반부에서 명령법(imperative mood)이 등장하지만 율법주의 설교 명령법은 하나님의 확정된 미래를 서술하는 직설법에 근거한 명령법이 아니라 인간 편에서의 선택과 실행의 조건에 달린 불확실한 미래를 압박하는 조건부 명령법(conditional imperative)이라는 점이다.

승진 역, 『설교 심포니: 살아 있는 복음의 음성』 (서울: CLC, 2014), 159.

17 Johan H. Cilliers, 『설교 심포니』, 152. 1980년대 이후 한국의 유명한 오순절주의 설교자들의 설교문에서 발견되는 중요한 수사적인 특징 중의 하나가 "만일에 여러분이 A를 이행하면 비로소 하나님이 뒤따라 B를 허락하실 것이다"라는 식의 조건절 문장(conditional sentence)이다. 어떤 오순절주의 설교자가 전한 한 편의 설교문에서 무려 18회의 조건절이 반복적으로 등장하는 경우도 있다. Cf,. Seung-Jin Lee, *The Divine Presence in Preaching: A Homiletical Analysis of Contemporary Korean Sermons,* Dissertation presented for the Degree of D. Th. at Stellenbosch University(2002), 77, 148.

하나님이 신자들에게 긍정적인 해답을 제공할 수도 있겠지만, 그 하나님의 미래는 확정된 미래가 아니라 현재 신자 편에서의 적극적인 결단과 선택과 행동 여하에 달린 조건적이고 불확실한 미래다. 현재 신자 편에서 미래 보상에 합당한 충분한 결단과 선택과 행동이 동반되지 않으면 절대 일어나지 않는, 가정법으로만 존재하는 미래다.

둘째, 율법주의 설교에서 과거에 확정된 하나님의 행동과 미래의 불확실한 하나님의 행동 사이에 끼어 있는 현재적인 하나님의 역할이나 행동은 '승리자 그리스도'(Christus Victor)가 아니라,[18] 여전히 악과 투쟁하는 그리스도 혹은 인간의 결단과 실천을 멀리서 지켜보는 무능력하고 방관자 같은 하나님으로 묘사된다.

율법주의 설교는 "우리 신자들이 A를 선택하지 않거나 B를 실행하지 않으면, 하나님 편에서도 아무런 축복을 허락할 수 없다"는 논리를 지나치게 강조한다. 그래서 과거의 하나님과 미래의 하나님은 엄청난 능력과 사랑의 소유자로 묘사되지만, 유독 현재 청중이 당하는 비극과 불행에 대해서만큼은 조용히 청중의 선택을 기다리는 무능한 하나님으로 암시되는 것이다.[19]

1948년 이후 1990년대 초반까지 남아공에서 진행된 인종차별정책(아파르트헤이트, Apartheid) 동안 화란개혁교단(Dutch Reformed Church) 목회자들의 설교를 분석한 요한 실리에는 상당수 설교자가 강단에서 하나님과 그리스도의 구원을 언급하더라도, 하나님의 구원이 결국은 율법주의 설교의 조건법적인 논리 때문에 인간의 선택과 결단 뒤로 밀려나는 경우가 많았다고 지적한다.[20]

---

18   Robert E. Webber, *Ancient-Future Faith: Rethinking evangelicalism for a postmodern world*, 이승진 역, 『복음주의 회복』 (서울: CLC, 2012), 89-101; Johan H. Cilliers, 『설교 심포니』, 156.

19   Johan H. Cilliers, 『설교 심포니』, 160-161.

20   Johan Cilliers, *God for us: an analysis and assessment of Dutch Reformed preaching during the apartheid years*(Stellenbosch: Sun Press, 2006), 42-61.

마틴 루터(Martin Luther)의 표현을 빌리자면, 설교자가 하나님의 현실을 언급하지만 그 언어의 논리 구조 속에서 하나님은 철저하게 제외(*annihilatio Dei*)되고 마는 것이다.[21]

셋째, 율법주의 설교는 하나님의 확정된 과거와 불확실한 미래를 연결하는 신인 협력의 연결 고리인 인간의 현재 선택과 실천을 위한 인본주의적인 의지를 강조한다.[22]

요한 실리에에 의하면 율법적인 설교는 하나님께서 과거에 구원을 실행하셨던 것과 미래에 다시 구원을 실행하시는 것 사이의 연결 고리가 설교를 듣는 청중의 결단과 실천에 달린 것처럼 강조한다.

극단적으로 말하자면 율법주의 설교에서 하나님의 현재 현실은 없으며, 다만 하나님의 조건적이고 요행적인 미래를 결정하는 현재 청중의 인본주의적인 선택과 결단만 부각될 뿐이다.

하나님의 절대주권적인 구원이 드러난 과거와 하나님의 해결책이 실현될 미래의 가능성이 서로 연결되는 연결 고리인 현재는 하나님의 차원에서는 철저하게 진공의 빈자리일 뿐이고, 다만 설교를 듣는 청중의 현재 결단과 헌신 여부에 달려 있다.

> 모든 율법적인 설교의 출발점은 현재에는 하나님이 부재하시고, 이 빈 자리는 완전무결한 인간(*homo intactus*)의 경건한 열심히 채워야 한다는 것이다.[23]

넷째, 율법주의 설교는 과거와 현재 그리고 미래를 관통하는 기독교 신학의 구속사 종말론(redemptive historical eschatology) 구조 대신 인간 편에서의 현재 불확실성과 미래 확실성 사이를 부지런히 오가는 신경증적인 긴박성(neurotic urgency)이 깔려 있다.

---

21 Johan Cilliers, *God for us*, 60; Johan H. Cilliers, 『설교 심포니』, 166.

22 Johan H. Cilliers, 『설교 심포니』, 168.

23 Johan H. Cilliers, 『설교 심포니』, 159-162.

구속사적인 종말론은 하나님께서 절대주권적으로 그리스도 안에서 성령의 능력으로 이 땅에 가져오시는, 이미 확정된 그리스도의 파루시아(παρουσία, 재림으로 말미암은 영원한 심판과 구원)를 강조한다.

하지만, 율법주의 설교에서 하나님의 미래를 결정하는 것은 불확실한 현재 신자들의 선택 문제이기 때문에, 현재 신자들의 선택을 이끌어내기 위한 설교자들의 수사적인 설득 작업은 성경 본문의 확정된 종말론을 추구하지 않고 현재의 불확실성을 미래의 확실성으로 연결하기 위하여 인간 내면의 심리 세계를 추구한다.

신자들 앞에 놓인 미래는 지옥의 심판과 천국의 행복 둘 중 하나지만, 설교를 듣는 청중 누구도 지옥의 심판과 천국의 행복에 대해서 확신할 수 없다. 자욱한 안개와 같은 불확실성이 청중을 무겁게 짓누르는 상황에서, 설교자는 그 내면의 심리 세계 안에서 현재 불확실성을 내버리고 미래 확실성을 의지적으로 선택함으로, 하나님이 방관하는 것처럼 보이는 확실한 미래를 창조하도록 압박한다.

그래서 요한 실리에는 이런 설교 메시지는 모두가 "여러 세기 동안 반복적으로 고개를 내미는 반(半) 펠라기우스주의(semi-pelagianism)의 현상에 불과하다"[24]고 말한다.

물론, 이상의 네 가지 특징 중의 어느 한 가지 특징만으로 율법주의 설교 여부를 단정지을 수 없다. 예를 들어, 건전한 복음 설교에서도 조건문이 등장할 수 있고 청중의 심리적인 결단과 선택을 요청할 수도 있다.

하지만, 개혁주의 칭의론에 근거한 이신성화를 강조하는 설교에서는 조건문이나 명령법에 앞서 반드시 그 전에 하나님의 일방적이고 주권적이며 은혜로운 구원의 시혜에 관한 직설법적인 서술과 선포가 선행해야 한다.

---

24 Johan H. Cilliers, 『설교 심포니』, 336. R. Scott Clark, *Covenant, Justification, and Pastoral Ministry*(New Jersey: P & R Publishing, 2007), 365.

당위적인 명령법은 선행하는 필연적인 절대주권에 관한 선명한 선포에 뒤따라야 한다.[25] 그러한 직설법적인 선포가 없는 상태에서 앞서 살펴본 네 가지 특징들이 모두 중복해서 발견된다면 대부분 경우에는 개혁주의 구원론이나 칭의론에서 벗어나서 신인 협력설을 조장하는 율법주의 설교라고 단정할 수밖에 없다.

그렇다면 복음주의 설교자들이 교리적인 차원에서는 율법주의나 신인 협력설, 또는 반 펠라기우스주의를 분명히 배격하면서도 설교에서 신인 협력설적인 메시지나 반 펠라기우스주의 설교를 전달하는 까닭은 무엇일까?

필자는 현대 설교가 율법주의나 신인 협력설을 더욱 강조하는 배경으로 16세기 이후 등장한 계몽주의와 합리주의, 개인주의로 인한 서구 기독교의 사사화와 설득력 구조의 상실 그리고 그에 따른 설교 메시지의 사사화에 주목하고자 한다.

3. 기독교의 세속화와 사사화

카터 린드버그(Carter Lindberg)에 의하면 중세 후기에 유럽인들이 로마교회가 제시하는 성취 지향적인 경건에 적극적으로 동참한 현상의 배후에는 '구원의 확신을 갈망하면서도 동시에 그것에 대한 확신을 갖지 못하는 답답함'이 존재했기 때문이라고 한다.

중세 유럽인들은 로마가톨릭교회 사제들의 중재적인 역할 속에서 자신들과 하나님 사이에 놓여 있음직한 구원의 보증을 확보하려고 애썼다.[26] 중세

---

25   페스코(J. V. Fesko)는 설교에서의 직설법과 명령법의 결합 구조를 가리켜서 '구원의 문법'(the gramma of salvation)이라고 표현한다. J. V. Fesko, *Preaching as a Means of Grace and the Doctrine of Sanctification: A Reformed Perspective*, American Theological Inquiry, Vol. 3, No. 1(2010, Jan), 49.

26   Carter Lindberg, *The European Reformations*, 조영천 역, 『유럽의 종교개혁』 (서울: CLC, 2012), 106.

시대 신자들이 구원을 확신할 수 있는 유일한 비결은 사제들이 제안하는 조건부 명령법이 압박하는 신인 협력설적 방편들을 그대로 실행하는 것이었다. 당시 교회를 지배하던 신앙 논리는 "교회가 제시하는 선행을 이행하면 구원을 얻으리라"는 것이었다.

하지만, 칼빈과 루터 같은 종교개혁자들이 등장하여 신인 협력적이며 성취 지향적인 경건을 완전히 뒤집었다. 신자는 하나님께 용납되기 위한 목적에서 선행하는 것이 아니다. 오히려 하나님께서 우리를 용납해 주시기 때문에 (감사의 마음으로) 선행을 행하는 것이다.

이런 의미에서 이신칭의는 단순히 새로운 교리의 발견이 아니라 중세 시대를 지배하던 신관과 구원론 그리고 교회론 전체를 뒤바꾸는 신학적인 혁명(theological revolution)이었다.

> 그것은 신학의 언어를 '교회가 제시하는 선행을 이행하라 그리하면'의 구조에서 '각자가 구세주를 믿기 때문에 그러므로'의 구조로, 즉 약속된 것을 얻기 위해 성취해야 하는 조건적인 언어로부터 무조건적인 약속의 언어로 바꾸었다. 이것은 '기독교 역사에서 거의 비교가 안 될 정도의 패러다임 전환'이다. 이렇게 종교개혁의 칭의 교리는 중세의 교회론과 신학의 틀을 깨뜨렸다.[27]

하지만, 이신칭의를 강조하는 종교개혁은 신인 협력설에 근거한 경건 생활만을 무너뜨린 것이 아니었다. 이를 계기로 가시적인 신앙공동체를 통한 구원의 중요성에 대한 인식도 점차 약화하기 시작하였다.[28]

---

27 Carter Lindberg, 『유럽의 종교개혁』, 118.

28 David Wells는 현대 개인주의의 다양한 기원들 가운데 종교개혁과 계몽주의의 원천에 주목한다. David Wells, *No Place for Truth*, 김재영 역, 『신학실종』 (서울: 부흥과개혁사, 2006), 228.

피터 버거(Peter L. Berger)는 이 과정을 종교의 세속화 관점에서 설명한다. 그가 설명하는 종교의 세속화는 "사회 및 문화의 어떤 영역이 종교의 제도와 상징체계의 지배에서 벗어나는 과정"이다.[29]

피터 버거에 의하면 "기독교 신앙에도 일정한 사회관계 혹은 관계의 구조가 필요하다는 것이다. 그런 사회관계의 틀이 있어야 기독교의 세계관이 이해될 수 있다는 것이다. 내면적인 신앙을 인증하는 것이 바로 이 외부적인 네트워크다."[30]

근세 이전까지 기독교 교회는 회심(conversion)과 성화에 관한 사회 문화적인 체계를 구축하여 신자의 구원을 요람에서 무덤까지 책임지고 설득할 수 있는 가시적인 "설득력 구조"(plausibility structure)를 갖추고 있었다.[31]

하지만, 종교개혁을 계기로(하나님과 구원에 관한) 신앙의 설득력 구조가 이전처럼 더이상 신자 외부의 교회나 신앙공동체의 예배나 전통, 혹은 규범 준수와 같은 가시적인 수단에 의하여 효력을 발휘하는 것이 아니라, 신자 내면의 개인적이고 심리적인 확신의 문제로 변하기 시작하였다.

그 결과 현대 사회에서는 (기독교처럼 전통적으로 전체 사회에 상당한 영향력을 행사하였던) 종교가 더이상 공동체 구성원 전체가 함께 직면하여 해결해야 할 공공의 쟁점들이나 과제를 제대로 해결해 주지 못하고, 신자 개개인의 사적이고 심리적인 영역과만 관계를 맺게 되었다.

이렇게 기독교의 영향력이 공공의 영역에서 퇴거 당하고 신자 개개인의 사적이고 내면적인 세계 속으로 숨어들어 버린 상황에서, 사람들은 올바른 선택과 결단과 확신과 마음의 평안을 구하기 마련이다.

---

29 Peter L Berger, *The eretical imperative*, 서광선 역, 『이단의 시대』(서울: 문학과지성사, 1981), 35. Cf. Dempsey, Ron D., *Faith outside the walls: why people don't come and why the church must listen*, 김순일 역, 『성경만큼이나 관심있게 보아야 할 교회 밖 풍경』(서울: 요단, 2004), 39-65.

30 David Wells, *No Place for Truth*, 148, 430.

31 Peter L Berger and Thomas Luckmann, *The Social Construction of RealityL A Treatise in the Sociology of Knowledge*(Garden City, N. Y.: Doubleday & Co., Anchor Books, 1966), 158.

18세기 이후 서구 사회가 세속화되고, 개인주의와 물질 만능이 지배하는 세상이 펼쳐지면서 기독교 설교자에게 마지막 남은 설득 상대는 오직 신자 개개인의 심리적인 불확실성뿐이다.

이런 새로운 욕구에 대응하여 기독교 설교자들은 신자들 내면의 심리 세계의 불확실성과 불안의 문제를 해소할 수사적인 전략으로 신자 편에서의 심리적인 결단과 확실성을 앞세우는 논리를 강조하게 된다. 예를 들어, 상업주의적이고 심리적인 메시지를 외치는 설교자들은 "여러분이 여러분의 입으로 예수님의 임재를 만들어 낼 수 있습니다…예수님은 여러분의 입술과 말에 매여 있습니다"라고 주장한다.[32]

결국, 근대 이전까지 신자의 구원은 하나님이 책임을 졌지만, 현대 사회에서 신자의 구원은 신자가 (자의식 안에서) 책임져야 할 과제가 되었다. 구원의 확실성과 불확실성 사이에서 끊임없이 방황하는 청중을 향하여 '스스로의 결단으로 불확실한 하나님의 구원을 확신하라'고 반복적으로 설득하는 설교가 난무하는 지경에 이르렀다.

이에 관하여 데이비드 웰즈(David Wells)는 다음과 같이 말한다.

> 현대의 계몽주의 후손은 하나님의 자리에 자신이 앉았다. 지금 우리는 하나님께 대해 책임을 져야 하는 것이 아니라 자신에 대한 책임을 진다. 자기 이익, 혹은 자기 의무 의식 때문에 우리는 국가나 교회와 같은 다른 것에게 결정을 양도하려 하지 않는다. 이런 태도는 어떻게 행동하든지 그것은 '너 자신에 대한 일종의 의무'라는 대중의 주장에 잘 나타난다.[33]

기독교가 사사화 된 종교로 전락한 상황에서 신인 협력설의 문제나 반펠라기우스주의 종교의 함정에 빠지는 문제를 극복하고 은혜의 복음을 은혜의

---

32 Michael Scott Horton, *Made in America: The Shaping of Modern American Evangelicalism*, 김재영 역, 『미국제 복음주의를 경계하라』 (서울: 나침반, 2001), 255.

33 David Wells, 『신학실종』, 229.

복음답게 설교할 방법은 무엇일까?

어떻게 개혁주의 칭의론에 관한 올바른 설교학적인 문법을 세울 것인가?

필자는 효과수반발화행위(perlocutionary act)에 관한 화행론(speech-act theory)으로부터 한 가지 해답을 모색하고자 한다.

4. 효과수반발화행위를 추구하는 설교학적인 문법

토드 타운센드(Todd Townshend)에 의하면 폴 스캇 윌슨(Paul S. Wilson)의 '네 페이지 설교'(four pages preaching)는 설교학 이론의 차원에서만 아니라 실제 설교 준비와 전달을 위한 효과적인 설교학적인 문법(homiletical grammar)을 제공한다.[34]

폴 윌슨이 제안하는 네 페이지 설교의 요소는 '본문에 나타난 문제'(Trouble in the Bible)와 '이 세상에 있는 문제'(Trouble in the world), '본문에 나타난 하나님의 행동'(God's action in the Bible) 그리고 '이 세상에 나타난 하나님의 행동'(God's action in the world)이다.

폴 윌슨이 굳이 네 페이지 설교 '모델'(model)이나 '형식'(form)이란 용어를 사용하지 않고 '문법'(grammer)이란 용어를 사용하는 이유는, 이상의 네 가지 사항은 하나님의 말씀을 선포하려는 설교자라면 청중과의 설교 소통 과정에서 반드시 지켜야만 하는 설교학적인 문법(homiletical grammar)이기 때문이다.

폴 윌슨의 '네 페이지 설교'(four pages preaching)가 하나님의 말씀이나 복음을 선포하려는 모든 설교자가 설교 소통 과정에서 반드시 고려해야 할 핵심적인 설교학 문법이라면, 좀더 세부적으로 개혁주의 칭의론에 관한 설교가 반드시 지켜야 할 설교학 문법은 어떻게 정립할 수 있을까?

---

34 Todd Townshend, *The sacramentality of preaching: homiletical uses of Louis-Marie Chauvet's theology of sacramentality*(New York: Peter Lang, 2009), 163.

개혁주의 칭의론에 관한 올바른 설교학적인 문법이 요구되는 이유가 있다. 앞서 확인한 바와 같이, 하나님의 은혜에 의한 칭의 교리나 성령의 능력으로 말미암은 성화와 견인의 필연성을 설교하더라도, 설교자가 어떤 설교학적인 형식이나 설교 문법을 사용했느냐에 따라서 하나님의 은혜와 성령의 능력에 의한 이신성화를 제대로 선포할 수도 있고 반대로 뜻하지 않게 율법주의나 신인 협력설을 부추길 수도 있기 때문이다.

이렇게 설교의 내용과 설교의 의도(혹은 목표)가 서로 어긋나는 원인은 설교의 소통(preaching communication)을 통전적인 관점에서 고려하지 않았기 때문이다.

개혁주의 칭의론에 관한 통전적인 설교학적인 문법은 어떻게 마련될 수 있을까?

그 한 가지 대안은 조엘 오스틴(J. L. Austin)의 화행론을 통해서 확보될 수 있다.

오스틴에 의하면 사람이 말을 주고받는 언어 행위는 단순발화행위(locutionary act)와 효과수반발화행위(the illocutionary act) 그리고 효과수반발화행위(the perlocutionary act)의 세 차원으로 이뤄졌다고 한다.[35]

오스틴의 언어 철학 이론을 하나님의 말씀으로서의 성경을 해석하고 설교하는 과정에 적용한 케빈 밴후저(Kevin J. Vanhoozer)에 의하면, 의미는 "형식과 질료(명제적 내용), 에너지와 궤적(효과수반발화 작용력) 그리고 목적론 혹은 최종 목적(효과수반발화)을 가지고 있는 3차원적인 커뮤니케이션 행위"다.[36]

오스틴의 3차원의 화행론을 칭의론에 관한 설교에 적용하면 다음과 같다.

---

35   J. L. Austin, "Performative utterance", *Philosophical Papers,* 3d ed.(Oxford: Oxford Univ. Press, 1979), 233-252. Cf. J. L. Austin, *How to Do Things with Words,* 2d. ed.(Cambridge: Harvard Univ. Press, 1975), 8장-10장, 94-132.

36   Kevin J. Vanhoozer, *Is There a Meaning in the Text?* 김재영 역, 『이 텍스트에 의미가 있는가』 (서울: IVP, 2003), 350-51, 361.

첫째, 단순발화행위는 설교자가 설교 시간에 특정한 상황에서 강단에 올라 회중 앞에서 칭의론에 관한 내용을 설교하는 행위를 가리킨다.

둘째, 효과수반발화행위는 칭의론에 관한 설교자의 설교 메시지를 통해서 청중이 칭의론의 전체적인 내용을 이해하고 수용하는 과정을 말한다.

셋째, 설교의 효과수반발화행위는 회중이 설교 메시지를 통해서 하나님께서 자신들에게 은혜로 베푸시는 구원의 은혜를 새롭게 확인하여 감동하고, 또 실제 신앙생활 속에서 이전과 더욱 구별된 거룩한 삶을 살아가면서도 그렇게 구별된 거룩한 삶을 살아가는 능력이나 원천이 자신에게 있지 않다는 것을 알고, 오직 은혜와 자비로 구원하시는 하나님의 주권과 내주하시는 성령의 능력에 달린 것임을 확인하면서 더욱 겸손하게 능력 있는 신앙생활을 감당하는 결과로 이어지는 것을 말한다.

칭의론에 관한 올바른 설교학적인 문법 정립에 오스틴의 화행론이 유용한 이유는, 화행론의 관점에서 볼 때 하나님의 절대주권적인 은혜를 강조하는 칭의론에 관한 설교 내용(효과수반발화행위)은 반드시 그 결과로 인간의 노력이나 공로를 앞세우지 않고 이신성화의 은혜와 능력을 인정하고 감사하는 거룩한 삶으로 나타나야 하는 필연성을 잘 설명해 주기 때문이다. 이신성화의 삶에 인간의 공로나 노력은 전혀 끼어들 틈이 없다.

한편, 개혁주의 칭의론과 이신성화의 삶에 관한 설교가 효과수반발화행위의 차원을 뛰어넘어서 효과수반발화행위로 연결되려면, 설교자는 설교를 듣고 이신성화의 삶을 사는 신자를 신인 협력설의 관점이 아니라 말씀과 성령으로 반드시 그렇게 거룩한 삶을 살 수밖에 없는 신자로 이해하고 설교해야 한다.

달리 말하면, 개혁주의 칭의론에 관한 설교가 설교를 청취한 신자들을 신인 협력설의 함정에 빠뜨리지 않고 효과수반발화행위의 차원에서 개혁주의 칭의론이 가르치는 거룩한 삶을 살면서도 전적으로 하나님의 은혜만을 찬양하는 결과를 낳게 하기 위해서, 설교자는 설교를 듣는 신자에 대한 '설교학적인 인간론'을 재정립해야 한다.

그렇다면 개혁주의 칭의론에 관한 설교가 효과수반발화 효과의 목적을 달성하도록 설교할 때 설교자는 설교를 듣는 청중 신자들을 어떻게 이해하고 설교해야 하는가?

필자는 이 질문에 대한 해답으로 그리스도 중심의 구속사에 근거한 설교학적인 인간론을 제시하고자 한다.

5. 구속사에 기초한 설교학적인 인간론

개혁주의 칭의론은 칭의가 하나님의 주권적이고 자비로운 선택과 대속의 은혜로 이루어지는 것과 마찬가지로 구원 이후의 성화 과정도 인간의 의지적인 노력이나 선행, 혹은 공로에 의한 것이 아니라 전적으로 하나님의 은혜로운 성령의 내주하심으로만 가능함을 가르친다.

칭의론에 관한 개혁주의 설교는 칭의론의 내용을 단순히 교리적인 지식으로만 설교하는 것이 아니라, 효과수반발화의 관점에서 칭의론을 그대로 실천하는 신자를 양육하는 설교다.

그러므로 새 관점 주창자들의 주장처럼 구원 이후에는 인간의 의지적인 선행과 노력이 새롭게 요구되는 것이 아니라, 은혜의 구원 이후에 은혜의 성령 조명과 내주로 말미암아 반드시 변화된 거룩함과 선행과 노력이 뒤따를 수밖에 없다.

개혁주의 구원론과 신인 협력설(혹은 반펠라기우스주의) 양쪽 모두 구원 이후 성화의 과정에서 신자 편에서의 가시적인 변화와 선행을 요청하지만, 그 변화와 선행의 필연성 그리고 원동력에 대한 이해는 분명한 차이가 있다.

신인 협력설에 의하면 구원은 하나님의 은혜지만 성화는 인간 편에서의 선행과 노력과 공로가 요구되는 것이기 때문에,[37] 신자는 자신의 미래의 최

---

37 Bryan Chapell, *Holiness by Grace*, 조계광 역, 『성화의 은혜』 (서울: 생명의말씀사, 2002), 7, 48.

종 구원에 대해서 확신할 수 없다. 하지만, 개혁주의 구원론에서는 구원과 마찬가지로 성화와 견인의 필연성과 원동력 역시 하나님의 은혜와 내주하시는 성령의 역사에 달려 있다.

따라서, 현재 그리스도의 은혜 안에 들어와 있다는 믿음만 있으면, 그 믿음으로 말미암아 성령이 내주하시고 거룩하게 하시는 원동력의 연장선상에서 미래의 최종 구원도 필연적으로 확신할 수 있다.

칭의와 성화가 전적으로 하나님의 은혜로 말미암아 성취되기 때문에, 칭의와 성화에 관한 구원 설교는 단순히 칭의와 성화에 관한 교리적인 정보를 전달하는 것이 아니라, 설교를 통해서 실제로 하나님의 은혜로운 회심 사건과 성화 과정을 실행하는 구원 사건이 된다.[38]

설교가 구원을 실제로 발생시키는 구원 사건으로 실행되는 과정에서, 설교자는 신자들을 어떻게 이해해야 하는가?

청중이 칭의와 성화에 관한 설교를 듣고, 실제로 회심을 경험하고, 또 설교에 대한 후속 반응으로 하나님의 은혜로 말미암은 성화를 고백하는 효과수반발화효과를 거둘 수 있는 근거는 무엇인가?

칭의론에 관한 설교가 신인 협력설을 부추기는 결과를 가져오는 이유는, 설교자가 신자를 자기의 열심과 노력으로 성화의 과정을 밟아가야 하는 불확정적인 대상으로 간주하거나 자신의 선택과 노력으로 거룩한 삶의 변화를 선택해야 하는 대상으로 간주하기 때문이다.

신인 협력설 설교자들은 신자들을 자신들 앞에 놓여 있는 세속적인 삶과 거룩한 삶의 극단적인 운명 중의 하나를 자신의 의지와 노력으로 선택해야 하는 불확정적인 존재로 이해한다. 이는 설교학적인 인간론이 잘못 전제되었다는 말이다.

그렇다면 칭의론을 올바로 설교하여 칭의론이 '의도하는 효과수반발화효과를 달성하는 설교를 위해 설교자들은 청중을 어떻게 이해해야 할까?

칭의론에 합당한 설교학적인 인간론은 무엇인가?

---

38   Johan H. Cilliers, 『설교 심포니』, 118.

이 질문은 전통적인 조직신학의 범주에서 이해해 왔던 인간론(anthropology) 대신, 목회 현장에서 하나님의 말씀을 선포하여 하나님의 말씀과 만나며 하나님 나라의 목적을 향하여 변화와 의미 추구의 과정을 밟아가는 신자에 대한 실천신학적인 인간론(practical theological anthropology)을 요청한다.[39]

실천신학자 다니엘 로우(Daniel Louw)에 의하면, 기독교 신학의 범주 안에서 혹은 목회 현장의 '목회신학적인 인간론'(pastoral anthropology)은 주로 인죄론(hamartiology)이나 기독론(Christology)에 근거했는데, 이것이 목회자들과 설교자들이 기독론의 연장선상에서 신자들의 회심과 그리스도의 모범을 윤리적으로 본받도록 압박하는 결과를 가져왔다는 것이다.[40]

즉, 인죄론이나 기독론의 관점에서만 신자들을 이해하다 보니 목회자는 신자들을 여전히 회개하지 않은 죄인 또는 구원과 회심 이후 더욱 열심을 내서 내면의 타락한 속성을 억누르며 윤리적인 규범들을 이행해야 할 주체로 여기게 되었다.

그 결과 설교 메시지와 효과수반발화 효과가 율법주의 설교나 신인 협력설을 조장하는 결과를 낳게 된 것이다. 이렇게 인죄론이나 기독론에 근거한 인간론 이해가 목회 현장에 적용될 때, 그리스도의 유일무이한 대속 사역의 독특성을 간과하거나, 그리스도와 신자 사이의 불연속성을 무시하거나, 혹은 양자 간의 연속성을 급하게 시도하면서 신인 협력설의 문제에 빠진다.[41]

이런 문제점을 극복하기 위하여 다니엘 로우는 '목회 신학적인 인간론'(pastoral anthropology) 정립을 위해 기독론의 배타성을 고집할 것이 아니라, 성령론과 종말론을 포함할 것을 주장한다.[42]

---

39 Gerben Heitink, *Practical theology: history, theory, action domains: manual for practical theology*(Grand Rapids, Michigan; Wm. B. Eerdmans, 1999), 260-273.

40 Daniel J. Louw, *A Pastoral Hermeneutics of Care and Encounter*(Cape Town: Lux Verbi, 2004), 137, 170.

41 Daniel J. Louw, *A Pastoral Hermeneutics of Care and Encounter,* 122, 137, 170.

42 Daniel J. Louw, 167, 169.

먼저 인죄론의 관점에서 아담의 범죄로 타락한 인간은 기독론(christology) 관점에서, 그리스도의 칭의와 이중 전가로 말미암아 자신의 죄가 그리스도에게로 전가되고 그리스도의 의가 자신에게로 전가되어 온전히 새롭게 중생한 하나님의 백성으로 신앙생활을 시작할 수 있다.

게다가 그리스도의 공로로 의롭게 변화한 신자는 이후에도 계속해서 성령론(pneumatology)의 관점에서 '지속적인 성숙과 변화의 과정'의 정당성을 확보할 수 있다.

그리고 신자는 그 이후에도 계속해서 교회론(ecclesiology)과 종말론(eschatology)의 관점에서 최종적인 구원과 영화를 향하여 하나님의 은혜와 성령의 능력 안에 있는 교회의 목회 사역과 말씀 선포로 이루어지는 성화와 견인의 필연성을 확보할 수 있다.

제임스 패커(J. I. Packer)도 이와 유사한 논리로 칭의론(justification)을 구원론의 범주 안에서만 이해할 것이 아니라 기독론과 구원론, 성령론, 교회론 그리고 종말론의 전체 신학적인 범주, 나아가 성경 해석과 목회 신학과 복음 전도, 예배와 성만찬을 포함하는 신자의 모든 교회 생활에까지 적용할 것을 주장한다.[43] 왜냐하면, 하나님의 은혜로 말미암은 칭의와 성화를 강조하는 개혁주의 칭의론은 신자의 구원의 서정(*ordo salutis*)에서 칭의라는 특정한 단계에만 해당하는 것이 아니라, 신자의 소명으로부터 시작하여 영화의 단계에 도달하는 신자의 구원 서정 전체 과정에 그대로 해당하기 때문이다.

그뿐만 아니라, 개혁주의 칭의론은 단순히 구원의 서정에 관한 교리뿐만 아니라 신자의 공동체적인 교회 생활 전반에도 그대로 적용되기 때문이다.

따라서, 개혁주의 칭의론 설교에 적합한 설교학적인 인간론(homiletical anthropology) 혹은 실천신학적인 인간론은 인죄론과 기독론뿐만 아니라 구원론과 성령론, 교회론 그리고 종말론 전체를 아우르는 그리스도 중심의 구속사

---

43   J. I. Packer, *Here We Stand*(London: Hodder & Stoughton, 1986), x-xi. R. Scott Clark, *Covenant, Justification, and Pastoral Ministry*(New Jersey: P & R Publishing, 2007), 314.

관(redemptive history perspective)의 기초 위에 정립되어야 한다.[44]

개혁주의 칭의론을 설교하여 효과수반발화 효과를 달성하기 위한 설교학적인 인간론을 그리스도 중심의 구속사의 토대 위에 구축한다는 것은, 설교를 듣는 신자를 그리스도 중심의 계시된 구속 역사(redemptive history revealed)가 고스란히 적용되는 구원의 서정(ordo salutis) 전체 과정을 통전적이고 일관되게 적용되는 대상으로 이해하고 설교한다는 의미다.

칭의론에 관한 설교를 듣는 신자는 천지 창조와 인간의 범죄, 구약 시대에 이스라엘의 역사를 통하여 계시된 하나님 나라, 이스라엘의 배반과 바벨론 포로 심판, 새 언약의 예언, 그리스도의 초림과 십자가 죽음, 부활, 승천, 오순절 성령 강림, 교회의 탄생, 선교 그리고 재림으로 이어지는 거대한 구속 역사를 자신의 정체성 형성에 고스란히 적용하는 신자다.

설교자는 이런 신학적인 기대에 근거하여 설교해야 한다. 구속사 관점의 설교학적인 인간론과 구원의 서정에 관한 확대된 신학적인 이해는 다시 설교자로 하여금 각각의 단계에서 어떤 주제를 설교해야 할 것인지에 대한 해답을 제시한다.

먼저 인죄론에 기초한 설교학적인 인간론은 신자들을 하나님의 일방적인 은혜와 선택으로 구속을 받아야 할 정도로 전적인 타락의 관점에서 이해하게 한다.

또 기독론과 구원론에 기초한 설교학적인 인간론은 신자를 그리스도 안에서 중생하고 회심하며 그리스도의 십자가 대속 사건을 통한 이중 전가를 통하여 하나님으로부터 의롭다 인정받는 대상으로 이해하고 설교함으로써

---

44 이와 유사하게 Peter Stuhlmacher나 Fred M. Jensen은 칭의 사건(justification)을 그리스도나 신자만을 배타적으로 연관지어 이해하는 것을 거부하고 기독론과 인간론 양쪽의 시각으로 또는 구속사적인 관점에서 통전적으로 이해할 것을 주장하기도 한다. "Justification as Paul teaches it has salvation-historical dimensions. This can be seen both christologically and anthropologically." Peter Stuhlmacher, *Revisiting Paul's Doctrine of Justification: A challenge to the new perspective*(Downes Grove: IVP, 2001), 62; Fred M. Jensen, *A Study of the Foundation of Justification*(Illinois: Tyndale House Publishers, 2010), 6

효과수반발화의 효과가 나타나는 설교를 하도록 안내한다.

이어서 성령론과 교회론에 기초한 설교학적인 인간론은 신자가 자신의 의지와 노력으로 성화의 과정을 밟아가는 신인 협력적인 존재(synergistic being)가 아니라 그들 속에 내주하시는 성령의 인도하심과 지상 교회가 제공하는 말씀과 성찬을 통하여 점진적으로 거룩한 변화의 증표를 나타낼 수밖에 없는 존재로 이해하고 그런 결과가 나타나도록 설교하게 한다.

마지막으로 종말론에 기초한 설교학적인 인간론은 신자들을 자신의 노력과 공로로 최종 구원과 칭의를 획득해야 하는, 최종 구원에 대해서 확신하지 못하는 존재가 아니라 내주하시는 성령의 보증에 근거하여 최종 구원을 확신하되 지금 위치한 자리에서 부단히 죄악과 싸우며 하나님의 영광을 추구하도록 말씀과 성령으로 독려해야 할 대상으로 이해하고 그런 결과를 추구하도록 설교하게 한다.

그렇다면 궁극적으로 설교 메시지 속에 담긴 효과수반발화의 효력을 성취하는 데 적합한 설교학적인 문법으로는 어떤 것들이 있을까?

아래에서는 역동적 등가성의 원리에 근거하여 직설법과 명령법의 조화, 구속 사역의 설득을 위한 조건문, 구속 사역의 적용을 독려하는 명령법 그리고 구원의 확신에 관한 실천적 삼단 논법을 제시하고자 한다.

6. 개혁주의 칭의론에 관한 설교학적인 문법

1) 역동적 등가성을 위한 반전의 내러티브

요한 실리에는 하나님의 구원에 관한 올바른 설교는 본문과 회중 사이의 역동적 등가성(dynamic equivalence)을 확보하는 설교라고 한다.[45] 성경 본문의 구조와 설교 구조 사이의 역동적 등가성은 과거에 하나님이 행하셨던 것을 그대로

---

45   Johan H. Cilliers, 『설교 심포니』, 245.

재진술하는 것을 의미하지 않고, 성경 본문의 빛 안에서 하나님의 현재 행동을 선언하는 것이며, 앞으로 신자의 삶에 나타날 하나님의 새로운 행동을 선언하고 실행하며 구현하는 것이다.[46]

인간의 언어로 출발한 설교가 하나님의 구원하시는 말씀 사건으로 창발(emergence)하는 전환점은 어떻게 확보될 수 있을까?

앞서 확인한 바와 같이 청중 편에서의 인본주의적인 의지나 노력을 끌어내기 위하여 (미래 구원의 불확실성에 근거하여) 심리적인 조급증을 자극하는 조건부 명령법(conditional imperative)이 지배하는 설교는 칭의와 성화의 과정에서 전적인 하나님의 주권과 은혜로 인한 구원과 성화를 인정하는 신자를 제대로 양육해 낼 수 없다.

설교자의 설교학적인 문법과 지배적인 형식이 인간의 곤경과 문제를 묘사하는 언어 형식으로 출발하되, 돌연한 하나님의 새로운 은혜와 구원을 구현할 수 있는 급반전의 내러티브 형식을 갖추어야 한다.[47]

급반전의 내러티브 형식을 설교에 접목한 대표적인 학자는 유진 로우리(Eugene Lowry)다.[48] 그는 인간의 문제와 하나님의 해답, 또는 율법과 복음의 대비를 급반전의 내러티브 설교 형식으로 연결할 것을 주장한다. 로우리에 의하면 내러티브 설교 형식은 설교의 서론에서 모순되는 문제를 제기함으로

---

46 Johan H. Cilliers, 『설교 심포니』, 252.

47 칭의론에 관한 반전 내러티브 설교 형식의 교회사적인 사례는 1563년에 하이델베르크 요리문답서가 출판된 이후 팔츠(Pfalz) 지역의 개혁파교회들 뿐만 아니라 유럽 전역의 개혁파교회에서 무려 400년 이상 요리문답을 설교할 때 반복적으로 활용하였던 설교 형식에서도 발견된다. 이남규에 의하면, 하이델베르크 요리문답의 전체적인 구성이나 1년 52주 동안 하이델베르크요리문답 전체를 반복적으로 설교할 때 매번의 설교의 기본 형식은 '비참-구원-감사'로 진행되는 반전의 패턴을 유지하도록 팔츠교회법으로 규정하고 있으며 이 요리문답을 설교하는 모든 목회자는 성경본문도 이런 관점에서 해석하도록 권면하고 있다. 이남규, "팔츠(하이델베르크) 교회와 신앙교육", 『신학정론』32/2(2014,11), 159-160.

48 Eugene Lowry, *The Homiletical Plot: The Sermon as Narrative Art Form*(Louisville, Kentucky: Westminster John Knox, 1980), 75.

청중의 마음에 평형을 깨뜨리는 것에서 출발한다(Upsetting the equilibrium).

첫째, 서론에서 제시한 모순점의 문제를 더욱 자세히 분석하고 심화시키는 단계(Analysing the discrepancy)다. 청중이 마음속에 품은 해답에 대한 기대감의 성취를 의도적으로 지연시키는 방식으로 이루어진다.

둘째, 이 단계에서 유진 로우리는 '설교학적인 누전'이 발생하지 않도록 주의를 요청한다. 설교학적인 누전(homiletical short circuit)이란 서론에서 인간의 죄악과 곤경 혹은 문제점으로 시작했지만, 인간의 문제점을 실제적인 차원 혹은 본질적인 차원까지 깊이 파헤치지 않고 성급하게 도덕적이거나 규범적인 해답을 제시함으로, 설교 후반부에서 청중이 급반전하는 하나님의 은혜의 세계를 충분히 경험하지 못하고 설교자가 제시하는 몇 가지 인본주의적인 과제들 때문에 설교 이후에 청중이 심리적인 부담감을 갖게 되는 경우를 말한다. 로우리는 설교학적인 누전이 발생하지 않도록 문제의 모순점을 깊이 분석하고 파헤칠 것을 조언한다.

셋째, 문제 해결을 위해 실마리를 제시하는 단계(Disclosing the clue to resolution)다. 모순되는 문제를 자세히 분석하고 심화하는 과정에서 필연적으로 관점의 전환이나 해답을 모색하는 차원의 전환을 경험하면서, 회중이 막연하게 기대했던 메시지에 대한 역전이 발생한다.

넷째, 앞서 확보한 역전의 실마리가 더욱 확대되면서 청중에게 복음이 선포되는 단계(Experiencing the gospel)다.

다섯째, 복음으로 말미암은 미래에 대한 긍정적 결과를 예견하는 단계(Anticipating the consequence)다. 복음에 대한 새로운 발견과 깨달음이 미래를 향하여 투사되면서 긍정적인 청사진이 제시된다.

유진 로우리가 제안하는 내러티브 설교가 반전의 깨달음을 추구한다면, 그 설교 전체를 채우는 기본적인 내용은 인간의 죄악과 곤경을 그리스도의 죽음과 부활 그리고 성령 강림 사건에서 해결하는 그리스도 중심의 구속 역사를 관통하는 새 창조의 반전 내러티브(reversal narrative)에서 확보되어야 한다.

즉, 전적인 타락의 문제를 십자가 죽음과 부활 그리고 오순절의 성령 강림을 통하여 새 창조로 급반전시키는 구속 내러티브(reversing redemptive narrative)를 그대로 따라가면서, 신자들로 하여금 예상치 못하고 기대하지 못한 갑작스런 은혜의 세계를 경험하도록 유도해야 한다.

앞서 확인한 바와 같이 율법주의 설교는 성화의 도상에 있는 신자의 과거와 현재 그리고 미래를 신인 협력설의 관점에서 연결한다. 하지만, 사도 바울은 성화의 도상에 있는 신자의 과거와 현재 그리고 미래를 항상 삼위일체 하나님의 절대주권적인 말씀의 능력과 은혜의 관점에서 묘사한다.

신자들은 중생의 순간, "결정적인 성화"의 관점에서 이미 거룩한 존재로 탄생한 거룩한 성도다. 그리고 중생 이후 성화의 과정에서 필연적으로 나타날 수밖에 없고 나타나야 하는 성결한 삶과 행실의 원동력은 신자 자신의 인간적인 의지나 결단이나 노력이 아니라, 그리스도의 대속 은혜에 대한 깨달음과 그 깨달음을 성결의 삶으로 이끌어 가시는 성령의 강력한 역사하심과 인도하심에 있다.

> 그러나 내가 나 된 것은 하나님의 은혜로 된 것이니 내게 주신 그의 은혜가 헛되지 아니하여 내가 모든 사도보다 더 많이 수고하였으나 내가 한 것이 아니요 오직 나와 함께 하신 하나님의 은혜로라(고전 15:10).

알리스터 맥그래스(Alister E. McGrath)는 이신성화의 신비를 수사적으로 표현한다면, 그것은 역설적인 반전(paradoxical reversal)일 수밖에 없다고 한다.[49]

신자의 과거는 하나님이 예정하시고 선택하시고 일방적으로 은혜를 베푸신 과거다. 십자가에 달리신 예수님과 함께 신자의 옛 사람은 죽은 과거이며, 부활하신 예수님과 함께 신자 안에 새로운 생명이 태어난 과거다. 또 현재는

49　Alister E. McGrath, *Justification by faith*, 김성웅 역, 『이신칭의의 현대적 의미』 (서울: 생명의말씀사, 1996), 171; Cf., J. S. Whale, *The Protestant tradition: an essay in interpretation*(-Cambridge: The Syndics of the Cambridge University Press, 1962), 43.

신자 안에서 능력으로 역사하시는 성령 하나님의 현재이고, 미래는 신자 앞에 놓여 있는 하나님의 영광이 모두 실현되는 미래다.

사도 바울의 관점에서 볼 때 성화의 도상에 있는 신자의 과거와 현재 그리고 미래는 전부 오직 하나님의 은혜와 주권에 의하여 죄인이 죽고 의인으로 다시 살아나는 것이다.

이렇게 성경의 전체 내용이 반전의 구속 역사가 관통하고 있고 신자 역시 죄인에서 십자가를 통한 의인의 중생으로 반전되므로, 개혁주의 칭의론이 추구하는 이신칭의와 '이신성화'(sanctification by faith)에 관한 설교도 역동적인 등가성의 원리를 통해 신자들에게 더욱 효과적으로 전달될 수 있다.[50]

2) 계시된 구속 역사에 근거한 직설법과 명령법

칭의론에 관한 설교가 신자들의 실제 신앙생활 속에서 이신성화의 결과를 얻어내려면, 성경이 하나님의 구원과 그에 대한 신자의 반응을 유도하기 위해 채택하는 직설법과 명령법의 구조를 잘 따라가야 한다.

실리에는 성경을 읽는 독자들에게 영적인 변화를 가져오는 성경의 소통 효력을 (Austin의 용어를 빌려서) 성경의 서술적 속성(descriptive character)과 수행적 속성(performative character)으로 분류한다.[51]

성경이 하나님의 계시된 구속사를 신자와 독자들에게 구현하기 위하여 기본적으로 채택하는 소통 문법은 주로 직설법과 명령법이다. 두 가지 문법 모두 그 자체로 수행적인 속성을 가지고 있어서 독자들에게 효과수반발화의 효력을 발휘한다.

예를 들어, 현재시제 능동형 서술문 형태의 문장은 하나님의 존재와 권능을 부정하는 사람들에게 하나님의 살아 계심과 그분의 신실하신 구원을 있

---

50 Cf., D. Martyn Lloyd-Jones, "The Mighty Process of the Holy Spirit", *Great doctrines of the Bible*(Wheaton, Ill.: Crossway Books, 2003), 336.

51 Johan H. Cilliers, 『설교 심포니』, 230-231.

는 그대로 묘사하고 선포함으로써 하나님의 주권과 신실한 구원에 대한 합당한 반응과 믿음, 신뢰 그리고 경배의 반응을 끌어내는 수행력을 발휘한다.

또 현재시제 명령법 문장이나 미래시제 가정법 문장도 신자들이 이미 확정된 하나님의 구원과 장차 신자가 누릴 영광스러운 구원을 더욱 확신하고 믿음에 굳게 서서 죄악에 대항하며 하나님의 영광을 추구하는 삶을 살아가게 하는 수사적인 설득력과 원동력을 제공한다.

개혁주의 칭의론의 관점에서 볼 때, 신자의 성화는 신자 자신의 경건이나 노력으로 보상을 쟁취하도록 노력을 선택하는 문제가 아니라 신자 속에 내주하시는 성령의 인도하심으로 말미암은 필연적인 결과다.

그러므로 칭의론을 설교하는 설교자 역시 하나님의 은혜로 말미암은 이신칭의와 죄악에 대한 회개, 그리스도의 죽음과 함께 발생한 옛 사람의 죽음, 그리스도의 부활과 함께 발생한 새 사람의 탄생, 결정적인 성화, 양자 삼음, 성령의 내주로 인한 새 창조와 구원 이후의 당연한 거룩한 삶의 필연성을 설교할 때, 불확실한 구원의 상태에서 개개인의 심리적인 의지와 도덕적인 노력과 공로를 선택하여 신인 협력의 관점에서 불확실한 미래 구원을 완성해 가야 할 것처럼 설교하지 않도록 주의해야 한다.

3) 구원의 확신과 실천적 삼단 논법[52]

앞서 확인한 바와 같이 새 관점의 신인 협력설이나 반펠라기우스주의 구원론에서 신자는 미래에 최종적으로 얻을 구원을 확신할 수 없다.

현재와 미래 구원의 불확실성 문제는 종교개혁자들이 중세 로마가톨릭교회의 반펠라기우스 구원론을 반대할 때, 가장 강력하게 반대한 교리 중 하나다.

---

52 이하의 내용은 다음 논문을 참고하라. 이승진, "구속사를 구원의 서정에 적용하는 성화설교," 『신학정론』 (2012,11), 713ff.

올바른 개혁주의 칭의론을 가르치고 설교하면 신자는 반드시 자신이 얻은 구원에 대한 성결의 표증을 가지고 미래에 최종적으로 얻을 구원까지 확신할 수 있다.

그리고 그 확신은 인본주의적인 노력과 공로에 의한 성결의 표증 때문이 아니라, 성령 하나님이 자기 안에서 내주하시면서 세상의 힘으로나 자신의 힘으로 결코 실행할 수 없는 영적인 변화와 성숙과 성결을 주도적으로 성취하고 계심을 깨달으며 확인하는 데서 얻어지는 확신이다.

종교개혁자 칼빈은 구원 이후 성화의 과정에서 신자가 자신의 선행과 거룩한 삶을 통해서 그리스도의 은혜로 말미암은 칭의와 성화의 믿음을 더욱 강화할 가능성에 관하여 다음과 같이 설명하고 있다.

> 선택이 우리와도 관련되어 있다고 느끼게 하는 믿음, 즉 복음에 대한 믿음에 선택의 힘을 의존시키는 것은 잘못이므로 우리가 선택되었다는 확신을 얻으려고 할 때 가장 좋은 순서를 따르려면 선택을 확실히 증명하는 표징들, 즉 후천적인 표징들(signa posteriora)을 굳게 잡고 놓치지 않아야 한다.[53]

칼빈은 신자의 선행과 공로는 하나님과 다른 신자들 앞에서 자신의 의를 주장할 그 어떤 근거도 될 수 없으며, 천국에서의 최종 구원을 확정하는 어떤 근거로 작용할 수 없다고 주장한다. 오히려 신자는 평생의 과정에서 자기 바깥에서 공격해 들어오는 불신과 평생의 싸움을 계속 이어가야 한다고 하였다.[54]

신자는 평생 계속되는 불신과 싸움 속에서도 꾸준히 그리스도의 은혜에 의지하여 선행과 경건을 나타낼 수 있다. 그리고 자신의 힘이 아닌 성령의 은혜와 능력으로 말미암은 선행과 경건을 통해서 장차 얻을 미래 구원을 분명하고도 충분히 확신할 수 있다.

---

53   John Calvin, *Institutes*, III, xxiv, 4.

54   John Calvin, *Institutes*, III, ii, 17/18.

이상의 논리에 근거하여 개혁파 칭의론은 다음과 같이 구원의 확신에 관한 실천적 삼단 논법(*syllogisumus practicus, practical syllogism*)을 발전시켰다.

첫째, 선택된 사람은 확실한 선택의 표징(증표)을 나타낸다.
둘째, 나는 그러한 표징(증표)을 갖고 있다.
셋째, 그러므로 나는 선택된 자다.[55]

개혁파 칭의론이 가르치는 구원의 확신에 관한 실천적 삼단 논법은 신인 협력설이나 반펠라기우스주의 구원론이 동원하는 설교학적인 문법과 분명한 차별성을 보인다.

앞서 확인한 바와 같이 신인 협력설의 이신성화는 조건적인 명령법을 동원하여 현재 신자들의 인본주의적이고 심리적인 선택과 결단으로 불확실한 미래 구원을 확실한 구원으로 바꿀 것을 촉구한다.

그래서 신인 협력설 설교에서 언급되는 선택의 표징이나 성화의 표징은 인간의 의지적인 노력의 결과물이다. 따라서, 이런 결과물이 나타났을 때 신자는 어떤 식으로든 하나님과 다른 신자들에 대하여 자신이 이룩한 구원의 증거에 대한 정당한 권리를 주장할 수 있는 것처럼 여긴다.

반면, 개혁파 칭의론이 가르치는 이신성화와 구원의 확신에 근거한 실천적 삼단 논법도 똑같이 선택과 성화의 표징을 인정하지만, 그 표징은 신자 개인의 인본주의적인 의지나 노력과 공로의 결과물이 아니라 그 사람 안에서 능력으로 역사하시는 성령 하나님의 은혜로운 결과물일 뿐이다.

55　A. E. McGrath, *A Life of John Calvin*, 241. Cf. 김재성, 『개혁 신학의 광맥』 (서울: 이레서원, 2001), 542; 유정우, "칼빈의 실천적 삼단 논법: 구원의 확신문제", 『복음과 신학』 4(2001, 8월), 114-134. Richard A. Muller는 칼빈의 저술과 신학 사상으로부터 '실천적 삼단 논법'을 유추할 수 있다고 주장한다. Richard A. Muller, *Christ and the Decree: Christology and Predestination in Reformed Theology from Calvin to Perkins*(Michigan: Baker Book House, 1986), 25-27.

신자는 그런 표징이 나타남을 계기로 자기의 옛 사람을 떠올리면서 그것이 자기 힘으로 만들어 낸 것이 아님을 확인함과 동시에, 자신에게 그런 표징을 분명히 허락하고 계시는 하나님의 은혜를 확인하면서 하나님께 영광 돌린다.

이런 의미에서 구원의 확신에 관한 실천적 삼단 논법은 개혁파 칭의론에 관한 설교 내용이 추구하는 효과수반발화의 효력을 그대로 성취하는 데 매우 효과적인 설교학적인 문법이다.

7. 나가는 말

반(牛)펠라기우스주의(semi-pelagianism)가 새 관점 운동의 저변에 깔려 있는 매우 치명적인 쟁점이라면, 현대 교회의 설교에서 발견되는 매우 치명적인 문제점은 이신성화보다 인간의 선행이나 공로를 강조하는 율법주의 설교, 혹은 신인 협력설 설교다.

율법주의 설교에서 발견되는 중요한 설교학적인 문법은 (구원 이후 성화의 과정에서) 신자 편에서의 선택과 결단에 의하여 하나님의 미래가 결정된다는 조건부 명령법이다.

필자는 현대 설교에서 발견되는 율법주의 설교의 네 가지 특징을 살펴보고 현대 설교 강단에 율법주의 설교가 하나의 설교학적인 현상으로 부상하게 된 역사적인 배경으로 기독교의 세속화와 사사화를 살펴보았다. 그리고 율법주의 설교에 대한 설교학적인 문법의 대안을 마련하기 위하여 오스틴의 언어행위론과 구속사에 기초한 설교학적인 인간론 정립의 중요성을 확인하였다.

이어서 개혁주의 칭의론에 관한 설교학적인 문법으로 역동적 등가성을 위한 반전의 내러티브와 계시된 구속 역사에 근거한 직설법과 명령법 그리고 구원의 확신에 관한 실천적 삼단 논법에 관하여 논의하였다.

이상의 논의에 근거하여 개혁주의 칭의론에 관한 설교가 율법주의 설교 혹은 반펠라기우스주의 설교로 전락하지 않고, 개혁주의 칭의론이 추구하는 이신성화의 효과수반발화의 효과를 올바로 성취할 수 있도록 하는 설교학적인 문법을 모색하였다.

제4장

칼빈의 교회 개혁과 설교

1. 들어가는 말

 종교개혁의 전통을 이어가고 있다고 자부하는 한국개신교는 16세기 종교개혁자 존 칼빈(John Calvin, 1509-1564)의 탄생 500주년을 맞이하는 시점에서 그 전통의 구심점을 상실하고 급변하는 시류 속에서 영적 정체성의 혼란으로 방황하고 있다.
 오늘의 한국 개신교가 교회 개혁의 올바른 방향을 모색하기 위해서는 16세기 제네바에서 성경의 진리를 붙잡고 불의와 투쟁하면서 온 힘을 다하여 제네바를 '그리스도의 탁월한 학교'로 변화시키고 종교개혁의 위대한 금자탑을 세웠던 칼빈의 교회 개혁으로 되돌아가야 할 것이다.
 본 장에서는 16세기 종교개혁의 진원지랄 수 있는 제네바에서 칼빈이 주도했던 교회 개혁의 원동력 중의 하나가 교회를 향한 하나님의 말씀 선포였음을 주목하면서 칼빈의 교회 개혁과 설교의 연관성에 대해서 살펴보고자 한다.
 이를 위해서 먼저 칼빈이 제네바에서 하나님의 말씀을 선포하면서 교회 개혁을 추구할 때 염두에 두었던 그의 교회관을 살펴볼 필요가 있다.
 교회를 연약한 신자의 구원을 위해서 하나님이 세우신 기관으로 이해했던 칼빈의 교회론에 주목하고자 한다. 이어서 이상적이고 불가시적인 교회와 현실의 불완전하고 가시적인 교회 사이의 간격을 극복하기 위하여 칼빈이 온 힘을 쏟았던 교회 개혁의 방편으로서 설교의 특징으로 그리스도 중심의 구속사적인 성경 해석에 기반한 설교와 공동의 인식론적인 기반 위에 구축된 본문공동체(textual community)에 주목하고자 한다. 그리고 강단에서 지향했던 설교를 통한 교회 개혁이 실제 신자들의 삶 속에서 그대로 구현되도록 신자의 삶을 감독하고 보살피기 위한 권징의 역할에 대한 칼빈의 입장을 살펴볼 것이다.

말씀 선포와 권징의 시행이라는 양날의 검을 통해서 교회 개혁을 추구했던 칼빈의 모범적인 사례를 통해서 오늘날 설교자들이 추구해야 할 교회 개혁의 올바른 이정표를 모색하고자 한다.[1]

2. 칼빈의 교회관

칼빈으로부터 교회의 개혁에 대하여 배우고자 할 때, 먼저 던져야 할 질문이 있다.

16세기 초 제네바의 현실에서 칼빈은 교회의 본질을 어떻게 이해하고 있었는가?

칼빈의 교회론에 대한 논의를 전개하기 위해서는 초판(1534)에서 최종판(1559)으로 시간이 가면서 발전되는 『기독교 강요』에서 교회론이 차지하는 신학적인 좌표 또는 여러 주석서에서 발견되는 교회에 관한 논의(debate)를 고려해야 한다.[2] 더불어 16세기 초반 제네바의 역사적·정치적 상황에서 혹은 제네바교회와 시 의회의 긴장 관계를 극복하는 과정에서 드러난 실제 교

---

[1] 본고의 주된 연구 방법은 칼빈의 『기독교 강요』(1559)와 주석서를 중심으로 살펴볼 것이며, 『기독교 강요』는 John Calvin, *Institutes of the Christian Religion*, 신복윤 외 3인 공역, 『기독교 강요』(1559)(서울: 생명의말씀사, 1988)를 참고하였음. 이후부터 각주에서는 『기독교 강요』 1권 1장 1항은 *Inst.* I. i. 1로 축약하여 표기함.

[2] 칼빈의 교회론을 연구한 밀너에 의하면 주석서의 변화와 달리 『기독교 강요』에서는 1543년판 이후에 교회에 관하여 새롭게 수정한 내용이 거의 없다고 한다. 아쉽게도 Milner는 그 이유나 근거를 명확하게 밝히지 못했다. Benjamin Charles Milner Jr. *Calvin's Doctrine of the Church*(Leiden: E. J. Brill, 1970), 15-30; Kilian McDonnel, *John Calvin, the Church, and The Eucharist*(Princeton: Princeton Univ. Press, 1967), 56-60.

회의 모습(practice)³도 살펴보아야 한다.

하지만, 이는 본서의 한계를 넘어가는 것이므로 여기서는 『기독교 강요』 최종판 IV권에 나타나는 교회론으로부터 논의를 시작한다.

하나님에 관한 올바른 지식과 인간에 관한 올바른 지식을 추구하는 『기독교 강요』의 전체 구조에서 볼 때 교회론은 앞의 I-III권에서 창조주 하나님과 계시, 인간 그리고 그리스도를 통한 구원자로서의 하나님, 성령에 의한 구원의 권능과 적용을 다룬 다음에 마지막으로 IV권에서 신자의 구원을 위하여 하나님께서 제정하신 외적 수단들에 대하여 논의하는 가운데 다뤄진다.⁴

여기서 칼빈은 '신자의 어머니로서의 교회'(1장)를 시작으로 '거짓 교회와 참 교회의 비교'(2장), '교회의 직분과 목회자'(3장), '고대 교회의 정치'(4장), '교황 제도 비판'(5-7장), '신조에 대한 교회의 권위'(8장)와 '교회 회의들과 그 권위'(9장)로 논의를 발전시킨다.

칼빈의 교회론에서 큰 비중을 차지하는 주제로는 '신자의 어머니로서의 교회'와 '가시적인 동시에 불가시적인 교회', '교회의 표지로서의 말씀과 성찬'을 들 수 있다.

---

3   Otto Weber, 김영재 역, 『칼빈의 교회관』(서울: 합신대학원출판부, 2008), 54.

4   칼빈의 신학에서 주목할 부분 중의 하나가 바로 신학적인 주제를 전개하는 올바른 교리의 순서(ordo recti docendi)다. 베틀즈 교수에 의하면 『기독교 강요』 전체가 하나님에 대한 올바른 지식과 인간에 대한 올바른 지식은 결국 하나님에 대한 잘못된 두려움을 피하고 참된 경건으로 인도한다고 한다. 베틀즈의 『기독교 강요』의 신학적인 구조에 대한 분석을 위해서는 다음을 참고. Ford Lewis Battles, *Analysis of the Institutes of the Christian Religion of John Calvin*(Grand Rapids: Baker Book House, 1980). 25ff. 또한 '올바른 교리의 순서'에 관한 논의를 위해서는 다음을 참고하라. Richard A. Muller, *The Unaccommodated Calvin: Studies in the Foundation of a Theological Tradition*(Oxford: Oxford Univ. Press, 2000), 112.

1) 신자의 어머니로서의 교회

칼빈에 따르면 교회는 우리 인간의 무지와 태만의 약점을 아신 하나님께서 "우리의 나약함을 도와서 구원을 완성하기 위하여 마련하신 외적인 수단이다. 또 복음의 전파가 계속되게 하려고 하나님께서는 보물과 같은 필요한 보조 수단을 자신의 교회에 맡기시고 목사와 교사를 세우시고 이들에게 권위를 주셔서 이들의 입을 통하여 자기 백성을 가르치게 하셨다."[5]

여기서 칼빈이 말하는 하나님이 은혜로 베푸신 외적인 수단으로서의 교회는 추상적이고 이상적인 개념으로서의 교회가 아니라 눈에 보이는 실제 교회를 가리킨다. 예를 들어, 『기독교 강요』에서 칼빈은 가시적인 교회를 어머니라고 표현한다.

> 나의 현재 의도는 가시적 교회(the visible church)에 관하여 말하고자 하는 것이기 때문에 교회를 어머니라고 부르는 것까지라도 교회를 아는 것이 우리에게 얼마나 유익한 것이며, 또한 실제로 얼마나 필요한 것인가를 배우도록 하자.[6]

칼빈이 가시적인 교회를 어머니에 비유하는 이유가 있다. 그는 교회의 실제적인 정체성을 신자의 구원을 위하여 어머니가 감당하는 목회적인 기능에서 찾고자 했기 때문이다.

> 이 땅에서 어머니가 우리를 잉태하고 낳으며 젖을 먹여 기르고 우리가 이 육신을 벗고 천사같이 될 때까지 보호 지도해 주지 않는다면 우리는 생명으로 들어갈 길이 없기 때문이다. 그래서 연약한 우리는 일평생 교회에서 배우는 자로 지내는 동안 이 학교에서 떠날 수 없으며 더 나아가서 교회의 품을 떠

---

5   *Inst.* IV, i, 1.

6   *Inst.* IV, i, 4.

나서는 죄의 용서나 구원을 받을 수도 없다.[7]

이러한 교회관은 교부에게서 발견된다. 칼빈은 키프리안(Cyprian, A.D. 200-256)의 입장을 따르면서 '하나님을 아버지로 믿는 신자는 반드시 교회가 그의 어머니가 되어야 한다'고 했으며,[8] '교회 없이는 죄의 용서도 없다'는 어거스틴(Aurelius Augustine A.D. 354-430)의 입장을 따라서 교회를 신자의 사죄와 구원을 위한 은혜로운 수단으로 이해하였다[9].

즉, 하나님으로부터 영생의 구원을 받은 신자는 이 땅에서 사는 날 동안에 하나님이 직접 세우신 은혜의 외적 수단인 교회를 통해 하나님의 은혜를 공급 받아 성장하여 믿음의 목적지에 도달해야 한다고 본 것이다.

여기서 주목할 점은 가시적인 교회를 신자의 어머니로서의 교회와 연결해 설명하는 칼빈의 견해가 『기독교 강요』 초판(1536)에는 나타나지 않는다는 것이다. 처음에는 오히려 불가시적인 교회를 강조하다가 1539년판 이후 가시적인 교회와 신자의 어머니로서의 교회 개념이 확립되고 있다는 것이다.[10]

『기독교 강요』의 초판(1536년)과 1539년판 사이에 칼빈의 교회론이 발전할 수 있었던 계기로는, 1차 제네바 목회와 추방 그리고 스트라스부르에서의 목회 그리고 이곳에서의 마틴 부처와의 교류를 들 수 있다.

프랑수와 방델(Francois Wendel)는 1536년 칼빈은 교회에 관하여 불가시적이며 겉으로 드러나지 않는 면만을 중시하다가, 가시적인 공동체에 대하여 긍정적인 태도를 보이던 마틴 부처와 접촉하면서 가시적인 교회에 관한 입장을 보완하여 정립할 수 있었다고 한다.[11]

---

7 *Inst.* IV, i, 4.

8 *Inst.* IV, i, 4. no 10에서 재인용.

9 *Inst.* IV, i, 4. no 10에서 재인용.

10 최윤배, "깔뱅의 '기독교 강요'(1559)에 나타난 교회의 본질," 『칼빈연구 제3집』 (서울: 한국장로교출판사, 2005), 128.

11 프랑수아 방델, 김재성 역, 『칼빈: 그의 신학 사상의 근원과 발전』 (서울: 크리스챤다이제

그러면서 방델은 직접적인 인용은 아니라고 할지라도, "1539년판과 1543년판에서 더욱 두드러지게 나타나는 가시적인 교회에 대한 강조를 볼 때는 부처의 요소가 너무나 뚜렷하게 나타나 있어서 그 기원을 의심할 수 없을 정도"라고 한다.[12]

2) 가시적인 동시에 불가시적인 교회

1539년 이후, 칼빈은 교회를 설명할 때 땅에 있는 우리 인간들의 연약함을 고려하여 하나님으로부터 허락된 지상의 보조 수단들을 갖춘 가시적인 교회와 모든 선택 받은 자들의 전체로서 불가시적인 교회의 두 측면을 모두 강조한다.

> 우리는 성경에는 두 가지 교회가 있다고 말한다…이 교회에는 양자로 삼으시는 은혜에 의해서 하나님의 자녀가 된 사람들과 성령의 성화에 의해서 그리스도의 진정한 지체가 된 사람들만이 들어갈 수 있다. 이런 의미의 교회는 현재 지상에 살아 있는 성도들뿐만 아니라 천지 창조 이후 지금까지 선택 받은 모든 사람을 포함한다. 그러나 교회라는 이름은 한 하나님과 그리스도를 경배한다고 고백하는 세계 각지에 산재한 모든 사람을 가리키는 때가 많다… 이 교회 안에는 선한 사람들 사이에 약간의 위선자들도 섞여 있다. 그 위선자들은 명칭과 외적으로 보이는 것을 제외하고는 그리스도와 아무런 상관이 없는 자들이다…그러나 교회는 우리들에게 보이지 않고 오직 한 분 하나님만이 알고 계신다는 것을 우리가 믿는 것이 반드시 필요하듯이, 우리는 또한 가

스트, 2006), 357.

12   프랑수아 방델, 166. 부처의 교회론이 칼빈의 교회론에 미친 영향에 대해서는 다음을 참고하라. Spijker, W. van't, "Bucer's influence on Calvin: church and community", in David. F. Wright ed., *Martin Bucer: Reforming Church and Community* (Cambridge: Cambridge Univ. Press, 1994), 32-44.

시적 교회를 경외하고 그 교회와 계속 교통하도록 명령 받았다.[13]

칼빈이 교회를 설명할 때 등장하는 가시적인 교회와 불가시적인 교회, 또는 유형 교회와 무형 교회는 두 종류의 교회를 말하는 것이 아니라, 분리되지 않지만 구별되는 한 교회의 두 가지 측면을 가리킨다.[14]

두 교회는 동일한 중심점이라도 그 위치가 달라서 서로 구별되지만, 완전히 분리할 수 없고, 서로 중첩되는 교집합을 갖는 두 원으로 이해할 수 있다.[15] 이 두 교회의 중심축은 '교회의 기초로서의 하나님의 선택'이다.

하지만, 하나님의 선택이 시공간 속에서 실제로 구현되는 교회로 부름 받은 신자의 시공간의 좌표와 범위가 서로 다르기 때문에, 두 원의 중심점의 위치가 다르면서 하나가 아니라 두 개의 원이 만들어진다. 이 두 원 중의 하나인 무형 교회가 시공간을 초월하여 하나님의 영원한 선택과 예정 속에서 완성된 교회라면, 또 다른 원인 유형 교회는 시대마다 하나님의 선택으로 부름을 받아 모여 그 시대 속에서 하나님의 영광을 구현하는 각각의 교회들이다.

---

13 *Inst.* IV, i, 7.

14 유형 교회와 무형 교회라는 두 종류의 교회로 완전히 분리될 수 없지만, 구별 가능하다는 이중적인 논리로 교회론을 설명하는 칼빈의 신학 논리는 교회론뿐만 아니라 그의 신학 전반에서 발견되는 주목할 만한 특징이기도 하다. 맥그라스에 의하면, '하나님에 관한 지식'과 '인간에 관한 지식'을 중심으로 전개되는 『기독교 강요』의 전체 논의 속에서 칼빈은 성육신에서 끌어올 수 있는 하나의 규범적인 모델을 활용한다고 한다. 성육신은 신성과 인성이 그리스도의 인격 안에서 연합을 이루지만 혼합이 아니다. 성육신과 마찬가지로 성례전(보이지 않는 하나님의 은혜를 매개하는 보이는 상징)이나 설교(하나님의 말씀과 인간의 말) 그리고 권세(세속 권력과 영적 권력)에 대한 거듭되는 논의에서 어느 하나의 극단을 취하지 않고 "'구별되지만 분리되지는 않는다'(distinctio sed non separatio)는 공식에 근거하는 기독론에 거듭 반복해서 호소한다." 알리스터 맥그래스, 최재건 역, 『종교개혁사』(서울: CLC, 2006), 298-301.

15 G. S. M. Walker, "Calvin and the Church", *Scottish Journal of theology*, 16(1963):379-380; 이양호, "칼빈의 기독교 강요에 나타난 교회론"(미간행 신학박사 학위 논문, 연세대학교 대학원, 1984), 40-41.

칼빈에게 교회는 말씀 선포를 통해서 하나님이 세운 기관으로서의 교회와 성도의 모임으로서의 교회로도 설명될 수 있다. 즉, 선포된 말씀을 중심으로 볼 때 제도적인 면을 인식하게 되고 하나님의 택함을 받은 자의 믿음을 중심하여 생각하면 모임이라는 개념을 인식할 수 있다. 교회는 선포된 말씀으로 살지만, 또한 순종하는 믿음으로 사는 것이다.

우리가 교회를 모임 또는 회중(congregation)으로 이해하느냐, 하나의 조직적인 기구(institution)로 이해하느냐, 그 중 하나를 택하라고 요청받는다면, 칼빈은 하나님이 세운 기관으로서의 교회가 성도의 모임으로서의 교회에 선행하는 것으로 이해했을 것이라고 오토 베버(Otto Weber)는 말한다.[16] 그리고 그는 이렇게 교회의 기초가 인간의 창작품이나 모임에 달려 있지 않고 하나님의 선택에 있기 때문에, 칼빈은 구약 시대를 포함하여 시대를 막론하고 하나님의 교회가 지상에 항상 존재해 왔음을 한 번도 의심한 적이 없었다고 한다.[17]

3) 교회의 표지: 말씀과 성찬

가시적인 교회 안에서 불가시적인 교회를 판단할 수 있는 기준은 무엇인가?

두 원의 유비로 말하자면, "하나님의 선택 원이 가시적인 교회 전체의 원을 포함하도록 최대한 노력할 수 있는"[18] 하나님의 가시적인 보조 수단은 무엇인가?

이런 질문은 교회의 표지(*notae ecclesiae*)에 대한 논의로 이어진다. 칼빈이 분리되지 않지만 구별되는 교회의 두 측면을 말할 때, 먼저 교회의 기초로서

---

16 오토 베버, 『칼빈의 교회론』, 66.

17 오토 베버 역시 칼빈이 『기독교 강요』 초판에서부터 하나님의 선택을 항상 교회론의 테두리 안에서 말하고 있다는 사실에 주목한다. 오토 베버, 『칼빈의 교회론』 55-56.

18 G. S. M. Walker, "Calvin and the Church", 379

하나님의 선택을 언급하고 이어서 불가시적인 교회와 대립하는 가시적인 교회 현실을 말하는 이유가 있다. 불가시적인 교회는 가시적인 교회 현실에 대한 판단 기준으로 작용하기 때문이다.[19]

종교개혁 당시의 상황을 고려한다면 칼빈의 고민은 현존하는 가톨릭교회를 참 교회로 인정할 수 있는가 하는 것이었다.

칼빈이 판단하기에 하나님이 세우신 기관으로서 불가시적인 교회의 기준에 따라 가시적인 교회를 판단할 수 있는 근거는 바로 하나님의 말씀이다. 그래서 칼빈은 '사도들과 선지자들의 터'에 관한 에베소서 2장 20절의 말씀에 근거하여 "하나님의 말씀이 순수하게 선포되고 경청되며 성례가 그리스도께서 제정하신 대로 시행되는 것을 보는 곳이면 어디든지 하나님의 교회가 존재하는 것을 의심할 이유가 없다"고 주장한다.[20]

교회의 기초가 하나님의 선택이며 교회의 설립 역시 하나님의 주도적인 권위에 의한 것이라면, 교회의 본질을 구성하는 토대 역시 하나님의 들리는 말씀과 보이는 말씀(성례)이어야 함은 당연한 논리다.

말씀과 성례가 교회를 확정 짓는 표지인 이유는 말씀과 성례를 통해서 하나님의 말씀이 올바로 선포되고 이를 경청하여 듣는 신자들이 하나님의 말씀에 순종함으로 거룩하여지고, 마침내 온전한 구원에 도달할 수 있기 때문이다. 그래서 하나님이 구원의 수단으로서 교회의 직분을 사용하실지라도, 교회 안에 나타나는 구원하는 능력의 원천은 전적으로 하나님에게 있고 우리에게는 겸손한 순종의 명예가 지워져 있을 뿐이라는 것이다. 그런 의미에서 교회는 하나님의 계시 장소이며 그리스도와 신자의 만남의 광장이다.[21]

교회 개혁을 위한 교회의 본질과 성격에 대한 논의는 교회의 참된 표지로서의 말씀 선포와 경청으로서의 설교에 대한 논의로 이어진다.

19　프랑수아 방델, 『칼빈: 그의 신학 사상의 근원과 발전』, 360.

20　*Inst.* VI. 1. 9-10.

21　Niesel, Wilhelm, 이종성 역, 『칼뱅의 신학』 (서울: 대한기독교서회, 2003), 184.

3. 말씀을 통한 교회 개혁

칼빈은 주로 신학자, 목회자 그리고 종교개혁자로 그려지지만, 정작 그는 자신을 하나님의 말씀을 올바로 해석하고 가르치며 선포하는 교사로 헌신한 종으로 여겼다.[22]

칼빈에 의하면 교회는 선택 받은 신자들의 연약성을 배려하신 하나님께서 이들의 구원의 완성을 위하여 지상의 보조 수단들을 허락하셔서 세운 기관이며, 지상 교회의 개혁을 위한 결정적인 견인차 구실을 감당하는 것이 바로 하나님의 말씀을 선포하는 설교다.

이렇게 칼빈은 교회의 본질과 말씀 선포의 책임을 맡은 목회자의 역할에 대하여 분명한 신학적 입장을 정립하였을 뿐만 아니라, 파커(T.H.L. Parker)가 지적한 바와 같이 실제로 최선을 다하여 주석과 설교를 통해 말씀 선포의 책임을 감당하는 일에 자신의 생애를 바쳤다.[23]

여기서 우리는 다음의 질문을 제기할 수 있다.

하나님의 말씀 선포로서의 설교를 통해서 칼빈이 추구했던 목표는 무엇이었는가?

그리고 이것은 교회 개혁과 어떤 관련을 맺고 있는가?

본 장에서는 칼빈이 불가시적인 교회를 마음에 두면서도 가시적인 교회 현실 속에서 교회 개혁을 추구하면서 설교를 통해서 도달하려 했던 중요한 목표 중 하나가 신자와 그리스도와의 신비한 연합과 이를 통한 신자의 성화(sanctification)였음을 밝히고자 한다.

---

22 W. Stanford Reid, "Calvin and the Founding of the Academy of Geneva," *Westminster Theological Journal* 18(1995), 1-21

23 T. H. L. Parker, *John Calvin: A Biography* (Philadelphia: Westminster Press, 1975), 51.

1) 성례전적인 설교관

오토 베버(Otto Weber)에 의하면 칼빈의 교회론의 중심은 말씀을 올바로 전하는 설교다.[24]

설교는 성경을 통해서 계시된 하나님의 말씀을 오늘의 신자들에게 그대로 전파하는 것인데, 이 말씀은 영적인 지식이나 정보가 아니라 피조물인 인간을 직접 대면하여 보고 대화하시는 창조주 하나님의 말씀이다.

창조주 하나님의 말씀에 대한 정확한 선포 여부가 지상 교회의 진퇴를 결정하기 때문에, 교회에 대한 칼빈의 논의는 자연스럽게 말씀의 선포와 청취에 관한 책임을 맡은 직분자에 대한 교리로 이어지며, 여기서 강조되는 것이 바로 말씀을 선포할 책임을 지는 목회자의 역할이다.[25]

목회자의 가장 중요한 역할은 말씀 선포를 통해서 가시적인 교회가 하나님의 음성을 듣게 하고, 그 음성 속에서 자신들에게 허락된 하나님의 은혜로운 구원을 깨닫고, 그 은혜에 합당한 성화를 통해서 하나님을 영화롭게 하는 것이다.

그렇다면 인간 설교자의 설교를 통해서 어떻게 이런 영적인 일이 일어날 수 있을까?

그 가능성을 칼빈의 성례전적인 설교론(sacramental doctrine of preaching)에서 찾아볼 수 있다.

성례전적인 설교관이란 칼빈이 설교의 기능을 성례의 기능과 마찬가지로 설교가 신자에게 그리스도의 영적 임재를 매개하는 것으로 이해했다는 뜻이다.

눈에 보이는 떡과 포도주의 성만찬이 단순한 시각적인 상징과 기호에 머무르지 않고, 예수 그리스도의 임재로 연결하는 기능을 감당하는 것과 마찬가지로, 귀에 들리는 설교 역시 단순한 설교자의 웅변에 머무르지 않고 그

---

24 오토 베버, 『칼빈의 교회론』, 73.

25 오토 베버, 86. Cf., Ian S. Palmer, "The Authority and Doctrine of Scripture in the thought of John Calvin", *The Evangelical Quarterly* vol 49(1977), 37.

선포에 함께 역사하시는 말씀을 깨닫도록 조명하시는 성령의 역사를 통해 그 현장에 실제로 하나님이 임재하여 말씀하도시록 하는 기능을 감당한다. 이런 의미에서 볼 때 인간 설교자의 설교 역시 보이지 않는 하나님의 임재를 매개하는 성례전이라고 할 수 있다는 것이다.

칼빈의 설교에서 발견되는 성례전적인 관점은 오래전부터 여러 설교학자의 중요한 관심사였다. 칼빈의 설교와 성만찬의 성례전적인 공통점에 주목했던 로널드 월레스(Ronald Wallace, 1953),[26] 에베소서의 설교를 분석한 리차드 스토퍼르(Richard Stauffer, 1978),[27] 파커(T.H.L Parker, 1991),[28] 존 레이스(John H. Leith)[29]의 연구를 통해서 확인되었다. 최근에는 피터 워드(Peter Ward) 역시 칼빈의 핵심적인 신학 개념으로 자리하고 있던 '그리스도의 영적 임재'나 '그리스도와의 신비한 연합'이 단순히 칼빈의 신학적인 사색에 머무르지 않고 그의 설교 속에서 구체적으로 실현되고 있음에 주목하고 있다.[30]

이들의 분석에 의하면 칼빈은 설교를 신자의 구원을 위하여 찾아오시는 하나님의 구원하시는 임재의 성례(a sacrament of the saving presence of God)로 이해했다.

---

26 로널드 웰레스, 정장복 역, 『칼빈의 말씀과 성례전 신학』(서울: 장신출판부, 1996), 139ff.

27 리차드 스토퍼르, 박건택 역, 『칼빈의 설교학』(서울: 나단, 1990), 64-65.

28 T.H.L 파커, 김남준 역, 『칼빈과 설교』(서울: 솔로몬, 1993), 43. "설교와 성례전은 하나의 의식을 이루는 두 부분이고 성례전에 대한 시각은 설교관을 결정한다."

29 John H. Leith, "Calvin's Doctrine of the Proclamation of the Word and Its significance for today in the Light of Recent Research," *Review and Expositor* 86/1(1989, winter), 31-32.

30 Peter Ward, "Coming to sermon: the practice of doctrine in the preaching of John Calvin," *Scottish Journal of Theology* 58/3(2005), 321.

2) 설교를 통한 그리스도와의 연합

설교를 성례전의 관점에서 이해한다는 것은 성만찬의 떡과 포도주가 베풀어지는 자리에 말씀이 선포되고 성령이 함께 역사함으로 그곳에 모인 신자들을 떡과 포도주의 표식이 궁극적으로 가리키는 예수 그리스도께로 인도하여 연합시키는 기능을 하는 것으로 이해한다는 의미다.

말씀이 선포되고 성만찬이 시행될 때 예수 그리스도는 어떻게 임재하시는가?

신자와 그리스도와의 만남은 어디에서, 어떻게 일어나는가?

이 질문은 로마가톨릭의 화체설(化體說, transubstantiation)에 대항하여 츠빙글리의 기념설(記念說, memorialism)과 칼빈의 영적 임재설(spiritual presence) 그리고 루터의 공재설(共在說, consubstantiation) 사이에 벌어졌던 유명한 성만찬 논쟁을 상기시킨다. 이는 본 장의 한계를 벗어난다.

다만, 칼빈은 그리스도의 영적 임재는 하나님의 보좌 우편에 거하시는 하늘의 그리스도의 인성이 지상의 성만찬의 여러 자리에 여럿으로 나뉘어 쪼개져서 범신론적인 의미로 이 땅에 임재하시는 것이 아니라, 말씀과 성령의 인도를 따라 신자가 영적으로 하늘로 올려져 그리스도께서 신자의 구원을 위해서 이루신 모든 구속 사역에 동참하는 가운데 그리스도와의 신비한 연합을 경험하게 되는 것으로 이해하였다.

"성만찬에 관한 소논문"(*Short Treatise on the Lord's Supper*)에서 칼빈은 성만찬을 통한 예수 그리스도와 신자의 만남에 대해서 이렇게 설명한다.

> 우리는 모든 육욕적인 상상들을 차단해야 하며, 우리 주 예수 그리스도를 끌어내려 썩어질 물질 아래 가두려고 할 것이 아니라 우리의 마음을 하늘 높이 들어 올려야만 한다(*sursum corda*).[31]

---

31 John Calvin, "Short Treatise on the Lord' Supper," in *Calvin: Theological Treatises*, tr. J. K. S. Reid(London: SCM Press, 1954), 142-166.

이와 관련하여 우리는 칼빈의 설교론에 이런 질문을 던질 수 있다.

신자를 하늘의 그리스도께로 인도하는 역할을 감당한다고 할 때, 과연 성만찬만 이 기능을 할 수 있고, 설교는 제외된다고 할 수 있을까?

또는 성만찬보다 덜 중요한 차원에서, 설교를 단순히 신자들이 그리스도의 복음을 이해하거나 하늘에 계신 그리스도를 소망하고 떠올려 보는 잠깐의 묵상 수준에 머무르는 것으로 보았을까?

이 질문에 대한 해답을 기독교 강요에서 성례에 대한 칼빈의 설명에서 유추해 볼 수 있다.

> 성례에는 믿음을 일으키기 위해서 복음 선포가 필요하다는 것을 알 수 있다. 참으로 세상 처음부터 하나님께서 거룩한 족장들에게 어떤 표징을 주실 때에 그 표징과 교훈은 서로 분리시킬 수 없게 연결되어 있었고, 이 교훈이 없으면 우리의 감각 기관은 단순히 표징만을 볼 뿐이어서 어리벙벙해질 것이다. 따라서, 우리는 성례의 말씀을 들을 때에 목사가 분명한 음성으로 선포하는 그 약속이 신자들의 손을 잡고 표징이 가리키며 지시하는 곳으로 인도한다는 것을 알아야 한다.[32]

설교 현장에서 목사가 분명한 음성으로 하나님의 약속 말씀을 선포할 때, 이 말씀과 성만찬은 함께 신자들의 손을 잡고서, 이 표징이 가리키며 지시하는 하늘의 예수 그리스도께로 인도한다는 사실을 믿어야 할 것이다.

그런데 설교와 성례를 통한 신자와 그리스도와의 연합은 단순히 '하늘의 어느 곳'이라는 공간적인 장소에서 발생하는 양자 간의 범신론적인 결합이 아니며, 신자의 내면에 있는 신적인 존재에 대한 심리적 깨달음으로 이해할 것도 아니다.

그보다는 삼위 하나님께서 주도하시는 객관적인 구원의 서정 전체에 접목되어 예수 그리스도 중심의 객관적인 구원사가 신자와 개교회에 개별적으로 적

---

32 *Inst.* VI. 14. 4.

용되고 결합되어, 개별적인 교회와 신자들이 객관적인 구원사에 편입되고, 그로 말미암아 이 땅에서 신자가 성화의 삶을 살아가는 결과로 나타난다는 뜻으로 이해해야 할 것이다.[33]

그리하여 지상에 남아 있는 신자는 아직 죄악의 권세를 모두 이기지 못했지만, 이미 세상을 이기신 그리스도의 객관적인 구원 역사 안에서 종말의 승리를 앞당겨 누릴 수 있게 되는 것이다.

> 그래서 우리는 소망만으로 하늘을 기다리는 것이 아니라 우리의 머리이신 그리스도 안에서 이미 하늘을 차지하고 있다.[34]

4. 교회 개혁과 설교 전략

설교를 듣는 가운데 개개인 신자와 교회 구성원 전체가 자신들을 향한 하나님의 구원의 은혜가 예수 그리스도의 대속 사역 안에서 성취되었음을 깨닫고 그 은혜의 복음 안에서 자신과 세계와 하나님을 인식함으로 성화의 열매가 나타나도록 해야 한다. 이를 위해서는 설교 메시지 이전에 먼저 성경을 예수 그리스도의 구속사적인 관점으로 해석할 수 있어야 한다.

교회 개혁을 위한 칼빈의 설교 전략은 이를 위한 토대로서 성경 해석에 대한 논의로 이어진다.

---

33 칼빈주의 전통 안에서 하나님 보좌 우편에 좌정하신 예수 그리스도 안에서 완성된 구원의 완성(redemption accomplished)이 어떻게 개교회 안에서 신자 개개인의 것으로 적용(redemption applied)될 수 있는지에 대한 논의를 위해서는 다음을 참고. John Murray, *Redemption Accomplished and Applied*(Grand Rapids: Eerdmans, reprint, 1988). 26ff.

34 *Inst.* II. 16, 16,

1) 성경 해석과 교회 개혁의 토대

칼빈의 성경 해석 원리를 연구한 크라우스(Hans-Joachim Kraus)는 칼빈에게서 발견되는 다음의 8가지 해석 원칙을 순차적으로 소개한다.

첫째, 명료함과 간결함의 원칙(the principle of clarity and brevity)
둘째, 저자의 의도에 집중하기
셋째, 역사적 지리적 정황을 고려하기
넷째, 풍유적 해석이 아니라 본문 안에서 저자의 의도를 파악하기
다섯째, 문맥을 중시하기 [35]
여섯째, 저자의 의도 안에서 문자적 의미의 한계를 극복하기(*Inst.* II, 8. 8)
일곱째, 비유는 비유로 해석하기
여덟째, 그리스도 중심의 신·구약의 통일성 [36]

칼빈에게 발견되는 이러한 여러 해석 방법 중에서,[37] 특히 그의 장점은 역사적이고[38] 문맥적인 해석을 출발점으로 삼는다는 것과 본문의 핵심적인 의

---

35 예를 들어, 예레미야 17:9-10을 주해할 때 "여기서 가르치는 것은 앞에서 이미 언급된 것에 의존한다. 그래서 우리는 그 전후 관계를 함께 관찰해야 한다. 많은 사람이 이 구절에 대한 선지자의 의도를 이해하지도 않은 채 이 말을 분리시킨다. 이것은 터무니없는 일이다"라고 하면서 본문의 문맥에 따른 해석을 강조한다. *Comm. on Jerm.* 17:9,10.

36 Hans-Joachim Kraus, "Calvin's Exegetical Principles," 12-18.

37 칼빈의 성경 해석에 대해서는 다음을 참고하라. Hans-Joachim Kraus, "Calvin's Exegetical Principles," *Interpretation* 31(1977), 9-18; Richard Gamble, "Brevitas et Facilitas: Towards an understanding of Calvin's Hermeneutic", *Westminster Theological Journal* 47(1985), 1-17; Richard Gamble, "Exposition and Method in Calvin", *Westminster Theological Journal* 49(1987), 159-165; S. E. Schreiner, *Where Shall Wisdom Be Found: Calvin's Exegesis of Job from Medieval and Modern Perspective*(Chicago: Univ. of Chicago Press, 1994), 45ff; D. L. Puckett, *John Calvin's Exegesis of the Old Testament*(Louisville, KY: Westminster John Knox, 1995), 56-81

38 D. L. Puckett, *John Calvin's Exegesis of the Old Testament*, 56-81.

미에 가장 빠르게 접근하기 위한 명료함과 간결함(Brevitas et Facilitas)의 원칙을 고집했다는[39] 것에 있다.

이상의 다양한 해석 방법 중에서 후대의 설교자가 주목할 만한 특징은(칼빈의 교회관과 성례전적인 설교관에서 주목했던) '설교를 통한 지상의 신자와 천상의 그리스도와의 연합'을 강화시킬 수 있는 해석 방법으로 구약과 신약 전체에 대한 일관성 있는 구속사적인 성경 해석 방법을 들 수 있다.

칼빈에게 있어서 성경 해석의 중요한 목적은 성경 안에서 그리스도를 발견하는 것이었다.

> 우리는 성경 속에서 그리스도를 발견하려는 목적으로 성경을 읽어야 한다. 이 목적에서 이탈하면 평생을 연구하고 노력하더라도 결코 참 진리의 지식에 도달할 수 없을 것이다. 우리는 스스로를 하나님의 지혜보다 더 똑똑하다고 생각해서는 안 된다.[40]

성경 속에서 그리스도를 발견한다는 의미는 모든 성경 본문의 단어나 구절들을 예수 그리스도의 사역이나 성품과 직접 연결시켜서 우화적으로 해석해야 한다는 의미가 아니다.

하나님은 구약의 창조로부터 신약의 재림까지 이어지는 구속 역사 속에서 (비록 시대마다 그 형식이 달리 나타날지라도) 그리스도 안에서의 편무적인 언약(unilateral covenant) 또는 복음의 언약(Evangelii foedus)을 맺으시고 그 언약의 통일성 안에서 구약 시대와 신약 시대 전체를 아우르는 구속 역사를 이끌어 오셨기 때문에,[41] 자연히 구약 전체를 신약의 빛 아래서, 특히 그리스도의 구속 사역 아래서 그리고 그 구속 사역의 수혜자인 교회의 순종 관점에서 구약을

---

39 Richard Gamble, "Brevitas et Facilitas: Towards an understanding of Calvin's Hermeneutic," *Westminster Theological Journal* 47(1985), 1-17.

40 *Comm. on John* 5:39, *CO*, 47:125.

41 *Inst.* II. 10. 2-5

해석해야 한다는 말이다.

칼빈에 의하면 이스라엘 역사에서 발생한 커다란 역사적인 사건들은 그 자체만으로 오늘 우리에게 영적인 의미를 전달하는 것이 아니며, 그 사건에 대한 객관적이고 합리적인 역사적 기록으로 오늘 우리에게 의미를 전달하는 것이 아니다.

그보다는 과거에 발생한 구속 지향적인 사건들은 신자의 구원을 위해서 이 땅에 교회를 세우고 계속해서 인도하시는 하나님께서 각 시대의 교회가 그들의 머리 되신 그리스도의 인도 아래 각각 경험하는 영원한 구원의 도리들을 미리 모형(type)이나 범례적인 패턴(paradigmatic pattern)으로 제시하는 까닭에 오늘의 신자들에게 의미를 주고 있다는 것이다.

예를 들어, 칼빈은 다윗의 생애는 과거에 실존했던 다윗 개인의 생애나 정치적인 투쟁의 역사로 성경에 기록된 것이 아니라, 그 시대 교회의 머리 되신 그리스도께서 궁극적으로 인류의 구원을 위해서 겪으실 고난과 영광을 예표하고 있으며, "다윗은 특별히 고통을 느끼는 상처를 입었을 때 슬퍼하였지만, 그 자신의 인격 안에서 그리스도와 교회의 전체 몸을 나타냈다"고 해석했다.[42]

그러므로 칼빈이 제시한 그리스도의 구속사 중심의 해석을 따르면, 다윗의 경험한 개인적인 시련들은 오늘날 우리에게 그리스도의 수난뿐만 아니라 그리스도를 따라가는 일반 그리스도인들의 삶의 표시인 시련을 예표하는 것으로 이해할 수 있다.

이렇게 칼빈은 성경 본문의 역사적인 의미에 관심을 기울임으로써 과거의 역사적인 사건들에 대한 올바른 이해를 중요시하면서도, 과거의 역사적인 사건들에 대한 해설에 머무르지 않고 구약과 신약 전체에 걸쳐서 일관된 언약의 보증으로서 그리스도의 구속 역사를 미리 가리키는 것으로 해석하며[43]

---

42   *Comm. on Ps* 109:1, *CO,* 32:147.

43   Stephen Edmondson, "Christ and History: Hermeneutical Convergence in Calvin and Its Challenge to Biblical Theology," *Modern Theology* 21:1(2005, Jan):24.

그리스도의 구속 역사 속에서 함께 부름을 받은 오늘의 교회 신자들의 순종의 삶의 모범을 찾아내려고 했다.

2) 구속사관과 본문공동체

칼빈은 창조, 타락, 아브라함의 선택과 이스라엘의 건국과 실패, 예수 그리스도, 교회의 탄생과 재림으로 이어지는 성경의 역사와 예수 그리스도의 대속적인 십자가상의 죽음과 부활에서 정점에 도달하는 구속사 또는 그리스도 중심의 언약 역사 그리고 그 연장선상에 뻗어 있는 지상 교회의 역사를 별개의 것들로 생각하지 않고 하나의 범주로 이해했다.

성경의 인물들에게 발생한 사건들은 비록 그 시대적인 형식은 다를지라도 본질에서는 모두가 동일한 그리스도 안에서의 하나님의 은혜로운 구원에 관한 도리와 교훈을 미리 계시하는 것이며, 그 교훈들은 과거의 신자들에 국한된 것이 아니라 오늘도 동일하게 머리되신 그리스도의 권위에 복종해야 하는 오늘의 신자들에게도 그대로 해당되는 교훈들이라는 것이다.

즉, 성경 본문의 문자적인 의미[44]가 본문 밖의 역사적인 지시 대상(실제 발생한 사건들)이나 종교적인 적용과 하나로 연결된 것으로 이해했다는 말이다.

성경을 인류의 구원을 위한 하나님의 말씀으로 믿는다면 이는 당연한 주장처럼 보인다. 그러나 한스 프라이(Hans Frei)가 분석한 바와 같이 계몽주의

---

[44] 성경 해석학에서 문자적인 의미(literal meaning)는 주로 상징적인 의미(symbolic meaning)와 구분하여 사용된다. 일반적으로 문자적인 의미는 문자가 액면 그대로 가리키는 지시 대상을 떠올리는 부호로 받아들일 때의 의미(ex, 나무 십자가-나무로 만든 십자가)를 뜻하며, 상징적인 의미는 문자의 부호가 가리키는 지시 대상과 직접적으로 관계가 없는 다른 의미를 연상시키는 의미를 뜻한다. 하지만, 여기서는 한스 프라이가 문자적인 독법(literal reading)을 본문이 본문 밖의 실제 역사적인 사건을 가리키고 그대로 서술하는 것으로 이해하고 본문을 읽는 사실주의적인 독법(realistic reading)과 같은 의미로 쓰고 있는 입장을 따른다. 자세한 논의를 위해서는 다음을 참고하라. Hans W. Frei, *The Eclipse of Biblical Narrative: A Study in Eighteenth and Nineteenth Century Hermeneutics*(London: Yale Univ. Press, 1974), 1-3.

와 역사비평적인 성경 해석학의 등장으로 말미암아 문자적인 의미는 더이상 역사적인 지시 대상과 연결되지 못하고 서로 분리되면서 성경 해석 현장에 다음의 두 가지 부정적인 결과가 일어났다.

첫째, 성경에 기록된 그리스도 중심의 구속사 내러티브의 진리는 본문에 의해서 형성되는 사실적인 실체와 일치하는 것이 아니라, 본문 밖의 독자의 상상 속이나 어디엔가 별개로 존재하는 것으로 간주되었다.
둘째, 성경 독자들은 더이상 자신의 정체를 본문에 의해서 구술되는 역사적인 실체의 일부분으로 간주하지 못하게 되었다.

말하자면, 칸트가 이 세상을 과학의 영역처럼 인간의 오감으로 감지되고 경험 가능한 현상계(phenomena)와 예수 그리스도나 자유처럼 오감을 통해서 객관적으로 경험할 수 없는 본체계(noumena)로 구분하고, 현상계는 사실 판단의 대상으로, 본체계는 가치 판단과 선택의 대상으로 구분해버린 이후로,[45] 성경은 더이상 자신과 역사의 출발점과 종착점을 결정하는 객관적인 실체로서의 규범과 준거틀을 제시하지 못하고, 더 바람직하고 더 도덕적인 삶을 위하여 다양한 가치 중에 하나로 선택할 수 있는 가치 판단 기준의 하나로 전락하고 말았다는 것이다.

이런 상황에서 과거의 구원 사건에 대한 기록이자 미래의 구원 완성에 대한 예언으로서의 성경은 더이상 오늘 우리를 향한 하나님의 말씀으로 선포될 권위를 잃고 말 것이다.

하지만, 한스 프라이(Hans Frei)에 의하면, 칼빈은 오늘날 역사비평적인 전제를 가진 해석자들처럼 본문의 문자적인 의미와 그 문자가 가리키는 역사적인 지시 대상 그리고 본문의 의미에 대한 종교적인 적용이 서로 분리된 것

---

45 칸트의 현상계와 본체계의 구분에 관한 논의를 위해서는 다음을 참고하라. Immanuel Kant, 신옥희 역, 『이성의 한계 안에서의 종교』 (서울: 이화여대출판부, 1984). 64ff.

으로 생각하지 않았다.⁴⁶

그뿐만 아니라, 성경의 사실주의적인 서사(realistic narrative)에 대한 독법에서 본문의 주해적인 의미가 그대로 역사적인 지시 대상과 연결되고 또 이 역사적인 지시 대상 속에서 과거의 사건과 현재 신자의 적용은 그대로 일치하는 것으로 받아들일 것을 요청한다.⁴⁷

칼빈의 성경 해석에서 주목할 만한 특징은 사실주의적인 성경 서사(realistic biblical narrative)의 독특성을 그대로 받아들여서 사실주의적인 서사가 지향하는 대로 독자 자신의 삶을 개혁하고자 했다는 것이다.

이런 이유로 조지 스트롭(George Stroup)은 현대적인 개념의 내러티브 신학자(narrative theologian)라는 용어를 칼빈에게 적용하는 것이 시대착오적인 오류를 범할 수 있음을 인정하면서도, 본문과 역사적인 지시 대상 그리고 종교적인 적용을 하나의 범주로 이해했다는 의미에서 그를 내러티브 신학자로 이해할 수 있다고 주장한다.⁴⁸

칼빈은 성경을 시대를 초월하여 살아 계신 하나님의 말씀으로 믿는 믿음에 근거하여, 본문의 의미는 본문이 말하는 내용 자체이며, 본문의 진리는 본문에 의하여 구성되는 실체이지 본문 밖에 별도로 존재할 수 없다고 보았

---

46 Hans W. Frei, *The Eclipse of Biblical Narrative: A Study in Eighteenth and Nineteenth Century Hermeneutics*(London: Yale Univ. Press, 1974), 20-26.

47 한스 프라이는 성경의 구속사 내러티브는 성경 안에 담긴 가치관을 독자에게 그대로 강요하는 특징을 가지고 있다는 사실에 먼저 주목한 사람으로서 에릭 아우얼바하(Eric Auerbach)를 든다. 아우얼바하는 호머의 오딧세이와 구약성경의 서사의 차이를 비교하면서 이렇게 주장했다고 한다. "호머처럼 단순히 우리로 하여금 몇 시간 동안 우리 자신의 실재를 잊는 방법을 찾는 것과는 딴판으로, 그것은 우리의 실재를 극복하고자 한다. 우리는 우리 자신의 삶을 그 세계에 맞추어야 하고 우리 자신이 그 보편적인 역사구조의 구성 요소들임을 느껴야 한다." Hans W. Frei, *The Eclipse of Biblical Narrative: A Study in Eighteenth and Nineteenth Century Hermeneutics*, 3에서 재인용.

48 George W. Stroup, "Narrative in Calvin's Hermeneutic" in *John Calvin and the Church: A Prism of Reform,* Timothy George ed.(Louisville: Westminster/ John Knox Press, 1990), 160-163.

다는 것이다.

교회 개혁과 관련하여 칼빈의 구속사적인 성경 해석에서 주목할 점은 그의 해석 전략이 제네바교회공동체 구성원들에게 서로 경쟁하는 다양한 가치관 중의 하나로, 취사선택할 수 있는 대상으로 받아들여진 것이 아니라, 반복적인 설교를 통해서 제네바 전체 교회 신자들이 그대로 공유한 가치관으로, 그리하여 그리스도 중심의 구속사가 제네바교회의 경건을 지탱하는 일종의 인지적인 하부 구조(cognitive infrastructure)로 작용하였다는 것이다.

말하자면, 제네바교회는 칼빈의 설교와 교육을 통해서 계속적으로 선포되고 확인되는 그리스도의 중심 성경 역사가 자신들이 실제로 호흡하며 살아가는 이 땅의 교회 역사와 구별되는 것이 아니라, 성경 역사의 연장선상에 교회의 역사가 놓여 있다는 공감대를 가질 수 있었다. 그리고 이러한 공감대는 성경이 지향하는 방향으로 제네바교회를 개혁해 가는 원동력으로 작용한 셈이다.

칼빈의 독특한 해석 방법과 신앙공동체의 상호 관계에 대해서 연구한 워드 홀더(R. Ward Holder)는 성경에 대한 칼빈의 독특한 해석 관점이 제네바교회 형성의 원동력으로 작용했다고 보면서, 양자 간의 상호 관계를 브라이언 스톡(Brian Stock)의 '본문공동체'(textual community)[49] 또는 폴 리쾨르의 '담론공동체'(community of discourse)[50]로 설명한다.

브라이언 스톡이 말하는 '본문공동체'란 성경과 해석자 그리고 신앙공동체가 삼위일체로 하나가 되어 해석자의 본문 해석이 공동체 형성의 토대로

49　Brian Stock, *Listening for the Text: On the Uses of the Past*(Philadelphia: University of Pennsylvania Press, 1990), 37.

50　워드 홀더(R. Ward Holder)에 의하면 담론공동체(community of discourse)는 가다머(Hans-Georg Gadamer)와 리쾨르(Paul Ricoeur)에게서 유래한 용어로서 특정 본문에 대한 해석과 이해를 가능하도록 지원하는 공동체의 역할이 전제되어야 한다는 의미를 담고 있다. 하지만, 이 용어는 성경의 신적인 기원과 해석에 대한 성령의 주도적 역할을 적극적으로 수용하지 못하기 때문에 워드 홀더는 '담론공동체'보다는 '본문공동체'라는 용어를 사용한다. R. Ward Holder, "Ecclesia, Legenda atque Intelligenda Scriptura: The Church as Discerning Community in Calvin's Hermeneutic," *Calvin Theological Journal* 36(2001):277.

작용하는 공동체를 말한다.

이 공동체 안에서 신자 개개인은 설령 공동체로 가입하기 이전에는 성경에 대해서 또 공동체의 정체성에 대해서 아무런 지식이나 경험이 없었더라도, 공동체 안에서 성경을 해석하는 해석자의 지속적인 해석과 설교를 통해서 성경이 지시하는 방향이 해당 공동체가 지향하는 방향과 일치함을 서서히 깨달으며 공동체의 정체성을 자신의 개인 정체성으로 받아들인다.

그리하여 성경과 성경에 대한 해석자의 독특한 해석 관점 그리고 해석자의 해석 작업을 통해서 정리되는 공통의 신앙이 결국은 신자 개개인을 전체 공동체와 하나로 묶어주는 연결 고리를 형성한다. 이런 이유로 워드 홀더는 칼빈의 제네바교회를 '본문공동체'라고 부를 수 있다고 한 것이다.

칼빈이 '본문공동체'란 용어를 직접 사용한 적은 없다. 하지만, 그는 지역 교회 안에서는 특정한 교리나 해석 관점에 대한 일치된 이해가 교회의 하나 됨을 위해서 매우 중요하다는 점을 잘 인식하고 있었다.

같은 맥락에서 오토 베버에 의하면 칼빈은 지상의 교회가 거룩을 위하여 하나님에 대한 올바른 교리를 붙잡아야 한다는 점을 중시하면서도, 사소한 문제에 대해서는 교회마다 약간의 견해 차이가 있을 수 있음을 인정하였다.

> 지역 교회들이 치명적인 손해를 끼치지 않는 한 보편적인 신앙고백의 테두리 안에서 서로 다른 가르침을 따를 수 있고 서로 관용할 수 있다고 생각했다. 개신교의 교회들이 개별적인 문제를 두고는 각자가 다른 교리를 따를 수도 있다고 시인하였으며, 칼빈 자신이 실은 이 교리들(예정론)의 입장을 소개하기를 꺼려하지 않았다. 그러면서도 칼빈은 지역 교회 안에 있는 교리의 차이는 용납하지 않고 이에 대항하여 투쟁했다. 그는 자기가 일하는 제네바시에서는 엄격했다.[51]

---

51   오토 베버, 『칼빈의 교회론』, 135-6.

칼빈이 보편적인 신앙고백의 테두리 안에서 서로 다른 가르침을 따를 수 있다고 관용하면서도, 지역 교회 안에 있는 교리의 차이에 대해서는 엄격했던 이유가 있다. 이는 그가 "교회의 하나 됨은 그것을 위하여 필요한 기본적인 교리에 근거해야 한다"고 보았기 때문이다.[52]

칼빈이 구약과 신약 전체를 그리스도 중심의 구속 역사로 해석한 것이 결국 제네바교회의 개혁을 위한 견인차 구실을 감당하게 된 이유도 마찬가지다. 그것은 앞에서 확인한 바와 같이 제네바교회는 본문공동체로서 성경과 해석자 그리고 공동체가 삼위일체로 하나가 되어 자신들이 몸담고 살아가는 교회의 역사를 성경이 지향하는 그리스도의 구속 역사에 온전히 일치시킬 수 있었기 때문이다.

칼빈의 설교에서 주목할 만한 그리스도 중심의 구속사관과 '본문공동체' 지향적인 성경 해석은 자연히 창조 세계 전체를 하나님의 영광이 드러나는 무대(theatrum gloriae Dei)로 이해하면서, 자신의 성경 해석과 신학적인 논의, 설교 그리고 목회의 모든 노력을 이 세상의 정치, 경제, 사회, 문화의 모든 방면으로 확대하고자 하였다는 것이다. "온 세계가 그의 교구였으며 삶의 분야에서 간과된 부분이 그에게는 없었다"는 평가는 결코 과장된 것이 아니었다.[53]

칼빈에게 발견되는 말씀을 통한 교회 개혁의 진행 과정을 살펴보면, 그 중심에는 하나님이 신자의 구원을 위해서 직접 세우신 교회에 대한 신앙과 이 교회를 위하여 하나님이 허락하신 성경과 성령의 역사에 대한 믿음, 그리고 교회의 본질과 정체성은 교회의 머리 되신 예수 그리스도의 주권에 대한 분명한 선포로서의 성경적인 설교가 자리하고 있음을 볼 수 있다.

이러한 공통의 믿음에서 우리나와 교회 개혁의 겉모습을 둘러싸고 있는 것은 신본주의적인 세계관(theocentric world view)이었으며, 제네바교회 신자들

---

52 오토 베버, 『칼빈의 교회론』, 138.

53 John Hesselink, *On Being Reformed: Distinctive Characteristics and Common Misunderstandings*(Ann Arbor, MI: Servant Books, 1983), 43.

은 이러한 신본주의적인 세계관에 근거하여 사도 시대 이후 가장 탁월한 그리스도의 학교를 이룩할 수 있었다.

5. 권징을 통한 교회 개혁

칼빈의 목회 사역에서 찾아볼 수 있는 설교를 통한 교회 개혁의 실제를 추적하다 보면, 칼빈은 강단에서 온 힘을 다하여 설교만 했고, 그 결과 칼빈의 설교에 감동하여 제네바교회의 개혁이 자동으로 이뤄지고, 신자들의 거룩한 삶이 자동으로 뒤따랐던 것처럼 오해하기 쉽다.

여기서 우리는 칼빈에게 되물어야 한다.

말씀의 올바른 선포와 성례의 정당한 시행만으로 지상의 가시적인 교회가 하나님의 선택 받은 모든 신자로 이루어진 완전한 교회로 변화하는가?

교회의 순결과 거룩함을 위해서는 다른 보조 수단들은 필요 없는가?

칼빈은 결코 설교 하나로 교회의 모든 문제가 다 해결된다는 설교 만능주의를 지지하지 않았을 것이다. 왜냐하면, 제네바교회의 개혁을 위해서 헌신했던 칼빈에게는 설교와 성례뿐만 아니라 권징(discipline)의 시행 역시 중요한 관심사였으며, 그는 권징의 시행을 위한 근거로서 교회 규칙의 제정과 승인을 매우 중요한 사안으로 여겼기 때문이다.[54]

파렐의 부름을 받고 제네바에 도착한 칼빈이 교회의 개혁을 위하여 처음부터 노력을 기울였던 것은 하나님의 말씀 선포로서의 설교 사역만이 아니라 새로운 교회 조직의 기초로서의 일련의 신앙 규칙들(성찬식, 시편 찬송, 청

---

54 칼빈은 교회의 본질을 이루는 토대로 말씀 선포와 성례의 시행뿐만 아니라 교회 규범에 근거한 권징의 시행을 중요시하였다. 하지만, 칼빈은 부처와 달리 권징을 다만 교회의 표지가 아니라 성도의 표지로 이해하였다. Cf., Robert White, "Oil and Vinega: Calvin on Church Discipline," *Scottish Journal of Theology* 38(1985), 25-40. 칼빈이 성도의 표지에 포함시킨 것은 신앙의 고백(confession of faith)과 삶의 모범(example of life) 그리고 성례에의 참여(partaking of the sacrament)다. *Inst.* VI. 1. 8.

소년 교육, 결혼법)을 제정한 "제네바교회 조직과 예배에 관한 규정"(1537)을 시 의회에 제출하여 시 의회의 승인을 받는 일이었다.

이 규정에는 신자 각자의 삶이 거룩한 성찬식에 합당하지 않을 때는 교회가 권고하거나 또는 자신의 죄를 자백하고 삶의 태도를 고칠 때까지 출교할 수 있어야 한다는 내용이 들어 있다. 이후 목회자의 복장에 대한 시 의회와 칼빈의 의견 차이로 인하여 1538년의 부활절 설교권을 박탈 당하고 스트라스부르로 옮겼다가 1541년 9월에 다시 제네바로 돌아온 후, 칼빈이 우선적으로 역점을 두었던 것도 교회 개혁의 토대가 되는 "교회법령"을 시 의회로부터 승인을 받는 문제였다.

1541년 11월 20일 개정된 안건이 마침내 시 의회에서 채택되어 "교회 법령"(Ecclesiastical Ordinances of the Church of Geneva)이란 이름으로 공포되었고, 이 법령으로부터 제네바교회 개혁을 위한 기반을 마련할 수 있었다.[55]

권징에 대한 칼빈의 확고한 태도는 시 의회와의 갈등에도 불구하고, 1541년 교회법령과 이 법령에 근거하여 교인들을 대상으로 감독할 기구로서의 제네바 컨시스토리(혹은 당회, consistory)의 권한을 규정한 과정에서 잘 나타난다.

제네바 컨시스토리는 칼빈의 신념대로 교회가 하나님의 말씀에 근거하여 신자들의 실제 삶을 감독하기 위한 목적으로 교회 안에 세운 권징 감독 기구다. 이 기구는 마태복음 18장 7절의 가르침을 근거로 제네바 목사회(the Company of Pastors of Geneva) 소속 목사들과 장로들로 구성되는데, 장로들은 매년 2월에 치르는 선거를 통해서 시 의회 의원으로 선출된 자 중에 도덕적으로 흠잡을 것이 없는 인품을 지닌 자들이었다.

제네바 컨시스토리가 얼마나 구체적으로 제네바교회 신자들의 실제 삶을 감독하면서, 강단 위 하나님의 말씀 선포와 강단 아래 신자들의 삶 속에서의 하나님의 말씀 적용과 순종이 서로 일치되도록 헌신했는지에 대한 구체적인

---

55 Philip E. Hughes, ed. T*he Register of the Company of Pastors of Geneva in the Time of Calvin*(Grand Rapids, Michigan, Eerdmans, 1966), 35-49; 프랑수아 방델, 『칼빈: 그의 신학 사상의 근원과 발전』, 87.

결과는 로버트 킹던(Robert M. Kingdon) 일행이 발굴해 낸 제네바 컨시스토리 회의록(당회록)에 잘 나타나 있다.[56]

컨시스토리는 매주 목요일 아침에 열렸으며 주로 제네바교회 신자 개개인의 신앙 윤리적인 문제(예배나 성찬식 참석 여부, 기도 생활), 가정의 윤리(결혼, 이혼, 간음, 간통, 혼외 출산, 폭행), 교회의 질서(주일 성수, 성찬식, 성상 숭배, 기도 및 주기도문 교육, 성경, 로마가톨릭의 절기를 따르는지 아닌지) 그리고 사회적인 윤리(미신, 고리대금, 도박, 게임, 놀이, 우상, 증오, 추문, 말다툼) 등 신자의 실제 삶의 전체를 감독의 대상으로 삼았다.

신자의 윤리적인 삶에 어떤 문제가 발생하면, 컨시스토리는 법적인 강제력을 행사하기보다는 훈계하거나 실상을 조사하고, 그 결과를 시 의회에 보고하여, 사안이 심각한 경우에는 시 의회의 법적인 강제력이 집행되도록 중재하는 영향력을 행사하였다.[57]

제네바 권징에 대한 칼빈의 견해는 크게는 성만찬의 참여를 제한하거나 출교와 같은 강제력이 뒤따르는 권징을 시행하는 주체가 교회인가, 아니면 당시 시 의회로 대표되는 국가 권력인가 하는 권징 시행의 주체 문제와 권징의 기능적인 한계에 대한 견해로 구분하여 살펴볼 수 있다.

먼저 교회의 질서와 신자의 도덕적인 삶을 끌어내기 위한 권징의 역할과 그 기능의 한계와 관련하여, 칼빈은 부처와 입장을 달리하였다.

부처는 좀더 적극적으로 교회가 권징을 통해서 택함을 받은 자와 그렇지 못한 불신자들을 가려낼 수 있을 것으로 희망하였다. 그러나 칼빈은 가시적인 교회와 불가시적인 교회를 이론적으로 구분할 수 있다고 하더라도 권징이나 다른 수단을 통해서 실제로 신자와 불신자를 구별하는 것은 불가능하

---

56 Robert M. Kingdon ed., *Registers of the Consistory of Geneva in the Time of Calvin: 1542-1544,* Vol. 1(Grand Rapids: Eerdmans, 2000). 35ff.

57 Lambert, Thomas Austine, *Preaching, Praying and Policing the Reform in Sixteenth-Century Geneva*(Ph. D dissertation Univ. of Wisconsin-Madison, 1998), 250.

다고 보았다.[58] 출교를 통하여 참된 교회가 유지되는 것은 아니라는 것이다.

그렇다면 교회가 잘못된 오류와 불완전성 속에서 계속 방황하는 것을 그대로 용인할 것인가?

이에 대해서 칼빈은 교회의 거룩성을 "하루하루 전진하지만 이 땅에서 교회는 아직 거룩함이라는 목표에 완전히 도달하지 못했다"는 한계와 결부시켜 이해했다.[59]

지상 교회 역할과 임무는 구원 받은 신자의 거룩함과 성화를 목표로 삼고 계속 전진해 가는 것이다. 칼빈은 비록 거룩함이라는 완전한 목표에 도달하지는 못했고, 또 권징이나 다른 어떤 수단을 통해서도 신자와 불신자를 완전히 구별해 내는 것도 불가능하지만, 하나님의 선택을 받은 참된 신자는 "신앙의 고백과 삶의 모범 그리고 성례에 참여함으로써 우리와 더불어 같은 하나님과 우리와 함께하시는 그리스도를 고백하는 자들을 교회의 회원으로 인정하는"[60] 공동체여야 함을 확신했다. 그리고 이런 확신에 근거하여 교회 개혁을 위한 권징의 중요성을 인정하였다.

그렇다면 교회와 국가 중에서 신자들에게 권징을 시행할 권위는 주체는 어느 쪽인가?

이 질문에 대해서 칼빈은 루터와 입장을 달리했다.

루터는 신자의 경건 생활을 통제하기 위하여 제정된 법(Gesetz)을 복음과 대립하는 것으로 간주하였다. 하나님의 말씀으로서의 법의 권위는 존중하면서도 교회의 질서를 끌어내기 위한 수단으로서의 법에 대해서는 비판적이었다. 그래서 루터는 교회에서 말씀이 올바로 선포되고 성례가 적절히 집행되기만 하면, 교회 개혁을 위한 그 밖의 다른 필요한 것은 교회가 직접 개입하지 않더라도 교회 당국의 통치를 통해서 이를 감당할 수 있다고 생각했다.[61]

---

58 오토 베버, 『칼빈의 교회론』, 59.

59 *Inst.* VI. 1. 17.

60 *Inst.* VI. 1. 8.

61 오토 베버, 『칼빈의 교회론』, 24.

신자의 실제 경건 생활과 질서의 유지를 책임져야 하는 것은 교회가 아니라 정부 당국이라는 것이다. 그래서 루터는 교회가 앞장서서 질서의 변혁을 꾀하는 것을 반대하였다.

하지만, 칼빈은 복음을 통하여 새롭게 모여들어 세워진 교회 질서 속에서 신자는 개개인의 단순한 집합체로 존재하는 것이 아니라, 세상에서 찾아볼 수 없는 독특한 윤리공동체로 존재하며, 이러한 교회 질서의 유지는 정부 당국의 책임이 아니라 하나님의 말씀을 선포하고 이를 경청하는 교회 자신의 책임이라고 보았다.[62] 하나님을 향한 신자들의 신앙 실천과 교회의 질서와 순결의 보호 및 유지는 세상 권력자들의 감독 대상이 아니라 하나님의 말씀을 맡은 지상 교회의 고유한 책임이라는 것이다.[63]

그래서 칼빈은 성만찬에 참여할 수 있는 자격을 부여하거나 제한할 수 있는 권위는 그리스도의 몸 된 교회 안에서, 그의 뜻과 의지를 담은 하나님의 말씀을 해설하고 선포하는 교회의 고유한 책임이라고 확신하였고, 신자 개개인의 성만찬 참여 여부를 포함한 권징의 권한은 오직 당회에 귀속됨을 강력히 주장하였다.

1541년 이후부터 1561년 11월 교회법령이 새롭게 개정되면서 칼빈과 시의회 사이 오랫동안 갈등의 불씨가 되었던 교회의 권징의 권한 소유 문제가 교회에 귀속되는 것으로 결론 내려질 때까지, 칼빈은 교회가 권징의 권한을 확보하여 강단 위에서 선포된 말씀이 실제 신자의 삶 속에서 그대로 구현되도록 감독하는 일에도 최선을 다하였고, 그 결과 제네바를 사도 시대 이후 가장 탁월한 그리스도의 학교로 변화시킬 수 있었다.

---

62   오토 베버, 『칼빈의 교회론』, 25.

63   프랑수아 방델, 『칼빈: 그의 신학 사상의 근원과 발전』, 85.

6. 결론

본 장에서는 지금으로부터 반 세기 전, 중세 시대 하나님의 말씀 영광이 가려지고 그 영광을 반사해야 할 교회마저 거짓과 비진리로 변질한 상황에서 설교와 권징을 통해서 그리스도께서 통치하는 거룩한 공동체로서의 교회의 개혁을 이뤄냈던 칼빈의 교회 개혁에 대해서 살펴보았다.

칼빈은 교회를 하나님이 연약한 신자의 구원을 완성하기 위하여 지상에 세운 기관으로 이해하였으며, 이 교회를 위하여 하나님께서는 성경을 통해서 말씀하시는 하나님의 말씀을 선포하도록 목회자를 세우셨음을 확신하였다.

설교자의 설교를 통해서 오늘도 하나님께서는 그의 백성에게 찾아오시고 직접 말씀하심으로, 신자들을 그리스도께서 이루신 거룩한 구원의 역사에 일치시키고 계시기 때문에, 설교자는 그리스도 중심의 구원 역사의 관점에서 성경을 해석하는 것을 중요하게 여겼음에 대해서도 살펴보았다. 설교자와 회중이 설교를 통하여 함께 그리스도 중심의 구속사를 공유할 때 이러한 공동의 인식론적인 하부 구조가 교회 개혁과 신앙공동체 형성을 위한 원동력으로 작용하였다.

끝으로 칼빈은 강단 위에서 하나님의 말씀을 선포함과 동시에 강단 아래에서 신자들이 각자 자신의 삶 속에서 말씀을 그대로 순종하도록 지도하고 감독하는 권징권의 시행을 위해서도 평생 힘을 쏟았음을 살펴보았다.

오늘날 한국 교회는 그 출처가 의심스럽고 지향점마저 우려할 만한 다양한 사상과 풍조에 휩쓸려 종교개혁의 전통과는 너무나 거리가 먼 모습을 띠고 있다. 교회 개혁이 시급히 요청되는 상황에서 칼빈의 교회 개혁이 한국 교회의 개혁에 귀중한 이정표가 될 수 있기를 기대한다.

제5장

도르트 신경과 교리 강설

1. 들어가는 말

기독교 교회 역사를 설교의 관점에서 조망해 보면 분명한 사실이 하나 발견된다.

교회의 부흥과 쇠락은 하나님의 주권을 강조하는 '교리에 관한 강해 설교'(doctrinal expository preaching, 이하 교리 강설, 敎理 講說)에 달렸다는 것이다.

교회 강단에서 하나님의 절대적인 주권과 무조건적인 선택, 그리스도의 제한 속죄, 성령 하나님의 불가항력적인 은혜와 그 은혜 안에서의 성도의 필연적인 견인의 교리를 분명하게 선포할 때, 신자들은 회심과 영적 평안을 경험하며 교회가 활력 있게 부흥할 수 있었다. 반대로 강단에서 인간의 자유의지를 강조하고 그리스도의 구원을 인간의 믿음에 종속시키고 인간의 감각적인 확신과 인간의 종교심을 자극하는 수사들이 난무할 때면, 교회는 쇠락의 늪으로 빠져들고 말았다.

목회자, 설교자들이 하나님의 말씀을 올바로 선포함으로 개혁파교회를 예수 그리스도의 반석 위에 우뚝 세울 수 있는 길은 무엇일까?

이 질문에 대하여 개혁주의 표준 문서들에 관한 정기적이고 지속적인 교리 강설을 선포했던 과거 선례들은 분명한 해답을 제시한다.

> 스코틀랜드 교회 총회는 1560년부터 모든 목회자는 주일마다 드리는 두 번의 공중 예배 가운데 두 번째 예배 시에는 항상 교리문답 설교를 통해 청년

들과 성경에 무지한 자들을 가르칠 것을 결정하였으며, 1603년 잉글랜드 교회는 매주일 또는 휴일마다 30분 이상 십계명과 신경들, 주기도문 등을 철저하게 설교할 것을 결정하였다.[1]

1563년에는 하이델베르크 요리문답서가 출간되었고, 같은 해 11월 개혁파교회 내에서 하이델베르크 요리문답서를 올바로 그리고 효과적으로 교육하고 설교하도록 안내하는 규정을 담은 팔츠(Pfalz) 교회법이 공표되었다.[2] 도르트 교회법 68조는 다음과 같이 규정한다.

> 목사는 어느 곳에서든지 통상적으로는 오후 예배에서 매주일 하이델베르크 요리문답에 요약되어 있는 기독교 교리의 핵심을 설교할 것이다. 그 목적을 위하여 나눈 요리문답의 구분을 따라 일 년에 한 번씩 마치도록 설교해야 한다.[3]

개혁주의 교회 역사는 매주일에 교리문답을 강설했던 모범적 선례를 제시하고 있지만, 현대 개혁파교회에서 개혁주의 표준 문서들에 관한 교리 강설이 점차 사라져 가고 있다.

필자는 먼저 기존의 교리 설교가 주로 교리적인 내용이나 의미를 설명하는 데 집중했던 반면에 교리 설교나 교리 교육이 추구하는 신자의 성화라는 목적을 달성하는 데 효과적인 수사적인 전략이나 설교의 형식을 소홀했던 문제점을 지적할 것이다.

1　윤종훈, "개혁주의 4대 표준 문서 활용을 위한 역사적 고찰: 개혁주의 교리교육 설교법 확립을 위한 제언",「역사신학논총」14(2007), 241.

2　이남규, "팔츠(하이델베르크)교회와 신앙교육",「개혁교회와 신앙교육: 제26회 정암신학강좌」(2014, 11, 합동신학대학원 총동문회), 127-129.

3　유해무, 김헌수,『하이델베르크 요리문답의 역사와 신학』(서울: 성약, 2006), 30-31.

이어서 도르트 신경의 목회적인 목적과 이를 달성하기에 효과적인 수사적 형식에 관하여 고찰하면서 화행론적인 교리 강설의 수사적인 문법에 관하여 고찰할 것이다. 이 과정에서 화행론적인 교리 강설에 적합한 신앙의 문법과 내러티브 구조를 제시할 것이다. 그리고 교리 강설을 위한 청중의 상황화를 고찰하고 실천신학적인 인간론에 근거하여 신자를 구원의 서정 중에 있는 선택된 신자로 바라보면서 설교해야 함을 강조할 것이다.

마지막으로 목회 현장에서 튤립 교리(TULIP doctrines)를 효과적으로 설교하여 각각의 교리가 의도하는 설교학적인 효과를 얻을 수 있는 설교 개요(sermon outline)를 제시할 것이다.

2. 교리 강해 설교에 관한 선행연구들

도르트 신경에 대한 교리 강설에 관한 연구는 크게 두 영역에서 진행되었다.

첫째, 도르트 신경이 작성된 역사적인 배경과 그 내용에 관한 조직신학적인 관점의 연구

둘째, 도르트 신경을 목회 현장에서 적용하고 가르칠 방안에 관한 실천신학적인 관점의 연구

리차드 멀러(Richard Muller)는 *God, Creation, and Province in the Thought of Jacob Arminius: Sources and Directions of Scholastic Protestantism in the Era of Early Orthodoxy*(1991)에서 근대 스콜라적인 개신교의 역사에 등장했던 야콥 아르미니우스의 사상을 깊이 있게 분석하였다.[4]

---

4 Richard Muller, *God, Creation, and Province in the Thought of Jacob Arminius: Sources and Directions of Scholastic Protestantism in the Era of Early Orthodoxy*(Grand Rapids: Baker, 1991).

클라랜스 부만(Clarence Bouwman)도 *Notes on the Canons of Dort*란 제목으로 도르트 신경에 관한 자세한 해설을 소개하였다.[5]

2018년에 한국개혁신학회(Korea Reformed Theology Society)는 도르트 신경이 공표된 이후로 400주년을 기념하여 "도르트 신경 400주년의 역사적 의미와 한국 교회"라는 제하로 44차 학술심포지엄을 개최하였다.

이 심포지엄에서 김영한 박사는 "정통 칼빈주의와 온건한 알미니안주의의 대화"라는 제목의 기조 강연을 발표하였고, 15명의 국내 신학자들이 "도르트 신경 400주년의 역사적 의미와 한국 교회"에 관한 소논문을 각각 발표하였다. 제3부 "도르트 신경과 목회"라는 제목의 패널 토의 시간에는 3명의 신학자가 도르트 신경에 관한 실천신학적인 접근을 다룬 소논문을 발표하였다.[6]

이 논문 중에 실천신학 관점에서 주목할 만한 논문은 김병훈 박사의 "도르트 신경의 목회적 성격과 교훈들"이다. 김병훈 박사는 이 논문에서 도르트 신경은 개혁교회가 신앙하는 올바른 교리를 변증할 목적으로 작성되었지만, 그 신경의 기저에는 대중적인 설득을 위한 목회적인 성격을 담고 있음을 논증하였다. 또 도르트 신경은 하나님의 영광을 높이며, 신자의 거룩한 삶 그리고 신자의 영혼 위로라는 세 가지 목회적인 목적을 달성하고자 학문적인 신학적 언어가 아니라 오히려 고백적인 언어로 기록되었음을 논증하였다.

도르트 신경이 공표된 이후 400년이 지나도록 이 신경에 관한 조직신학 관점의 해설서들과 연구 논문들이 많이 발표되었다. 하지만, 목회 현장에서 도르트 신경과 같은 개혁주의 표준 문서들과 신앙고백서들을 설교할 수 있는 실천신학 관점의 연구나 해설서들은 조직신학 관점의 해설서들과 비교하여 그 연구의 분량이 매우 미약한 실정이다.

5　Clarence Bouwman, *Notes on the Canons of Dort*, 손정원 역, 『도르트 신경 해설』(서울: 솔로몬, 2016).

6　한국개혁신학회, 『도르트 신경 400주년의 역사적 의미와 한국 교회: 한국개혁신학회 제44차 학술심포지엄 프로시딩』(2018년 5월 26일).

20세기 후반부에 북미권에서는 교리 설교에 관한 다양한 해설서와 설교집 그리고 연구 논문이 발표되었다. 코넬리스 베네마(Cornelis P. Venema)는 *But for the Grace of God: An Exposition of the Canons of Dort*(1994)에서 목회 현장에서 도르트 신경을 교인들에게 교육할 수 있는 기본적인 방향과 그 내용에 관한 자세한 해설을 제시하였다.[7]

아서 반 시터스(Arthur Van Seters)는 "Dilemmas in Preaching Doctrine"(교리 설교의 딜레마, 1994)이라는 소논문에서 교리의 목회적인 기능을 다음 네 가지로 제시하였다.[8]

첫째, 교회를 대적하는 적대적인 세속 사회 속에서 신앙공동체의 정체성을 결정하는 사회적인 경계 설정
둘째, 신앙공동체의 정체성을 규명하는 성경적인 거대 담론(biblical meta-narrative)을 해석할 기준과 규범 제공
셋째, 신자들과 신앙공동체가 종교적인 경험을 해석하며 경험에 의미를 부여하는 인식론적인 프레임 제공
넷째, 옳고 그름에 관한 절대 진리의 규범과 주권 제시

이후에도 로버트 카이저(Robert Kysar)는 "New Doctrinal Preaching for a New Century"(1997)라는 소논문에서 교리 설교가 전통적인 교리와 청중의 현실 세계 사이의 신학적인 대화와 해석학적인 탐구를 촉진할 것을 제안하였고, 다니엘 도리아니(Daniel Doriani)는 "Doctrinal Preaching in Historical Perspective"(2002)라는 소논문에서 2천 년 교회의 역사를 교리 설교의 관점에서 추적하면서 초대 교회의 아타나시우스(Athanasius)와 어거스틴(Augus-

---

7   Cornelis P. Venema, *But for the Grace of God: An Exposition of the Canons of Dort*(Grandville, Reformed Fellowship, 1994).

8   Arthur Van Seters, "Dilemmas in Preaching Doctrine", *Journal for Preachers,* 17/3(1994), 31-40.

tine), 안셀름(Anselm of Canterbury)과 존 칼빈(John Calvin)을 대표적인 교리 설교가로 소개하였다.

최홍석 교수는 "도르트 신경에 나타난 TULIP 교리의 정당성과 선교적 함축: 전적 무능력과 무조건적 선택교리를 중심으로"(2002)라는 소논문에서 도르트 신경의 다섯 항목 중에서 전적 타락과 무조건적 선택이라는 교리가 선교 현장에서 어떤 함의를 제공하는지를 연구하였다.[9]

그에 의하면 도르트 신경의 첫째와 둘째 교리는 다음의 선교적인 함의를 제시한다.

첫째, "선교는 전적으로 하나님의 일"이라는 것
둘째, "하나님은 복음 전도와 선교에 인간을 기용하신다"는 것
셋째, 복음의 이중 역사의 가능성, 즉 복음 전도의 결과가 생명의 반응만이 아니라 사망의 대조적인 반응이 나올 수 있음을 항상 인정해야 한다는 것
넷째, 이 교리는 교회와 신자들이 선교사역의 본질을 깊이 망각하지 않게 한다는 것

필자는 밀라드 에릭슨(Millard J. Erickson)과 제임스 헤플린(James L. Heflin)의 *Old Wine in New Wineskins: Doctrinal Preaching in a Changing World*(1997)를 『건강한 교회를 위한 교리 설교』(2005)라는 제목으로 국내에 번역 소개하였다.[10] 또 김세광은 윌리엄 칼 3세(William J. Carl III)의 *Preaching Christian Doctrine*을 『감동을 주는 교리 설교』라는 제목으로 국내에 번역 소개하였다.[11]

---

9   최홍석 "도르트 신경에 나타난 TULIP 교리의 정당성과 선교적 함축,"「신학지남」272(2002,가을), 144-181.

10 Millard J. Erickson & James L. Heflin, *Old Wine in New Wineskins: Doctrinal Preaching in a Changing World*, 이승진 역,『건강한 교회를 위한 교리 설교』(서울: CLC, 2005).

11 William J. Carl III, Preaching Christian Doctrine, 김세광 역,『감동을 주는 교리 설교』(성

윤종훈은 "개혁주의 4대 표준 문서 활용을 위한 역사적 고찰: 개혁주의 교리 교육 설교법 확립을 위한 제언"(2007)이란 소논문에서 교리문답 설교법의 역사적인 배경을 소개하고 개혁주의 4대 표준 문서, 즉 벨직 신앙고백서(1561)와 하이델베르크 요리문답서(1563), 도르트 신경(1619), 웨스트민스터 표준 문서(1643-7)에 대하여 간략하게 설명한 다음, 개혁주의 표준 문서를 목회 현장에서 교리문답식 설교법으로 활용할 것을 제안하였다.[12]

필자는 "성경적 설교의 회복을 위한 교리 설교"(2013)라는 소논문에서 목회자들, 설교자들이 목회 현장에서 교리 설교를 기피하는 세 가지 원인을 분석하였고 교회를 위한 교리의 순기능과 교리 설교 방법론을 제시하였다.[13] 목회자들과 설교자들이 목회 현장에서 교리 설교를 기피하는 이유는 교리 교육이 교회 성장에 큰 의미와 유익을 주지 못한다는 판단 때문이다. 그리고 개혁주의 교리와 신앙고백을 특정한 교파나 교단에 유의미한 교훈이나 관점 정도로 치부하는 상대주의가 오늘날 교회 현장에 팽배하기 때문이다.

황준호는 북미 자유개혁교회의 코르넬리스 프롱크(Cornelis Pronk) 목사가 캐나다 개혁파교회에서 강설했던 『도르트 신경 설교집』(*Expository sermons on the Canons of Dort*, 1999)을 『도르트 신조 강해』(2012)라는 제목으로 국내에 번역 소개하였다.[14]

조엘 비키(Joel R. Beeke)는 "Catechism Preaching"(2015)이라는 소논문을 통해서 요리문답에 관한 강해 설교의 역사적인 발전 과정을 소개한 다음, 현대 교회 안에서의 교리 강설의 실종 현상을 비판하고 요리문답 설교의 8가

남: 새세대, 2011).

12 윤종훈, "개혁주의 4대표준 문서 활용을 위한 역사적 고찰: 개혁주의 교리교육 설교법 확립을 위한 제언", 「역사신학논총」14(2007), 234-271.

13 이승진, "성경적 설교의 회복을 위한 교리 설교"『교회를 세우는 설교 목회』(서울: CLC, 2013), 85-109.

14 Cornelis Pronk, *Expository sermons on the Canons of Dort*, 황준호 역, 『도르트 신조 강해』(수원: 그책의사람들, 2012).

지 유익을 제시한 후, 요리문답 강설을 위한 5가지 실제적인 방법을 제시하였다.[15]

3. 도르트 신경의 목회적인 목적과 이를 위한 수사적인 형식

1) 성경 설교를 위한 브릿지 패러다임 vs. 복음 설교를 위한 언어-사건 패러다임

에드워드 팔리(Edward Farley)는 "Preaching the Bible and Preaching the Gospel"(성경을 설교하기와 복음을 설교하기)이란 제목의 소논문에서 성경 설교와 복음 설교의 설교학적인 패러다임을 비교하면서, 오늘날 설교자들이 성경 본문을 주해함으로 설교의 책임을 완수한 것으로 착각하는 문제점을 지적하였다.[16]

팔리는 성경을 설교하는 것(preaching the Bible)을 성경의 세계와 현대 청중의 세계 사이에 다리를 건설하는 브릿지 패러다임(bridge paradigm)으로, 복음을 설교하는 설교의 패러다임을 인카운터 패러다임(또는 조우 패러다임, encounter paradigm)으로 명명한다. 그가 말하는 설교의 '인카운터 패러다임'이란 설교자가 전하는 설교 언어를 통해서 회중이 하나님과의 인격적인 만남을 경험하는 언어-사건(Word-event)을 의미한다.[17]

---

15 Joel R. Beeke, "Catechism Preaching", *Puritan Reformed Journal*, 7/2(2015,June):215-242.

16 Edward Farley, "Preaching the Bible and Preaching the Gospel", *Theology Today*, 51/1(1994), 90-103.

17 Lucy A. Rose에 의하면 현대 설교학에서 설교를 '말씀-사건'(Word-event)의 관점에서 이해하기 시작한 계기는 C.H. Dodd의 케리그마 신학이나 Karl Barth의 말씀 신학을 중시했던 케리그마 설교학에서부터 시작되었다고 한다. Lucy A. Rose, *Sharing the Word: Preaching in the Roundtable Church*, 이승진 역, 『하나님의 말씀과 대화설교』(서울: CLC, 2010), 84-106.

팔리에 의하면 예수 그리스도의 사도들과 초대 교회 성도들은 오늘날 설교자들처럼 기록된 구약성경 두루마리를 청중 앞에 펴서 그 본문을 주해하면서 설교하는 주해 설교 방식(exegetical preaching style)을 설교의 가장 기본적이고 중요한 형식으로 따르지 않았다고 한다.

오히려 현대 설교자들과 달리 죄인과 하나님의 임박한 심판, 예수 그리스도의 대속과 하나님의 은혜, 믿음으로의 초청과 같이 자주 반복되는 몇 가지 주제를 가지고 청중을 하나님과의 인격적인 만남의 사건으로 이끌었다. 이것이 설교의 인카운터 패러다임이다.

반면에 현대의 설교자들은 성경 본문을 주해하면서 본문의 논리를 따라가는 것을 설교 논리나 형식의 최우선 과제로 간주하다 보니(성경 설교의 브릿지 패러다임), 정작 복음을 선포하여 회중과 하나님의 만남이라는 말씀 사건을 성취하지 못하는 문제점이 발생한다는 것이다.

에드워드 팔리가 성경 설교와 복음 설교를 브릿지 패러다임과 만남의 사건 패러다임으로 비교하면서 복음 설교를 강조한 통찰이나, 루시 로우즈의 변혁적 설교학(transformational homiletics)에 관한 관심은 도르트 신경에 관한 교리 강설의 설교적인 지향점을 제시한다.

교리 강설의 목표는 단순히 청중이 해당 교리 항목을 조직신학의 관점에서 정확하게 이해시키는 차원을 뛰어넘어 그 교리가 본래 추구했던 '하나님께 영광'(soli Deo gloria)이나 신자의 거룩한 삶을 위한 동력 제공 그리고 세상을 살아가는 신자의 위로와 같은 목적을 달성해야 한다.

2) 이신성화의 목적 달성을 위한 수사적인 형식

설교를 소통의 관점에서 이해할 때, 설교자는 소통의 3요소인 내용과 형식, 목적의 차원을 종합적으로 고려하되 설교의 신학적인 내용뿐만 아니라 목회적인 목적 달성에 효과적인 수사적 전략을 함께 고려해야 한다.

하나님의 말씀을 선포하는 설교는 성경 지식을 해설하는 강의가 아니라 하나님과 회중 사이의 영원한 언약을 갱신하는 '말씀-사건'이다.

'말씀-사건'(Word-Event)이란 설교가 성경 본문의 의미를 해설하는 차원에 머무르지 않고 설교를 통하여 신자들이 살아 계신 인격체인 하나님과 마주하여 만나고, 그분 앞에서 자신의 죄인 됨을 깨닫고 회개하며, 더욱 주님만을 붙들고 살기로 결단하도록 유도하는 언어적인 소통 사건을 의미한다.

설교 행위를 말씀-사건의 관점에서 이해한다면, 설교 메시지가 성경 본문을 주해하고 교리적인 내용을 해설하는가의 여부는 중요하지 않다. 신자들이 하나님의 절대주권과 은혜로 얻은 구원에 감사하느냐, 아니면 신자 편에서의 선행이나 공로를 부각하느냐의 여부가 중요하다.

설교 내용이 아무리 성경 본문을 올바로 주해하더라도 설교의 효과가 하나님의 은혜로운 구원을 감사하고 찬양하지 않고, 반대로 신자 편에서의 믿음이나 선행을 내세운다면 이는 잘못된 설교다.

결국, 신본주의 교회와 인본주의 교회의 결과는 설교 내용이 아니라, 설교의 목적과 이를 위한 수사적인 전략 여부에서 판가름난다.

설교를 포함한 모든 소통이 내용과 형식 그리고 목적의 3차원으로 지탱되고 있음을 고려할 때, 에드워드 팔리가 제안하는 통찰이 시사하는 교훈은 더욱 선명해 진다.

교리 설교가 설교의 내용과 형식 그리고 목적의 3차원으로 형성된다고 할 때, 교리 설교에서 중요한 것은 단순히 특정 교리의 신학적인 의미나 배경을 논리적으로 설명하는 단계에 머물러서는 안 되며, 특정 교리가 추구하는 본래의 목회적인 목적이 효과적인 설교 형식이나 전략을 통해서 잘 실현되도록 설교해야 한다.

3) 화행론적인 교리 강설

(1) 팔츠 교회법과 교리 강설의 형식

교리 강설의 주요 목적이 특정 교리에 관한 신학적인 설명의 차원을 뛰어넘어 그 교리가 추구하는 목회적인 목적을 달성하는 것이라면, 이를 위한 수사적인 전략을 모색하는 설교자들에게 '팔츠 교회법'(The Palatinate Church Order, 1563)은 모범적인 선례를 제시한다.[18]

'팔츠 교회법'은 하이델베르크 요리문답서를 교육하는 개혁파교회 목회자들, 설교자들이 반드시 따라야 할 효과적인 설교 방안에 관한 규정을 담고 있다.

이남규 박사에 의하면 "설교는 팔츠 교회법에서 가장 먼저 다루는 부분"이며, "팔츠 교회법은 하나님을 아는 지식과 영생을 전달하는 최고의 수단으로 설교를 주목한다.[19]

팔츠 교회법은 하나님의 말씀이 우리 신자들에게 들려주려는 하나님을 아는 최고의 지식과 영생의 비밀이 하이델베르크 요리문답에 들어 있다고 보았다. 그렇다면 하이델베르크 요리문답을 설교하는 설교자의 입장에서 다음 질문이 제기된다.

설교를 들은 신자들이 설교를 통해서 하나님에 관한 최고의 지식과 영생에 도달할 수 있도록 설교하려면 요리문답을 어떤 방식으로 설교할 것인가?

팔츠 교회법은 이 질문에 대한 해답으로 매우 탁월한 수사적인 형식과 이를 담은 내러티브 구조를 제시한다. 팔츠 교회법은 설교가 신자들에게 하나님을 아는 지식과 영생을 올바로 전달하여 그들이 구원을 얻는 거룩한 삶을 살도록 이끌기 위한 효과적인 수사적 전략으로 "비참-구원-감사"의 순차적인 논리 순서를 제시하였다.[20]

이 교회법에 따르면 하나님의 말씀은 세 가지를 알려 준다.

---

[18] Bard Thompson, "The Palatinate Church Order of 1563", *Church History,* 23/4(1954, Dec.), 339-354.

[19] 이남규, "팔츠(하이델베르크)교회와 신앙교육", 159.

[20] ① Man's Misery in Sin, ② Man's Deliverance through Christ, ③ Man's thankfulness for Deliverance by His Doing Good Works. Bard Thompson, "The Palatinate Church Order of 1563", *Church History,* 23/4(1954, Dec.), 339-354.

첫째, 인간이 자신들의 죄와 비참함을 향하게 한다.
둘째, 어떻게 모든 죄와 비참함에서 구원 받을지 가르친다.
셋째, 어떻게 그들이 하나님께 이 구원에 감사할지 알려 준다.

이것은 하이델베르크 요리문답서의 구성(비참-구원-감사)이다.[21] 이남규 박사에 의하면 "팔츠교회에서 요리문답서와 교회법을 분리해서 생각할 수 없다. 요리문답서가 그 내용이라면 그 실천의 방법을 규정한 교회법은 내용을 담는 그릇과도 같다."[22]

소통의 3요소인 내용과 형식, 목표의 관점에서 하이델베르크 요리문답에 관한 설교를 고찰해 보자. 하이델베르크 요리문답에 관한 강설의 핵심적인 내용을 요리문답서 자체가 제공한다면, 이 교리 강설의 기본 형식은 비참-구원-감사의 패턴을 따라야 한다.

그래서 팔츠 교회법은 팔츠 지역의 교회에서 요리문답을 강설하는 모든 설교자는 '비참과 구원과 감사'의 내러티브 구조를 따라서 설교하도록 규정하였다[23](참고로 필자는 설득력 있는 설교의 기본 형식으로 하강-반전-상승의 구조를 제시하였다. 하강-반전-상승의 내러티브 기본 구조는 비참-구원-감사의 기본 구조와 흡사하다).

---

21   이남규, "팔츠(하이델베르크)교회와 신앙교육", 160. Bard Thompson에 의하면 팔츠 교회법이 하이델베르크 요리문답을 설교할 때 설교의 내러티브 구조로 제시한 '비참(misery)-구원(deliverance)-감사(thankfulness)'의 논리는 필립 멜랑히톤(Philipp Melanchthon, 1497-1560)이 1521년에 저술한 *Loci Communes*(「신학총론」)로부터 영향을 받은 것이라고 한다. Bard Thompson, "The Palatinate Church Order of 1563", *Church History*, 23/4(1954, Dec.), 347. Willem van't Spijker는 하이델베르트 요리문답의 '비참-구원-감사'의 삼중 구조는 로마서가 제시하는 인간의 비참한 상태와 그리스도를 통한 구원 그리고 은혜에 대한 감사의 삶의 패턴을 따른 것으로 해석한다. Willem van't Spijker, "The Theology of the Heidelberg Catechism," in *The Church's Book of Comfort*, Ed. by Willem van't Spijker(Grand Rapdis, MI: Reformation Heritage Books, 2008), 96.

22   이남규, "팔츠(하이델베르크)교회와 신앙교육", 144.

23   이남규, "팔츠(하이델베르크)교회와 신앙교육", 160.

조엘 비키에 의하면 팔츠 교회법이 규정한 내러티브 구조는 성경의 요약인 동시에 신자들로 하여금 하나님의 말씀 앞에서 먼저 자신들의 부패와 죄악을 깨닫고, 그런 죄악을 조건 없이 용서하시는 그리스도의 대속의 은혜의 필요성을 절감하게 함으로써, 자신들을 구원하신 그리스도의 무한한 은혜를 깨닫고 그 구원의 은혜에 기쁨과 감사 가운데 선행으로 반응하는 삶을 끌어내기 위함이라고 한다.[24]

(2) 화행론적인 교리 강설

교리 강설이 교리에 관한 조직신학 관점의 해설이나 설명에 머무르지 않고 그 교리가 추구하는 목적을 달성해야 한다는 주장은 존 오스틴의 화행론(speech-act theory) 관점을 통해서 더 쉽게 이해된다.

영국의 언어 철학자 존 랭쇼 오스틴(John Langshaw Austin)에 의하면 사람의 언어 행위는 단순발화행위와 효과수반발화행위 그리고 효과수반발화행위의 3차원으로 이루어진다.[25]

단순발화행위는 사람이 입을 열어 발성하는 행위를 가리킨다. 어떤 발화자의 발성에서 시작되는 단순발화행위가 때로는 무의미한 소리 지르기에 불과할 수도 있다.

하지만, 그 단순발화행위를 또 다른 차원에서 분석해 보면 그 발화는 청취자에게 어떤 의미를 전달하는 행위일 수도 있다. 한 걸음 더 나아가 청취자에게 어떤 효과를 가져오거나 소통의 파장을 초래하는 효과수반발화행위일 수도 있다.

바람직한 발화행위는 발화자가 청취자에게 무의미한 소리만 발성하는 것도, 단순히 어떤 정보만을 전달하는 것도 아니라, 청취자에게 일정한 의미의

24　Joel R. Beeke, "Catechism Preaching", *Puritan Reformed Journal*, 7/2(2015, June), 231.

25　John L. Austin, *How to Do Things with Words*, 2nd. ed.(Cambridge: Harvard Univ. Press, 1975), ch.8-ch10, 94-132. Cf., John L. Austin, "Performative Utterance", *Philosophical Papers*, 3rd ed.(Oxford: Oxford Univ. Press, 1979), 233-252.

효과를 초래하는 것이다. 소통의 목적을 달성하는 언어 활동이야말로 가장 가치 있는 언어 활동이라는 것이다.

오스틴의 화행론을 교리 강설에 적용한다면, 설교자가 교리 강설을 통하여 회중에 달성해야 하는 것은 특정 교리의 내용을 이해하는 차원을 넘어 특정 교리가 추구하는 목회적인 효과다.

또 화행론의 통찰을 도르트 신경에 관한 교리 설교에 적용해 본다면 '하나님 앞에서 인간은 전적으로 타락하여 구원 받을 만한 조건이나 자격이 전혀 없다'는 문장은 인간의 전적 타락에 관한 의미를 전달한다.

하지만, 전적 타락에 관한 세부적인 의미를 해설하는 교리 설교가 인간의 자력 구원 불가능성이라는 의미의 이해와 수용에만 머무르거나 심지어 인간 구원 불가능성으로 인한 비관론적인 절망으로 귀결된다면, 전적 타락에 관한 효과수반발화가 원래 추구했던 효과수반발화의 차원을 전혀 달성하지 못한 셈이다.

인간의 전적 타락 교리가 효과수반발화의 효과를 신자의 신앙생활 속에 달성하려면 인간의 전적 타락과 부패의 문제를 해결해 주시는 하나님의 절대주권적인 선택과 구원에 관한 은혜의 복음이 뒤따라 제시되어야 한다.

도르트 신경에 관한 교리 강설이 신자들 편에서 성화의 목적, 또는 목회적인 목적을 달성하도록 하려면 어떻게 설교해야 할까?
목회 현장에서 도르트 신경을 어떻게 설교해야 효과수반발화의 차원을 뛰어넘어 회중으로부터 효과수반발화의 효과를 거둘 수 있을까?
도르트 신경에 관한 교리 강설이 특정 신경이 추구하는 목회적인 목적을 달성하려면 이를 위한 효과적인 수사적 형식이나 구조는 무엇일까?

이 질문에 대한 실제적인 해답을 얻기 위하여 필자는 목회적인 효과를 끌어내는 데 적합한 교리 강설의 신앙 문법과 내러티브 구조를 모색하고자 한다.

4) 화행론적인 교리 강설을 위한 신앙의 문법과 내러티브 구조

(1) 도르트 신경의 수사적인 문법

설교자가 아무리 하나님의 예정에 관한 교리나 그리스도의 대속에 관한 교리적인 내용을 설교하더라도, 그 교리가 추구하는 목회적인 목적 달성에 효과적인 설교학적인 문법에 맞게 설교하지 않으면, 그 교리가 추구했던 본래의 목적을 달성할 수 없다.

왜냐하면, 설교에서 설교자가 준행해야 하는 설교의 문법은 교리적인 내용과 그 교리가 신자에게 추구하는 교리의 실제적인 목적을 연결하는 수사적인 전략이기 때문이다.

소통의 상황에서 수사적인 전략을 따르지 않고서는 수사적인 목적을 달성할 수 없듯이, 교리 강설에서도 교리가 담고 있는 수사적인 전략으로서의 신앙의 문법을 따르지 않고서는 교리가 추구하는 수사적인 목적, 곧 하나님과의 인격적인 언어-사건을 달성할 수 없다.

필자는 "칭의론에 관한 설교학적인 문법"에서 신자의 칭의나 구원에 관한 율법주의 설교나 반펠라기우스적인 설교(semi-Pelagianism sermon)의 문제점을 비판하면서 개혁주의 칭의론에 부합하는 설교학적인 문법을 제시하였다.[26]

문법(文法, grammar)이란 언어의 구성 및 운용상의 규칙으로 언어 활동을 통하여 의미를 소통할 때 소통에 참여하는 당사자가 효과적인 소통을 위하여 따르기로 합의한 언어적인 규칙 체계다. 이러한 언어적인 규칙 체계는 일반적인 언어 활동만 아니라 도르트 신경과 같은 교리적인 주제를 설교할 때에도 그대로 적용된다.

특정 교리가 추구하는 목회적인 목표에 부응하는 수사적인 문법의 효과는 항론파의 5개 조항과 이에 대한 도르트 신경의 튤립 교리에서도 그대로 발견된다.

---

26 이승진, "칭의론에 관한 설교학적인 문법", 「신학정론」33/1(2015,06), 109-140.

아르미니우스의 추종자들은 아르미니우스의 견해에 근거한 5개 조항을 작성하여 네덜란드 정부에 항의서를 제출하였다. 이들이 제시한 5개 조항은 다음과 같이 요약할 수 있다.

첫째, 하나님은 믿을지 믿지 않을지를 미리 아시고, 이들의 믿음 여부에 따라 선택하거나 유기하셨다.
둘째, 비록 믿는 자들만이 구원을 받을지라도, 그리스도는 모든 인류와 모든 사람을 위하여 죽으셨다.
셋째, 인간은 너무 부패하여 믿음이나 선행을 위해서는 하나님의 은혜가 필요하다.
넷째, 신자라 할지라도 하나님의 은혜를 거절할 수 있고 최종적으로 유기될 수 있다.
다섯째, 참으로 회심한 사람들이 모두 믿음 안에서 인내할지는 유보적이어서 더 살펴봐야 한다.[27]

몇 년 후 아르미니우스주의자들은 성도의 견인을 부정하면서 참된 신자라도 여전히 멸망할 가능성이 있다고 덧붙였다.

항론파의 다섯 가지 주장을 칭의론이나 구원론, 또는 성화론의 관점에서 평가해 보면, 하나님의 예정이나 구원이 인간의 자유의지에 따른 신앙 혹은 불신앙에 달렸다는 인본주의 구원론으로 귀결된다.

항론파가 주장한 다섯 가지 조항 전체는 논리적인 일관성을 유지하면서 최종적으로 반펠라기우스주의 구원론으로 귀결된다.

반면, 도르트 총회가 제시한 튤립(TULIP) 교리는 하나님의 절대주권적인 선택과 그에 따른 그리스도의 대속, 성령의 적용 사역에 근거한 신자의 절대적인 구원 성취로 귀결된다.

---

27 Cornelis Pronk, 『도르트 신조 강해』, 27.

이를 한마디로 압축한다면 이신성화(sanctification by faith)다. 신자가 이신성화의 삶을 추구하도록 하는 목회적인 효과의 관점에서 도르트 신경의 핵심적인 다섯 교리를 살펴보면, 튤립 교리 전체는 이 목적 달성에 효과적인 내러티브 구조를 일관성 있게 갖추고 있다.

도르트 신경의 다섯 가지 교리는 하나님의 절대주권에 근거한 구원론과 이에 따른 구원의 확신 성취에 적합한 내러티브 구조를 갖추고 있으며 그런 목적을 위한 수사적 일관성을 유지한다.

초점	알미니안 구원론	개혁주의 구원론
인간	부분 타락과 잔존하는 가능성	전적 타락과 전적인 불가능성
성부 하나님	(믿음의) 조건에 근거한 선택	무조건적이며 전적인 은혜의 선택
성자 하나님	모든 인류를 위한 속죄 사역	신자들만을 위한 제한적인 속죄
신자와 교회	하나님의 은혜를 거부하여 타락 가능함	하나님의 은혜는 신자 편에서 감히 거부할 수 없도록 강력하게 역사함
성령 하나님	어떤 신자는 성령의 역사에도 불구하고 타락하여 지옥에 갈 수 있음	성령 하나님의 역사로 신자는 고난을 끝까지 견디며 인내로 반드시 천국에 도달함

〈표 1〉 알미니안 구원론과 개혁주의 구원론의 내러티브 구조 비교

위에 나열된 다섯 가지 도르트 신경을 내러티브 구조와 그에 따른 수사적인 효과의 관점에서 분석해 보면, 하나님의 예정과 신자의 성화에 관한 다섯 가지 교리적인 내용은 삼위 하나님께서 절대주권으로 완성하신 신자들의 구원에 대한 흔들림 없는 확신에 도달하도록 하는 말씀-사건을 성취하고 있다.

반면, 항론파가 주장하는 다섯 가지 핵심 교리는 이를 수용하는 신자 편에서 자신의 구원을 위한 인간의 적극적인 의지를 부각하는 효과가 있다. 항론파 설교에서 신자 내면의 적극적인 의지와 열정이 외면으로 나타나는 경건 생활이나 사회적인 지위와 결합할 때, 그 신자는 다른 신자들에게 모범적인 신자로 주목받을 것이다.

하지만, 내면에 주목받는 적극적인 의지와 열정이 그에 부합하는 외면의 경건 생활이나 사회적인 지위로 일치되지 않고 질병에 걸리거나 사회적인 지위의 추락을 경험하는 경우, 그 신자의 구원의 확신은 심각하게 흔들리거나 붕괴할 것이다.

(2) 각각의 내러티브 구조에 따른 수사적인 효과

이렇게 대조적인 목적을 지향하는 내러티브 구조의 수사적인 효과는 알미니안의 보편 속죄설과 칼빈주의의 제한 속죄에 관한 내러티브 구조를 서로 비교해 봄으로써 더욱 분명하게 드러난다.

순서	알미니안의 보편 속죄의 흐름	칼빈주의 제한 속죄의 흐름
① 배경 설정	"하나님은 모든 인류를 위하여 천지를 창조하시고 그리스도 안에서 모든 인류를 구원하시기로 작정하셨습니다. 그 계획을 따라서 그리스도께서 모든 인류의 범죄를 대신 심판 받으시고 십자가에서 죽으셨습니다." 메시지의 긍정적 전망에 대한 기대감	"우리는 그분 앞에서 본질상 죄인입니다. 생각과 말 그리고 행동 모든 것이 하나님을 대적할 뿐입니다. 그분이 보내신 독생자를 대적하며 그를 십자가에 못박아 죽였습니다." 청중의 죄악과 범죄를 노출시킴 ⇨ 비참
② 복음 선포	"하나님은 당신을 구원하시고 행복한 세상으로 인도하시기를 기뻐하십니다. 그리스도께서는 당신을 위해서도 죽으셨습니다." 그리스도에 관한 복음 제시	"이런 죄인들을 구원하시고자 성부 하나님께서는 독생자를 이 땅에 보내셔서 이들의 죄에 대한 심판을 대신 감당하도록 하셨습니다." 그리스도에 관한 복음 제시 ⇨ 구원
③ 적용점 제시	"이제 여러분이 그리스도를 구세주로 믿겠다고 결단하시면 하나님이 마련하신 행복은 여러분의 것이 될 것입니다." 구원의 근거가 그리스도를 구세주로 선택한 인간의 자유의지에 집중되기 때문에 구원의 확신도 인간의 의지에 좌우됨	"오늘 여러분이 그리스도를 구세주로 믿으며 그분의 은혜를 간절히 구하고 찾으면 주님은 결코 외면하지 않으실 것입니다." 구원의 근거가 하나님의 절대주권임을 확신하게 되며 신앙생활의 결정적인 동력이 그리스도를 통한 하나님의 은혜에 대한 감사에 집중함 ⇨ 감사

〈표 2〉 보편 속죄설과 제한 속죄설의 내러티브 구조에 따른 수사적 효과 비교

위의 도표에서 볼 수 있듯이, 알미니안의 설교와 개혁파 설교 모두 기본적인 내러티브 구조는 서론에서의 출발점 또는 배경 설정과 핵심적인 복음 선포 그리고 이후의 적용적인 반응의 흐름으로 이어지는 논리적인 맥락을 취하고 있다.

첫째, 알미니안 설교의 출발점은 인간의 전적인 부패와 타락에 대한 통렬한 지적이 아니라 청중을 위한 하나님의 예비된 사랑에 대한 긍정적인 기대감이다. 반면, 제한 속죄에 관한 교리 강설은 청중을 자신들의 범죄와 죄악에 노출하고 여기에 직면하는 것으로부터 시작된다.

둘째, 알미니안 설교와 칼빈주의 설교 모두 그리스도에 관한 복음을 선포한다. 알미니안 설교의 문제는 복음 선포 단계에서 제시된 그리스도에 관한 메시지가 서론에서 제기된 긍정적인 기대감의 연장선상에서 제시된다는 것이다. 이미 그리스도에 관한 복음의 메시지 내용을 알고 있는 신자들 편에서는 메시지의 신선한 설득력이 현저히 약화한다. 자신들은 이미 그리스도에 관한 복음을 알고 있으며 그리스도를 이미 믿고 있다고 생각하기 때문이다.

반면에 칼빈주의 제한 속죄 설교의 흐름에서 그리스도에 관한 복음의 메시지는 서론에서 주목받은 신자 자신들의 죄악에 대한 죄책감과 그에 따른 하나님의 무서운 심판을 피할 수 있도록 하는 하나님의 은혜로 주목받을 수 있다.

셋째, 두 설교의 흐름에서 점차 주목받는 대조적인 심리는 적용점 제시 단계에서 더욱 확연하게 구분된다. 알미니안 설교에서 적용점을 받아들이고 결단하는 주체는 신자 자신이다. "내가 믿겠다!"고 결단하면 하나님의 선물은 "내 것"이 될 수 있다. 하지만, 결단하려고 할 때 크나큰 심리적 감동이 뒤따르지 않기 때문에 하나님의 선물은 멀게만 느껴진다.

칼빈주의 제한 속죄 강설에서의 적용점도 신자 편에서의 선택과 결단을 강조한다.

두 설교 모두 조건문이 등장한다. 하지만, 보편 속죄 강설의 조건문에서 신자의 의지적인 결단이 강조된다면, 제한 속죄 강설에서 주목받는 조건문은 삼위 하나님께서 신자들을 위하여 이미 성취하시고 베풀어 주신 구속 사역에 관한 분명한 이해와 의지적인 수납 여부다.

이런 차이는 설교 이후에 인본주의 신앙과 신본주의 신앙으로 귀결된다. 앞서 살펴본 '팔츠 교회법'의 '비참-구원-감사'의 내러티브 구조는 칼빈주의의 제한 속죄에 관한 교리 강설의 저변에 그대로 나타나고 있는 셈이다.

4. 교리 강설을 위한 청중 이해

1) 알미니안 설교에서 청중의 영적인 출발점을 긍정하는 문제점

현대 설교에서 개혁주의 교리가 제대로 선포되지 못하거나 설령 선포되더라도 그 교리가 추구하는 목회적인 효과를 거두지 못하는 문제의 원인은 다양하다.

첫째, 교리 강설에 합당한 청중의 상황화 작업이 제대로 이뤄지지 않기 때문이다. 교리 강설을 듣는 청중을 삼위 하나님의 구속 역사의 관점에서 이해하지 못하고, 설교 메시지에 당장 감동하고 결단해야 하는 대상으로만 좁게 이해하는 것이다.

둘째, 설교의 서론에서나 설교의 저변에 청중의 영적인 상황과 설교의 출발점을 이들의 죄악과 불가능성으로 확정하지 않기 때문이다.

알미니안 설교의 서론은 현재 청중의 영적인 상황을 긍정하는 분위기에서 설교가 시작되는 경우가 많다. 몇몇 현대 신학자와 개혁주의 설교학자들은 이런 문제점을 자주 비판하였다.

마샤 위튼(Marsha G. Witten)은 *All Is Forgiven*(『모든 죄가 사해졌습니다』)이라는 책에서 현대 북미권 개신교 강단에서 발견되는 인간의 죄악에 대한 전폭적인 사면을 제시하는 설교 메시지에 대한 예리한 분석을 내놓았다.

마샤 위튼에 의하면 20세기 북미권 개신교 목회자들이 강단에서 인간의 죄악에 관한 메시지를 세속화(secularization)에 편승하여 다루는 네 가지 타협책이 발견된다고 한다.[28]

첫째, 인간의 실제적인 죄악을 다소 모호하고 추상적인 개념으로 다룸으로써 회중이 받을 심리적인 부담을 경감시키는 비인격화 기재(또는 비인격화의 수사학, device of depersonalization)

둘째, 원죄설(doctrine of original sin)을 부정하는 수사적인 선별성(rhetorical selectivity)

셋째, 인간의 죄악을 강단 앞의 청중에게 투사시키지 않고 교회 바깥의 불신자들에게나 사회적인 구조에 전가하는 굴절의 수사학(rhetoric of deflection)

넷째, 인간 각자가 책임을 져야 하는 실제적인 죄악의 문제를 태생적인 한계라거나 사회적인 상황에 굴복할 수밖에 없는 인간의 한계로 묘사하는 치유적인 관용(therapeutic tolerance)

이상 청중의 죄악에 대한 타협책 문제가 제대로 해결되지 않으면 도르트 신경에 관한 교리 강설은 본래의 효과를 거두기 어렵다.

---

28 Marsha Witten, All Is Forgiven: The Secular Message of American Protestantism(Princeton: Princeton University, 1993), 101; Idem, "Preaching About Sin in Contemporary Protestantism", Theology Today, 50/2(2006), 243-253. Johan H. Cilliers, *The Living Voice of the Gospel*, 이승진 역, 『설교 심포니』 (서울: CLC, 2014), 17-48.

2) 도르트 신경 강설에 합당한 설교학적인 인간론

기존의 교리 강설이 목회적인 효과를 제대로 달성하지 못한 중요한 원인을 분석해 보면, 설교자가 설교를 듣는 청중의 설교학적인 위치를 충분히 고려하지 않거나, 청중의 신학적인 정체성을 구속 역사적인 관점으로 바라보지 않고 좁게 이해하기 때문이다.

따라서, 개혁주의 교리를 효과적으로 설교하여 교리의 목회적인 목적을 달성하려면 교리 강설을 경청하는 청중의 상황을 고려하고 청중의 특정한 상황에 부합하는 방향으로 메시지를 선포해야 한다.

설교자가 교리 강설의 과정에서 청중의 상황을 고려하여 설교 메시지를 선포하는 과정을 설교의 상황화(contextualization)라고 한다.

설교의 상황화는 설교자가 전하는 설교의 핵심 사상과 메시지가 설교를 듣는 청중의 고유한 역사적, 문화적, 심리적인 상황에 적실하게 선포되어서 그들의 삶의 정황에서 설교의 중심 사상이 적용되고 실천되도록, 설교의 형식과 내러티브 구조를 설교의 적용 목적에 최적화하는 과정이다.

설교를 듣는 청중은 자신들만의 고유하고도 독특한 시간과 공간, 문화와 역사 그리고 사회적이고 공동체적인 상황을 교회 강단 앞으로 가져와서, 그렇게 맥락화한 인식 프레임 속에서 설교자의 설교 메시지를 듣는다. 청중의 상황이 설교 시점마다 독특하고도 고유한 방식으로 청중의 심리 세계 내면에 형성되어 있는 셈이다.

그러므로 설교자는 청중의 상황을 외면할 수 없을 뿐 아니라 그들의 상황에 설교 메시지가 부합하여 그들의 상황 속에서 설교 메시지가 적용성을 발휘하도록 설교해야 한다.

설교의 상황화 작업은 청중의 정체성에 관한 신학적인 인간 이해[29]와 설교 전달 과정에서나 서론에서의 수사적인 상황화로 구분된다.

---

29 이승진, "청중에 대한 설교학적 이해" 「복음과 실천신학」6(2003), 60~86.

먼저 청중의 정체성에 관한 신학적인 인간 이해, 또는 설교학적인 인간론에 대해서 살펴보자.

앞서 필자는 "칭의론에 관한 설교학적인 문법"이란 논문에서 신인 협력설 설교(synergistic preaching), 율법주의 설교(legalistic preaching), 또는 반-펠라기우스적인 설교(semi-pelagianism preaching)의 문제점을 지적하고 그 대안을 제시하였다. 이러한 설교의 문제점을 극복할 수 있는 설교학적인 대안은 설교자가 설교를 듣는 회중을 '구속사에 기초한 설교학적인 인간론'의 관점에서 파악하는 것이다.

항론파의 주장 저변에는 하나님의 주권을 온전히 인정하지 못하는 신학적인 문제, 즉 인본주의적인 문제점이 깔려 있다. 설교신학의 관점, 특히 설교를 듣는 청중에 대한 설교학적인 관점으로 분석해 보면, 이들의 주장이나 설교 속에는 성화의 과정에서 인간의 자유의지의 역할을 지나치게 긍정하는 문제점이 있다. 신자의 신앙생활과 성화의 성패는 곧 신자 편에서의 의지적인 선행 여부에 달렸다는 것이다.

도르트 신경을 효과적으로 설교하여 이 신경이 추구하는 목회적인 효과를 달성하려면, 그 설교자와 설교 메시지의 저변에는 도르트 신경이 염두에 두고 있는 신자에 관한 구속 역사적인 시각이 확보되어야 한다.

도르트 신경이 염두에 두는 신자는 삼위 하나님이 절대주권으로 주도하시는 구원의 서정(*ordo salutis*)의 전체 과정이 반드시 실현되는 대상이다. 신자 개개인에게 반드시 적용되는 것으로 이해하는 '구원의 서정'은 내재적 삼위일체론과 구속 언약의 작정, 인간론, 기독론, 구원론, 성령론, 교회론, 종말론과 같은 조직신학의 전체 맥락을 염두에 두고 있다.

그러므로 설교자는 "설교를 듣는 신자를 그리스도 중심의 계시된 구속 역사(revealed redemptive history)가 개인적으로 그대로 신자 개개인의 구원 서정(*ordo salutis*)의 전체 과정을 통해서 그대로 적용되는 대상(applied redemptive history)으로 이해하고 설교해야 한다."[30]

---

30   이승진, "칭의론에 관한 설교학적인 문법", 「신학정론」33/1(2015,06), 130.

천지 창조와 인간의 범죄, 구약 시대에 이스라엘의 역사를 통하여 계시된 하나님 나라, 이스라엘의 배반과 바벨론 포로 심판, 새 언약의 예언, 그리스도의 초림과 십자가 죽음, 부활, 승천, 오순절 성령 강림, 교회의 탄생, 선교 그리고 재림으로 이어지는 거대한 그리스도 중심의 구속 역사는 삼위 하나님만의 구속 역사가 아니라, 이런 내용을 설교 메시지로 경청하는 신자들 개개인의 구원 서정을 통해서 그대로 적용되고 실현된다.

도르트 신경에 관한 교리 강설은 이런 목적을 위해서 선포된다.[31]

도르트 신경에 관한 교리 강설을 위해서 설교자가 염두에 두어야 하는 설교학적 인간론은 신론과 인간론, 기독론뿐만 아니라 구원론과 성령론, 교회론 그리고 종말론 전체를 아우르는 그리스도 중심의 구속 역사가 신자 개개인의 구원 서정을 통해서 실현되는 대상으로 이해하는 인간론이어야 한다.

결국, 설교의 상황화 작업에서 매우 중요한 부분은 교리 강설을 듣는 청중을 구원의 서정의 관점에서 바라보는 것이라고 할 수 있다.

5. 도르트 신경에 관한 교리 강해 설교의 방법

1) 교리 강설에 관한 연속 설교의 계획 세우기

튤립 교리를 설교하려고 할 때 주제별 연속 설교를 계획하는 방법은 다양하다.

31　이와 유사하게 Peter Stuhlmacher나 Fred M. Jensen은 칭의 사건(justification)을 그리스도나 신자만을 배타적으로 연관지어 이해하는 것을 거부하고 기독론과 인간론 양쪽의 시각으로 또는 구속사적인 관점에서 통전적으로 이해할 것을 주장하기도 한다. "Justification as Paul teaches it has salvation-historical dimensions. This can be seen both christologically and anthropologically." Peter Stuhlmacher, *Revisiting Paul's Doctrine of Justification: A challenge to the new perspective*(Downes Grove: IVP, 2001), 62; Fred M. Jensen, *A Study of the Foundation of Justification*(Illinois: Tyndale House Publishers, 2010), 6.

첫째, 다섯 가지 튤립 교리를 5회에 걸쳐서 순차적으로 설교하는 것이다. 이러한 방식은 설교 서론에서 알미니우스와 항론파의 주장을 먼저 언급하고 성경적인 오류를 지적한 다음, 도르트 신경이 제시하는 올바른 교리와 그 적용점을 제시하는 순서로 진행된다.

(1) 인간의 부분 타락 vs. 전적 타락
(2) 하나님의 조건적인 선택 vs. 무조건적인 선택
(3) 그리스도의 보편 속죄 vs. 제한 속죄
(4) 신자가 거부할 수 있는 하나님의 은혜 vs. 거부할 수 없는 은혜
(5) 신자라도 타락하여 지옥에 갈 수도 있다 vs. 믿음으로 인내하도록 도우시는 성령님

둘째, 위의 순서보다 좀더 자세하고도 길게 도르트 신경을 연속 설교할 방법은 59개 조항으로 구성된 도르트 신경을 같은 교리 항목으로 구분하여 상세하게 강해하여 설교하는 것이다.

필자는 두 번째 방법을 따르되 교리 항목을 다음과 같이 네 가지 교리의 범주로 구분하고 각각의 교리를 강설할 수 있는 실제적인 개요를 제시하고자 한다.

(1) 성부 하나님의 선택과 유기
(2) 그리스도의 대속 사역과 구원
(3) 전적 부패와 회심의 은혜
(4) 성령의 역사와 성도의 견인

이상의 네 가지 교리의 범주는 한 편의 설교로 다룰 수도 있고, 설교의 상황을 고려하여 좀더 세부적으로 나누어서 연속적으로 설교할 수도 있다.

본 논문에서는 네 가지 항목으로 나누어서 해당 교리에 관한 설교의 개요를 제시하고자 한다. 각각의 교리에 관한 강설의 기본적인 구조는 서론에서 문제를 제기하는 단계로 시작하여, 해당 문제와 관련된 성경 본문을 주해하는 단계, 본문 주해에 근거한 교리 확정과 복음 선포 그리고 설교의 결론부에서 해당 교리가 지향하는 적용점을 회중에 제시하는 단계로 진행된다.

2) 교리 강설의 효과를 위한 서론의 문제점 설정

앞서 확인한 바와 같이 교리 강설이 목회적인 목적을 효과적으로 달성하려면 반드시 청중을 실천신학적인 인간론의 관점에서 이해해야 할 뿐만 아니라 설교 서론에서 청중의 상화화에 근거하여 청중의 문제점, 특히 범죄와 부패 그리고 죄악으로 인하여 하나님의 뜻을 대적하고 거스르는 문제점을 분명하게 지적할 수 있어야 한다.

개혁주의 설교학자인 브라이언 채플(Bryan Chapell)은 이 과정을 타락한 상황에 초점 맞추기(Fallen Condition Focus, FCF)라고 한다.[32]

'타락한 상황에 초점 맞추기'는 설교의 핵심 사상이 청중의 (죄악 된) 상황을 향하여 정조준하도록 설교에서 청중의 상황을 고려하는 단계를 가리킨다.[33] 특히, 설교의 서론에서 청중의 죄악과 부패, 하나님 앞에서의 불가능성의 문제를 지적하는 단계를 의미한다.

서론에서 청중의 상황화 작업은 2가지 방식으로 진행된다.

---

32 Bryan Chapell, *Redeeming the Expository Sermon: Christ Centered Preaching*, 김기제 역, 『그리스도 중심의 설교』 (서울: 은성, 1999), 51-56.

33 Robert Kysar, "New Doctrinal Preaching for a New Century," *Journal for Preachers* 20:3(1997), 19. 교리가 신자들의 삶과 무관한 추상적 정보 전달의 차원에 머무르지 않도록 하기 위하여 교리 설교는 필연적으로 상황화(contextualization)의 과정을 거쳐야만 한다. 설교의 상황화에 관한 더 자세한 설명은 다음을 참고. 밀라드 에릭슨 & 제임스 헤플린, 『건강한 교회를 위한 교리 설교』 (서울: CLC, 2005), 229-255.

첫째, 설교 주제에 관한 청중의 관심을 유발하기 위하여 설교 주제에 관한 문제 제기의 단계
둘째, 복음 선포를 준비하기 위하여 인간의 죄악을 고발하는 단계

도르트 신경에 관한 교리 강설의 서론에서 문제를 제기하는 방법으로는 항론파의 주장을 풀어서 설명하는 방법과 항론파의 주장 저변에 깔린 논리를 신자들의 신앙생활에 대입하여 설명하는 방법으로 나뉜다.

설교자는 이 두 가지 방식을 별도로 진행할 수도 있고 하나로 통합해서 진행할 수도 있다.

6. 도르트 신경에 관한 교리 강설의 개요

1) 성부 하나님의 선택과 유기

성부 하나님의 선택과 유기에 관한 교리 강설의 목적은 신자가 하나님 앞에서 자신의 전적인 부패의 문제점을 심각하게 깨닫고, 그 죄악을 회개하며 그리스도의 대속의 은총의 필요성을 강하게 인지하고, 그런 과정을 통해서 얻은 구원의 은혜와 그 절대적인 확실성에 감사하도록 하려는 것이다.

이를 위해서 설교자는 서론에서 청중의 상황에 맞게 문제를 제기하고, 그 문제 상황 안에서 청중을 포획해야 한다.

(1) 서론의 문제 제기

설교자가 '성부 하나님의 선택과 유기'에 관한 교리를 신자들에게 설득력 있게 설교하고 교육하려면, 먼저 신자 편에서 이 주제와 관련하여 고민함 직한 문제를 제시해야 한다.

그 방법으로는 알미니우스의 잘못된 입장을 그대로 소개하거나, 신자들이 겪는 고난이나 불신앙의 원인을 하나님의 무관심이나 유기의 책임으로 돌리

는 경우를 지적하는 것 그리고 신자 자신이 행복한 삶을 영위하는 이유를 자신의 노력과 선행 때문이라고 자만하는 문제를 지적하는 방법이 있다.

① 알미니우스의 잘못된 견해를 소개하는 방식

알미니우스와 항론파들은 (첫째 교리의 2번 오류에서) 창세 전 하나님의 선택에는 불완전하며 철회될 수 있고 확정적이지 않으며 조건적인 선택이 있다고 생각했습니다. 이들은 (첫째 교리의 4번 오류에서) "믿음으로 선택 받으려면 선수 조건으로서 사람이 본성의 빛을 바르게 사용할 뿐 아니라 경건하고 겸손하고 온유하며 영생에 합당한 자가 되어야 하며 선택은 이런 것들에 어느 정도 의존한다"고 주장했습니다.

알미니우스와 항론파들은 하나님이 창세 전에 신자들을 선택하신 이유는 누가 예수를 믿을 것인지 안 믿을 것인지를 미리 아셨기 때문이라고 생각했습니다. 이것을 가리켜서 '예지 예정'이라고 합니다.
신자가 나중에 예수를 믿을 것을 미리 아신 하나님은 그 신자 편에서의 믿음이라는 좋은 성품과 조건을 미리 내다보시고 그 좋은 성품과 자질에 근거하여 그를 신자로 예정하셨다는 것입니다.[34]

② 신자들이 겪는 고난의 원인이 하나님의 무관심 때문이라고 오해하는 경우

어떤 사람들은 이렇게 오해합니다. '내가 아직도 구원 받지 못한 이유는 하나님이 나를 적극적으로 구원하시려는 계획이나 의지가 없기 때문'이라고…'내가 이렇게 고난을 당하는 이유는 하나님이 나를 구원하시기로 창세 전에 선택하지 않으셨기 때문'이라고 생각합니다.

---

34 Cornelis Pronk, 『도르트 신조 강해』, 66, 348

'나는 나름대로 하나님을 찾으려고 노력하고 성경책도 읽어보고 교회도 나와서 성의를 표시했지만, 그때도 하나님은 침묵하시고 전혀 나를 만나주시지도 않고 찾아와 주시지도 않고 오히려 내 문제를 외면하셨다'고 생각합니다.[35]

③ 신앙생활의 가시적인 행복의 근원을 자신의 선행이나 노력에 두는 경우

오늘날에도 일부 신자들은 자기가 예수를 믿어 구원을 받은 것이 자신의 경건심과 영적인 일에 대한 차원 높은 관심 때문이라고 생각합니다. 이들은 교회에 나와서 예배를 드리고 신앙생활을 감당하고 또 기도에 응답을 받는 이유가 자신의 경건과 선행 그리고 남보다 더 간절하게 금식하며 기도하는 덕분이라고 생각합니다. 말하자면, 하나님에게서 은혜의 선물을 받고 복을 받으며 기도 응답 받는 것은 자기가 다른 신자들에 비하여 그럴 만한 자격과 조건을 더 많이 갖추었기 때문이라고 생각합니다.

(2) 성경적인 논증과 복음 선포

예를 들어, 프롱크(Cornelis Pronk) 목사는 신자가 본성상 하나님의 계명에 순종할 수 있는 능력을 갖추고 태어나는지 아닌지에 관한 질문을 던지고 성경적인 논증을 전개한다.

성경은 많은 부분에서 우리에게 믿고 회개하라고 권고하지 않나요?
예, 맞습니다. 하지만 그것이 우리에게 믿고 회개할 수 있는 능력이 있다는 것을 의미하지는 않습니다. 하나님께서 우리에게 믿고 회개하라고 명령하신다는 사실 자체가 사람이 믿고 회개할 본성상의 능력이 있음을 의미하지는 않습니다. 아르미니우스주의자들은 "해야 한다"고 규범을 제시하는 구절에 근거하여

---

[35] Cornelis Pronk, 『도르트 신조 강해』, 42.

신자는 "할 수 있다"고 결론을 내립니다.
우리가 "해야 한다"는 것에 대해서 성경은 풍성하고도 명백히 증언합니다. 하지만, 성경은 또한 우리가 스스로 행할 수 없다고 가르칩니다."[36]

이 외에도 다음과 같은 방식으로 성경적인 논증을 전개할 수도 있다.

하나님 앞에서 우리 자신의 모습을 생각할 때 일차적으로 가장 먼저 기억할 것은, 저와 여러분은 본질에서 하나님의 말씀을 거스르고 대적하며 온갖 죄악을 일삼기를 즐기는 죄인이라는 사실입니다.
성경은 분명히 "의인은 없나니 하나도 없으며 깨닫는 자도 없고 하나님을 찾는 자도 없고 다 치우쳐 함께 무익하게 되고 선을 행하는 자는 없나니 하나도 없다"(롬 3:10-12)라고 말씀합니다.[37]
저와 여러분은 때로는 애굽의 바로처럼 반복적으로 주님의 말씀을 거역했습니다. 또 때로는 젊은 부자 관원처럼(눅 18:18-23) 주님이 분명 진리를 말씀해 주심에도 불구하고 우리 마음속의 탐욕 때문에 그 말씀을 따르기를 거부했던 자들입니다. 주님은 우리 인생 속으로 들어오셔서 여러 방법으로 우리를 지배하는 악한 귀신들을 분명 쫓아내 주셨음에도 불구하고, 오히려 주님이 내 인생으로부터 떠나 주시기를 바랐던 패역한 사람들이었습니다(Cf. 마 8:28-34).
모든 죄인은 하나님 보시기에 같은 수준입니다. 죄인은 모두 저주 아래 있습니다. 모두가 하나님 보시기에 정죄 받았기에 죄인들은 모두 같은 자리에 서 있습니다. 이것은 우리를 매우 겸손하게 합니다. 그리고 우리를 겸손하게 하는 것이 바로 선택 교리가 의도하는 바입니다.[38]

---

36 Cornelis Pronk, 『도르트 신조 강해』, 66.
37 Cf., "그러나 너희가 영생을 얻기 위하여 내게 오기를 원하지 아니하는도다"(요 5:40); "모든 사람이 죄를 범하였으매 하나님의 영광에 이르지 못하더니"(롬 3:23).
38 Cornelis Pronk, 『도르트 신조 강해』, 74.

(3) 예증을 통한 교리의 확증

다음 예화의 수사적인 목적은 하나님의 예정이 신자의 선한 조건에 근거한다는 항론파들의 주장 반대편에서 인간의 전적 타락을 실감나게 확인하려는 것이다. 항론파들은 하나님께서 창세 전에 우리 신자들을 미리 예정하실 때 우리 신자들 편에서의 믿음이나 경건과 같은 선한 조건을 미리 보시고, 그런 선한 조건에 근거하여 우리를 예정하셨다고 주장했다.

그러나 도르트 신경은 인간의 전적인 타락을 교훈한다. 신자가 성화의 과정에서 계속 그리스도의 십자가 공로를 의지하면서 자신의 연약함과 죄성 그리고 사탄·마귀의 유혹을 극복하려면 매일 매 순간 신앙적인 논리의 출발점에서 자신의 전적 부패와 타락을 인정해야 한다. 그리스도가 아니고서는 내 인생에 그 어떤 해답이나 소망이 전에도 없었고, 지금도 그러하고, 앞으로도 그러하다.

다음 예화는 이 점을 실감나게 확인시켜 준다.

> 예전에 TV 방송 중에 <화해>라는 프로그램이 있었습니다.
> 이 프로그램에 60대 엄마와 40대 아들이 출연했는데, 이 아들은 10여 년 전 전에는 아주 유명한 가수였습니다. 많은 인기를 끌면서 잘 나가다가 그만 자만심에 빠져서 가벼운 마음에 음주 운전을 했고, 음주 단속에 걸렸고, 언론에 공개되는 바람에 그만 그 인기가 땅으로 추락하고 말았습니다. 더이상 방송에도 출연할 수도 없고 사람들이 찾아주지도 않습니다.
> 할 수 없이 유흥업소 밤무대 가수로 근근이 버티는데 그 부모님 입장에서는 자식이 그렇게 힘들게 사니까 얼마나 마음이 안타깝겠습니까?
> 엄마의 마음도 참 너무 힘들겠지요. 자식은 엄마를 버리다시피 했지만, 엄마는 결코 자식을 버릴 수 없으므로 두 사람이 서로 화해하기 위해서 방송에 출연했습니다. 동남아 여행을 가면서 길거리에서 엄마가 아들에게 간절한 심정으로 권면합니다. 마침 아들도 연예 프로그램에 다시 출연도 하면서 조금씩 실력을 쌓아가고 있습니다. 이름이 승진이라고 합시다.

"승진아! 너 예전에 절제하지 못해서 그렇게 고생했는데 이제 앞으로는 잘해야 한다. 인생을 막살려고 하면 안 돼."

엄마의 그 안타깝고 간절한 마음이 저한테도 느껴집니다.

그러자 아들이 대답합니다. "그래 엄마! 그동안 10년을 고생했으니까 앞으로는 잘할게."

아들이 그렇게 진지하게 대답하는데 엄마는 맘속에 그동안 고생한 것이 잊히지 않으니까 이렇게 잔소리를 이어갑니다. "너의 문제는 대답을 너무 쉽게 하는 것이야. 너 인생이 그렇게 쉬워 보여? 아직도 너 인생을 그렇게 막살려고 하는 거야?"

엄마의 마음에는 10년 동안 아들이 그렇게 사회 밑바닥에서 고생하면서 아들이랑 같이 고생한 세월이 쉽게 지워지지 않습니다. 그래서 아들한테 계속 잔소리를 하는 것입니다.

그 이야기를 듣고서 아들이 좀 짜증스럽다는 듯이 대꾸합니다. "엄마! 또 잔소리야. 아니 그럼 지금 내가 말이라도 그렇게 할 수밖에 없는데, 엄마는 내가 말을 쉽게 한다고 하면 지금 어쩌자는 거야?"

그러니까 엄마가 더 화를 냅니다. "아니, 지금, 이 상황에서 화를 낸다면 누가 내야 하는 거니, 네가 어떻게 나한테 화를 낼 수 있어."

이 두 사람이 모자 관계임에도 불구하고 서로 화해하지 못하는 모습을 지켜보면서 아무리 피를 나눈 모자 관계이고 또 화해하고 싶더라도 두 사람의 힘으로는 결코 화해할 수 없구나 하는 것을 깨달았습니다.

이것이 바로 우리 인간의 근본적인 한계입니다. 아무리 자식을 사랑하더라도 엄마는 자기 힘으로 사랑하는 아이의 미래를 행복의 관점에서 바라볼 수 없습니다. 네 미래가 희망으로 가득찼다고 확신하고 말해줄 수 없습니다.

미래 행복은 오직 하나님의 말씀, 하나님의 계시로만 가능합니다.

(4) 결론의 작용점 제시

① 자만심에 대한 회개

하나님 앞에서 우리의 형편과 처지를 생각할 때, 우리에게 무슨 선한 성품이나 열심을 먼저 떠올린다면 그것은 잘못입니다. 우리 자신을 다른 사람과 비교해서 판단하는 수평적인 사고 때문입니다. 수평적인 사고로는 절대로 하나님을 제대로 만날 수 없습니다. 신자라면 반드시 수평적인 사고에서 수직적인 사고로 전환해야 합니다.

오직 거룩하시고 공의로우신 하나님만을 먼저 생각하시기 바랍니다. 그분 앞에 서 있는 내 모습을 생각해 보시기 바랍니다. 무한히 밝고 거룩한, 불꽃 같은 눈으로 나를 지켜보고 계시는 하나님의 시선으로 자신의 내면을 내려다보시기 바랍니다. 하나님의 시선으로 나 자신을 내려다본다면 우리는 결코 그분 앞에서 그 어떤 좋은 성품이나 능력, 어떤 열심을 내세울 수 없을 것입니다.

② 전적 타락을 인정하며 은혜를 구함

나의 불신앙이나 고난의 책임을 하나님과 연관 지어 생각할 때 절대로 그 책임을 하나님께 떠넘기지 마시기 바랍니다. 오히려 거룩하시고 공의로우신 하나님, 이 세상의 모든 눈보다 더 희고 이 세상의 모든 빛보다 더 밝으신 하나님을 거울 삼아서 그 앞에 엎드리시기 바랍니다. 그분 앞에서 분명히 드러나는 우리 내면의 추악한 죄악을 인정하시기 바랍니다.

그리고 이렇게 기도하시기 바랍니다. "주님 이 세상의 모든 사람이 주님으로부터 구원의 선물을 받고 천국에 다 들어가는데도 나 혼자만 못 들어가더라도 그것은 지극히 당연한 일임을 인정합니다. 나는 생각과 말과 행동으로 하나님을 대적했기 때문에, 이 모든 범죄 때문에 지옥에서 영원토록 형벌을 받을 수밖에

없는 그런 죄인인 것을 인정합니다."³⁹

이토록 추악한 죄인인데도 불구하고 과연 나는 구원 받을 수 있나요? 주님 나를 불쌍히 여겨 주시옵소서. 이런 나를 긍휼히 여겨 주시옵소서. 이렇게 간절히 주님의 은혜를 구하는 자들을 우리 주님은 절대 외면하지 않으십니다.

2) 그리스도의 대속 사역과 이에 대한 믿음

그리스도의 대속 사역과 그 대속에 관한 믿음에서 항론파와 도르트 신경의 견해 차이는 그리스도의 대속 사역의 범위에 집중된다.

항론파는 그리스도의 대속 사역의 범위가 모든 사람을 위한 것으로 이해하는 반면에, 도르트 신경은 그 범위를 신자들의 범위로 한정한다. 속죄의 범위가 제한적인가 보편적인가의 견해 차이는 교리적인 견해의 차이로 끝나지 않고, 하나님의 절대주권에 따른 구원을 강조하는 신앙과 보편 속죄에도 불구하고 이를 받아들여 믿는 신자와 그렇지 못한 불신자의 자유의지의 책임으로 이어진다.

말하자면, 제한 속죄의 교리는 구원 받은 신자 자신을 향한 하나님의 은혜를 부각하는 반면, 보편 속죄 교리는 그리스도를 믿기로 선택한 신자 편에서의 자유의지와 그 선택의 가치를 부각해서 마음속으로 이를 의지한다.

그리스도의 제한 속죄 교리를 설교하는 화행론적인 목적은, 신자가 자신이 누리는 구원의 가치가 그리스도의 대속적인 희생과 죽음에 철저하게 기초하고 있음을 인정하도록 하려는 것이다. 또 성화의 과정에서도 그리스도의 십자가 보혈의 은혜에 대한 기억과 확인에서 우러나오는 하나님을 향한 감사의 마음으로 성화의 과정을 감당하도록 독려하는 것이다.

---

39 "스펄전은 자신이 회심했을 때, 맨 처음 깨달은 것은 하나님께서 온 세상을 받으시고 자신은 거부하셨을지라도 전혀 놀랄 것이 없다는 것이었다고 말했습니다. 이것은 옳은 태도입니다." Cornelis Pronk, 『도르트 신조 강해』, 353.

교리적인 내용으로서의 제한 속죄가 목회적인 목적으로서의 이신성화의 효과를 가져오도록 하는 데 효과적인 수사적인 전략은, 언약신학의 법정적인 논리를 활용하는 것이다.

법정적인 언약신학은 죄인이 공의의 하나님 앞에서 그분의 자비로운 구속의 은혜로 말미암아 의인으로 바뀌는 과정을 옛 언약과 새 언약의 대조법으로 서술한다.

옛 언약은 공의의 하나님이 이스라엘과 맺은 언약에도 불구하고 죄를 범한 이스라엘을 심판하신 과정을 서술한다면, 새 언약은 성부 하나님이 그리스도의 대속 사역을 통해서 신자들에게 무조건적인 은혜를 베풀어서 그의 신분을 근본적으로 바꾸어 놓은 과정을 서술한다.

옛 언약과 새 언약의 연결 고리를 형성하는 것이 그리스도의 제한 속죄다.

(1) 서론의 문제 제기

그리스도의 속죄에 관한 잘못된 이설로는 초대 교회 교부 오리겐이 제안했던 사탄 배상설이나 중세 사상가 피터 아벨라드(1079-1142)가 주장했던 '도덕감화설'(moral influence theory)이다.[40] 이런 이론들은 그리스도의 속죄 성격과 범위를 하나의 추상적인 이론으로 제시하려는 것으로, 화행론의 관점에서 소통의 당사자에게 삼위 하나님과의 언약 관계에 법적인 변화를 초래하는 그리스도 속죄 본연의 목적을 달성하지 못한다.

그리스도의 속죄에 대하여 오해하는 신자들의 문제점은 자신들의 죄악에 대한 하나님의 처벌이 독생자가 십자가에 죽어야 할 정도로 막대하고 심각하다고 생각하지 않는 것이다. 또는 예수 그리스도의 속죄에 대한 인식과 기억은 그리스도를 처음 믿을 때만 필요하지, 교회에서 직분을 받고 열심히 봉사 활동을 하면서 신앙생활을 할 때는 그리스도의 은혜에 대한 믿음보다는 오히려 주님을 사랑하는 표시로 열심히 하여 봉사하고 선행을 베푸는 것이 더 중요하다고 오해한다.

40　Cornelis Pronk, 『도르트 신조 강해』, 154.

따라서, 그리스도의 속죄에 관한 교리를 설교하려는 설교자는 이 교리가 추구하는 신앙적인 목적이 그리스도의 특별한 속죄로 인하여 하나님과 신자 자신의 언약 관계가 근본적으로 변화하였음을 깨닫고 그 언약 관계의 질적인 변화의 근본인 그리스도의 속죄와 보혈의 공로를 참으로 소중하게 인식하며 그 받은 은혜에 감사하는 자리까지 안내해야 한다.

제한 속죄에 관한 교리를 설교하려고 할 때, 서론에서 문제를 제기하는 방법으로는, 알미니우스와 항론파가 주장했던 보편 속죄 이론을 액면 그대로 소개하는 방법과 도덕감화설의 논리를 소개하는 방법이 있다.

① 알미니안의 보편 속죄론

알미니우스와 항론파 그리고 오늘날의 알미니안들은 그리스도께서 제한적인 신자들만을 위해서 십자가 위에서 죽으셨음을 인정하지 않고 오히려 모든 사람을 위해서, 즉 생애 동안에 그리스도를 믿기로 거부하고 죽어서 지옥에 간 사람들을 포함하여 모든 사람을 위하여 십자가에서 죽으셨다고 생각합니다. 이들이 이렇게 생각하는 이유는 창세 전에 삼위 하나님이 인류의 구원을 계획하실 때 어떤 사람들은 구원 받기로 예정하시는 반면에 또 어떤 사람들은 구원 받지 못하고 유기되도록 예정하실 이유가 없다고 생각했습니다. 그렇게 하는 것은 하나님을 이 세상 악의 조성자로 만드는 것이라고 생각했습니다. 예수님은 모든 사람을 위해서 십자가에 돌아가셨음에도 불구하고 실제로 어떤 이들은 믿지만 또 어떤 이들이 믿지 않고 지옥에 가게 되는 것은 예수님의 속죄 사역에도 불구하고 그 사람의 불신앙 때문이라고 생각했습니다. 보편 속죄설은 한편으로 생각하면 이 세상에 가득찬 죄악과 불신앙의 책임을 하나님에게 지우지 않고 신자 또는 불신자 당사자에게 지우는 것처럼 보입니다.

하지만, 보편 속죄설의 치명적인 약점은, 저와 여러분의 운명이 하나님께 죄를 범한 죄인에서 하나님께 은혜를 받은 의인으로 바꾸어 놓는 최고의 수단인 그리스도의 보혈, 그 가치를 인격적이고 개별적으로 적용하지 못하고 하나의 보편적인 도덕 원리로 일반화시킨다는 것입니다.

② **도덕감화설**

그리스도의 속죄를 설명하는 데 '도덕감화설'(moral influence theory)이라는 오래된 이론이 있습니다.

알미니안들은 이 이론을 그리스도의 속죄를 설명하는 설득력 있는 이론으로 받아들입니다. 이 이론에 따르면 그리스도의 죽으심은 그리스도의 탁월한 도덕과 윤리를 본받으려는 사람들에게 죽음까지도 불사할 정도의 수준 높은 이타적인 사랑의 본을 제시한다는 것입니다. 바르게 살려는 사람들은 십자가에서 죽으시기까지 자신의 삶을 온전히 하나님께 제사로 드린 그리스도의 이타적인 삶에 감동하여서 자기도 그리스도처럼 희생적인 삶을 살려고 노력하게 되고 또 죽기까지 자기를 부인하려는 의지의 모범을 그리스도로부터 배울 수 있다는 것입니다.

도덕감화설은 언뜻 생각하면 상당히 세련된 가르침처럼 보이고 인간에 대한 최고의 신뢰를 바탕으로 하는 휴머니즘의 극치처럼 보입니다. 그리고 도덕감화설의 일부분에는 저와 여러분이 참고할 만한 가르침이 전혀 없는 것도 아닙니다만, 그 저변에는 하나님 앞에 우리 인간 자신의 부패와 범죄 그리고 패역을 애써 외면하려는 반역적인 교만이 깔려 있습니다. 우리 인간이 그렇게 대단한 존재가 아님에도 불구하고 도덕감화설은 우리 인간의 경건심과 능력 그리고 그 열정을 오직 그리스도, 홀로 가능하신 십자가 사역의 가치를 희석하는 문제가 있습니다.

(2) 속죄 사역에 관한 설득의 문제점

그리스도의 속죄 사역에 관한 교리 강설을 통하여 신자들에게 믿음을 재촉할 때 주의할 사항이 있다. 프롱크 목사에 의하면 개혁파 목회자들은 보편 속죄 교리의 입장에서 보편적인 청중에게 믿음을 권유하는 방식의 설교를 하지 않았다고 한다.

오늘날 많은 사람이 다음과 같이 설교합니다. "그리스도께서 모든 이를 위하여 죽으셨습니다. 따라서, 당신을 위해서도 죽으셨습니다. 이것을 믿으면 당신은 구원 받을 것입니다."

그러나 "우리 선조들은 자신들의 설교를 듣는 사람들에게 "그리스도께서 당신을 위하여 죽으셨다"고 말하거나 "그리스도께서 모든 사람을 위해 죽으셨고, 그러니 당신을 위해서도 죽으셨다"고 말해야 한다고 생각하지 않았습니다.

사도들도 이렇게 설교하지 않았습니다. 성경 어디를 찾아봐도 사도들이 이렇게 말하는 부분은 없습니다. 사도들은 그리스도께서 자신들을 위하여 죽으셨다는 것을 믿으라고 죄인들을 부르지 않았습니다. 사도들은 그리스도를 믿으라고 죄인들을 불렀습니다. 이것은 아주 큰 차이입니다.[41]

여러분은 "그리스도께서 나를 위해 죽으셨는가"라는 질문을 합니까?

저는 이 질문에 현대적인 방식으로 답을 하지 않겠습니다. "예, 그리스도께서는 모든 사람을 위해 죽으셨습니다. 그러므로 당신 역시 구원 받았습니다" 하는 식으로 말입니다.

대신 먼저 몇 가지 질문을 하고자 합니다.

당신은 구주를 원합니까?
구주가 필요합니까?
죄에 대해 확신하나요?
당신은 잃어버린 자라고 성령님께서 가르치십니까?
당신의 행위로는 하나님의 공의를 만족시킬 수 없다고 느끼나요?
당신 안에 있는 자신감을 모두 포기했나요?
마음을 다해 다음과 같이 말할 수 있나요?
"주여 저를 구원하소서, 그렇지 않으면 저는 영원히 죽습니다!"

---

41 Cornelis Pronk, 『도르트 신조 강해』, 170

그렇다면 저는 당신을 위해 그리스도께서 죽으셨다고 말할 수 있습니다. 당신의 이름은 생명책에 기록되어 있습니다. 저는 그리스도께서 당신을 위해 십자가상에서 죽으신 것을 믿으라고 그리스도의 이름으로 초청합니다. 당신에게 청합니다. 당신에게도 열려 있는 만세반석으로 들어가라고 말입니다.
만일 유일한 소망이신 그리스도를 믿는다면 두려워하지 마십시오. 그리스도 안에서 영원히 안전합니다. 당신 안에서 시작된 구원 사역은 은혜로 완전하게 성취될 것입니다.[42]

그리스도의 속죄 사역에 관한 교리 강설에서 설교자는 인간의 전적인 부패와 타락, 이에 대한 하나님의 무서운 심판, 그런데도 그리스도를 통해서 베푸시는 하나님의 지극하신 자비와 은혜를 아주 자세히 그리고 충분히 설교해야 한다.

만일, 이런 내용은 간단히 언급하고 그리스도를 믿어야 하는 신자 편에서의 의지적인 결단을 위한 감동을 자극하는 일에 집중한다면, 설교가 끝났을 때 신자들은 신앙생활에서 그리스도께서 이루신 대속 사역에 관한 인격적인 신뢰보다도 자신의 의지적인 결단과 헌신이 더 중요하다고 착각할 수 있다.

설교자는 언약신학과 법정적인 대속의 관점에서 그리스도의 십자가를 믿어야 하는 필요성을 해설해야 한다.

(3) 언약 갱신에 관한 논증

여러분은 그리스도의 고난과 죽으심을, 그리스도께서 나를 대신해서 감당하신 대리 사역으로 이해하며 성경을 읽은 적이 있습니까?
여러분이 직접 가야바와 빌라도 앞에 서 있고, 십자가로 향하는 그 길을 여러분이 걸어가야 했는데 그리스도께서 대신 감당하고 계심을 인정하면서 복음서를

42　Cornelis Pronk, *Faith of Our Fathers*, 김동환 역, 『은혜교리: 우리가 믿고 남겨야 할 유산』 (수원: 그책의사람들, 2012), 77-78.

읽어보신 적이 있습니까?[43]

우리 주님은 빌라도의 법정에서 자신을 참소하는 무리 앞에서 조용히 침묵하셨습니다. 우리는 아무런 죄가 없으신 하나님의 아들 그리스도께서 자신을 고소하는 무리 앞에서 왜 그토록 침묵하셨는지 그 이유를 물어야 합니다.

그 이유는 그리스도께서는 죄인들의 대리인으로 그 자리에 서 계시기 때문입니다. 그래서 그리스도께서는 그들의 고소에 아무 답도 할 수가 없으셨습니다. 그 모든 고소는 그리스도께는 개인적으로 참이 아니지만, 우리에 대해서는 모두 참이기 때문입니다.

우리는 신성 모독을 저질렀습니다. 그렇기에 그리스도께서는 신성 모독을 저질렀다는 거짓 고소에 침묵하셨습니다. 그 고소는 그리스도께는 참이 아니지만, 그분이 하나님 앞에서 우리를 대신하시고 계시기 때문에, 성부 하나님의 심판대 앞에 무릎 꿇고 있는 우리를 바라보시기 때문에 그 고소는 우리에게 참입니다.[44]

(4) 예증을 통한 교리의 확증

언약의 역사는 창조 언약(또는 아담 언약) 이후, 노아 언약과 아브라함 언약, 모세 언약 그리고 다윗 언약까지 일관되게 이어집니다. 이 언약의 역사에서 거듭 반복적으로 드러나는 현상은 이스라엘 백성들은 하나님의 무한하신 자비에도 불구하고 언약을 파기하는데, 그럴 때마다 하나님은 다시 찾아오셔서 심판하시고 은혜를 베푸시며 다시 언약을 갱신해 주신다는 사실입니다.

그런데 다윗 언약이 체결된 이후 솔로몬 왕조 시대 이후로 분명히 드러나는 것은 무엇인가 하면, 이스라엘 백성들은 자기 자신의 힘으로는 결코 이 언약의 조건을 제대로 지키지 못한다는 것입니다.

---

43   Cornelis Pronk, 『도르트 신조 강해』, 161.
44   Cornelis Pronk, 『도르트 신조 강해』, 161.

언약의 역사를 옛 언약과 새 언약으로 나눈다면 옛 언약의 역사에서 이 한 가지가 분명해집니다. 이스라엘 백성들은 하나님과 맺은 언약의 관계를 유지하기 위한 법정적인 책임을 이행할 능력이 전무하다는 사실입니다.

그 사실이 분명히 드러나자 하나님은 선지자들을 통하여 새 언약을 예고하십니다. 새 언약의 핵심은 두 가지입니다.

첫째, 이스라엘 백성들이 하나님과 맺은 언약을 이행하지 못하니까 하나님이 이스라엘 편에서 직접 언약의 법정적인 의무를 이행하도록 하시겠다는 것입니다. 성부 하나님이 그의 아들 메시아를 보내서 하나님이 직접 이스라엘 편에 서서 이 언약의 법정적인 의무를 이행하시겠다는 것입니다.

둘째, 그동안 옛 언약에서는 이스라엘 백성들이 언약의 증표를 마음 중심에 가지지 못했는데, 하나님이 언약의 증표를 이스라엘 백성들 마음 중심에 새겨 넣어 주시겠다는 것입니다. 그것이 바로 성령 하나님의 불도장입니다.

설명하자면, 애완견 주인이 자기 마음속으로 애완견과 언약을 맺습니다. '네가 내 말을 잘 듣고 배변을 지정된 장소에 잘 이행하면 내가 너를 사랑하고 밥을 주겠다. 그러나 지정된 장소, 지정된 시간, 지정된 방법을 어기면 내가 너를 징계하겠다.'

애완견으로서는 이 주인이 도대체 무슨 생각을 가지고서 자기를 이렇게 대우하는지 알 수 없습니다. 때로는 밥을 주고 또 때로는 굶기고 학대를 하기도 하고…하지만, 개로서는 주인과 맺은 언약을 이행할 능력이 없습니다.

이와 마찬가지로 사람으로서는 하나님과 맺은 언약을 이행해서 약속된 복을 받아낼 능력이 없습니다.

그래서 애완견 주인이 마지막에 선택한 방법이 무엇인가 하면 애완견 주인이 직접 애완견의 모습으로 애완견 대신 모든 벌을 다 짊어지고 징벌을 감당하고 속죄의 죽음을 죽어준 것입니다.

마찬가지로 하나님이 선택하신 마지막 방법이 무엇인가?

그것은 자기 백성들이 더이상 언약을 파기하는 일이 일어나지 않도록, 하나님이 언약을 이행하지 못하는 사람의 죗값과 그 책임을 전부 다 뒤집어쓰기로 작정하시는 것입니다.

(5) 결론의 적용점 제시

저와 여러분이 예수 그리스도를 구세주로 믿는 것은 단순한 지식을 이해하는 수준도 아니고 십자가와 같이 끔찍하고 자극적인 이미지를 생각하면서 어떤 초월적인 느낌을 추구하는 것도 아닙니다.

예수 그리스도를 구세주로 믿고 그분이 나를 죄악에서 구원하시기 위하여 십자가에서 모든 고통을 친히 감당하신 것을 믿는 것은 이 세상의 법률적인 용어로 표현하자면, 내가 감당해야 할 모든 법적인 책임을 갑자기 그리고 완전히, 단 한 번에 영원토록 탕감 받은 것입니다.

달리 말하면, 내가 살아왔던 과거의 신분과 소속이 사탄의 나라에서 하나님의 나라로 바뀐 것이고, 내가 영향을 받았던 세속적인 사고방식이 나에게서 완전히 사라지고 이제 거룩한 하나님의 말씀이 나를 하나님의 영원한 평강의 세상으로 이끌어 가도록 내 인생의 목적지도 바뀐 것이고, 그 목적지에 도달하도록 하는 방법이나 능력도 이 세상의 방법에서 하나님의 방법으로, 이 세상의 지혜와 능력에서 하나님의 지혜와 능력으로 바뀐 것입니다.

이 모든 일이 무엇 때문에 가능해졌는가?

한 마디로 말씀드리자면 우리 주님 예수 그리스도께서 이 죄인을 위하여 십자가에서 그 극한의 고통과 저주를 대신 감당하셨기 때문입니다.

그러므로 어떤 상황에서든 항상 우리 주님이 나를 위하여 흘리신 그 놀라운 보혈을 기억하시기 바랍니다. 아들을 십자가에 죽이기까지 사랑하신 하나님의 사랑은 이 세상의 그 무엇으로도 변개될 수 없음을 기억하시기 바랍니다. "내가 확신하노니 사망이나 생명이나 천사들이나 권세 자들이나 현재 일이나 장래 일이나 능력이나 높음이나 깊음이나 다른 어떤 피조물이라도 우리를 우리 주 그리스도 예수 안에 있는 하나님의 사랑에서 끊을 수 없으리라"(롬 8:38-39).

3) 전적 부패와 회심의 은혜

인간의 전적인 부패와 하나님의 무조건적인 선택의 은혜에 관한 교리를 강설할 때의 화행론적인 목적은 신자가 자신이 얻은 구원이 신자 편에서의 경건한 열심이나 노력 덕분이 아니라 삼위 하나님의 일방적이면서도 무조건적인 은총의 신비 때문임을 확실하게 깨닫도록 하는 것이다.

하지만, 알미니안 신자들이나 반펠라기우스주의 신앙에 익숙한 신자들은 자신이 얻은 구원을 확신하는 근거를 하나님의 무조건적인 은총의 신비에 두지 않고 자신의 의지적인 선행이나 경건 생활, 또는 그로 인한 감정적인 고양(高揚)에 두는 경우가 있다.

이는 항론파의 주장과 도르트 신경의 견해 차이로 잘 나타난다. 인간의 부패와 죄인을 구원하시는 하나님의 은혜와 관련하여 항론파와 도르트 신경의 차이는 사람이 하나님의 은혜를 거부할 수 있는가, 없는가에서 발견된다.

항론파는 타락한 죄인의 전적인 부패를 인정하고 또 하나님의 전적인 은혜의 필요성을 긍정하면서도 죄인들에게 공급하시는 하나님의 은혜를 사람이 거부할 수 있다고 생각했다. 반면, 도르트 신경은 하나님이 말씀을 통해서 공급하시고 깨닫게 하시는 하나님의 은혜는 감히 무시하거나 거부할 수 없을 정도로 강력하고 확실함을 주장했다.

신자들의 마음에 회심의 은혜에 관한 항론파의 견해를 무너뜨리고 회심의 은총에 관한 신비를 '말씀-사건'의 차원에서 경험하도록 하려면 '비참-구원-감사'라는 교리 강설의 수사적인 전략을 충실히 밟으면서도, '구원' 단계의 메시지에 구원의 세계를 경험하도록 하는 반전의 깨달음을 담아내야 한다.

(1) 서론의 문제 제기

① 항론파의 입장을 소개하는 방식

알미니우스와 항론파들은 하나님 앞에서 사람들이 전적으로 부패하여 자기 힘으로 스스로 구원 받을 수 없음을 인정하면서도 이들을 구원하시려고 말씀을 통해서 찾아오시는 하나님의 은혜를 사람들이 때로는 거부할 수 있다고 보았습니다.
여러분은 어떻게 생각하십니까?
하나님이 사람들에게 구원의 은혜를 베풀어 주시면 사람들은 그것을 거부할 수 있을까요?
거부할 수 있다고 생각한다면 그 이유는 다양합니다.

첫째, 복음의 말씀을 일종의 깊이 있는 지식으로만 들었지, 인격적인 만남의 사건으로 경험하지 못했기 때문입니다.
둘째, 거듭나지 않았음에도 불구하고 자기는 신자라고 생각했던 사람이 중도에 타락한 것을 목격했기 때문입니다. '저 신자가 저렇게 타락하는 것을 보니 신자라도 하나님의 은혜를 거부할 수 있고, 타락할 수 있구나.' 그렇게 생각합니다.

② 구원의 확신에 관한 근거를 자신의 믿음에 두는 문제

내가 그리스도를 구세주로 믿는 신앙은 내게서 나온 것일까요, 아니면 하나님께서 은혜로 주신 것일까요?
내 신앙은 내가 그동안 교회에 출석하면서 만들어 낸 일종의 학습의 결과일까요, 아니면 좋은 가정에서 태어나고 경건한 부모님 밑에서 자라면서 신앙의 양육을 받은 결과일까요?

그러한 고민을 해 보는 것은 나쁜 것이 아닙니다.[45]

하지만, 자신이 구원 받았다는 확신이나 그 근거 그리고 신앙의 기초를 잘못 세우는 것은 마치 모래 위에 집을 짓는 것처럼 매우 어리석은 일입니다.

저와 여러분은 내가 전에 죄인이었으나 하나님의 자녀로 구원을 받았다는 그 구원의 근거와 기초를 어디에서 확보해야 합니까?

내가 여전히 죄악에서 자유롭지 못함에도 불구하고 그리스도 안에서 구원 받았다고 확신하는 근거는 무엇입니까?

(2) 성경적인 논증과 복음 선포

혈루증을 앓던 여인이 치유에 대한 기대감으로 예수님의 옷자락을 만졌을 때, 예수님은 그 여인을 향하여 "네 믿음이 너를 구원하였다"고 선언하신다 (마 9:22; 막 5:34; 눅 7:50).

만일, 설교자가 이 구절을 알미니안 신학의 관점에서 해석한다면 '신자 편에서의 믿음의 결단을 통해서 구원이 완성된다'고 주장할 수 있다.

하지만, 마태가 마태복음 9장에서 혈루병 여인의 치유에 관한 내러티브를 이미 사망한 관리 딸의 부활에 관한 내러티브 속에 배치한 수사적인 목적은 예수님이 자신을 부활의 주님으로 계시하고 있음에도 불구하고 당시 유대인들이 그 계시에 영적인 눈을 뜨지 못하고 있음을 지적하려는 것이고, 그토록 패역한 시대임에도 불구하고 혈루증을 앓던 여인은 예수님의 겉옷만 만지는 믿음의 표현을 통해서 즉시 구원에 도달했음을 비교하려는 것이다.

> 복음서를 읽다보면 예수님께서 유대인들 앞에서 많은 기적을 베푸시고 축귀를 행하시고 오병이어의 기적으로 그들을 배불리 먹여 주십니다. 마태복음 9장에 보면 예수님께서 중풍병자를 고쳐주십니다. "네 침상을 가지고 집으로 가라 하시니 그가 일어나 집으로 돌아갔다"(마 9:6-7)고 합니다.

---

45 Cornelis Pronk, 『도르트 신조 강해』, 341.

복음서에서 이런 내용의 말씀을 읽다 보면 어떤 성도들은 이렇게 생각합니다. 만일에 주님이 나에게 이런 기적을 베풀어 주시고 내 질병을 즉시로 고쳐 주신다면 나는 당장 주님을 따랐을 것이다. 하지만, 이렇게 생각하시는 성도님들은 기적이 일어난 다음에 당시 유대인들의 반응이 이렇게 기록된 것을 잘 이해하지 못하실 것입니다.

무리가 보고 두려워하며 이런 권능을 사람에게 주신 하나님께 영광을 돌리니라(마 9:8).

이 구절의 의미는 무엇입니까?
당시 예수님의 치유를 목격했던 사람들이 예수님을 사람들의 죄를 사하시고 구원으로 인도 하시는 하나님의 메시아로 인정하고 구세주로 영접했다는 의미입니까?
인정하지 않았다는 의미입니까?

오늘날 상당수 성도님은 8절 말씀의 의미를 당시 유대인들이 예수님의 치유 사건을 목격하고 예수님을 구세주로 인정한 것으로 생각합니다. 하지만, 이 본문을 기록한 마태가 8절에서 말하려는 의도는 옛날이나 지금이나 예수님을 선지자나 교사로 인정하기는 쉬워도, 그분이 내가 하나님께 죄를 범한 모든 추악하고 부패한 죄악을 용서하시고자 십자가에서 나를 대신하고 모든 고난을 겪으신 구세주이심을 인정하는 것은 죽도록 싫어한다는 것입니다.
"무리가 보고 두려워하며 이런 권능을 사람에게 주신 하나님께 영광을 돌리니라"(마9:8). 자기들이 언약의 하나님으로 믿는 여호와 하나님께 손뼉을 치면서 결국은 자신들이 그토록 잘난 선민들이라고 자부심을 느끼는 것입니다. 자신들이 죄인인 것도 전혀 인정하지 않고, 그러니 그 앞에서 이적을 행하신 예수님을 사죄의 권세를 발휘하시는 구세주로 영접하지도 않는 것입니다. 이렇게 복음서는 예수님이 온갖 이적을 베풀어도 거듭해서 예수님을 배척하는 모습을 반복적으로 묘사하고 있습니다. 그래서 성경은 "의인은 없나니 하나도 없다"(롬3:10)고 말씀합니다.

이런 우리를 하나님은 어떻게 구원하실까요? 하나님이 이렇게 해답이 없는 사람들을 구원하시는 최고의 방법은 하나님의 복음을 들려주는 것입니다.

(3) 예증을 통한 교리의 확증

몇 해 전, KBS 1TV <강연 100℃>라는 프로그램에 대구에서 공방을 운영하는 김희아 씨가 나와서 유명 강사 오디션에서 아주 감동적인 연설로 우승을 차지한 적이 있었습니다.

이분은 태어날 때부터 얼굴에 손바닥만 한 검은 점을 갖고 태어나서 부모로부터 버림을 받아서 보육원에서 살았습니다. 어릴 때는 사람들이 자기를 보면 얼굴을 찡그리면서 피하고 수군거리고 손가락질하는 이유를 잘 몰랐습니다. 그러다가 초등학교에 들어가서 미술 시간에 준비물을 챙겨오지 않아서 미술 선생님이 벌로 자기를 앞으로 불러내서는 아이들한테 자기 얼굴을 그려 보라고 했습니다. 그런데 그 반에 자기 얼굴을 그린 학생들의 도화지에 그려진 얼굴은 예쁜 아이의 얼굴이 아니라 마치 복사기로 복사라도 한 듯 한결같이 흉측한 검은 반점이 온 얼굴을 뒤덮고 있는 일그러지고 흉측한 모습이었습니다.

하지만, 구세군 교회 선생님을 만나서 복음을 전해 듣고 신앙생활을 시작하면서 그 마음속에 하나님 은혜에 대한 감사를 고백하기 시작했습니다. '나의 참모습은 흉측한 반점을 가진 김희아가 아니라 하나님의 은혜로 구원 받고 그 은혜를 기뻐하고 감사하는 김희아'로 자신에 대한 인식을 고쳐먹은 것입니다.

길거리에서 사람들은 흉측한 얼굴, 일그러지고 시커멓게 변색한 얼굴을 보면 서로 피하기 바쁘지만 김희아 씨는 그 마음속에 사람 얼굴을 보지 않으시고 그 마음 중심을 살피시는 하나님께 감사하기 시작했습니다. 그리고 기적적으로 결혼하여 두 명의 아이까지 낳아서 키웁니다.

그러던 어느 날 첫째 딸이 아마도 예닐곱 살이 되었을 때, 집에서 소꿉장난하게 되었습니다. 그런데 이 엄마가 자기 예닐곱 살 어린 딸아이에게 이렇게 배고프다고 말합니다. "엄마, 나 배고파!"

자기 딸 앞에서 김희아 엄마가 아기 흉내를 내보는 것입니다.

그런데 "엄마! 나 배고파!"

그러니까 이 엄마 역할을 맡은 딸이 깜짝 놀랄 말을 해줍니다. "아이고 우리 애기, 엄마가 맘마 줄게. 잠깐만 기다려!"

"엄마가 맘마 해 줄게 조끔만 기다려"라는 아이의 말 속에서, 김희아 씨는 처음으로 자기를 낳고서 자기를 끔찍이도 사랑해 주었을 자기 엄마의 심정을 처음 느끼게 됩니다.

"엄마가 맘마 해줄 게 쪼금만 기다려"라는 그 말 속에서 자기를 사랑했을 그 엄마에 대한 감사의 마음, 사랑하고 싶지만 현실적으로 사랑하지 못해서 정말로 가슴이 찢어지도록 아파했을 그 엄마의 심정을 이해하게 됩니다.

그렇게 자기에게 사랑을 베풀고 싶지만, 사랑을 베풀지 못해서 안타까워했을 그 엄마가 자기를 몰래 길바닥에 버린 엄마임을 이해하고 용서하기로 합니다. 그리고 더 나아가서 이렇게 흉측한 얼굴이지만 자기를 낳아 주셔서 엄마에게 감사하는 사람으로 변화하게 됩니다.

(4) 결론의 적용점 제시

그리스도를 믿기 이전에 저와 여러분의 인생에는 아무런 해답이 없었습니다. 더럽고 추악한 죄악 속에서 마음속에 가득한 욕망을 달성하는 것이 인생의 최고 행복인 줄 알고 그렇게 욕망이 이끄는 대로 살아왔습니다.

그런 우리를 하나님이 불쌍히 여기셔서 복음 전도자와 설교자 그리고 목회자를 통해서 하나님의 말씀을 들려주시고, 들려오는 말씀에 성령 하나님의 조명이 함께 역사하도록 하셔서 복음을 통해서 삼위 하나님을 만나도록 하셨습니다. 그리스도를 구세주로 믿도록 우리 마음을 감화 감동하셨습니다.

예수님이 십자가에서 죽으실 때 우리 옛 사람도 함께 죽었습니다. 옛 사람의 욕망과 의지도 함께 죽이셨습니다. 그리고 그 빈자리에 하나님은 하나님을 아버지라고 부를 수 있는 새로운 생명을 탄생시키셨습니다.

그리스도께서 십자가에서 죽으신 이후 3일 만에 부활하신 부활 사건 속에서 우리 각자의 심령에 새 사람을 함께 부활시키셨습니다. 그뿐만 아니라 우리 마음에 성령 하나님을 부어주시고, 성령 하나님의 불도장을 찍어 주시고, 성령 하나님으로 가득 충만하게 채워주셔서 하늘에 속한 사람으로 살아갈 수 있도록 인도하고 계십니다.

이 전체 과정을 가리켜 '구원의 서정'이라고 합니다. 이 모든 구원의 서정은 전적으로 하나님의 은혜로 이루어진 것이고, 이 과정에서 우리가 주도적으로 할 수 있는 것은 하나도 없습니다. 우리를 부르신 소명도 하나님의 전적인 예정과 선택으로 이루어진 일입니다. 복음의 말씀이 선포되는 과정에서 저와 여러분이 그 하나님의 부르심에 반응하여 우리가 중생하게 된 것도 하나님의 전적인 주권이고 전적인 은혜입니다.

하나님은 복음의 말씀을 통해서 우리가 죄인인 것을 깨닫게 하시고, 우리 내면의 모든 죄악에 대해서 통회하며 자복하게 하십니다. 이러한 회심과 회개는 비록 우리 마음에서 우리 입술을 통해서 일어나지만, 회심과 회개의 주체는 우리가 아니라 하나님이십니다.

우리의 의지에 앞서서 우리 내면에서 하나님이 말씀을 통해서 우리로 하여금 죄악에 눈이 떠지게 하시고, 그 죄를 혐오하도록 심령에 압박을 가하시고, 그 죄악을 미워하여 떠나도록 압력을 행사시는 분이 바로 하나님이십니다. 그래서 회심과 회개는 저와 여러분이 입을 열어 내 죄를 회개하기 이전에, 내 죄를 미워하고 혐오하는 마음을 주시는 하나님의 역사입니다.

성령 하나님은 회심과 회개 이후에도 멈추지 않으시고 계속해서 우리 마음에 삼위 하나님의 구원을 액면 그대로 믿도록 믿음을 부어주시고, 또 그 믿음에 근거하여 우리를 의롭다고 칭의해 주시고, 하나님의 자녀로 받아주십니다. 그리고 오늘도 저와 여러분의 인생 속에서 계속해서 우리가 주님을 닮아서 거룩한 삶을 살도록 성화시키십니다.

4) 성령의 역사와 성도의 견인

성도의 견인에 관한 설교의 화행론적인 목적은 신자가 자기 속에서 새롭게 태어난 새 사람이 내주하시는 성령의 역사로 말미암아 옛 자아가 도저히 생각할 수도 없고 성취할 수도 없는 거룩한 삶을 살아낼 힘을 얻고 있다는 사실을 깨닫도록 하는 것이다.

이를 위해서 신자들이 분명하게 의식해야 하는 것이 신자의 내면세계에서 발생하는 이미 죽어버린 옛 사람의 잔존하는 부정적인 영향력과 그리스도의 부활에 관한 말씀을 수납한 이후 성령의 내주하심으로 새롭게 태어난 새 사람의 거룩한 영향력 사이의 갈등에 관한 것이다.

성화의 과정에서 신자는 이러한 갈등의 문제에도 불구하고 이미 얻은 구원에 대한 감사와 감격 때문에 보상을 바라지 않는 '무조건적인 열정'(unconditional passion)으로 하나님을 사랑하고 형제자매를 사랑하며 섬기는 삶을 살 수 있다.

성화의 과정에서 신자가 자신의 구원을 확신할 뿐만 아니라 은혜로 얻은 구원에 대한 감사의 삶을 살기 위해서 반드시 필요한 것이, 보이지 않는 하나님의 사랑과 구원을 가시적으로 확인할 수 있는 증표다.

존 칼빈(John Calvin)은 신자가 구원 이후의 성화 과정에서 하나님의 은혜로 얻은 구원에 대해서 확신을 가지는 것이 꼭 필요하고 또 신앙생활에 여러모로 유익함을 강조하였다.

신자가 자신의 구원을 확신할 수 있는 수단으로 동원되는 것이 거룩한 삶과 선행이다. 하지만, 거룩한 삶과 선행을 어떤 신학적인 논리 구조 속에 배치하느냐에 따라서 거룩한 삶과 선행은 인본주의 신앙의 지표로 악용될 수도 있고 반대로 신본주의 신앙의 지표로 선용될 수도 있다.

칼빈이 보기에 로마가톨릭교회는 평생의 신앙생활 속에서 절대 자신의 구원을 확신할 수 없다. 그런데도 가톨릭교회는 신자들에게 요구하는 선행과 거룩한 삶을 실천할 것을 요구하였고, 만일에 그들이 이를 실천한다면 이에 근거하여 미래에 성취될 구원을 기대하며 기다릴 수 있다고 보았다.

인간 편에서의 선행을 조건으로 정해 두고 그 인간 편에서의 선행에 근거하여 미래에 주어질 하나님의 구원을 기대하게 만드는 것이다. 이것이 바로 인본주의 종교다.

하지만, 칼빈은 신자의 선행과 공로에 근거하여 하나님과 다른 신자들 앞에서 자신의 의를 주장할 그 어떤 근거도 될 수 없으며, 천국에서의 최종 구원을 확정하는 어떤 근거로 작용할 수 없다고 주장한다. 오히려 신자는 평생의 과정에서 자기 바깥으로부터 제기되는 온갖 불신앙의 유혹과 평생의 싸움을 계속해야 한다.[46]

그러나 신자가 평생 계속되는 불신앙과의 투쟁에서 그리스도의 은혜에 관한 복음의 말씀에 근거하고 또 그 말씀을 조명하시는 성령의 능력을 통해서 나타나는 여러 선행과 경건한 삶에 근거하여 자신의 구원을 확신할 수 있다. 이때 확신하는 구원의 근거는 자신의 노력이나 경건한 삶이 아니라 그 저변에 깔린 삼위 하나님의 은혜와 이에 대한 감사의 삶이다. 이 과정에서 신자는 자기 안에서 옛 사람으로서는 도저히 기대할 수도 없고 성취할 수도 없는 거룩한 삶과 선행을 그리스도에 관한 복음의 말씀을 감화 감동하시고 그리스도를 닮아가도록 거룩한 열망을 자극하고 계시는 성령 하나님의 역사를 깨닫는다.

자기 혼자만의 힘으로는 도저히 기대할 수도 없고, 성취할 수도 없는 일이다. 그런데도 그 거룩한 일을 자기가 이뤄내고 있다. 성화의 삶을 사는 주체는 자신이지만, 그 동력은 자신의 능력이 아니라 위로부터 주어지는 은혜이며 은혜를 깨닫게 하시는 성령의 역사임을 깨닫는다.

그래서 성화의 과정에서 인내하는 신자는 자신의 개인적인 노력이나 열심의 차원을 넘어선 하늘의 하나님으로 말미암은 영적인 은혜와 능력으로 선행과 경건을 실천하며, 이러한 선행과 경건의 삶을 통해서 자신이 장차 얻을 미래 구원을 분명하고도 충분히 확신할 수 있다.

---

46 John Calvin, Institutes, III, ii, 17/18.

그래서 개혁파 칭의론은 이상의 논리에 근거하여 다음과 같이 구원의 확신에 관한 실천적 삼단 논법(*syllogisumus practicus, practical syllogism*)을 발전시켰다.

첫째, 선택된 사람은 그 선택의 결과로 확실한 선택의 표징을 나타낸다.
둘째, 나는 그러한 표징을 갖고 있다.
셋째, 그러므로 나는 선택된 자다.[47]

앞서 확인한 바와 같이, 알미니안 교리 강설과 칼빈주의 교리 강설의 후반부 공통점은 조건문이 등장한다는 것이다. 그러나 중요한 차이점은 조건문이 지시하는 대상이 인간의 심리적인 결단, 혹은 삼위 하나님의 구속 사역에 관한 진술 여부에서 구분된다.

알미니안 교리 강설의 후반부에 등장하는 조건문은 강설을 듣는 신자 편에서의 의지적인 결단이나 감성적인 체험을 이후에 뒤따르는 하나님의 은총에 관한 선결 요건으로 제시된다. 반면, 칼빈주의 교리 강설의 후반부에 주목받는 조건문은 강설을 듣는 신자가 자신의 전적인 부패와 타락을 분명하게 인지하고 있는지, 그 문제를 해결하시는 그리스도의 대속의 은혜를 간절하게 간구하고 있는지 그리고 그리스도를 자신의 구세주로 영접하려는 의지가 있는지에 집중된다.

---

47 A. E. McGrath, *A Life of John Calvin*, 241. Cf., 김재성, 『개혁 신학의 광맥』 (서울: 이레서원, 2001), 542; 유정우, "칼빈의 실천적 삼단 논법: 구원의 확신문제", 『복음과 신학』 4(2001, 8월), 114-134. Richard A: Muller는 칼빈의 저술과 신학 사상으로부터 '실천적 삼단 논법'을 유추할 수 있다고 주장한다. Richard A. Muller, *Christ and the Decree: Christology and Predestination in Reformed Theology from Calvin to Perkins*(Michigan: Baker Book House, 1986), 25-27.

(1) 서론의 문제 제기

신자의 견인에 관한 교리 강설의 서론은 매우 설득력 있는 질문으로 시작할 수 있다.

신자는 성화의 과정에서 중도에 타락할 수 있을까, 없을까?

하나님께서 구약 시대 이스라엘의 초대 왕으로 세우신 사울은 왜 중간에 하나님의 뜻을 대적하고 타락했을까, 그는 과연 천국으로 들어갔을까?

주변에 교회 직분자나 목회자 중에서 성적인 범죄를 저지른 사람들은 과연 구원을 받은 사람인가, 그들도 천국에 들어갈 수 있을까?

(2) 성경적인 논증과 복음 선포

이 문제와 관련하여 알미니우스와 항론파는 신자라도 중간에 타락하여 구원을 버리고 지옥에 갈 수도 있다고 보았다.

하지만, 도르트 신경은 이전의 하이델베르크 요리문답 21주일 54-56번의 교훈, "하나님의 아들께서 세상의 시작에서 끝까지 모든 인류 가운데 영생으로 선택하신 교회를 그분의 성령과 말씀으로 참된 믿음의 일치 안에서 자신께로 모으시고 보호하시고 보존하십니다. 나는 그 교회의 살아 있는 지체며 영원히 그러할 것입니다"는 가르침을 따라서 성도가 신앙 안에서 끝까지 인내하도록 역사하시는 삼위 하나님의 인도하심을 가르쳤다.

성도의 견인에 관한 성경적인 논증은 다양한 방식으로 제시될 수 있다. 알곡과 가라지 비유나 열 처녀 비유는 일반적으로 알려진 바와 같이 신자 편에서 의지적인 결단을 강조하는 비유가 아니라, 오히려 선택된 자는 반드시 인내할 수밖에 없는 견인의 필연성을 강조하며 이를 통해서 그들을 위로하려는 목회적인 목적을 달성한다.

성도의 견인을 성경적으로 논증하려고 할 때, 효과적인 방법은 신자가 자기 안에 그리스도의 죽음과 함께 옛 사람이 죽어 버렸고 그리스도의 부활을 믿을 때 자신 안에서 새 사람이 부활하였음에도 불구하고, 여전히 두 사람이 서로 대립하고 있음을 인지하도록 하는 것이다.

이러한 영적인 대립과 갈등을 깨닫도록 하는 데 효과적인 성경 논증이 시편 42편이다.

시편 42편 5절에서 시편 기자는 자기 마음속에 두 자아가 있음을 말씀합니다. 시편 42편 5절의 말씀을 다 함께 읽겠습니다.

내 영혼아 네가 어찌하여 낙망하며 어찌하여 내 속에서 불안하여 하는고 너는 하나님을 바라라 그 얼굴의 도우심을 인하여 내가 오히려 찬송하리로다(시 42:5).

이 찬송의 말씀은 누가 누구에게 하는 말씀입니까?
5절 말씀에서 누구에게 명령합니까?
내 영혼아!
내 영혼에 명령합니다.
그러면 내 영혼에 명령하는 쪽은 누구입니까?
바로 나입니다.
내 안에 내가 하나가 있습니까?
둘이 있습니까?

하덕규 씨의 <가시나무>라는 노래에는 이런 구절이 있습니다.

'내 속엔 내가 너무도 많아 당신의 쉴 곳 없네.'

내 속엔 내가 너무도 많고 복잡해서 주님이 감히 찾아오셔서 쉴 만한 곳이 없음을 탄식합니다. 시편 42편 5절 말씀에는 내 안에 내가 둘이 있음을 보여줍니다. 하나는 낙심하며 불안해 하는 내 영혼입니다.
성공해야 행복하다고 말하는 경험 자아가 있습니다. 이러한 속된 경험 자아를 향해서 하나님의 말씀을 기억하는 기억 자아는 명령합니다.

네가 어찌하여 낙망하며 어찌하여 내 속에서 불안하여 하는고 너는 하나님만을 바랄찌어다(시 42:5).

성도 여러분!
우리 마음속에는 옛 자아는 죽어 없어지고 여호와 하나님이 그리스도 안에서 허락하신 새로운 생명, 하나님의 생명만이 자라나고 있는 줄 믿습니다.

(3) 예증을 통한 교리의 확증

성도의 견인에 관한 교리 강설에서 신자가 자신의 구원을 확신하도록 하는 최고의 예증은 교회의 두 번째 표지인 가시적인 성례의 시행이다.

개혁파교회가 신자들과 함께 시행하는 세례와 성만찬은 신자들의 귀로 선포된 하나님의 절대주권적인 구원이 그들의 눈앞에서 실제로 가시적으로 성취되고 있음을 눈으로 보여줌으로써 하나님의 절대주권적인 구원을 액면 그대로, 가시적인 실제 모습으로 확증하는 것이다.

따라서, '신자의 견인'에 관한 교리 강설의 예증 단계에서 설교자는 신자들이 함께 모여 드리는 예배와 찬송, 기도 생활, 거룩한 가정생활, 거룩한 신앙생활 전체가 신자 안에서 일하시는 성령 하나님의 임재의 결과임을 선포해야 한다. 이를 통해서 신자들이 갈라디아서 2장 20절의 말씀이 자신들의 신앙생활과 교회 생활 속에서 실제로 실현되고 있음을 확인하도록 해야 한다.

신자의 견인을 예증으로 확증하는 또 다른 방법은 신자의 내면에서 일어나는 옛 사람과 새 사람의 대립과 갈등 양상을 심리적으로 논증하는 것이다. 한 가지 방법은 죽어버린 옛 사람을 경험 자아나 자존심에 비유하고, 새롭게 태어났으나 발휘하는 영향력이 아직은 미미한 새 사람을 기억 자아나 자존감에 비유하는 것이다. 다음은 다니엘 카너먼의 경험 자아와 기억 자아의 대립에 관한 설명이다.

현재 미국 프린스턴대학교에서 심리학을 가르치는 다니엘 카너먼(Daniel Kar-neman) 교수가 있습니다. 이 분은 인간의 심리를 연구하는 심리학자인데, 심리학자로서는 유일하게 2002년에 노벨 경제학상을 수상한 독특한 사람입니다.
이분이 심리학자로서 경제학에 끼친 중요한 공헌 중의 하나가 바로 행동경제학인데, 이 행동경제학 이론으로 기존의 고전 경제학의 한계를 무너뜨렸습니다. 기존의 고전 경제학에서는 사람이 무슨 물건을 산다거나 중요한 의사 결정을 할 때, 나름대로 매우 합리적이고 정확하게 이해타산을 따져 가면서 결정을 내리는 것으로 이해했습니다. 그런 사람을 가리켜서 경제학에서는 '호모 이코노미쿠스'라고 하는데, 다니엘 카너먼 교수는 인간의 심리를 연구하면서, 고전 경제학의 근간인 호모 이코노미쿠스를 무너뜨립니다.
사람은 그렇게 이성적이고 합리적인 존재가 아니라는 것입니다.
카너먼 교수의 이론에 의하면 한 인간의 마음속에는 두 자아가 있다고 합니다. 경험하는 자신인 경험 자아와 과거를 기억하는 자신인 기억 자아라는 뚜렷이 구분되는 두 자아가 공존한다고 합니다.
경험 자아는 현재에 관심을 가지고 현재의 고통은 무조건 피하려 하고 현재의 행복과 쾌락을 추구하는 자아입니다. 당장 현재 내 앞에서 행복과 기쁜 일이 일어나기를 원하는 자아이고 당연히 당장 현재 내 앞에서 고통이나 괴로움은 피하고 싶어 하는 자아입니다.
그런데 우리 마음속에는 기억 자아도 있습니다. 기억 자아는 과거의 경험에 대한 기억 속에서 살아가는 자아입니다. 객관적인 경험이 중요한 것이 아니라, 자기 생각에 불행하다고 생각하면 그 불행한 기억을 가지고 살아가는 자아입니다. 다른 사람이 보기에 고통스러울 수도 있지만, 자기가 행복하다고 생각하면 그 행복한 기억을 가지고 오늘을 행복하게 살아가는 자아입니다. 자기 생각이 중요한 것입니다.
카너먼 교수가 밝혀낸 매우 흥미로운 세 번째 사실이 뭔가 하면, 모든 사람은 생활할 때 지금까지 살아온 자기의 인생에 대한 마음속의 기억에 근거해서 행동하는데, 객관적인 경험과 객관적인 상식에 근거해서 행동하는 것이 아니라, 자기만의 주관적인 판단과 자기만의 주관적인 느낌과 자기만의 주관적인 기억을 가지고 행동하더라는 것입니다.

예를 들어, 카너먼 교수는 대장내시경 검사를 받은 환자들 20명을 두 그룹으로 나눕니다. 혹시 대장내시경 검사를 받아보신 분들은 아실는지 모르겠습니다만 내시경을 전신 마취가 아니라 부분 마취 상태에서 입으로든 항문으로든 밀어 넣으면 상당히 속이 역겹고 고통스럽습니다.

카너먼 교수는 다음과 같이 실험을 진행했습니다. 첫 번째 그룹의 환자들 10명에게는 약 8분 정도 대장 검사를 합니다. 내시경이 항문 속으로 들어와서 뱃속에 내장을 들쑤시는 고통이 느껴집니다. 그러다 8분이 지나서 대장 검사가 끝남과 동시에 내시경을 바깥으로 끄집어 냅니다. 그러면 고통이 순간적으로 사라집니다.

그런데 B그룹에는 대장내시경 검사가 끝났음에도 불구하고 내시경을 즉시로 환자 몸속에서 빼내지 않고, 한 15분 정도 연장하여 그 내시경을 그대로 놔둡니다.

그리고 검사가 다 끝난 다음에 두 그룹에 대장내시경 재검사를 받을 수 있겠느냐고 물었습니다.

그런데 참으로 이해가 되지 않는 것은 어느 쪽이 재검사를 받을 수 있겠다고 응답했는가?

우리 생각에는 A그룹은 고통이 잠깐이었고 B그룹은 고통이 오랫동안 유지되었기 때문에, 당연히 고통을 잠깐 겪은 A그룹이 더 많이 재검사를 지원할 것 같은데 정반대의 결과가 나타났습니다.

그 이유가 뭔가?

대장내시경에 대한 느낌이나 생각을 결정하는 자아가 누구인가, 또 재검사할 것인가 말 것인가를 결정하는 자아가 누구냐?

그것은 경험 자아가 아니라 기억 자아입니다.

고통 시간을 객관적으로 비교해 보면 어느 쪽이 고통을 더 많이 더 오래 겪습니까?

두 번째 그룹입니다. 하지만 고통을 기억하는 기억 자아의 입장에서 보면, 마음 속에 남아 있는 고통은 어느 쪽이 더 큰가 하는 것입니다. 마음속에 남아 있는 기억으로 보자면, A그룹의 마음속에는 대장내시경이 배 속으로 꾹 파고들어 올 때 강한 고통을 느낍니다. 그러다가 검사가 끝나자마자 내시경을 제거하는 순간에 고통이 사라졌습니다. 그래서 그들의 마음속에 대장내시경은 아주 고통스러운 것이라는 기억이 강하게 남아 있습니다.

반면에 B그룹의 마음속에서 대장내시경에 대한 고통은 맨 처음에는 A그룹과 똑같이 강하게 느껴집니다. 하지만, 오랜 시간 동안 내시경이 계속 배 속에 남아 있으면서 마음속에 그 고통을 이기려는 저항 의지가 만들어집니다. 그래서 처음에는 고통스럽지만, 시간이 흐르면서 마음속에 저항 의지도 강해지면서 점점 그 고통을 느끼는 정도도 줄어들더라는 것입니다. 고통이 완전히 사라지지는 않지만 견딜 만하다는 생각을 하게 됩니다.

그렇게 편안해진 상태에서 내시경을 제거합니다. 그러면 마음속에 내시경에 대해서 고통스러운 느낌보다는 어느 정도 친숙해진 듯한 느낌이 남습니다. 그래서 다음에 건강이 궁금해지면 '또다시 할 만하구나' 그렇게 생각하더라는 것입니다.

성공했기 때문에 행복합니까, 아니면 행복하니까 성공이 뒤따라오는 것입니까? 경험 자아는 자꾸만 뭐라고 말하는가?

'지금 내가 성공해야만 행복하다'고 말합니다. 하지만, 기억 자아는 반대로 말합니다. '지금 내가 행복하면 성공은 저절로 뒤따라 온다'고 말합니다.

그래서 현실과 관점이 서로 줄다리기를 한다면 누가 이깁니까?

눈앞에서 일어나는 이 현실과 내가 그 현실을 어떤 생각을 가지고 바라보고 대하느냐의 관점이, 서로 줄다리기를 하면 누가 이깁니까?

바라보는 관점이 고통스런 현실을 이긴다는 것입니다.

(4) 결론의 적용점 제시

알미니안은 자신이 구원 받은 증거와 표지를 자신의 신앙생활 속에서 찾으려고 했습니다.

자기가 얼마나 열심을 내고 있는가?

자기가 얼마나 거룩한 삶을 잘살고 있는가?

잘 살고 있으면 자기는 구원을 받은 것이고, 그렇지 않다면 자기는 버림받은 사람이라고 생각했습니다.

하지만, 도르트 신경은 하나님의 말씀에서 이 표지들을 찾아야 한다고 말합니다.[48] 우리는 우리가 서 있는 반석과 우리를 그 반석 위에 서게 하는 믿음을 구별해야 합니다. 이 둘은 서로 다른 것입니다. 그 반석은 흔들리지 않습니다. 그러나 우리 믿음은 너무 잘 흔들립니다. 우리 믿음은 파도를 따라 이리저리 움직입니다.

만일, 제가 제 믿음의 자질이나 일관성이 어떤지를 보고, 제 상태를 결론 내려야 한다면 저는 우울해질 것입니다. 하지만, 구주 반석은 흔들리지 않으시며 그 반석께서 저의 유일한 소망이심을 바라보는 순간, 저는 제가 안전하게 서 있음을 알고 확신과 위로를 누립니다.[49]

청교도들은 믿음의 확신과 감각의 확신을 구별했습니다. 믿음의 확신은 믿음의 대상, 즉 복음 안에 있는 그리스도를 바라봅니다. 감각의 확신은 그리스도를 믿는 것의 증거들이나 마음 안에 있는 그리스도를 바라봅니다. 전자가 있는 곳에서도 후자가 부족할 수 있습니다.

많은 하나님의 백성이 믿음의 대상이신 그리스도를 바라봅니다. 오직 그리스도만이 하나님 나라 백성의 유일한 소망이시지만, 자기의 내면을 바라볼 때 그 백성들은 내세울 것이 없습니다. 하나님의 백성은 감각의 확신하고 있지 못합니

---

48 Cornelis Pronk, 『도르트 신조 강해』, 84.

49 Cornelis Pronk, 『도르트 신조 강해』, 86.

다.⁵⁰ …우리는 믿음의 열매에 의지할 수는 없습니다. 왜냐하면, 믿음의 열매는 날마다 때로는 순간마다 요동치기 때문입니다.⁵¹

7. 나가는 말

데이비드 웰스(David Wells)에 의하면 근대 이전 청교도 시대까지 신자들은 하나님께서 자신들의 구원을 절대주권으로 책임지신다는 사실을 의심하지 않았다.

하지만, 가시적인 기독교 국가 체계가 무너진 현대에 와서 신자들은 자신의 구원을 스스로 책임져야 하는 시대를 살아가고 있다. 계몽주의의 후손은 신자의 구원을 책임졌던 하나님의 절대주권에 관한 신앙의 자리에 자신의 주관적인 감정이나 체험, 혹은 합리적인 논증을 앉혔다.⁵² 그 결과 우리는 우리의 구원을 책임지시는 하나님의 절대주권에 의탁하지 못하고, 스스로 구원의 확신을 만들어내야 하는 무신론의 시대를 살아가게 되었다.

이런 무신론의 시대에 얼핏 생각해 보면 알미니안 구원론은 적절한 해답을 제공하는 것처럼 보인다. 운명을 자신의 노력과 선행, 경건한 삶으로 개척하면서 살아가야 하는 시대에 자신의 구원은 자신의 믿음과 헌신에 달렸다는 논리는 매우 합리적이고 설득력 있게 들리며 인간의 자유의지를 강조하는 시대정신과도 부합해 보인다.

하지만, 알미니안 구원론의 저변에는 구원의 확신으로 인도하는 합리적인 논증의 동력을 인간의 경건과 선행으로부터 끌어내야 하는 인본주의 종교관이 깔려 있다. 알미니안 구원론이 구원의 확신이라는 설득력의 동력을 발휘하기 위해서는, 그 논리의 구조에 신자 자신의 노력과 열심의 기름을 끊임없

---

50   Cornelis Pronk, 『도르트 신조 강해』, 208.

51   Cornelis Pronk, 『도르트 신조 강해』, 209.

52   David Wells, 김재영 역, 『신학실종』(서울: 부흥과개혁사, 2006), 229.

이 부어줘야 한다.

알미니안 구원론에 길들면 구원의 확신과 그 확신의 근거로 제시되는 자신의 선행 사이를 끊임없이 오가는 인본주의 구원론의 쳇바퀴에 빠져버릴 수밖에 없다. 인본주의 구원론의 논리적인 쳇바퀴에 빠져든 신자들은 자신의 선행과 노력이라는 무한 동력에 대한 신화가 살아 있는 동안에는 구원의 확신은 계속 유지될 것이다. 하지만, 선행과 경건을 제공하지 못하면 그 쳇바퀴는 더이상 회전을 멈추고 무너지고 말 것이다.

도르트 총회는 알미니안 항론파의 주장 속에 깔린 이러한 반펠라기우스주의 구원론의 심각한 폐해를 직시하고, 도르트 신경을 대안으로 제시하였다. 도르트 총회가 공표한 신경은 인본주의 구원론의 쳇바퀴의 심각한 신학적 오류를 반박할 뿐만 아니라 무엇보다도 개혁파교회가 초대 교회 이후 계속 믿어온 성경적인 교리 그리고 그 이전에 공표된 하이델베르크 요리문답의 성경적인 근거를 다시금 새롭게 천명해 주었다.

필자가 생각하기에 도르트 신경에 관한 교리 강설이 순례의 도상에서 흑암의 권세와 투쟁하면서 그리스도의 경건을 추구하는 신자들에게 제공할 수 있는 최고의 유익은 삼위 하나님을 향하여 보상을 바라지 않는 무조건적인 열정(unconditional passion), 즉 하나님이 절대주권적으로 공급하시는 사랑에 믿음과 소망 그리고 사랑으로 응답하려는 헌신의 삶이다.

도르트 교리 강설을 통해서 21세기 한국의 장로교회 목회자들과 설교자들이 신자들에게 하나님 사랑과 이웃 사랑의 최고 동력을 전달함으로 교회 본연의 거룩한 능력과 영광이 이 땅에서 찬란하게 빛을 발할 수 있기를 기대한다.

제6장

청교도 설교의 유산과 적실성

1. 들어가는 말

21세기로 진입한 한국 교회는 과거 70~80년대 화려한 교회 성장과 역동적인 부흥의 시기를 보낸 후, 어둡고 답답한 침체와 쇠락의 시기를 거치고 있다. 이런 상황에서 대부분 목회자와 신자는 고뇌 어린 질문을 던질 수밖에 없다.

오늘날처럼 인류 문명이 비약적으로 발전하고 기독교는 시대착오적인 사상처럼 비판을 당하는 시대에, 과거 교회 역사가 보여 주는 지속적인 교회 부흥과 성장을 견인할 '하나님의 말씀 사역'(설교, 說敎 preaching)은 여전히 가능할까?

그렇다면 그런 설교의 실천신학과 실제적인 설교 전략은 무엇일까?

청교도 설교 운동은 매우 탁월한 모범적 선례를 제공한다. 16-17세기 영국과 미국 뉴잉글랜드 청교도들은 세상의 군왕들이나 권력자들이 주도하는 교회 개혁이 비성경적이라고 판단하고, 성경적인 가르침에 따라서 교회 개혁의 사상들을 신자들과 대중들에게 전파하고자 노력하였다. 그리고 이러한 노력은 16세기 후반과 17세기 초반까지 진행된 청교도 설교 운동(puritan preaching movement)이라는 결실을 거두었다.

예일대학교(Yale Univ.)에서 미국종교사(American Religious History)를 가르치는 해리 스타우트(Harry Stout) 교수에 의하면, 2천 년 교회 역사에서 뉴잉글랜드 청교도들의 설교처럼 회중의 마음과 심령에 강력한 영향력을 발휘한

시기에 필적할 만한 다른 사례를 찾기 어렵다고 한다.[1]

개괄적인 통계치로 묘사하자면, 일주일에 두 번, 일요일과 수요일에 교회에 출석했던 뉴잉글랜드 지역의 등록 교인들은 평균 60분~90분 정도의 설교를 일평생 평균 7천 회 정도, 모두 1만 5천 시간 동안 집중하여 들었다. 이 시간을 오늘날 정규 대학교 학사 과정의 수강 시간과 비교한다면, 대략 10개 정도의 학위를 취득할 정도의 분량에 맞먹는다고 한다.[2]

청교도 설교 운동이 21세기 한국 교회 강단의 부흥과 설교 사역을 위하여 시사하는 바는 무엇일까?

이 질문에 대하여 안상혁 교수는 "정부를 통한 외면적이고 제도적인 교회 개혁보다는 설교 운동을 통한 내면적이고 현장에서의 삶의 개혁을 추구한 것"이라고 평가하면서[3] 오늘날 한국 교회의 설교자들이 청교도 설교 운동으로부터 얻을 수 있는 교훈을 세 가지로 제시하였다.[4]

첫째, 종교개혁자들이 천명했던 '오직 성경'(*sola scriptura*)의 원리가 예배와 설교에 어떻게 반영되었는지를 확인하고 역사적 선례로 활용할 수 있다. 청교도 설교의 '오직 성경'의 원리로부터 21세기 한국 교회의 성경적 설교를 위한 설교학적인 모범을 배울 수 있다는 것이다.

둘째, 성경 말씀에 기초한 경건 운동과 삶의 개혁의 좋은 모델을 배울 수 있다.

셋째, 급격하게 변동하는 시대의 흐름에 맞서서 어떻게 처신해야 할 것인지에 관한 귀중한 교훈을 청교도 설교로부터 배울 수 있다고 한다. 즉, 청교도 설교로 말미암은 강력한 경건 운동으로부터 설교의 거룩한 영향력을

1　Harry Stout. "청교도 설교(Puritan Preaching)", Ed. by William Willimon & Richard Lischer, *Concise Encyclopedia of Preaching*, 이승진 역,『설교학 사전』(서울: CLC, 2003), 633-4.

2　Harry Stout. "청교도 설교(Puritan Preaching)", 633-4. .

3　안상혁,『한국인의 청교도 연구』(수원: 합신대학원출판부, 2019), 35.

4　안상혁,『한국인의 청교도 연구』, 36-40.

배울 수 있다는 것이다.

이번 장에서는 과거 2천 년 설교 역사에서 가장 탁월한 교회 개혁을 쟁취했던 청교도 설교의 특징을 분석하고, 모범적인 선례를 제시함으로써 침체기를 지나고 있는 한국 교회 설교자들의 설교 사역에 효과적으로 적용하고 발전시킬 실제적인 설교의 신학적인 기초와 효과적인 전략을 제안하려고 한다.

본 연구를 견인하는 핵심 질문은 다음과 같다.

지속적인 교회 개혁과 부흥을 위하여 21세기 한국 교회가 청교도 설교 운동으로부터 배워서 계승, 발전시켜야 할 '성경적인 설교 사역(biblical preaching ministry)의 실제적이고 효과적인 설교 전략은 무엇일까?

좀더 실제적인 해답을 얻기 위해, 다음과 같은 세부적인 연구 주제로 구분한 다음, 그 세부적인 질문의 범주 안에서 구체적인 해답의 청사진을 찾아보고자 한다.

첫째, 21세기 한국 교회 설교 사역에서 가장 심각하고 치명적인 문제는 무엇이며, 가장 먼저 해결되어야 할 문제는 무엇인가?

필자는 이 문제를 기독교 신앙의 사사화와 이에 따른 가현설적인 설교로 진단하고자 한다.

둘째, 21세기 한국 교회의 신앙 사사화와 가현설적인 설교의 문제 해결을 위하여 청교도 설교 운동으로부터 배워야 할 가장 중요한 모범은 무엇인가?

필자는 이 모범을 신자의 양심 문제와 구원의 확신에 관한 '결의론'에 기초한 청교도 설교 운동으로 압축하고자 한다.

셋째, 21세기 한국 교회 설교 사역을 위하여 16세기 청교도 설교 운동을 연구할 때, 약 300년 정도의 교회사적인 간격을 극복하기 위하여, 한국 교회 설교자들이 발전시켜야 할 청교도 설교 운동의 연관성과 적실성은 무엇인가?

필자는 그 적실성을 하나님 나라의 해석학적 실재론에 기초한 설교 사역으로 제안하고자 한다.

본 장에서는 '청교도 설교'(puritan preaching)에 관한 선행 연구를 생략하고,[5] 곧바로 앞의 세 가지 질문에 대한 해답을 순차적으로 모색할 것이다.

2. 21세기 한국 교회의 가현설적인 설교와 신앙의 사사화

21세기 한국 교회 설교 사역에서 가장 심각하고 치명적인 문제는 무엇인가?

필자는 종교적인 세속화에 따른 설교의 사사화, 가현설적인 설교 메시지의 범람, 그리고 그에 따른 신자들의 영적 정체성 혼란 또는 영적 정체성 상실의 문제로 압축하고자 한다.

1) 영적 정체성을 상실하는 한국 교회

1990년대 한국 교회가 점차 침체기로 진입하자, 2천 년대 들어서 한국의 실천신학자들과 설교학자들은 교회 침체와 쇠락의 원인이 비성경적인 설교 사역 때문에 비롯됐다고 분석하고, 그 대안을 모색하기 시작하였다.

2012년 5월에 한국설교학회는 80년대 이후 기복주의와 번영 신학의 영향을 받은 한국 교회 설교의 문제점을 집중적으로 조명하였다.[6] 2013년 3월에

5　청교도 설교(puritan preaching)에 관한 선행 연구 자료는 다음을 참고하라. Joel R. Beeke & Mark Jones, "청교도의 설교(1)" 5번 각주, *A Puritan Theology*, 김귀탁 역, 『청교도 신학의 모든 것: 삶을 위한 교리』(서울: 부흥과개혁사, 2012), 776-7.

6　최이우, "번영 신학과 기독교 설교" 「설교한국」4/2(2012년 11월), 9-12. 신성욱, "번영 신학과 설교학적 대안," 「설교한국」4/2(2012년 11월), 56-100.

도 한국설교학회 17차 정기학술대회를 개최하고 "사회적인 비판에 직면한 한국 교회와 설교의 대응 방안"을 모색하였다.[7]

정창균 전 합동신학대학원대학교 총장은 2007년에 90년대 이후 정체기 또는 쇠퇴기에 접어든 한국 교회 문제의 본질은 단순한 수적 감소가 아니라, 신자들의 영적인 정체성의 혼란 혹은 정체성 상실에 있음을 진단하였다. 이어서 그 대안으로 기독교인들의 영적 정체성 확립을 위하여 교리 설교를 제시하였다.[8]

또 2012년에 정창균 총장은 한국 교회 설교가 성경 본문으로부터 이탈한 문제와 설교 주제의 편향성 문제를 비판하였다.[9] 그에 의하면 한국 교회의 설교에서 발견되는 본문 이탈의 양상은 다음과 같다.

첫째, 본문을 전혀 해석하거나 언급하지 않는 경우
둘째, 본문을 오용하는 경우
셋째, 본문을 남용하는 경우

정창균 박사는 교회 안에서 금기시하는 설교 주제들을 과감하게 설교하기 위하여, 성경적인 설교의 당위성에 대한 인식과 아울러 성경이 말씀하는 주제들을 가감 없이 설교하려는 영적인 분별력과 용기를 강조하였다. 또 그는 2017년 11월에 개최된 "종교개혁 500주년 기념 합신신학 강좌"의 "종교개혁과 설교"에서도 한국 교회 설교의 문제점을 본문 이탈 현상과 설교 주제 편향성의 문제로 비판하고, 그 대안으로 '오직 성경'(sola scriptura)과 '전체 성

---

7 이승진, "사회적인 비판에 직면한 한국 교회와 설교의 대응 방안" <한국설교학회 제 17차 정기학술대회>(2013년 5월 18일, 웨스트민스터신학대학교 2층 소강당).

8 정창균, "한국 교회의 위기 상황과 교리 설교의 회복," 「헤르메네이아 투데이」41(2007년, 겨울), 4-13. 정창균, "위기 상황의 관점에서 본 한국 교회 현실과 교리 설교의 회복," 「신학정론」32/2(2014,11), 346-365.

9 정창균, "한국 교회 설교의 본문 이탈 현상과 주제의 편향성," 「헤르메네이아 투데이」 54(2012년, 가을), 67-83.

경'(tota scriptura)에 근거한 하나님 말씀의 선포(praedicatio verbum dei)를 강조하였고, '성경 중심적 기독교'를 위한 성경 사경회의 회복을 제안하였다.[10]

2) 종교적 세속화에 따른 설교의 사사화

한국 교회 안에 설교 사역의 문제가 있다면, 그 문제는 심층부에서 한국 기독교의 잘못된 신앙생활과 맞닿아 있다.

필자는 2013년에 발표한 소논문 "한국 교회 설교의 사사화와 공동체 지향적 설교"에서 21세기 한국 교회 설교 사역 전체를 피터 버거(Peter Berger)의 세속화(secularization)의 관점에서 분석하고 한국 교회 설교 사역과 메시지 때문에 신자들의 신앙이 '사사화 된 현상'(privatized faith)을 비판하였다.[11]

성경이 제시하는 하나님 나라 복음은 삼위 하나님의 예정과 선택, 천지 창조, 그리스도의 성육신과 십자가 죽음, 부활, 승천, 성령 강림, 교회의 탄생과 그리스도의 재림으로 계속 이어지는 거대한 하나님 나라를 실현하는 하나님의 최고 수단이다.

종교개혁 전후로 기독교와 설교 메시지의 영향력은 신자가 주일날 출석하는 예배당 안의 예배 시간뿐만 아니라 가정과 직장 그리고 세상의 정치, 경제, 사회, 문화 등 그가 살아가는 전방위 영역에서 영향력을 발휘하였다.

하지만, 18세기 이후의 근대화와 20세기 이후 현대화가 진행되는 과정에서 기독교 국가 체계(Christendom)도 점차 와해되고, 그 과정에서 종교의 영향력도 점차 신자 내면의 심리적인 영역으로 축소되었다.

서구의 근대화 과정에서 발생한 종교적 세속화(religious secularization)는 2,3백 년의 시차를 두고 7,80년대 이후 한국에서도 유사한 모습으로 반복되었다. 종교적인 세속화 과정에 나타난 세 가지 변화에 주목할 필요가 있다.

---

10 정창균, "종교개혁과 설교," 「신학정론」35/2(2017,12), 121-155.

11 이승진, "한국 교회 설교의 사사화와 공동체 지향적인 설교,"「성경과 신학」67(2013), 31-37.

첫째, 교회 안에서 설교자의 영적인 권위가 점차 약화하였다. 이전에 기독교 목회자는 신자들에게 살아 계신 하나님의 말씀을 전하여 신자들을 영생의 길, 진리의 길로 인도하는 엄청난 권세를 가진 사람으로 존중 받았다. 하지만, 70-80년대 이후 설교자의 영적인 권위는 점차 약화하였고, 오늘날 신자들은 목회자가 강단에서 선포한 설교 메시지를 심각하게 받아들이지 않을 뿐 아니라, 그것을 자신의 삶의 현장에서 액면 그대로 실천하려는 의지가 매우 부족하다.

둘째, 목회자와 교인 사이의 목양 관계가 매우 느슨해졌다. 이전의 목양 관계는 가정에서의 부모와 자식 사이의 혈육 사랑과 존경을 능가하는 경우가 대부분이었고, 직장에서 고용주와 근로자 사이의 사회적인 신뢰와 경제적인 의존 관계에 비교할 수 없을 만큼 엄청난 비중을 차지하는 것으로 인식되었다. 하지만, 오늘날 목회자와 교인 사이의 목양 관계는 아주 형편없는 수준으로 격하된 상태다.

셋째, 설교자의 설교 메시지가 교인들의 실존적인 삶의 영역에 미치는 설득력과 파급력이 매우 협소해졌다. 이전에 설교 메시지의 설득력과 파급력은 신자가 실존하는 삶과 인생의 전방위 영역(정치, 경제, 사회, 문화, 심리)과 관계하였다. 그러나 종교적인 세속화를 거치면서 설교 메시지의 설득력과 파급력은 신자 개개인의 내면세계에 국한되었고, 그 결과 현재 세상이 돌아가는 상황에 대한 거시적인 이해의 부족 문제나 미래에 대한 불확실성의 문제 그리고 그로 인한 심리적 불안의 문제를 해소하는 데 국한되는 실정이다.

필자는 이러한 설교 현상을 가리켜 '설교의 사사화'라고 비판하였다. '설교의 사사화'(privatization of preaching)란 설교 메시지의 내용과 형식 그리고 목표가 기독교 복음의 공공성에서 벗어나 신자 개개인의 내면세계에서 발생하는 심리적인 갈등, 불안, 불확실성의 문제를 해소하는 데 집중하는 종교 활동을 의미한다.

설교의 사사화는 기독교의 세속화 과정에서 동반되는 필연적인 결과이면서도 기독교 신자들 개개인의 신앙도 사사화 되는 원인을 제공한다. 21세기 한국 교회에서, 설교의 사사화로 인 신자들의 신앙이 사사화 된 단적인 증거는 신자들의 영적인 정체성의 상실, 목회자들과 신자들의 거룩한 삶의 상실 그리고 그에 따른 기독교의 대사회적인 영향력 상실로 나타났다.

여러 신학자가 주목한 대로 21세기 한국 교회의 영적 정체성 문제가 심각한 수준에 이르렀다면, 이는 설교 사역과 어떤 관련이 있을까?

필자는 (일부) 한국 교회 신앙의 사사화 문제가 설교 사역과 결부된 한 가지 특징적인 모습이 가현설적인 설교라고 판단한다.

가현설적인 설교(docetic sermon)란 가현설의 논리가 반영된 설교를 가리킨다. 가현설의 논리는 성부 하나님의 독생자 그리스도께서 사람의 몸을 입고 이 세상에 강림하여 하나님 나라를 세우셨음을 부정한다. 필자는 "구속사를 구원의 서정에 적용하는 성화 설교"에서 한국 교회 설교의 심각한 문제점의 하나로 가현설적인 설교를 비판하였다.[12]

가현설의 논리가 기독교 설교에 심각한 문제를 초래하는 이유가 있다. 잘 알려진 바와 같이 가현설(docetism)은 그리스도의 성육신 사건을 부정하거나 축소시킨다. 달리 말하면, 거룩하신 하나님께서 죄로 얼룩진 인생들과 역사 현실 속에서 실제로 조우하여 이들을 하나님처럼 거룩하게 변화시키는 성화의 과정을 부정하는 것이나 다름없다.

이런 맥락에서 가현설적인 설교 역시 신자들이 감당해야 하는 각자의 실존적인 가정생활과 직장생활 속에서 그리스도를 닮아서 실제적으로 거룩한 삶을 살아내도록 안내하는 차원이 빈약하다.

이런 현상이 발생하는 이유는 무엇일까?

하나님 나라의 복음에 관한 선포가 가현설적인 설교로 변질하는 이유는 적지 않은 설교자들이 신자들에게 제시하는 실천적인 적용점이 신자 개개인의 내면세계로 제한되기 때문이다. 이 대목에서 신앙의 사사화 문제는 가현

---

12 이승진, "구속사를 구원의 서정에 적용하는 성화 설교," 「신학정론」30/2(2012,11), 714-5.

설적인 성향의 설교 문제와 연결된다. 설교 메시지에서 실제적인 적용점을 심리적인 문제 해결에 국한하는 (일부) 설교 메시지가 가현설적인 설교로 비판 받는 이유가 있다.

그것은 설교를 통하여 교회와 신자들의 삶 속에서 실현되는 하나님의 말씀 통치의 구체적인 실현의 영역이 신자들의 교회 활동과 그들의 가정, 직장 그리고 일반 사회로부터 신자 개개인의 심리적인 세계로 축소되기 때문이다.

잘 알려진 바와 같이 하나님 나라에 관한 복음의 3요소는 말씀 통치의 주체인 하나님, 통치의 대상인 신자들, 신자들이 하나님의 말씀을 실천하는 영역이다.

하나님 나라 복음 선포는 신자 내면의 회심 사건에서 출발하되, 하나님과의 인격적인 만남의 영향력은 그 심리 세계 안에 갇히지 않고 오히려 거룩한 가정생활과 교회 생활을 거쳐서 세속 사회와 우주 만물로 확산하는 것을 추구한다.

한국 교회 목회자들의 하나님 나라 복음에 관한 설교에서는 대체로 하나님 나라 통치의 주체인 하나님에 관한 신학적인 이해에 심각한 문제가 있는 것도 아니고, 또 말씀 통치의 대상인 신자들의 영적인 필요에 관한 이해에 심각한 문제가 있는 것도 아니다.

한국 교회 목회자들의 하나님 나라 복음에 관한 설교에서 가장 문제가 되는 것은 하나님의 통치가 실현되는 영역 또는 삶의 자리에 관한 이해가 대체로 청중의 심리적인 내면세계로 축소되는 경향이 강하다는 점이다. 이러한 설교를 가현설적인 설교라고 한다.

이상으로 21세기 한국 교회 설교 사역의 문제점을 신앙의 사사화에 따른 가현설적인 설교 메시지를 비판하였다.

이러한 설교학적인 문제에 대하여 청교도 설교는 어떤 대안을 제시할 수 있을까?

그 해답을 찾기 위해 청교도 설교의 배경과 기원, 그 특징들을 살펴보자.

3. 뉴잉글랜드의 새로운 환경과 교회 언약에 근거한 말씀 사역

뉴잉글랜드 청교도들은 강단에서 성경을 펼쳐 놓고 그 앞에 모인 회중들을 향하여 설교 메시지를 선포하는 시간을, 하늘의 하나님이 그들 머리 위에 직접 강림하셔서 선포하시는 사건으로 이해하였다.

브루스 비클(Bruce Bickel)에 의하면 청교도 설교자들은 "자신을 사람의 영혼들을 매기도 하고 풀기도 하는 그리스도의 권세를 실제로 부여 받은 존재로 인식"했다고 한다.[13] 설교 사역에 관한 최고 수준의 확신 때문에 "청교도 설교자들은 마치 모세가 시내산에 올라간 것처럼 그렇게 강단에 올라갔다"는 것도 전혀 무리가 아니라고 한다.

청교도 목회자들이 하나님의 말씀을 선포하는 설교 사역의 중요성에 최고의 중요성을 부여했던 이유는 삼위 하나님은 설교 사역을 통하여 믿는 자들을 구원하시고 거룩한 하나님 나라로 인도하신다고 믿었기 때문이다.[14]

당시 청교도 설교자들은 강단에서 하나님의 말씀을 전하는 일이 자신들의 사회적인 명성에 도움이 된다거나 남 앞에서 지식 자랑하는 즐거움 때문이 아니라, 죽어가는 한 인간으로서 마지막 하나님의 말씀 선포인 설교 메시지를 통해서 역시나 동일한 운명에 처한 회중들을 영원한 하나님 나라로 인도할 마지막 결정적인 수단이라 확신하였기 때문이다.[15]

이런 이유로 그들은 강단에서 그리스도의 복음에 관하여 설교할 때 최고의 열정과 확신을 두고 외쳤다. 뉴잉글랜드 청교도 설교가 설교자 편에서 최고로 심오한 설교신학의 이해를 갖췄을 뿐만 아니라 회중에도 강력한 영향력을 발휘했던 배경(또는 원인)을 다음 세 가지 관점에서 분석하고자 한다.

---

13 Bruce Bickel, *Light and Heat: The Puritan View of the Pulpit*, 원광연 역, 『복음과 청교도 설교』 (서울: 청교도 신앙사, 2002), 34.

14 조엘 비키, 마크 존스, *A Puritan Theology*, "청교도의 설교(II)", 김귀탁 역, 『청교도 신학의 모든 것』 (서울: 부흥과개혁사, 2015), 806.

15 오덕교, 『언덕 위의 도시』 (수원: 합동신학대학원출판부, 2004), 229.

첫째, 다른 경쟁적인 권위로부터 자유로운 정치·사회적인 환경
둘째, 뉴잉글랜드의 교회 목회자들이 신자들과 맺었던 교회 언약
셋째, 청교도 설교자들이 강단에서 그토록 확신하며 선포하였던 하나님 말씀의 성취 능력

1) 신대륙의 개방적인 환경 속에서 교회 언약을 맺은 이주민들

뉴잉글랜드 청교도 설교의 강력한 사회적 영향력을 제대로 이해하려면, 당시 뉴잉글랜드 지역 거주민들이 속한 자유로운 정치·사회적인 환경을 고려할 필요가 있다.

해리 스타우트 교수는 뉴잉글랜드 청교도 설교의 강력한 영향력의 한 가지 배경으로, 17-18세기 식민지 뉴잉글랜드 지역의 정착민들을 다른 경쟁적 목소리로부터 분리했던 신천지의 개방적인 환경에 주목하였다.[16]

뉴잉글랜드 지역의 정착민들은 영국처럼 권위적인 정치 사회적인 제도권에서 벗어나 자신들의 미래 운명과 현재 행복을 철저히 스스로 개척해야만 하는 개방적인 상황에 직면하였다.

이런 상황에서 그들이 간절히 붙잡았던 것은, 청교도 설교자들이 전하는 하나님의 시대적인 섭리와 그들 고유의 사명에 관한 메시지였다. 1630년 영국에서 이주한 독립파 청교도들은 신대륙 이주를 개인의 행복을 위한 것으로 생각하지 않고, 새로운 개척지에 하나님의 왕국을 세우도록 부름을 받은 하나님의 비상한 섭리의 관점에서 이해하였다. 한 걸음 더 나아가 자신들이 붙잡은 신학적인 이상을 실현할 제도적인 수단으로 뉴잉글랜드 지역에 사회 언약과 동시에 교회 언약에 근거한 지역 교회들을 설립하였다.

16　Harry Stout. "청교도 설교(Puritan Preaching)", Ed. by William Willimon & Richard Lischer, *Concise Encyclopedia of Preaching*, , 이승진 역, 『설교학 사전』 (서울: CLC, 2003), 635.

'교회 언약'(Church Covenant)에서 중요한 것은 하나님의 절대주권을 신뢰하는 신자들로 구성된 회중이 하나님의 뜻에 자발적으로 순종하고 그 순종을 가시적으로 표시하겠다는 의지의 표명이었다. 교회 언약에는 "하나님 앞에서 회중으로서 단합된 무리를 자발적으로 형성하여 하나님의 뜻에 순종하는 거룩한 교회를 세우겠다는 강력한 의지의 표명"이 담겨 있었다.[17]

뉴잉글랜드 청교도들의 교회 언약에서 눈여겨볼 점은, 그 언약의 자발성과 자율성 그리고 가시적 특징이다.

먼저 교회 언약의 자발성이란 지역 교회를 구성하는 회중은 외부의 그 어떤 압력이나 권위에 근거하지 않고, 하나님의 인도하심을 의식하면서도 전적으로 자발적이고 자율적인 방식으로 교회의 모든 것을 스스로 운영해 나간 것에서 볼 수 있다. 그들은 자신들에게 하나님의 말씀을 선포할 목회자 선정도 외부 기관에 의존하지 않고 자체적인 기준에 따라 선출하였고, 회중의 치리 문제도 자체적으로 해결하고, 교회의 설립과 운영도 스스로 통치해 나갔다.

이러한 신자들의 영적 자율성과 자발성은 내부적으로 의견의 불일치와 혼란의 문제를 가져오지 않을까?

뉴잉글랜드 청교도들은 그렇게 보지 않았다. 이들이 교회의 자발성과 자율성을 전적으로 신뢰할 수 있었던 이유는, 구성원들이 모두 하나님의 말씀으로 회심하여 거듭난 신자였기 때문이다.[18]

모든 회중이 회심한 하나님의 자녀들이며 한 성령 하나님에 의하여 지배를 받기 때문에, 하나님의 말씀이 올바로 선포되기만 한다면, 공동체 내부에서 의견의 불일치나 분열에 따른 혼란은 일어날 수 없었던 것이다.

---

17 원종천, 『청교도 언약사상: 개혁운동의 힘』(서울: 대한기독교서회, 1998), 178.

18 원종천, 『청교도 언약사상: 개혁운동의 힘』, 185.

2) 청교도 신앙의 이상을 실현하는 교회 언약

생각이나 기질들이 다양한 신자들 가운데, 성령 하나님은 어떻게 일치된, 하나의, 유기적인 공동체를 이루어 내실까?

이 질문에 대한 대답으로 뉴잉글랜드 청교도들은 대중 주권(popular sovereignty)과 가시적인 신앙고백(visible confession of faith)을 현실적인 수단으로 채택하였다.

대중 주권이란 하나님께서 교회를 말씀으로 통치하는 영적 권세를 먼저 교회 회원들에게 위임하셨다는 것이다. 구원 받은 신자들은 자신들이 하나님의 말씀 지도를 받을 권세를 하나님으로부터 위임 받았고, 그렇게 위임된 권세에 근거하여 교회 회원권의 자격으로 교회 회중을 말씀으로 다스릴 장로와 목회자를 선출할 수 있다.

그러므로 선출된 장로와 목회자는 교회 회중을 자신의 세속적인 지위로 통치하는 것이 아니다. 하나님으로부터 하나님 나라 통치 권세가 회중에 위임되고, 목회자는 다시 회중으로부터 자신들에게로 위탁된 권세에 근거하여 회중을 하나님의 말씀으로 안내해야 한다는 것이다.

하나님이 자기 백성을 말씀으로 통치하는 영적 권세가, 위임의 형태로 구원 받은 신자들의 투표권을 거쳐서, 다시 교회 장로와 목회자에게 위임되기 때문에, 교회 전체가 하나님의 말씀과 성령 하나님의 인도하심을 온전히 따르기 위해서는 그 시발점에서 신자 한 사람이 '과연 하나님의 말씀으로 올바로 거듭났는가?' 하는 구원의 확신에 관한 공적인 검증 절차가 매우 중요해진다.

원종천 교수의 지적처럼, 당시 뉴잉글랜드 청교도들에게는 하나님의 섭리에 대한 수직적인 신앙은 지상의 교회 안에서 목회자들과 신자들이 하나님 앞에서 함께 신앙을 고백하고 또 말씀 선포의 권위와 아울러 말씀 경청의 의무에 대한 수평적인 언약과 떼려야 뗄 수 없을 정도의 결정적인 가치를 지녔다.[19]

19　원종천, 『청교도 언약사상: 개혁운동의 힘』, 188.

가시적인 교회공동체가 하나님의 말씀을 올바로 선포하는 목회자와 하나님의 말씀대로 신자들을 권면하고 치리하는 장로들 그리고 신자들에 의하여 참다운 부흥을 경험하려면, 먼저 목회자와 장로들을 선출하는 신자들이 참다운 회심을 경험해야만 한다. 그리고 신자에게 교회의 정회원권을 부여하기 위해서는 먼저 그 신자에게 주관적이고 개인적인 회심 체험이 공개적으로 나타나고 객관적으로 판명되어야 한다.[20]

이것이 확실해지기 전까지, 영국의 장로교파 청교도들은 교회 언약의 개념도 인정할 수 없었고 중생에 대한 가시적인 입증 의무의 개념도 인정할 수 없었다.

그들이 보기에 성도에게 반드시 요구되는 것은 예수 그리스도에 대한 분명한 믿음과 아울러 그 말씀에 순종하겠다는 공식적인 인정뿐이었다. 그 이외에 중생에 대한 가시적인 입증의 필요성은 부정하였다. 회심 여부에 대한 분명한 판단의 가능성은 인간의 능력을 벗어나는 것으로 생각했기 때문이다.

반면에 뉴잉글랜드 청교도들은 비록 지상의 교회가 불완전하더라도 그 교회 신자들을 진리로 이끄는 하나님의 말씀이 설교자를 통하여 충분히 선포될 수 있고, 성령의 조명도 신자들이 거부할 수 없을 정도로 충분히 역사한다면, 그 말씀과 성령의 인도하심에 대한 신자의 회심과 순종의 반응 역시 동일한 성령의 인도를 따르는 신자들이 충분히 인정할 수준으로 나타날 것으로 기대했다.

이를 위해서 한 성도가 진정 거듭난 하나님의 자녀인지 아닌지 아닌지를 확인하는 가시적인 입증 과정은 하나님의 말씀이 직접 통치하는 가시적인 교회를 세우는 과정에서 매우 중요한 절차적 공의의 문제였다.[21]

---

20   원종천, 『청교도 언약사상: 개혁운동의 힘』, 188.

21   원종천, 『청교도 언약사상: 개혁운동의 힘』, 190.

3) 청교도 신앙의 이상을 실현하는 교회 정치와 말씀 선포의 신학

청교도들에게 교회란 '구원 얻는 믿음'을 고백하는 사람들이 모여 하나님을 예배하고 서로를 돌아보며 말씀과 성례 그리고 권징을 포함한 모든 거룩한 규례들을 따르기로 엄숙히 교회 언약(church covenant)을 맺은 자들의 자발적인 신앙공동체를 의미했다.[22]

안상혁 교수에 의하면 교회 언약은 교회 장부에 기록된 문서로서의 교회 언약, 예식으로서의 교회 언약, 교의로서의 교회 언약으로 세분된다.[23]

이 중 청교도 설교의 강력한 영향력과 관련하여 주목할 교회 언약은, 예식으로서의 교회 언약이다. 뉴잉글랜드 청교도들은 지교회를 처음 설립하거나 새로운 신자들에게 교회의 정회원권을 부여할 때, 교회 언약의 예식을 통해서 지교회의 정회원으로서의 고유한 특권과 의무에 관하여 엄중한 서약을 맺었다.

안상혁 교수에 의하면 뉴잉글랜드 청교도 목회자들이 교회 신자들과 맺었던 엄중한 교회 언약은, 교회 신자들이 공예배에 참여하여 설교, 찬양, 기도 그리고 성만찬에 참여하는 "교회의 행위"를 일종의 영적인 특권으로 인식하도록 만들었다고 한다.[24]

교회 언약 예식 덕분에 당시 회중은 오늘날과 같은 30분 전후의 짧은 설교보다 오히려 2시간 이상 지속하는 긴 설교를 자신들이 마땅히 누려야 할 권리와 특권으로 인식했다고 한다.[25]

청교도들에게 교회를 통한 하나님의 섭리적 경륜이 중요했다면 그 확신만큼이나 교회 언약이 중요했고, 교회 언약이 중요했다면 목회자와 신자의 목

---

22 안상혁, "17세기 뉴잉글랜드 청교도의 공예배 순서와 신학," 「신학정론」제 30권 2호 (2012, 11), 673.

23 안상혁, "17세기 뉴잉글랜드 청교도의 공예배 순서와 신학," 673.

24 안상혁, "17세기 뉴잉글랜드 청교도의 공예배 순서와 신학," 677.

25 안상혁, "17세기 뉴잉글랜드 청교도의 공예배 순서와 신학," 682.

회적인 관계의 핵심에는 하나님의 말씀 선포와 경청이 그만큼 중요했다.

하나님의 말씀 선포의 영적 권위와 경청과 순종의 중요성의 배후에는 하나님의 말씀을 연구하고 가르치는 신학(divinity)에 대한 남다른 인식이 자리하고 있었다. 청교도들에게 있어서 하나님의 말씀을 연구하고 가르치는 신학(divinity)은 하나님과 세계, 교회 그리고 신자들의 일상의 삶 모두를 포괄하는 전방위적인 인식과 헌신의 문제였다.

청교도들은 삶의 모든 국면에서 하나님의 말씀을 따라 하나님과 동행하는 삶을 살았다. 매일매일의 삶을 눈여겨 살피며, 차분하고 경건한 개인과 가족들의 기도 모임으로 시작되어 끝마쳐졌다. 직업 전선에서의 일거리나 집안일, 먹고 마시는 모든 일은 하나님의 영광을 위해서 실행되었고, 하나님의 완전한 뜻을 추구하며 행하여졌다.[26]

청교도들이 인생과 삶 전체를 하나님의 말씀과 결부시켜 생각하고 행동할 수 있었던 배후에는 하나님의 말씀을 연구하고 가르치는 '신학'(divinity)에 관한 청교도 신학자들의 성경적이면서도 실제적인 관점이 자리하고 있었다. 청교도 운동의 위대한 지도자인 윌리엄 아메스(William Ames)는 신학(divinity)을 '하나님께 대한 살아 있는 교리'(the doctrine of living to God)로 정의하였다.

청교도주의란 단순히 금욕적인 율법주의자들의 생활 방식도 아니고, 딱딱한 기독교 교리에 집착하거나 고집하는 문자주의자들의 사상도 아니었다. 진정한 청교도주의는 하나님을 향한 신자들의 경건이며 활력의 근거였다. 그들에게 신학 활동은 하나님 앞에서 살아가는 신자들의 거룩한 생활의 아름다움을 보여줌으로써 그것을 향하여 움직이게 하고, 하나님을 중심으로 한 삶의 만족감의 가능성을 감탄하며 희열을 느끼게 하는 비전이요, 충동이었다.[27]

이렇게 청교도 설교자들과 신자들의 마음에는 주께서 말씀으로 직접 통치하시는 교회의 존엄성과 그 지역 교회 안에서 하나님의 말씀이 권위 있게 행

---

26 피터 루이스, 『청교도 목회와 설교』 (서울: 청교도신앙사, 2002), 17.

27 피터 루이스, 『청교도 목회와 설교』, 16.

사되도록 자신을 복종시키는 교회 언약의 존엄성 그리고 그러한 영적 권위 아래에서 힘 있게 신자들의 실제 세계 전체를 다루는 하나님의 말씀 절대주권에 대한 인식이 굳게 뿌리내리고 있었다.

그렇다면 청교도 설교자들은 이러한 교회 언약의 존엄성과 말씀의 절대주권에 대한 인식을 어떻게 자신들의 설교 사역에 접목했는가?

보다 구체적으로 어떤 수사적 전략을 따라서 청중을 하나님이 임재하시는 거룩한 '신전의식'(Coram Deo)의 자리로 인도하였을까?

이 질문에 대한 한 가지 해답으로 청교도들의 결의론과 실천적 삼단 논법에 주목하고자 한다.

4. 뉴잉글랜드 청교도의 결의론과 실천적 삼단 논법

1) 무정부 상태에서 하나님의 말씀을 기다리는 신자의 양심

청교도 설교가 당시 교회 신자들에게 강력한 영향력을 발휘했던 또 다른 배경으로는 중세 시대 로마가톨릭의 고해성사나 면벌부를 대신할 새로운 목회적 돌봄의 필요성을 언급할 수 있다.

카터 린드버그(Carter Lindberg)에 의하면 루터가 활동하던 중세 후기는 물리적인 어려움뿐 아니라 급격한 사회적 변화로 인해 전통적인 가치와 진리들이 의심되던 위기와 불안의 시기였다.[28] 당시 사람들은 자신의 구원을 확신하지 못했고, 로마가톨릭교회는 영적 불확실성 때문에 번민하는 교인들의 심리를 안정시키고자, 가톨릭교회에 부여된 영적 권위를 이용하여 면죄부나 고행, 또는 선행과 같은 다양한 종류의 목회적 돌봄을 제공했다.

---

28 Carter Lindberg, *The European Reformation*, 조영천 역, 『유럽의 종교개혁』 (서울: CLC, 2012), 102.

이러한 인본주의적인 목회적 돌봄들을 제공하는 로마가톨릭교회의 목표는 사람들이 구원의 과정에 참여하도록 함으로써 구원 확신에 관한 심리적인 안정을 얻을 수 있도록 하려는 것이었다.

하지만, 고행이나 금식, 또는 면죄부 구매와 같은 인본주의적인 수단들은 오히려 내면의 위기를 더욱 심화하는 결과를 가져왔다. 왜냐하면, 이러한 목회적인 돌봄과 위로의 수단들은 자기가 가진 자원을 더욱 의지하도록 부추기면서, 신자들이 직면한 구원의 불확실성 문제를 다시 원점으로 되돌려 놓았기 때문이다.

원점으로 돌아갈수록 사람들은 문제의 원점에서 다시 멀어지고, 로마가톨릭교회가 제공하는 고행과 선행에 더욱 열심을 내고 집착하는 기현상이 벌어졌다.

> 중세 후기에 경건히 급증한 현상의 배후에는 구원의 확신을 갈망하면서도 동시에 그것에 대한 확신을 갖지 못하는 답답함이 존재했다.[29]

이런 시대적 분위기 속에서 루터는 95개조 반박문을 통해서 면벌부 제도와 고해성사를 비판하였고, 루터와 칼빈과 같은 종교개혁가들과 이후의 청교도 목회자들은 로마가톨릭 사제들이 목회적인 돌봄을 제공하는 방식이나 그 저변의 신학적인 사고와 결별하였다.

하지만, 종교개혁자들의 가르침과 목회적인 권면에 의존하는 개신교 신자들로서는 로마가톨릭의 잘못된 면벌부 제도와 고해성사를 중지한 이후에 새로운 문제를 마주하게 되었다.

조엘 비키 박사가 지적한 바와 같이 "고해 제도의 포기는 개혁파 믿음에 따라 새로 회심한 많은 사람을 당혹하게 했다. 매주 한 번씩 듣는 설교는 그들의 영적, 도덕적 나침반을 유지하고 인도하는 데 충분하지 않았다."[30] 왜

29　Carter Lindberg, *The European Reformation*, 106.

30　조엘 비키, 마크 존스, *A Puritan Theology*, 김귀탁 역, "청교도의 결의론", 『청교도 신학의

냐하면, 청교도 신자들은 한편으로는 중세 로마가톨릭교회 사제들로부터 더 이상 착취를 당하지는 않더라도, 다른 한편으로는 일주일에 한 번 듣는 설교 만으로는 양심의 죄책감 문제나 구원의 불확실성 문제로부터 완전히 자유로 워질 수 없었기 때문이다.

로마가톨릭의 면벌부와 고해성사를 중지하더라도, 마음속에 계속 끓어오 르는 양심의 가책이나 구원의 불확실성 문제가 말끔히 해결된 것은 아니었 고, 일주일에 한 번 교회 전체 회중을 대상으로 선포하는 설교 메시지만으로 는 마음속의 의심과 번민, 회의, 갈등, 가책의 문제가 쉽게 사라지지 않았던 것이다.

이런 상황에서 리처드 그린햄(1542-1594)은 영국 캐임브리지 근처 드리 드 레이턴(Dry Drayton)에서 양심의 죄책감과 구원의 불확실성 문제 때문에 고 통당하던 신자들을 상담하고 성경의 가르침으로 위로하는 데 두각을 나타냄 으로써 16세기에 청교도 결의론의 태동에 선구적인 역할을 감당하였다.

캐임브리지의 세인트앤드루스교회의 저명한 설교자였던 윌리엄 퍼킨스 도 신자들이 고뇌하는 양심의 문제를 하나님의 말씀으로 해결하는 방법들 을 담아서 『양심론』(1596)과 『양심 문제에 대한 총괄적 논문』(1606)을 작성 하였다.

2) 종교개혁 이후 신자의 양심 문제

종교개혁 이후 개신교 목회자들과 신학자들에게는 신자들이 개개인의 독 특한 문제로 인하여 양심의 가책과 죄책감을 느끼고 이것이 구원의 불확실 성과 의심으로 발전하는 문제에 대하여 성경적인 해답을 제공해야 할 필요 성이 중요한 목회적 과제로 부상하기 시작하였다.

조엘 비키에 의하면, 윌리엄 퍼킨스 이후 대부분의 청교도 신학자들은 "양 심을 옳고 그름, 의무와 태만에 대해 하나님의 음성의 권위를 갖고 질문들을

모든 것』(서울: 부흥과개혁사, 2015), 1054.

다루는 도덕적 자기 지식과 도덕적 판단을 제공하는 합리적 능력"으로 정의했다.[31]

달리 말하면, 양심은 하나님께서 우리 신자들을 판단하시는 하나님의 생각과 뜻에 맞추어서 신자들이 스스로의 생각과 말 그리고 행동을 판단하는 지식을 의미한다.

청교도 설교자 관점에서 신자들의 양심은 하나님께서 자신의 말씀을 그들의 삶 속에 적용하도록 돕는 공명판이었다.[32] 그러므로 신자들의 양심은 성경 말씀을 통하여 새롭게 변화를 받아야 하며, 지성은 하나님에 관한 새로운 지식으로 변화를 받아야 하고, 정서는 하나님의 사랑과 아름다움을 공감하도록 변화를 받아야 하고, 의지도 하나님이 미워하시는 것을 멀리하고 하나님이 추구하시는 거룩함과 영광을 그대로 추구하도록 변화를 받아야 한다는 것이다.

이렇게 양심의 신적인 기원을 잘 이해했던 청교도 설교자들은 신자들이 교회의 가르침을 듣고서 자신의 구원 여부에 관심을 가지다가 양심의 가책이나 죄책감 때문에 고민하는 것을 나쁘게 보지 않고, 오히려 그리스도의 복음을 설득력 있게 제시할 절호의 기회로 활용하는 방법들을 발전시켰다.

당시 청교도에 따르면 "유능한 설교자의 한 가지 표지는 사람들의 마음 밑바닥에 무엇이 있는지 보여 주려고 그들의 양심을 갈기갈기 찢어 놓는 능력으로 보았다."[33]

이후 청교도 설교자들은 하나님의 말씀에 대한 최고의 감각 기관인 양심에 대한 이해에 근거하여, 양심의 공명판을 효과적으로 진동시킬 설득 기술을 발전시켰다. 그러한 설득 논리는 청교도 설교자들의 결의론 사상과 실천

---

31 조엘 비키, 마크 존스, *A Puritan Theology*, 김귀탁 역, "청교도의 양심 교리", 『청교도 신학의 모든 것』(서울: 부흥과개혁사, 2015), 1034.

32 조엘 비키, 마크 존스, "청교도의 양심 교리", 1046.

33 조엘 비키, 마크 존스, "청교도의 양심 교리", 1045.

적 삼단 논법이라는 독특한 설득 형식으로 발전시켰다.[34]

3) 청교도의 결의론

'결의론'(casuistry)이란 어떤 신자가 양심의 가책이나 신앙생활과 관련된 여러 독특하고 실제적인 문제들에 직면하였을 때, 이런 문제들을 성경의 원리나 교훈을 적용하여 해결하려는 신학적인 논리를 의미한다.

당시 신자들의 일상생활과 관련하여 목회자들의 가르침이 절실한 문제는 '자신이 구원 받은 신자임을 스스로 어떻게 확신할 수 있을까?' 하는 것이었다.

칼빈은 구원의 확신에 관한 가톨릭의 유보적 입장을 비판하면서, 신자 스스로 구원의 확신에 도달해야 한다는 당위성을 인정하였다. 그는 이 주제에 관하여 좀더 신중한 자세를 취했지만, 청교도들의 시대가 열리면서 개신교 신자들의 목회적인 돌봄을 위하여 매우 시급한 주제로 부상하였다.[35]

예를 들어, 청교도 설교자 리처드 로저스도 양심 사건에 열정적인 관심을 두었다. 로저스는 그리스도인들이 겪는 다양한 양심 사건의 실천적 지침서로 『일곱 가지 권면』을 썼다. 로저스의 저술 동기는 목회적인 이유와 논쟁적인 이유 때문이었다. 목회적인 면에서 보면, 로저스는 구원을 찾고 고뇌하는 영혼들에 대안을 제공하기 위해 글을 썼다.[36]

퍼킨스도 로저스처럼 목양 활동에서 신자의 양심 문제에 집중적인 관심을 쏟았으며, 특히 다음과 같이 신자 개개인이 자신의 구원 여부에 관한 확신 문제에 대한 성경적인 해답을 제공하는 데 집중하였다.

---

34   이은선, 『청교도 입문』 (서울: 지민, 2014), 54.

35   이은선, 『청교도 입문』, 55

36   조엘 비키, 마크 존스, *A Puritan Theology*, "청교도의 결의론", 1056.

나는 어떻게 구원 받을 수 있는가?
내가 구원 받은 것을 어떻게 확신할 수 있는가?
나는 침체에 빠지거나 타락했을 때 어떻게 회복할 수 있을까?[37]

청교도 설교자들은 신자들이 각자 일상생활에서 마음속의 양심으로부터 제기되는 여러 근심과 염려, 불안, 구원에 대한 불확실성의 문제를 성경적인 설교로 해결해 주는 데 집중했기 때문에, 자연히 그들의 설교는 매우 실제적이고 적용 지향적일 수밖에 없었다.[38]

그 메시지를 듣는 청중으로서는 설교자가 청중의 겉모습뿐만 아니라 마치 가정에서 함께 생활하면서 자신의 모든 생활을 지켜보고 있는 느낌이 들었고, 설교자들이 내면의 생각까지도 투명하게 알고 있는 것 같은 느낌이 들었다.

조엘 비키에 의하면 다음 두 가지 이유로 인하여 16세기 말엽에 구원의 확신 문제가 신자 개인이나 청교도 설교자들의 주된 관심사로 부상하였다.[39]

첫째, 종교개혁 이후 2~3 세대가 지나가면서, 교회 안으로 들어온 신자들 사이에 자신의 구원을 당연히 여김과 동시에 거룩한 삶의 표징이 뒤따르지 않은 신자들이 증가하였고, 이에 따라 설교자들의 입장에서는 구원의 확신에 관한 교리를 분명하게 선포하고 납득시켜야 할 필요성도 증가하였다.

당시 청교도들은 교회 안에서 성경의 진리들에 대한 단순한 지적인 동의만으로 자신이 구원 받았다는 충분한 조건으로 간주하는 죽은 정통주의를 거부하고, 각자 자신의 구원에 대하여 분명하게 확신할 뿐만 아니라 그 확신에 관한 증거를 스스로 제출할 수 있어야 한다고 보았다.

---

37 조엘 비키, 마크 존스, "청교도의 결의론", 1059.

38 이은선, 64.

39 조엘 비키, 마크 존스, "윌리엄 퍼킨스와 그의 양심의 최대 문제", 677.

둘째, 당시 청교도 목회자들이 이렇게 명목상의 정통주의를 거부하고 양심의 가책으로부터 출발하여 구원의 확신으로 나아가야 하는 영혼의 자기 성찰을 중요하게 여겼기 때문에, 청교도 운동을 주도하는 영향력 있는 목회자들과 신학자들에게도 구원의 확신에 관한 성경적인 교리를 올바로 정립하는 문제가 매우 중요한 사안이 되었다.

조엘 비키에 의하면, "사람들은 죄와 하나님 앞에서의 죄의 심각성에 사로잡힐수록 죄와 자기들 자신에 대해 그만큼 더 절망하게 된다. 이런 절망은 선택과 구원에 대한 확신을 중심으로 돌아가는 양심 문제에 비옥한 토양이 된다."[40]

결국, 결의론 신학이 청교도 목회자들 가운데 발전하게 된 배경에 대해서는 청교도 사상 안팎에서 가해진 압력으로부터 유추해 볼 수 있다. 청교도 사상 안에서는 구원의 확신에 관한 의심과 불안에 빠진 사람들을 면밀하게 도덕적, 영적으로 감동하는 데 지침을 제공해야 할 목회적인 필요성이 점차 부상하였다.

더불어 청교도 사상 밖으로부터 청교도 지도자들은 교회 소속 신자들에게 제공할 자산을 로마가톨릭교회와 비견할 만큼 충분히 확보하지 못하고 있다는 로마교회 논객들의 신랄한 비판과 공격이 있었다.

이에 따라 청교도들은 이상의 두 가지 압력에 대처하려는 사명의식이 고조될 수밖에 없었고, 로마가톨릭으로부터 비판적으로 제기된 목회 현실에 관한 신학적인 문헌 활동이 폭발적으로 증가했다. 그 결과 유럽 전역의 개혁파교회의 선망 대상이 될 정도로 뉴잉글랜드 청교도들 사이에 결의론에 관한 실천신학이 활성화하였다.[41]

---

40 조엘 비키, 마크 존스, "윌리엄 퍼킨스와 그의 양심의 최대 문제", 677.

41 조엘 비키, 마크 존스, 1057-8.

4) 청교도들의 확신 교리와 실천적 삼단 논법

청교도 신학자들과 목회자들에게 신자의 양심 문제에 대한 성경적이면서도 목회적으로 설득력 있는 해답을 제공해야 할 필요성이 부상하였다.

신자는 어떻게 자기 마음속 양심의 가책을 통과하여 구원의 확신에 성공적으로 도달할 수 있을까?

윌리엄 퍼킨스는 다음 세 가지 확신의 근거를 제시했다.

첫째, 하나님의 언약으로 비준되는 복음의 약속
둘째, 우리의 영과 함께 우리가 하나님의 자녀임을 증언하는 성령의 증언
셋째, 성화의 열매

조엘 비키에 의하면 이 세 가지 서로 밀접하게 연관된 '구원의 확신'의 근거는 퍼킨스가 '천국 문의 중심 돌쩌귀'라고 부를 정도로 매우 중요하다.[42] 그이 세 가지 확신의 근거는 성령 하나님이 신자들이 그들이 하나님의 자녀임을 가르치는 복음의 약속에 근거하여 실제로 개개인 신자들에게 확신을 가져다 주며, 실제 삶에서 성화의 열매를 만들어 내는 단계로 이어지기 때문이다.

이 세 가지 요소는 유기적으로 상호 작용하면서 청교도 설교자들이 자신들의 설교에서 설득 논리로 빈번하게 사용하였던 실천적 삼단 논법으로 발전하였다.

---

42   조엘 비키, 마크 존스, "윌리엄 퍼킨스와 그의 양심의 최대 문제", 682. 조엘 비키에 의하면 저명한 청교도 설교자였던 앤서니 버제스는 신자가 자신의 구원을 확신해야 할 필연성에 관한 성경적인 근거 구절로 고린도후서 7장 1절, "그런즉 사랑하는 자들아 이 약속을 가진 우리는 하나님을 두려워하는 가운데서 거룩함을 온전히 이루어 육과 영의 온갖 더러운 것에서 자신을 깨끗하게 하자"를 인용하여 그리스도의 은혜에 대한 깨달음과 거룩한 삶을 향한 열망이 하나로 뭉쳐 있다고 결론 내렸다고 한다. 조엘 비키, *Puritan Reformed Spirituality*, 김귀탁 역, 『개혁주의 청교도 영성』(서울: 부흥과개혁사, 2009), 307-8.

윌리엄 퍼킨스의 실천적 삼단 논법은 대전제와 소전제 그리고 적용적인 결론으로 이어진다.

대전제는 하나님께서 그리스도를 믿는 신자들과 언약으로 비준한 복음의 약속을 담고 있다. 그리고 소전제는 성경을 읽거나 설교를 듣는 과정에서 성령 하나님의 조명으로 말미암아 은혜로운 복음의 약속이 신자 자신에게 해당한다는 것을 깨닫는 성령의 조명이다. 마지막 적용점인 결론은 대전제와 소전제의 논리적인 흐름이 신자 자신에게 실제로 적용되어 나타나고 있음을 가시적으로 확인함으로 얻는 적용 단계다.

그리고 대표적인 청교도 신학자 중의 한 사람인 윌리엄 에임스의 실천적 삼단 논법은 프랑스의 논리학자 피터 라무스의 논리학을 칼빈의 신학 논증과 결합한 논법으로 평가 받는다.

윌리엄 에임스는 그의 역작 『신학의 정수』에서 피터 라무스의 이분법 체계에 따라서 하나님을 위한 삶의 교리로서의 신학을 신앙과 순종으로 구분한 다음, '사람이 무엇을 믿는가?'에 관한 신앙과 '사람이 어떻게 신앙을 실천하고 하나님께 순종하는 삶을 사는가?'에 관한 순종을 통합하는 신앙의 설득 논리를 제시하였다.[43]

조엘 비키에 의하면 윌리엄 퍼킨스의 확신 교리에서 발견되는 실천적 삼단 논법의 사례는 다음과 같다.[44]

대전제: 구원을 위해 회개하고 오직 그리스도를 믿는 자만이 하나님의 자녀다.
소전제: 성령의 은혜로운 사역으로 말미암아 나는 회개하고 오직 그리스도를 믿는다.
결론: 그러므로 나는 하나님의 자녀임을 확신할 수 있고 감사할 수 있다.

---

43 조엘 비키, 마크 존스, *A Puritan Theology*, "박식한 학자 윌리엄 에임스와 신학의 정수," 67. 오덕교, 『언덕 위의 도시』, 241.

44 조엘 비키, 마크 존스, "윌리엄 퍼킨스와 그의 양심의 최대 문제", 683.

이상의 삼단 논법에서 대전제는 철저하게 성경의 증언에 기초하여 펼쳐진다. 이어지는 소전제는 대전제의 성경적 증언이 설교를 듣는 신자 자신에게 적용됨을 깨닫도록 하는 데 집중된다. 소전제가 청중에게 설득되는 비결은 한편으로는 설교자의 설득 논리가 믿어지기 때문이지만, 또 다른 한편으로는 성령 하나님의 감화 감동 덕분이다.

소전제가 어떻게 신자들에게 믿어질 수 있을까?

그것은 소전제 내용 그대로 신자 자신이 설교자가 초청하는 회개와 그리스도를 향한 믿음의 고백에 참여하고 있기 때문이다. 또 다른 한편으로 설교자의 입에서 선포되고 신자의 귀로 들려오는 대전제와 소전제가 신자 편에서 자신의 눈으로 직접 확인되기 때문이다.

달리 말하면, 실천적 삼단 논법의 논리적 진행 과정에서 들리는 말씀의 복음 선포(대전제)와 보이는 말씀(소전제)이 신자의 양심에서 서로 정확하게 대응하는 것을 경험할 수 있다.

그때 설교자는 마지막 적용적인 결론의 확증을 제시하여 "그러므로 나는 하나님의 자녀"라는 구원의 확신에 관한 설득 논리에 온전히 동의할 수 있다.

이렇게 청교도들의 실천적 삼단 논법은 신자가 현재 참여하고 있는 교회 생활과 순종의 삶이 성경이 제시하는 그리스도의 은혜로 인한 구원에 실제로 참여하고 있음을 확증하도록 성경적 증언과 신자들의 영적 경험을 서로 긴밀하게 연결했다.[45]

윌리엄 에임스는 윌리엄 퍼킨스의 설득력 있는 설교의 구조를 좀더 발전시켜서, 성경 본문 해석으로부터 시작하여 성경적인 가르침과 교훈을 확정하기 그리고 현재 청중에게 효과적으로 적용하는 순서를 정착시켰다.[46]

예일대학교(Yale Univ.)의 해리 스타우트 교수 역시 청교도 설교자들의 전형적인 설교 형식은 '성경 본문 주해-교훈(적 설명, 또는 교리적인 설명)-(신자들

---

[45] 조엘 비키, *Puritan Reformed Spirituality*, 309.

[46] 오덕교, 『언덕 위의 도시』, 238, 281.

의 삶의) 적용'의 독특하고도 단순한 성경 강해 스타일의 설교 형식에서 찾아볼 수 있다고 한다.[47]

또한, 부르스 비클은 청교도 설교의 독특한 구조를 선포(declaration)와 해명(explanation) 그리고 적용(application)의 구조로 이해하면서, 선포와 해명이 이성적으로 납득시키는 과정이라면, 적용은 앞의 선포와 해명에서 제시된 성경적인 가르침을 회중이 전인격적으로 받아들이도록 설득하고 감동을 안겨주는 과정으로 설명한다.[48]

이러한 청교도들의 성경적이면서도 탁월한 설득력을 갖춘 성경 강해 설교의 전통은 이후로 생생한 이미지 설교의 대가인 찰스 스펄전, '불 붙은 논리'(logic on the fire)의 설교자 마틴 로이드 존스, 해돈 로빈슨의 강해 설교 전통으로 계속 발전하는 데 결정적인 밑거름을 제공하였고, 현대 강해 설교에서 주해와 신학 그리고 설교의 3차원의 중심 사상(three dimensional main ideas), 또는 삼중의 초점 맞추기(three dimensional focalization)를 통해서 거듭 발전하고 있다.

5. 21세기 한국 교회를 위한 청교도 설교의 적실성

이상으로 16세기 뉴잉글랜드 청교도 설교 운동의 특징을 살펴보았다.

청교도 설교 운동의 기원은 중세 시대 로마가톨릭교회나 영국 성공회의 관제 주도적인 목양 방식을 거부하고, 오직 성경에 기록된 하나님의 말씀으로 신자의 양심에 구원의 확신을 심어주고 그 불타는 확신에 근거하여 거룩한 가정과 교회 그리고 거룩한 사회를 이룩하려는 청교도들의 열망에서 시작되었음을 확인하였다.

---

[47] Harry Stout, *The New England Soul: Preaching and Religious Culture in Colonial New England*(New York: Oxford Univ. Press, 1986), 34.

[48] 브루스 비클, 『복음과 청교도 설교』, 41.

그렇다면 21세기 한국 교회를 위하여 청교도 설교 운동으로부터 계승 및 발전시켜야 하는 설교학적인 통찰은 무엇일까?

1) 조엘 비키의 험증적(또는 경험적) 설교

이 질문의 해답에 도달하는 과정에서 조엘 비키의 경험적 설교로부터 매우 중요한 힌트를 받을 수 있다. 청교도 설교 운동의 유산에 관하여 매우 광범위하고도 심층적인 연구를 진행했던 조엘 비키 교수에 의하면 청교도 설교의 세 가지 특징은 다음과 같다.

첫째, 청교도 설교는 청중의 지성을 향하여 성경적인 진리를 분명하게 이해할 수 있도록 전했다. 앞서 확인한 바와 같이 청중의 지성에 명료하게 이해할 수 있도록 실천적 삼단 논법의 논리 형식을 따라서 전했다.
둘째, 청교도 설교는 신자의 양심과 날카롭게 마주했다. 청교도의 설교는 신자들의 죄의 문제를 구체적으로 적시했으며, 죄악과 범죄로 인한 책임과 하나님의 준엄한 심판을 가감 없이 분명하게 선포했다.
셋째, 청교도 설교는 청중의 마음을 향하여 강렬한 호소력을 발휘하는 설교였다. 청교도 설교자들은 마지막 설교자로서 마지막 회중을 향하여 간절하게 설교하였다. 앞으로 더이상 설교할 기회가 찾아오지 않을 사람들에게, 앞으로 더이상 이 메시지를 들을 기회가 없으리라고 생각되는 청중을 향하여, 생명과 사망의 운명을 스스로 결정해야 하는 신자들을 향하여 설교하였다.

조엘 비키는 17세기 청교도 설교의 놀라운 유산을 신자의 양심 문제를 해결하려는 결의론과 실천적 삼단 논법으로 압축한 다음, 이를 다시 '험증적 설교'(experimental preaching, 또는 경험적 설교)라는 주제로 발전시켰다.
그가 청교도 설교의 유산을 '험증적 설교'로 명명하는 이유는 설교 소통의 3차원인 내용, 형식, 목적의 세 요소 중에서 특별히 설교의 목적을 신자의 영적 경험에 두기 때문이다. 이 경우 청중 편에서는 자신의 영적 경험을 구원의 확신을 증명하는 근거로 확보할 수 있다.

조엘 비키가 청교도 설교의 유산을 현대 설교학 안에서 발전시키고자 '험증적'(experimental)이란 단어를 채용하는 이유가 있다. 험증적(실험적, 또는 경험적)이란 단어는 '시도하다' 또는 '증명하다'는 뜻을 가진 동사 '엑스페리오르'(experior)에서 파생된 것으로, '경험을 통해 찾거나 알다'는 뜻을 가질 수도 있으며, 여기서 '경험을 통해 얻은 지식'을 의미하는 '엑스페리엔티아'(experientia)라는 단어도 파생되었다고 한다. 이런 어원학적인 설명에 근거하여 조엘 비키는 청교도 설교의 탁월한 측면을 '험증적 설교'로 발전시켰다.[49]

그는 험증적 설교의 특징을 좀더 자세히 설명한다.[50]

첫째, 하나님의 말씀이 그 중심에 위치한다.
둘째, 신자와 불신자의 차별성 그리고 은혜의 복음과 공의의 심판의 차별성을 분명하게 나타내는 설교다.
셋째, 하나님 백성의 삶 속에 어떤 일이 벌어지고 있고, 그들이 어떻게 해야 하는지를 설명해 준다.
넷째, 내면적 지식을 강조한다.
다섯째, 예수 그리스도가 중심이다.
여섯째, 삼위 하나님을 영화롭게 하려는 목적을 추구한다.

결국, '험증적 설교'(experimental preaching)는 성경의 진리에 입각하여 회중의 문제들이 어떻게 해결되어야 하는지, 그 문제의 해결 과정에서 그리스도인들이 영적인 삶의 목표에 어떻게 도달할 수 있는지를 안내하는 설교다. 이런 맥락에서 험증적(또는 경험적) 설교는 그리스도인이 자신의 삶 속에서 성경적, 기독교적 교리의 진리를 어떻게 경험하는지에 관한 중대한 문제를

---

49 조엘 비키, *Puritan Reformed Spirituality*, 718.
50 조엘 비키, *Puritan Reformed Spirituality*, 727-733.

다룬다.

이를 위하여 설교자는 설교에서 성경적인 진리를 신자들의 가족과 교회 그리고 주변 세계와의 관계를 포함하여 신자의 개인적 경험의 전체 영역에 적용하는 것을 목표로 한다.

2) 하나님 나라에 관한 해석학적 실재론 설교

필자는 21세기 한국 교회를 위한 청교도 설교의 유산을 신자의 양심 문제에 대하여 결의론 사상에 근거한 실천적 삼단 논법 설교와 경험 설교로 정리하였다.

21세기 한국 교회를 위한 청교도 설교의 적실성은 무엇일까?

앞에서 현재 한국 교회의 문제는 종교적 세속화에 따른 설교 메시지의 사사화와 가현설적인 설교 그리고 이에 따른 영적 정체성 상실임을 확인하였다.

그렇다면 21세기 한국 교회의 문제를 해결할 수 있는 청교도 설교의 유산은 어떻게 한국 교회에 적실성을 제공할 수 있을까?

필자는 하나님 나라의 복음을 통전적으로 선포하고 실현하는 설교, 즉 해석학적인 실재론 설교를 제안하고자 한다.[51]

해석학적 실재론(hermeneutical realism)이란, 비판적 실재론처럼 하나님 나라의 실재가 존재함을 인정하지만,[52] 그 실재 세계에 도달할 수 있는 최선의 방법은 비판적 실재론처럼 인간의 합리적 이성을 사용하는 것이 아니라, 성경에 기록된 하나님의 말씀과 그 말씀의 적용 대상인 회중에 관한 해석학적인

---

51   이승진, "해석학적인 실재론에 근거한 성경 해석과 설교 메시지의 전달 과정에 관한 연구," 「복음과 실천신학」54(2020), 198-231.

52   Alister E. McGrath, *Christian Theology: An Introdoction*, 김기철 역, 『신학이란 무엇인가』 (서울: 복있는사람, 2014), 424-427.

탐구 과정을 거쳐서 도달된다는 해석학적인 관점을 의미한다.[53]

해석학적인 실재론의 목표는 하나님 나라의 실재를 구성하는 모든 것이 하나님 말씀의 온전한 통치를 따르는 데 있다. 하나님 나라의 실재는 삼위 하나님께서 그분의 말씀으로 신자의 양심과 전 인격, 가정과 교회, 일반 사회의 정치 경제 문화 그리고 온 세상과 구속 역사 전체를 통치하심으로 실현된다.

해석학적인 실재론 설교는 설교의 목표와 내용 그리고 형식의 3요소가 유기적으로 작용하여 말씀-사건의 목표를 성취하는 설교다. 해석학적인 실재론 설교의 목표는 바로 앞에 확인한 바와 같이 하나님 나라의 실재 세계를 이루는 신자의 양심과 인격체, 그가 속한 가정과 교회가 하나님 말씀을 통한 온전한 통치를 경험하고 그러한 영적 경험이 일반 사회의 정치, 경제, 문화로 확장됨으로 그 교회와 신자들이 하나님의 영광을 만방에 비추게 하는 것이다.

이러한 목표를 달성하기 위하여 설교자들은 해석학적인 실재론 설교의 내용을 위하여 성경 본문을 구속 역사 관점으로 해석하여야 한다. 이 과정에서 성경 해석의 목표는 성경 본문이 가리키는 과거 하나님 나라의 실재 세계를 경험한다. 성경 본문이 가리키는 과거 구속 역사의 특정한 시기(또는 시점)에 성경에 등장하는 모범적인 인물들이나 성경 본문의 저자들 그리고 선지자들과 사도들은 어떤 과정을 거쳐서 하나님 나라의 실제 세계를 살았는지 그리고 그 세계에 개입하셨던 하나님의 절대주권을 어떻게 경험하고 목격하였는지를 저자의 기억을 통하여 대리로 체험해야 한다(추체험).

이러한 본문 해석과 이를 통한 추체험의 과정은 설교자의 근면한 연구 활동이 선행해야 하지만, 이와 아울러 그 해석과 묵상 과정에 성령 하나님이 깨달음의 빛을 제공하시는 조명 활동이 반드시 병행되어야 한다.

---

[53] 김영한, "기독교 인식론으로서 해석학적 실재론,"「기독교철학」9(2009), 1-19. Daniël Louw, *Wholeness in Hope Care: On Nurturing the Beauty of the Human Soul in Spiritual Healing*(Wien, Zürich: LIT, 2015), 104-11.

연구와 묵상을 통하여 설교자는 성경 본문 안에서 하나님이 인격적으로 다가와서 말씀하시는 말씀-사건(Word-event)을 경험할 수 있다. 그리고 이러한 말씀-사건의 경험은 교회 회중들 역시 설교자가 경험했던 말씀-사건의 일부를 경험하도록 설득 논리를 준비하여 전달하는 단계로 이어진다. 회중이 설교 메시지를 통하여 말씀-사건을 경험하도록 하려면, 설교 메시지의 설득 논리 저변에 반전의 깨달음을 담아야 한다.

설교 메시지가 청중에게 반전의 깨달음을 통한 말씀-사건을 경험하도록 하려면, 유진 로우리가 제시하는 내러티브 설교 플롯이 효과적인 대안이 될 수 있다. 아래는 로우리(Eugene Lowry)의 내러티브 설교 플롯이다.

첫째, 서론의 질문을 던짐으로 청중 마음의 평형 감각을 뒤집는 단계
둘째, 문제점 심화 단계
셋째, 실마리를 암시하는 단계
넷째, 복음의 해답을 선포하는 단계
다섯째, 복음으로 인한 긍정적인 희망을 예상하는 단계

해석학적 실재론 설교가 16세기 뉴잉글랜드 청교도 설교처럼 청중에게도 탁월한 영향력을 발휘하려면, 설교자가 설교 메시지의 수사적인 형식을 통하여 청중에게 반전의 깨달음과 이로 인한 영적 감동을 제공해 주어야 한다. 그뿐만 아니라 설교 메시지가 다루는 주제가 신자들이 관계를 맺고 살아가는 가시적인 일상생활의 현실 세계를 실제로 다루어야 한다.

앞서 확인한 바와 같이 16세기 뉴잉글랜드 청교도 설교가 당시 신자들의 양심 문제를 실천적 삼단 논법으로 다루어서 대전제의 성경적 가르침과 소전제의 실제 가시적인 신자들의 신앙생활의 형편과 처지로 연결해서 구원의 확신이라는 결론에 도달할 수 있도록 했다.

이와 마찬가지로 21세기 한국 교회 설교가 설교의 사사화와 가현설적인 설교로 인한 영적 정체성 상실의 문제를 극복하려면, 설교가 신자들의 마음의 문제만 다룰 것이 아니라, 코로나 팬데믹 시대 속에서도 여전히 살아 계

시며 말씀으로 일상을 통치하시는 삼위 하나님 앞에서 각자 가정과 직장, 일터 그리고 생존 현장에서 거룩한 사고와 성품, 언어 활동, 이웃과 교회공동체를 섬기고 배려하는 성품을 계발하고, 거룩하고 모범적인 양식으로 사회에서 선도적인 영향력을 발휘할 수 있도록 권면하고 도전해야 한다.

6. 나가는 말

21세기 코로나 팬데믹 시대를 살아가는 설교자 입장에서 과거 놀라운 교회 부흥을 이끌었던 청교도들의 설교 역사를 연구해 보니, 한편으로 아쉬운 생각과 또 다른 한편으로 간절한 기도가 사무친다.

잘 알려진 바와 같이 조지 휫필드가 미국 뉴잉글랜드 지역에서 말씀 사경회를 통하여 하나님의 말씀을 선포하였을 때, 강력한 회심과 교회의 부흥의 역사가 일어났다. 그가 말을 타고 지나간 마을마다 불길에 사로잡힌 들판처럼 모두 회심을 경험하였으며 동네 분위기가 극적으로 바뀌었다고 한다. 한 달 전까지만 하더라도 마을 술집이나 공터에 모여서 음담패설을 주고받던 청년들의 대화 주제가 성경과 하나님의 말씀, 인간의 죄 문제, 그 죄를 용서하시는 하나님의 은혜와 그리스도의 사랑으로 바뀌었다.

이런 부흥의 역사는 오늘날에는 전혀 불가능한 것인가?

한 여름밤의 화려한 꿈에 불과한 것인가?

부흥의 역사를 연구한 이안 머레이(Ian H. Murray)는 1620~1858년 첫 번째 부흥 시기에 목회자들과 신자들에게 각인된 부흥에 대한 관점이 다시금 회복되어야 한다고 말했다.[54] 부흥은 찰스 피니가 주장했던 것처럼 인간 설교자의 노력이나 기획을 통해서 준비할 수 있는 차원의 것이 아니라 철저하게 하나님의 절대주권에 달려 있다.

---

54 Ian H. Murray, *Rivival & Revivalism*, 신호섭 역, 『부흥과 부흥주의』 (서울: 부흥과개혁사, 2005), 575.

부흥이 인간 노력의 산물이 아니라 하나님의 절대주권에 달렸음을 강력하게 확신한다면, 과거 교회 역사에서나 현재 교회 역사에서나 동일하게 부흥을 주도하시는 성령 하나님은 모든 교회가 하나님의 말씀으로 온전하게 회복되기를 원하시는 만큼 부흥에 대한 간절한 기대감을 모든 신자에게 부어주셔서 하나님의 부흥을 기대하고 사모하며 간절히 기도하도록 인도하실 것이다.

지금 한국 교회의 영적인 기류가 성령 하나님의 강권적인 역사로 평양대각성부흥운동과 60년대 폭발적인 부흥을 경험한 세대의 영적인 기류와 무관해 보일 수도 있다.

하지만, 폭발적인 부흥의 시기와 영적인 폐허더미 속에서 부흥을 간절히 기다리는 시기와 분리되거나 서로 무관한 적은 단 한 번도 없었다. 2천 년 교회 역사 속에서 이 두 시기는 앞서거니 뒤서거니 시간 차이는 있었더라도 결코 분리된 적도, 어느 하나만 별도로 발생한 적도 없었다.[55]

지금이 영적으로 매우 건조하고 황폐한 침체의 시기라면, 우리는 그만큼 간절히, 우리 선조들이 경험했던 놀라운 부흥의 때가 다시 임하기를 간구해야 한다. "한 세대가 심고 다른 세대가 거둔다"(요 4:37)는 것은 결코 폐할 수 없는 하나님 나라 법칙이기 때문이다.

---

55 Ian H. Murray, *Rivival & Revivalism*, 576. 대각성부흥운동을 경험했던 구학파 인사들은 "한 세대의 기도와 사역이…다른 세대와 긴밀하게 얽혀 있다는 것이라고 믿었다."

제7장

대재앙에 대한 신정론 관점의 설교 연구

1. 들어가는 말

1) 전 지구적인 대재앙에 관한 기독교 설교자들의 문제점

2004년 12월 26일 인도네시아 현지 시각 7시 58분경 수마트라섬 북부의 서해안 인근 바다에서 모멘트 규모 9.1의 해저 지진이 발생하였다. 인도네시아, 스리랑카, 인도, 태국 등의 인근 국가들에는 15미터 높이의 해일이 강타하면서, 대략 17-18만 명 이상이 사망하고 수만 명이 실종되고 백만 명이 넘는 이재민이 쏟아졌다.

전 세계는 가공할 만한 자연재해 앞에서 경악하면서도, 해당 지역의 피해 복구를 위한 여러 나라 구호단체들의 구호와 복구를 위한 지원의 손길이 앞다퉈 보냈다.¹

전대미문의 초대형 쓰나미 사건이 발생한지 1주일 후, 한국 교회와 사회는 다시 한번 쓰나미가 강타한 것 같은 심리적인 혼란에 휩싸였다.

1　* 이 논문은 2012년 정부(교육부)의 재원으로 한국연구재단의 지원을 받아 수행된 연구임 (NRF-2012S1A5A2A01015992).
　김장겸, "인도네시아-해일 참사에도 불구하고 아쩨 내전 지속", 한국외국어대학교 국제지역연구센터 편, <국제지역정보> 139(2005), 22-23.

한국의 모 대형 교회를 담임하는 K 목사가 2005년 새해 첫 주일 설교에서 인도네시아 지역에서 발생한 쓰나미의 대참사는 이 지역이 힌두교도들이 창궐한 지역이며 그 전에 이 지역의 선교를 위해서 헌신했던 그리스도인들을 많이 박해하고 죽였던 죄악에 대한 하나님의 징벌로 발생했다는 취지로 설교했다. 그는 "8만 5천 명이나 사망한 인도네시아 아체라는 곳은 3분의2가 무슬림교도이고 반란군에 의해 많은 그리스도인이 학살당한 곳"이며, "3-4만 명이 죽은 인도의 첸나라는 곳은 힌두교도들이 창궐한 곳이다"라고 설교했다. 그는 계속해서 "태국의 푸껫이라는 곳은 많은 유럽 사람들이 와서 향락하고, 음란하고, 마약하고, 죄짓는 장소로 쓰인다"며 "푸껫에 유럽 사람들이 많이 왔다가 죽었는데, 예수를 제대로 믿는 사람은 하나도 안 간다"고 주장하면서, 자연재해를 이 지역 사람들이나 방문객들의 도덕적 악에 대한 하나님의 심판으로 설교하였다.

이 설교가 교회 바깥의 한국 사회에 일파만파로 퍼지면서 이 설교자의 메시지를 비판하는 발언들이 여기저기서 쏟아졌다.[2] 일견 사소해 보이는 한 설교자의 설득력이 전혀 없는 설교 한 편 때문에 한국 교회 전체의 대사회적인 공신력과 영향력이 급속도로 실추되었다.[3]

대지진과 쓰나미와 같은 초대형 참사가 발생할 때마다, 거의 모든 기독교 신자는 대재앙 사건을 하나님의 숨겨진 뜻이나 섭리와 연결해서 이해하려고 한다. "의미 없는 고난은 없다"는 말 때문인지, 목회자들은 전 지구적인 대재앙과 사건이 발생하면 그 사건에 대한 나름의 영적인 의미를 해설하려는

---

2 이승규, "김홍도 목사, 쓰나미 사건은 하나님 안 믿은 결과", <뉴스엔조이>, 2005년 1월 11일 기사; 조연현, " 김홍도 목사, 지진 사망은 하나님 심판", <한겨레신문>, 2005년 1월 12일 기사.

3 기독교윤리실천운동이 2010년 11월에 한국의 만 19세 이상 남녀, 1천 명을 대상으로 GH 코리아에 의뢰하여 진행된 전화 설문 조사 결과에 의하면 한국 교회를 신뢰하는지의 여부를 묻는 질문에 대하여 "신뢰하지 않는다"는 응답자(48.4%)가 "신뢰한다"는 응답자(17.6%)의 두 배를 초과하는 것으로 나타났다. 우창록, 「2010년 한국 교회의 사회적 신뢰도 여론조사 결과발표 세미나」(서울:기독교윤리실천운동, 2010), 11-12.

나름의 의무감이나 사명감에 휩싸이곤 한다.

하지만, 그러한 시도는 고난 겪는 당사자나 그런 당사자들의 비참한 절규를 언론 보도를 통해서 전해 듣고 지켜보는 제삼자에게 전혀 설득력을 발휘하지 못하는 경우가 많다. 신자, 불신자를 막론하고 고통을 당하는 당사자들은 재앙 자체로 말미암은 심적 부담과 더불어 이해할 수 없고, 이해되지 않는 고난의 이유와 의미에 대한 심적 부담에 직면한다.[4]

대재앙 자체로 인한 고통만 아니라 그 고통의 의미나 원인에 대하여 깊이 고민하는 사람들에게 기독교 설교자들은 어떤 신학적인 관점에 근거하여 설교해야 할까?
30여만 명 이상이 사망하고 300만 명의 이재민이 발생한 아이티 대지진의 원인은 대다수 국민이 사탄을 숭배하는 부두교에 대한 하나님의 징벌 때문일까?
아니면 악마 숭배에 따른 악마의 저주 때문일까?
이 끔찍한 사건의 배후에 숨어 있는 하나님의 뜻과 의도에 대해서 교회는 어떻게 이해해야 하고, 또 목회자들은 어떤 관점에서 하나님의 말씀과 뜻을 설교해야 하는가?

---

4 Ven, Johannes van der, *Suffering: Why for God's Sake?: Pastoral Research in Theodicy*.(Kampen: J.H. Kok Publishing, 1995), 14.

2) 연구의 필요성과 방법

인간의 상상을 초월하는 엄청나고 무시무시한 대규모 재앙(강진, 쓰나미, 대형 화재)이 발생할 때, 사람들은 자연히 그 이유와 원인을 찾기 마련이다.[5] 인간의 책임이나 정부의 역할, 또는 한 사회의 방재 시스템의 한계 안에서 해답을 찾기 어려워지면, 사람들은 자연히 대재앙이 발생하게 된 하나님의 섭리나 뜻을 찾기 마련이다.

이런 경우, 교회가 동원하는 신학적인 논리가 다분히 인과응보의 차원을 넘지 못하게 되면, 현장에서 고통을 당하는 당사자나 그 비참한 모습을 제삼자의 위치에서 지켜보며 안타까운 마음으로 신속한 회복을 염원하는 사람들에게 오히려 심각한 상처를 안겨주기 마련이다.

다른 한편으로 하나님의 살아 계심과 하나님이 이 역사와 우주를 다스리시고 섭리하심을 믿는 기독교 교회로서는 당연히 이 고난과 대재앙에 숨은 하나님의 뜻을 찾아내고 해석하여 선포할 책임이 있다. 이 책임을 맡은 교회나 목회자들이 하나님의 올바른 뜻을 해석해 내지 못하고 올바로 선포하지 못할 때, 교회는 본연의 책임을 다하지 못함으로 말미암아 세속 사회의 심각한 비판에 직면한다.

제1, 2차 세계 대전과 아우슈비츠 유대인 수용소의 참사, 히로시마 원폭 투하, 체르노빌 방사능 누출, 인도네시아와 아이티의 대지진과 동일본 지역의 쓰나미와 같은 대재앙들은 인류 역사 속에서의 하나님의 존재와 섭리에 대한 신앙에 중대한 도전을 제기한다.

역사를 다스리는 하나님이 살아 계신다면 어떻게 이런 비극이 발생할 수 있는가?

---

[5] Jerry Sittser, *A Grace Disguised: How the Soul Grows Through Loss*(Grand Rapids: Zondervan, 1995). Harold Kushner, *When Bad Things Happen to Good People*(New York: Avon, 1983), 4; Clive Staples Lewis, *The Problem of Pain*, 이종태 역, 『고통의 문제』(서울: 홍성사, 2002), 39.

기독교 설교자들은 이런 질문을 품고 교회에 나와 성경을 펼쳐 들고 하나님의 불가해한 섭리에 관해 질문하는 신자들에게 성경적인 해답을 제시해야 한다.

이번 장에서 필자는 기독교 설교자들에게 대재앙에 관하여 균형 잡히고 신학적으로도 설득력 있는 관점에 근거하여 설교할 수 있는 설교학적인 통찰을 제공하려고 한다. 이를 위해 연구자가 선택할 주된 연구 방법은, 해당 주제를 다루고 있는 문헌들과 논문들을 집중적으로 살펴보면서 대재앙에 대한 신정론 관점 중에서, 특히 설교학적인 활용 방안들을 모색하는 것이다.

단 브라우닝(Don Browning), 찰스 거킨(Charles V. Gerkin), 한스 반 더 밴(Hans van der Ven), 다니엘 로우(Daniel J. Louw), 기스베르트 딩거만스(Gijisbert D. J. Dingemans) 그리고 리차드 오스머(Richard R. Osmer)와 같은 저명한 실천신학자들은 실천신학의 중요한 연구방법론으로 신학 이론(theory)과 신학 실천(practice)을 통합하는 프락시스(praxis) 중심의 실천신학 연구방법론을 제안했다.[6]

첫째, 현재 상황을 있는 그대로 서술하는 기술적인 과제(descriptive task)
둘째, 현재 상황과 문제점에 대한 비평적인 해석(interpretation)
셋째, 현재 상황과 문제점을 극복할 규범 설정(normative task)
넷째, 목표지향적인 규범에 비추어 현재의 문제점을 개선할 실행 가능한 전략 제시(strategic task)

따라서, 대재앙에 관한 신정론 관점의 연구는 프락시스 중심의 실천신학 연구방법론을 따라서 다음의 세 단계로 진행될 것이다.

---

6   Daniel J. Louw, *A Pastoral Hermeneutics of Care and Encounter*(Cape Town:Lux Verbi, 2004), 96-98; Don S. Browning, ed., *Practical Theology*(San Francisco: Harper & Row, 1983), 1-16; Don Browning, *A Fundamental Practical Theology: Descriptive and Strategic Proposals*(Minneapolis: Fortress, Press, 1991); Gijisbert D. J. Dingemans, "Practical Theology in the Academy: A Contemporary Overview," *The Journal of Religion*, vol. 76, no. 1(January 1996), 82-96.

첫째, 본 연구를 실천신학의 연구방법론에 근거하여 진행한다면, 당초의 연구 과제를 제시하는 단계에서 확인했던 대재앙에 관한 한국 교회의 유명 설교자들의 인과응보에 기초한 설교의 문제점이 기술적인 과제에 해당된다.

둘째, 본 연구 주제에 대한 비평적인 해석의 단계에서는 대재앙을 인과응보의 논리로 해석하고 설교하도록 영향을 끼친 한 가지 중요한 원인이나 배경으로 대재앙을 하나님의 징계와 심판으로 묘사하는 성경의 사례들을 추적하고자 한다.

셋째, 대재앙과 같은 자연적인 악을 설명하기 위한 철학적이고 신학적인 고찰의 목적으로 신정론에 관한 이해와 신정론을 대재앙에 관한 설교의 이론적인 근거로 활용하려는 신정론의 실천신학적인 규범의 한계에 관하여, 레비나스의 신정론 비판과 기독교 윤리신학의 관점에서 비평적으로 고찰하고자 한다.

신정론에 관한 기존의 논의를 레비나스의 타자 윤리로 비평적으로 접근하려는 이유가 있다. 신정론이란 용어 자체가 암시하듯이 기존의 신정론에 관한 논의들은 이 세상에 존재하는 자연적인 악과 그 자연재해를 당하는 당사자들의 고통 그리고 이들에 대한 하나님의 역할 사이의 인과 관계를 객관적인 입장에서 설명하거나 서술하는 데 집중하는 반면, 논의를 진행하는 당사자를 대재앙에 관한 책임으로부터 제외하고 있다는 한계가 있기 때문이다.[7]

넷째, 이상의 논의에 근거하여 한국 교회의 강단에서 대재앙의 문제를 설교할 때 목회 현장의 설교자들이 고려해야 할 몇 가지 설교학적인 규범과 전략을 제안할 것이다.

앞서 확인한 바와 같이 대재앙에 관한 신정론 관점의 연구는 어느 정도 진척되었지만, 이러한 선행 연구에도 불구하고 대재앙에 관한 신정론 관점의 설교 전략에 관한 심층 연구는 충분히 이뤄지지 않았기 때문이다.

---

7 강영안, 『레비나스의 철학: 타인의 얼굴』 (서울: 문학과지성사, 2005), 211.

본 연구를 통해서 대재앙의 문제를 지나치게 단편적인 관점에서 또는 고통을 당하는 당사자들을 막연히 비난하는 입장에서 설교하는 현장 설교자들에게 좀더 설득력 있는 설교 전략을 제공할 수 있을 것이다.[8]

2. 펴는 글

1) 대재앙과 자연적인 악의 성격

대재앙에 관한 신정론 관점의 설교 연구를 위해서는, 먼저 본 연구에서 집중할 대재앙과 자연재해로 야기된 고난의 성격을 한정할 필요가 있다.

독일의 철학자인 라이프니츠(G. W. Leibniz, 1647-1716)에 의하여 본격적으로 연구되기 시작한 신정론(神正論, 또는 변신론[辯神論, theodicy])의 문자적인 의미는 "하나님의 자기 정당화"(justification of God)다.

라이프니츠는 『신정론』(theodicy)에서 이 세상에 현존하는 악을 형이상학적인 악(metaphysical evil), 자연악(natural evil), 도덕악(moral evil)으로 구분하여 상호 간의 논리적인 구조 속에서 현존하는 악을 넘어서는 하나님의 정의와 섭리를 옹호하였다.

라이프니츠가 말하는 형이상학적인 악은 이 세상이 창조될 때부터 피조계에 내재한 본래적인 퇴행성을 의미한다. 자연악은 이 세상 사람들이 필연적으로 당하는 고통과 시련을 가리키는데, 자연 세계 속에서 우발적으로 발생하는 거대한 대지진이나 폭우, 홍수, 기근과 같은 자연재해(natural disaster)로 인하여

---

[8] Aaron J. Ghiloni, & Sylvie Shaw, "'Gumboot Religion': Religious Responses to an Australian Natural Disaster", *Journal for the Study of Religion, Nature & Culture*. 7/1(2013, Mar.), 27-48. Kent D. Richmond, *Preaching to Sufferers: God and the Problem of Pain* (Nashville: Abingdon, 1988), 69ff. Ronald J. Allen, "How we respond to natural disaster", *Theology Today* 38/4(1982), 458-464. Richard W. Kropf, "Natural disaster or "act of God": the search for the missing link in theodicy", *Dialogue & Alliance*, 2/1(Spring, 1988), 57-65.

육체적 및 정신적인 고통의 형태로 경험되는 악을 총칭하는 개념이다. 도덕악(moral evil)이란 자유의지를 지닌 도덕적인 존재로서의 인간이 자신의 악한 선택과 행동을 통해서 자연악이 정당한 형벌로 행사되도록 자극하는 모든 형태의 죄악을 가리킨다.

이렇게 라이프니츠는 전능성과 거룩함의 하나님을, 악의 현존성으로 고통 당하는 인간의 하나님을 향한 의심과 이성이라는 재판정에 세우고서, 악의 존재에 대한 하나님의 책임을 이성적으로 변호하려 하였다.

하지만, 리스본 대지진 이후에 칸트의 신정론 비판을 계기로 자연악과 도덕악의 긴밀한 상호 작용에 균열이 발생하였다.

본 장에서는 이 세상에 존재하는 악과 고난의 문제와 관련하여 도덕적인 악에 대해서는 논외로 하고 대지진이나 기근, 또는 홍수와 같은 거대한 자연재해(natural disaster)에 대한 신정론 관점의 해석에 집중할 것이다.

물론, 현실 세계에는 이 두 종류의 악이 서로 뒤섞여 발생하기도 한다. 예를 들어, 일본 동부 해안의 쓰나미 참사는 인간의 자유의지와 무관하게 해저 지각판의 충돌로 야기된 초대형 참사로 자연적인 악의 범주에 해당되지만, 이 참화로 촉발된 후쿠시마 원자력 발전소의 방사능 누출 사고는 막연히 자연적인 악으로 책임을 전가하기보다 기술 문명을 맹신하고 원자력 에너지 자원을 강화하려는 일본 정부의 도덕적인 악의 범주에서 접근할 필요가 있다.[9]

비약적으로 발전한 기술 문명은 지구 전체의 생태계에 유례를 찾아볼 수 없는 치명적인 영향을 미치고 있다. 21세기에 진입한 인류는 점점 심해지는 폭염과 가뭄, 사막화 현상, 극지방의 가속화되는 해빙 현상, 해수면 상승, 지구의 평균 온도의 지속적인 상승, 안정적인 기후와 기상 현상의 붕괴를 경험하고 있다.

---

[9] 김준우, "지구의 현실과 인류의 미래를 위한 과학적 예언자들 6: 나오미 오레스케스, 인류의 운명은 몇몇 사기꾼 과학자들에게 철저히 농락 당했다",「기독교사상」통권 제 630호 (201년 6월), 202-220.

기상학자들에 의하면 지구의 평균 온도가 크게 상승한 1976년과 1998년의 마법의 관문(magic gate)을 통과한 이후 전 세계의 기상과 기후가 본격적으로 악화하고 있다. 기후 붕괴를 알리는 첫 번째 마법의 관문을 통과한 후, 지난 35년 동안 전 세계의 과학자들은 심각한 기후 붕괴를 알리는 수많은 증거를 찾아냈고 환경운동가들 역시 기후 붕괴를 저지하기 위한 다양한 노력을 기울이고 있지만, 기후 재앙은 날로 심각해지고 있다.

최근의 심각한 온난화 현상은 단순히 빙하기(氷河期, ice age)와 간빙기(間氷期, Interglacial)의 주기적인 교차 때문이 아니라, "정치인들이 경제성장에만 몰두하여 온실가스 규제를 강력하게 하지 않기 때문"이다.[10] 간단히 말하자면, 오늘날 전 세계가 몸살을 앓고 있는 환경 재앙과 자연재해는 단순한 자연적인 악이 아니라 인간의 탐욕이나 자유의지의 남용과 결부된 도덕적인 악의 연장선상에서 발생하고 있다.

이렇게 자연적인 악과 도덕적인 악의 범주를 예리하게 구분하기가 쉽지 않지만[11] 그렇다고 자연적인 악과 도덕적인 악을 간단히 뒤섞어 하나의 범주 아래 논의하기도 쉽지 않다.

앞서 언급한 바와 같이, 2004년 12월에 18만 명의 사망자와 백만 명이 넘는 이재민들을 참혹한 비극으로 몰아간 인도네시아 해저 지진, 2005년 9월 미국 동부 지역에 불어 닥친 허리케인 카트리나로 인한 대참사, 2010년 1월에 아이티에 최대 30만 명의 사망자와 약 3백만 명의 이재민을 발생시킨 리히터 규모 7.3의 대지진, 2011년 3월 일본 동부 해안을 초토화한 리히터 규모 9.0의 초대형 지진과 쓰나미와 같은 거대한 자연재해의 원인이나 이유를 단순히 해당 지역 주민들의 죄악의 문제나 인류 공동의 죄악, 또는 탐욕의 문제에서 찾기에는 지나친 논리의 비약이 발생한다.

10　김준우, 204.

11　William Dyrness, *Christian apologetics in a world community*, 신재구 역, 『현대를 위한 기독교 변증』(서울: IVP, 1990), 231.

전례 없는 대지진과 쓰나미로 인하여 소중한 생명을 잃고 이재민으로 고통당하는 당사자들이 이러한 고난에서 제외된 다른 지역의 주민들보다 더 많은 죄악을 범했다고 단정지을 수 없으므로, 도덕적인 악과 자연적인 악을 막연하게 구분하여 논의를 진행하는 것은 여전히 설득력을 얻기 힘들다.

그렇다고 자연적인 악과 도덕적인 악을 서로 연결해 분석하는 것도 너무 복잡하므로, 본 연구에서는 대재앙을 주로 인간의 도덕적인 죄악과 구분되는 범주로서의 자연적인 악(natural evil)으로 이해하는 관점을 주로 살펴볼 것이다.

2) 성경에 나타난 대재앙과 하나님의 역할

하나님이 인류 역사의 주관자시며, 그의 백성을 소중히 여겨 "심지어 머리털까지도 다 세신 바 되었다"고(눅 12:7) 믿는 기독교 신자들로서는, 대지진과 같은 거대한 자연재해(natural disaster) 앞에서 자연히 이에 대한 하나님의 뜻과 대재앙 사건에 깔린 숨은 의미를 찾기 마련이다.

기독교 신자들이 대재앙을 하나님의 개입과 연관하여 이해하려는 이유는, 성경 자체가 대지진이나 기근과 같은 거대한 자연재해를 하나님의 개입이나 섭리와 결부시키고 있기 때문이다. 성경에서 언급하는 대재앙과 이에 대한 하나님의 역할은 다음 몇 가지 용례로 구분된다.[12]

첫째, 이스라엘 백성들의 구원과 악인의 심판을 위하여 동원되는 지진이나 거대한 자연재해에 관한 구절들

둘째, 보이지 않는 하나님의 권능에 관한 현현으로서 대지진을 묘사하는 구절들

---

12 Francis A. Schaeffer, *The great evangelical disaster*(Westchester: Crossway Books, 1984), 20-35.

셋째, 패역한 이스라엘 백성들의 죄악에 대한 경고와 신학적인 각성을 끌어낼 목적으로 발생하는 지진에 관한 구절들

넷째, 그리스도의 재림으로 말미암은 옛 세계 질서의 붕괴와 새로운 천지 창조의 개벽을 알리는 묵시록적인 차원의 대지진과 자연재해에 관한 구절들

성경은 이상의 네 가지 사례 외에도 자연재해와 대재앙을 하나님의 활동과 연관 지어서 해석할 수 있는 풍부한 신학적인 통찰들을 제공한다.

첫째, 욥의 고난과 같이 고난의 원인을 도덕적인 악과 연결할 수 없는 경우다. 욥의 친구들은 일관되게 욥이 당하는 고난의 원인을 도덕적인 악에서 찾으려고 노력했지만, 욥은 이를 결코 인정할 수 없었다. 욥기 결론부(42장)에서 하나님 역시 욥의 고난을 도덕적인 죄악과 연결하지 않았다. 이러한 사례는 오늘날 일부 설교자들이 섣불리 대재앙의 문제를 도덕적인 악과 연결하려는 편협한 시도에 강력한 경종을 울린다.

둘째, 예수는 "실로암에서 망대가 무너져 치어 죽은 열여덟 사람이 예루살렘에 거한 다른 모든 사람보다 죄가 더 있는 줄 아느냐 너희에게 이르노니 아니라 너희도 만일 회개하지 아니하면 다 이처럼 망하리라"(눅 13:4-5)고 하셨다. 대형 참사가 발생했을 때 당사자의 도덕적인 악의 존재 여부보다는 그 사건에서 배제된 다른 사람들을 향한 경고와 회개의 관점에서 대형 참사를 언급하고 있는 것이다.

대재앙과 자연재해에 관한 성경의 진술들에 근거할 때, 21세기 들어 더욱 빈번해진 전 세계의 지진 현상을 어떻게 해석해야 하는가?
성경의 용례대로 그리스도의 재림 전조로 받아들여야 하는가?
지진학과 지진 계측 기술의 발달과 정보 통신 기술의 발달로 인하여 전 세계인들이 거의 매주, 혹은 거의 매달 대단한 규모의 지진 현상들을 실시간으로 전해 들으면서 살아 가고 있다.

그런데 지진이나 기근과 같은 거대한 자연재해는 강력한 사건과 미약한 사건이 주기적으로 교차하면서 창조 이래로 끊임없이 반복되어 온 자연 현상이다. 그러므로 21세기에 빈번해진 지진 현상을 근거로 이 세기가 다 가기 전에 그리스도의 재림이 발생할 것으로 단정하고서 문명과 단절된, 도피적이고 반사회적인 방식의 재림의 대비를 주장하는 것은 성경적인 가르침과 거리가 멀다.

앞서 살펴본 바와 같이 지진이나 기근, 또는 온난화 현상, 빈번해진 기상이변, 해수면 상승과 같은 거대한 자연재해 현상은 비록 성경에서 묵시록적인 사건과 동일하게 묘사되고 있지만, 대재앙 사건 속에 깔린 의미나 해석 그리고 그 파장은 매우 다양해서 신중한 해석을 요구한다.

이제 대재앙을 그 속에서의 하나님의 의지와 결부시켜 이해하려는 신정론에 관하여 살펴보자.

3. 고난에 대한 목회적인 대응과 신정론

1) 대재앙에 관한 신정론의 이해

대재앙에 대한 기독교 교회의 바람직한 설교에 관한 연구는 넓게 보자면 고난(suffering)에 대한 목회적 대응이나 기독교 상담학의 대응과 아울러 고난 앞에서 하나님의 전능성과 하나님의 선하심을 조화시키기 위한 기존의 신정론(theodicy) 연구들과도 일맥상통한다.

C. S. 루이스(C. S. Lewis)는 신정론의 문제를 다음과 같이 간략하게 정리한다.

> 하나님이 선하다면 자신이 만든 피조물들에게 완벽한 행복을 주고 싶어 할 것이며, 하나님이 전능하다면 그 소원대로 할 수 있을 것이다. 그런데 지금 피조물들은 행복하지 않다. 그러므로 하나님은 선하지 않은 존재이거나 능력

이 없는 존재, 또는 선하지도 않고 능력이 없는 존재일 것이다. 이것이 고통의 문제를 가장 단순하게 표현한 말이다.[13]

C. S. 루이스가 간단하게 정리한 신정론의 핵심적인 쟁점은, 하나님의 두 가지 대조적이면서도 핵심적인 속성인 전능성(全能性)과 선성(善性)이 세상에 실존하는 악과 그로 인한 고난의 문제와 서로 논리적으로 조화를 이루지 못한다는 것이다.

하나님의 전능성과 선하심에도 불구하고 현실 세계 속에는 고난과 악이 존재하는 모순된 문제를 해결하기 위한 여러 신학적인 탐구 작업의 입장은 크게 다음의 몇 가지 견해로 요약된다.[14]

첫째, 악을 선의 결핍으로 이해했던 어거스틴의 입장
둘째, 악의 현실과 하나님의 초월성을 분리해 하나님의 존재를 변호하려는 입장
셋째, 하나님과 악의 현실의 조화를 위하여 하나님의 전능성을 약화하는 입장

이에 관하여 보다 자세히 살펴보자.

첫째, 악을 선의 결핍(privatio boni)의 관점에서 이해하는 입장이 있다. 어거스틴과 안셀름 그리고 토마스 아퀴나스는 악은 고유의 정체성을 가진 것이 아니라, 하나님이 아름답게 창조하신 창조 세계 속에서 선의 부재, 또는 결핍(privatio boni)에 불과하며 악은 항상 선에 의존적이며 일시적이라는 태도를 보인다.[15]

---

13 C. S. Lewis, 『고통의 문제』, 39.
14 김용성, 『하나님 이성의 법정에 서다』 (서울: 한들출판사, 2010). 25ff.
15 Augustine, *Concerning the City of God against the Pagans*, 조호연, 김종흡 역, 『하나님의

악을 선의 결핍으로 이해하는 입장은 분명한 성경적인 근거를 확보하고 있지 않음에도 불구하고, 기독교 전통 속에서 가장 설득력을 얻는 신정론으로 받아들여진 배경에는 하나님의 존재와 세상 속의 악에 관한 이원론적인 해석을 극복하려는 시도가 깔려 있다.

하나님에 의하여 창조된 모든 것은 본래 선하다. 그러나 선하게 창조된 만물이 동등한 위치와 가치를 발휘하는 것은 아니며, 다양한 역할과 가치 속에서 온 우주 만물의 궁극적인 선과 아름다움에 적절히 기여한다는 것이다.

어거스틴(Sanctus Aurelius Augustinus, 354-430)에 의하면 피조물은 무로부터(*ex nihilo*) 창조되어 가변성에 예속되어 있다. 이러한 근본적인 가변성으로 인하여 하나님이 부여한 고유한 특성을 상실한 것이 악이다.

따라서, 악은 그 자체의 고유한 성질을 갖는 실체가 아니며 피조물은 그 속에 악이 존재하는 만큼 덜 선한 것뿐이다. 그래서 자연적인 악은 세계 질서의 결핍으로 이해할 수 있으며, 도덕적인 악은 자유의지의 연약함으로 설명될 수 있다.

결국 창조된 모든 것은 선하지만, 피조계에 내재한 악(완벽하게 창조됐으나 아담의 범죄와 타락으로 말미암아 발생한)은 선의 부재 또는 결핍에 불과하므로, 하나님은 악의 존재에 대한 책임에서 벗어난다.

이렇게 악을 선의 결핍의 관점에서 이해하는 것은 어거스틴으로부터 시작하여 라이프니츠에게 와서 가장 세련된 형태로 철학의 옷을 입었다. 그는 하나님이 더 큰 선을 이루시기 위해 악을 허용하셨다고 보았으며, 이 세계는 하나님이 창조하실 수 있는 최상의 세계라고 주장하였다.

하지만, 대규모 자연재해가 세계 곳곳에서 일어나고 있는 오늘의 상황에서 이러한 신정론의 입장이 얼마만큼 신학적인 설득력을 얻을 수 있는지에 대해서 검토해 볼 필요가 있다.

도성』(서울: 크리스챤다이제스트, 1998), 555-556. A. W. J. Houtepen, *Gott-eine offene Frage*(Gütersloh, 1999), 31-137.

둘째, 끊임없이 고난의 상황이 계속되는 이 세계 현실을 바라보지 아니하고 하나님의 초월성만 강조하는 신학적인 입장이 있다.

일찍이 기독교 교회와 신학의 가장 큰 위협이었던 마르시온의 입장은 근본적으로 창조주 하나님과 구원주 하나님을 분리하는 것이었다. 창조주 하나님에게는 악의 문제를 전가해 악한 조물주로, 구원주 하나님은 피조물의 구속 사역만을 담당시켜 선한 구원주로 이원화하였다. 이렇게 고난과 악의 문제를 해결하였던 마르시온의 입장은 오늘날에도 여전히 여러 형태로 상당한 영향을 주고 있다.

만일, 기독교 교회라고 주장하면서도 현실 세계의 고통에 관심을 두지 않고 오로지 영혼 구원에만 몰두하거나 대재앙과 악의 문제를 이원론적인 프레임으로 해결하려고 한다면, 성경이 말씀하는 삼위 하나님의 구속 경륜에 관한 올바른 이해에서 상당히 벗어난 기독교 역사에서 종종 발현했던 마르시온주의와 닮아있다고 할 수 있다. 이들에게 대재앙이 발생한 세계 현실은 구원의 대상이 아니라 멸망의 대상일 뿐이다.

셋째, 하나님의 전능성을 제한하거나 포기하는 입장이 있다. 전통적으로 하나님의 전능성과 선하심은 매우 중요한 하나님 속성 목록에 들어 있었는데, 악을 극복할 수 있는 궁극적인 능력이 하나님에게 없다고 성급하게 결론을 내림으로써 고난과 악의 문제에 대한 해답을 찾는다.

과정신학이 하나님 전능성을 수정한 것이나 한스 요나스(Hans Jonas)가 하나님 전능성을 포기한 것은 악의 가공할 만한 위력 가운데 하나님의 선하신 의도를 지키기 위한 신학적인 의도라고 할 수 있다. 이들은 하나님의 전능성을 희생하는 대신 하나님의 선하심을 지키려고 했다.

2) 고난에 대한 목회적 돌봄의 모델

위에서 신정론의 관점에서 고난과 악의 문제 답변을 크게 세 가지로 정리해 보았다. 고난 중에 있는 신자들을 위한 목회적인 상담과 설교의 메시지에서 자주 인용되는 신학적인 모델은 다음의 일곱 가지로 정리된다.[16]

첫째, 처벌 모델(retaliation model)이다. 현재의 고난을 당사자의 죄에 대한 하나님의 징벌로 이해하는 입장이다.[17]

하나님의 속성은 주로 절대적이고 초월적인 존재성이 강조되며 하나님의 선하심이나 사랑보다는 하나님의 절대적인 주권과 전능성이 강조된다. 고난 중에 있는 욥을 향한 세 친구들의 비판에 잘 나타나며 인과응보를 강조하는 신명기적인 역사관에서도 그 흔적을 쉽게 찾아볼 수 있다.

종교적인 우월감에 젖어 있는 이들이나 전통적인 교리에 사로잡힌 이들이 취하는 관점으로서, 고난 가운데 있는 이들에게 위로보다는 더 큰 상처를 가져다 줄 수 있다는 한계를 가진다.

둘째, 계획 모델(plan model)이다. 처벌 모델로 설명되지 않는, 무죄한 것처럼 보이는 고난에 대한 대답으로 제시되곤 한다. 당장 쉽게 납득할 수 있도록 설명할 수 없지만, 초월적이고 신비로운 하나님의 섭리 안에서 인류와 세상을 향한 하나님의 숨은 뜻이 고난 속에 숨어 있다는 입장이다.

16　Kathy Black, *A Healing Homiletic; Preaching and Disability*, 이승진 역, 『치유설교학: 설교와 장애』(서울: CLC, 2008), 27-45. Douglas John Hall, *God & Human Suffering: An Exercise in the Theology of the Cross*(Minneapolis: Augsburg, 1986), 62ff

17　한국 교회사 속에서 발견되는 이와 비슷한 사례는 한국동란의 원인을 처벌의 모델로 해석하여 설교했던 설교자들의 경우에서 발견된다. 김흥수의 연구에 의하면 1950년의 한국 전쟁이 발발한 이후 한국 교회의 상당수의 설교자들은 한국 전쟁의 원인을 일제 시대 한국 교회가 신사 참배를 통하여 배교의 죄를 범한 것에 대한 하나님의 심판으로 해석하여 설교하면서 신사 참배를 통한 배교의 죄악에 대한 회개를 촉구하곤 했다. 김흥수, 『한국 전쟁과 기복신앙확산 연구』(서울: 한국기독교역사연구소, 999), 109.

지금은 감추어져 있지만 궁극적인 선한 계획을 향하여 세상과 신자들은 고난의 터널을 통과하는 과정에 있으며, 마지막 날에 그 궁극적 선이 실현됨으로써 결국 고난을 향한 하나님의 선하심도 밝히 드러날 것이라고 주장한다. 앞에서 말한 어거스틴에게서 동일한 입장을 찾아볼 수 있다.[18]

셋째, 교육 모델(pedagogy model)이다. 현재의 고난을 인류와 고난 당사자를 연단시키고 훈련하기 위한 필연적인 도구로 이해한다.[19] 라이프니츠의 『신정론』에서 찾아볼 수 있으며, 여기서 하나님은 초월적이고 절대적인 속성과 인류의 삶에 대하여 내재적인 속성의 중간에 있는 존재로 이해되거나 이를 위해 회초리를 든 아비의 모습으로 그려지기도 한다.

고난이 없으면 삶의 선함도 깨닫지 못한다는 것이다. 아파 보아야 건강의 중요성을 알 수 있듯이, 고난은 삶의 심층적인 깊이와 그 풍부한 의미를 이해하게 만드는 도구적 역할을 감당한다는 것이다.

이 모델에서 하나님은 앞의 두 모델보다는 고난의 현장에 더 가까이 와 계시는 분으로 이해되지만, 여전히 한계가 발견되는 이유는 하나님이 직접 고난의 현장 그 속에서 임재하시고 내재하신다는 가능성이 적극적으로 발견되지 않고, 다만 고난 이후에 주어지는 은혜 안에서 하나님의 임재가 확보되기 때문이다. 또 연단이나 훈련이 필요 없을 것 같은 어린아이들의 고난이나 의인의 고난을 충분히 설명하지 못하는 한계가 있다.

넷째, 하나님의 체휼 모델(God's compassion model)이다. 현재의 고난과 하나님의 목적 사이를 인과율의 논리로 설명하려는 시도가 모두 거부된다. 하나님은 고난의 현장에 신비롭게 함께하시고 임재하시는 분으로 해석되면서 하나님의 내재성이 크게 강조된다.

고난 중에 임재하시는 하나님의 뜻이나 목적은 여전히 신비에 감추어져 있다. 요한 버커(Christiaan Beker)는 세상에 존재하는 악과 고난의 원인을 인간의

---

18 Augustine, *Concerning the City of God against the Pagans*, 「하나님의 도성」, 92-94, 962-964.

19 Douglas John Hall, *God & Human Suffering: An Exercise in the Theology of the Cross* (Minneapolis: Augsburg, 1986), 62.

범죄와 긴밀하게 연결하지 못하는 한계가 있음을 인정하면서 악과 고난의 신비를 이렇게 설명한다.

> 우리는 단순히 인간의 죄의 탓으로 돌릴 수 없는 하나님의 창조 질서 안에서 악과 죽음의 치명적이고도 신비로운 '어두움의 잔재'가 존재한다는 것을 생각해야 한다.[20]

그리스도의 재림으로 완성될 새 하늘과 새 땅에서는 악과 고난의 문제가 모두 해결되겠지만 그날이 오기 전까지는 여전히 세상에는 악과 고난에 의한 어두움의 깊은 잔재들이 남아 있으며 하나님의 전능성과 선하심, 인간의 죄악, 악의 실존 그리고 대재앙과 자연재해로 인한 고난의 인과 관계를 명쾌하고 선명하게 해결하는 것은 전적으로 불가능하다.

다섯째, 대속적 고난 모델(vicarious suffering model)이다. 현재 고난은 과거 죄악에 따른 자연스런 결과라는 인과응보적인 해석을 넘어 죄가 없음에도 다른 사람의 잘못을 대속하기 위해 억울해 보이고 불합리해 보이는 고난을 당한다는 것이다.

구약에서 애굽의 총리 대신이 된 요셉 앞에서 유다는 형제들의 잘못 때문에 화를 입게 될 것을 염려하여 자신이 베냐민을 대신하여 벌을 받고자 자청한다. 모세는 자기 백성의 큰 죄를 속죄하기 위해 자기 자신을 희생하는 대속자의 역할을 맡으려고 하였다. 또한, 이 모델의 신학적인 완성으로 이사야서의 고난 당하는 종의 개념이 신약에서 예수 그리스도의 십자가와 부활을 통해 나타난다.

대속적 고난 모델은 부모와 자식, 또는 그리스도와 신자와 같이 언약 관계 안에 있는 당사자들에게는 신앙고백적으로 만들어질 수 있거나 깨달아질 수 있는 논리다. 하지만, 언약 관계 바깥에 있는 제삼자는 그렇게 설명할 수도 없고 그렇게 해명하는 논리로 당사자를 설득할 수 없다는 한계를 가진다.

---

[20] Christiaan Beker, *Suffering and Hope*(Philadelphia: Fortress Press, 1987), 76.

여섯째, 종말론적 전망 모델(eschatological perspective model)이다. 오래전부터 고난 문제에 천착해 온 독일의 정치신학자 요한 밥티스트 메츠(Johann Baptist Metz)가 제시하였다.[21] 그는 기독교의 구원론이 예수를 통해 구원 받았다고 말하지만 여전히 구원 받지 못한 고난 당하는 자의 현실에 조목하면서, 구원은 단순히 죄로부터 벗어나는 것이 아니라 고난의 상황으로부터 벗어나는 것이라고 하였다.

메츠는 예수가 십자가에 달리신 성금요일로부터 부활절의 아침으로 가볍게 넘어가는 것을 부정한다. 아직 인간의 세계는 십자가의 현실이 끝나지 않았기에 부활로 넘어가는 것은 승리자의 신화에 빠지는 것이라고 지적한다. 고난에 대한 답변은 종말이 될 때, 즉 역사가 완성되는 날에 얻을 수 있으며 우리는 고난의 기억(memoria passionis)을 통해 고난 당하는 이들과 연대해 종말론적 희망을 지향해야 한다는 것이다.

일곱째, 신비적 합일 모델(mystical communion model)이다. 고난은 하나님과의 신적인 합일을 추구하는 수단이다. 하나님은 고난을 즐기는 분은 아니지만, 고난의 신비는 인간은 하나님과의 온전한 합일을 구하는 경험이 될 수 있다는 것이다.

이 관점은 마틴 루터의 십자가 신학(theologia crucis)에서 발견할 수 있다. 루터는 십자가 사건에서 숨어 계신 하나님(deus absconditus)을 계시된 하나님(deus revelatus)으로 경험한다. 루터에게 고난 당하는 사람은 하나님을 가장 가까이 만날 수 있는 자다.

이상의 일곱 가지 모델은 고난의 문제를 이해하려는 다양한 시도들을 보여 주며, 동시에 설교자가 목회 현장에서 고난 당하는 신자들에게 다가갈 때 취사선택하거나 활용할 수 있는 목회적인 대응의 토대로 활용될 수 있다.

---

21 김용성, 『하나님: 이성의 법정에 서다』, 145-172. Cf., J. B. Metz, "Theodizee-empfindliche Gottesrede", in Metz, *Landschaft aus SAchreine, Zur Dramatik der Theodizeefrage*(Mainz, 1995), 81-102.

하지만, 고난과 그 고난에 처한 사람들의 상황에 대한 사려 깊은 연구나 숙고 없이 이상의 모델들을 기계적으로 혹은 단순 논리의 차원으로 적용할 경우에는 전혀 설득력을 발휘할 수 없을 뿐 아니라, 오히려 부정적인 비판을 초래할 수도 있다.

4. 대재앙에 대한 라이프니츠의 신정론

라이프니츠는 하나님에 의하여 창조된 세계를 "모든 가능한 세계 가운데 최상의 세계"(die beste aller möglichen Welten)로 이해하였기 때문에, 신정론에 관한 논의를 통해서 이 세상에 분명히 존재하는 자연적인 악(natural evil)에 대한 근원적인 책임을 하나님에게 돌리지 않으면서도, 전능하신 하나님과 선하신 하나님의 두 가지 대조적인 속성의 충돌도 극복하고자 하였다.

그러나 1755년 포르투갈 리스본에 대지진이 발생하면서 자연적인 악과 하나님의 대조적인 두 속성 사이 삼차원적인 갈등의 조화를 시도하였던 라이프니츠의 신정론은 칸트와 볼테르 등의 격렬한 비판을 받게 된다.

본 장에서는 라이프니츠의 신정론 논쟁을 심화시킨 주요 계기가 된 리스본 대지진과 그 이후의 신정론 논쟁의 한계를 살펴보고, 이어서 레비나스의 타자 지향적인 책임 윤리에 관하여 살펴볼 것이다. 그리고 이를 통해서 대재앙에 관한 설교가 단순히 다양한 신정론의 이론들을 도식적으로 나열하는 차원에 머무르지 않고 고난 당한 자를 위한 교회의 적극적인 구제와 봉사의 역할을 유도하는 설교학적인 전략의 단초를 마련하고자 한다.

1) 리스본 대지진과 신정론 논쟁들

넓은 틀에서 보자면, 성경이 계시한 삼위일체 하나님에 대한 신앙과 논리적인 이해를 그 중심에 놓았던 서구 기독교 사상은 이 세상에 분명히 존재하는 자연적인 악과 고난의 문제를 전능성과 선성으로 이루어진 하나님의 대조적인 두 속성과 무리 없이 조화시키기 위한 철학적 성찰의 열매라 해도 과언은 아닐 것이다.

사도 바울 이후 기독교 신학을 일차적으로 정립한 어거스틴은 하나님의 절대주권에 대한 신념 아래, 악을 하나님의 허용이라는 관점으로 이해하면서, 그 악을 하나님의 섭리나 개입과 무관하게 독자적으로 존재하는 어떤 성질이 아니라 일종의 선의 결핍이라고 하였다.

그런데 1755년 가톨릭 국가인 포르투갈의 수도 리스본에서 발생한 대지진 사건을 계기로 자연재해와 같은 대재앙을 하나님의 심판이나 허용의 관점에서 규정해 온 서구 기독교 신학 체계에 치명적인 균열이 발생하였다.[22]

당시 리스본은 유럽에서 손꼽히던 항구였고 네덜란드의 암스테르담과 영국 런던 다음으로 번화한 도시였으며, 브라질에서 동아시아까지 수많은 식민지를 거느리고 막대한 부를 축적하던 포르투갈의 수도였다.

전 세계를 대상으로 상업과 무역이 활발하게 이뤄졌지만, 그렇다고 오늘날과 같은 거대 도시에서 찾아볼 수 있는 무신론이나 우상 숭배, 물질적인 탐욕이나 동성애와 같은 성경적인 죄악과는 전혀 무관한 도시였다. 당시 리스본은 가장 기독교적인 도시로 12세기 이후 지어진 주교좌성당 외에 교구성당이 40군데가 넘었고, 90개의 수도원과 150곳의 수도회를 갖추고 있었으며, 전체 인구 25만 명 중에서 약 10퍼센트가 수도사로 활동하고 있었다.[23]

1755년 11월 1일 일요일은 만성절로 당시 교회력에서는 매우 엄격하게 지키던 축일이었기 때문에 이날 모든 경제 활동은 중단되었다. 그날 아침 리스본에 거주하던 대부분 사람은 미사 시작을 알리는 교회 종소리에 맞추어 성당으로 모여들었다. 그런데 이날 오전 9시 30에 시작된 첫 지진에 이어 여러 차례 여진이 리스본 전체를 강타하면서 25분이 채 지나지 않아 수 세기

---

22 Nicholas Shardy, *The Last Day: Wrath, Ruin, and Reason in the Great Lisbon Earthquake of 1755*, 강경이 역, 『운명의 날: 유럽의 근대화를 꽃피운 1755년 리스본 대지진』 (서울: 에코의서재, 2009). 김용성, 『하나님 이성의 법정에 서다』, 44.

23 Nicholas Shardy, 『운명의 날: 유럽의 근대화를 꽃피운 1755년 리스본 대지진』, 18-19.

에 걸쳐 건립된 도시를 폐허로 뒤바꾸어 놓았다.

리스본 도시 곁을 흐르던 테주 강변의 히베이라 왕궁과 세관, 오페라 극장, 수많은 대저택과 고급 저택, 상점과 창고 그리고 모든 숙박시설이 순식간에 붕괴하면서 그 건물 아래 머물러 있던 수많은 사람이 건물 더미에 깔려 사망하고 말았다. 붕괴하는 건물에서 가까스로 탈출하여 거리로 쏟아져 나온 사람들은 오전 11시경 리스본 해안을 강타한 세 차례의 해일(쓰나미)로 익사하고 말았다. 지진이 시작된 지 90분 뒤 밀어닥친 해일은 채 5분도 되지 않은 짧은 시간에 리스본 바닷가에 있던 모든 것을 휩쓸어 갔으며, 셀 수 없이 많은 사람이 익사하였다.[24]

지진 직후 추정된 사망자의 숫자는 대략 10만 명으로 당시 리스본 인구의 절반에 가까운 수치가 사망한 것으로 보이지만, 이 수치는 다소 부풀려졌다고 여겨진다. 정확한 숫자를 추정하기는 불가능하지만 최소 1만 2천 명에서 1만 5천 명으로 추정하기도 한다. 그러나 희생자의 숫자를 줄잡아 1만 명으로 추정하더라도 끔찍하기는 마찬가지였다.[25]

개략적으로 정리해 볼 때, 이 지진으로 6일간 도시 전체가 불바다로 변하면서 리스본 시민 25만 명의 10퍼센트인 2만 5천 명이 목숨을 잃었고 도시의 3분의 2가 파괴되어 사라지고 말았다.[26]

2) 리스본 대지진에 대한 설교자들의 반응

당시로서는 가장 경건한 시간인 만성절에 수많은 사람이 성당에 모여 미사를 드리고 있는 상황에서, 전례 없는 참사가 발생하였다. 사람들은 이 비극에 대한 하나님의 이해할 수 없는 개입과 섭리를 생각하지 않을 수 없었다.

---

[24] Nicholas Shardy, 30.

[25] Nicholas Shardy, 68.

[26] 이문원, "옛 해양대국의 자취가 남아 있는 리스본", 국토연구원, 「국토」340(2010년 2월), 70-75.

일부 광신적인 신부들은 지진이 일어난 순간부터 생존자들 사이를 돌아다니면서 각자 지은 죄를 회개하라고 훈계하기 시작했으며, 하나님의 진노가 또다시 강타하기 전에 저주받은 도시를 탈출하라고 소리쳤다. 또 어떤 신부들은 지진 발생 1주년에는 최후의 심판이 도래한다는 종말론까지 내세우면서 회개를 촉구하기도 하였다.[27]

이런 설교 때문에 많은 사람이 서둘러 리스본을 빠져나갔고, 이로 인해 다급한 복구가 필요한 리스본을 위해서는 아무런 도움을 제공해 주지 못했다.

또 지진과 해일 속에서 가까스로 생존한 사람 중에는 당장 다급한 구조 활동이나 재건 활동에 참여하기보다는 참회 기도와 명상에 매달리는 사람도 많았다. 왕실 고해 신부들은 죄악과 타락으로 벌받은 성경 속의 도시 니느웨와 여리고에 빗대어 이번 재앙은 하나님의 뜻이며 리스본에는 더이상 희망이 없으니 다른 곳으로 천도할 것을 충고하기까지 했다.[28]

리스본 지진 기사와 판화를 접한 유럽 사람들은 집단으로 공포와 혼란에 빠졌다.

어떻게 자비로운 하나님이 수천, 수만의 무고한 사람을 폐허에 깔려 죽게 하고 성난 파도와 화마의 불길로 죽게 할 수 있단 말인가?

그것도 신앙의 도시로 유명한 리스본에서 어떻게 그런 끔찍한 재앙이 발생할 수 있을까?

당시 리스본의 가톨릭 사제들은 폐허 속에서 살아남았지만, 여전히 공포에 사로잡힌 리스본 시민들을 향하여 회개하라고 다그쳤고, 탐욕과 방종, 나태, 부패와 신교도를 묵인한 악한 신앙심에 대한 책망을 늘어놓았다.[29]

---

27 Richard Hamblyn, *Terra: tales of the Earth: four events that changed the world*, 윤성호 역, 『테라: 광포한 지구, 인간의 도전: 인류의 역사를 바꾼 4대 재난의 기록』 (서울: 미래의창, 2010), 64.

28 Nicholas Shardy, 54.

29 Nicholas Shardy, 156.

재난을 설교의 주제로 삼은 것은 가톨릭 사제들만이 아니었다. 유럽 전역의 신교도 국가들, 특히 리스본 지진으로 상당한 인명 손실과 경제적인 피해를 보았던 영국에서 리스본 참사는 주일 설교의 단골 주제였다.

그런데 리스본 대지진에 대한 가톨릭 사제들의 입장과 신교도 목사들의 입장은 사뭇 달랐다. 신교도들이 보기에 대지진은 로마가톨릭의 우상 숭배와 리스본 전역에 만연한 잔인한 종교 재판소 때문이었다.

감리교의 창시자이자 선구적인 사회 개혁가였던 존 웨슬리는 『리스본 대지진에 관한 고찰』(1755)이란 소책자까지 출간하여 구체적으로 종교 재판소를 리스본 대지진의 원인으로 지목하였다.

> 하나님께서 리스본에서 심판을 시작하신 것은 옳다.
> 리스본이 어떤 도시인가?
> 엄청난 피가 땅을 적시고 용감한 사람들이 거의 밤낮을 가리지 않고 비열한 방법으로 살해 당한 곳이 아닌가?
> 살해 당한 자들이 흘린 피가 얼마나 오랫동안 울부짖었을까?
> 스스로 자비의 집이라 칭하는 잔인한 종교 재판소는 종교를 부끄럽게 하고 인간의 본성을 욕보이면서 얼마나 오랫동안 하늘과 땅을 더럽혔는가!
> 하나님은 이렇게 말씀하셨을 것이다.
> "내 어찌 이 도시를 가만둘 수 있으랴!
> 내 어찌 이런 도시에 복수하지 않을 수 있으랴!"[30]

이렇게 기독교도들과 가톨릭교도들은 리스본 대지진의 원인을 서로 다르게 진단하였다.

하지만, 이러한 차이에도 불구하고 양쪽 모두 동의하는 한 가지가 있었다. 그것은 지진 뒤에는 하나님이 살아 계시며, 지진의 원인을 "자연 현상"

---

30 Nicholas Shardy, 162에서 재인용. John Wesley, *Serious Thoughts Occasioned by Great Earthquake at Lisbon*(London, 1755), 2;

으로 돌리는 것은 살아 계신 하나님을 무시하는 신성 모독에 가깝다는 것이었다.[31]

3) 비판 받는 라이프니츠의 신정론

그러나 대지진의 원인을 무조건 리스본 시민들에 대한 하나님의 심판으로 받아들이기도 쉽지 않았다. 모든 성인을 기리는 만성절의 축일에 그것도 신자들이 성당에 모여 기도하며 예배드리는 시간에, 그토록 갑작스럽고 그토록 파멸적인 참사를 목격한 리스본 시민들은 말할 것도 없고, 이 소식을 전해 들은 모든 유럽인은 이것을 단순히 리스본 시민들에 대한 하나님의 심판으로만 받아들이기 힘들었다.

리스본 대지진이 발생하기 직전 유럽은 라이프니츠가 새롭게 복원한 어거스틴의 신정론의 전통에 따라, 지진과 같은 대재앙이나 자연재해는 인간의 죄에 대한 하나님의 심판이거나 아니면 완벽하게 조화로운 세상에서 하나님의 예정된 계획에 따라 진행되는 필연적인 일부분으로 이해하고 있었다.

하지만, 리스본 대지진을 계기로 이 세상에 관한 '신본주의적인 낙관론'은 돌이킬 수 없는 타격을 입게 되었다. 대지진이 발생한 다음해 임마누엘 칸트(Immanuel Kant)는 리스본 대지진을 순전히 과학적인 관점으로 접근하는 여러 편의 논문을 출판하였다. 특히 "신정론에서 모든 철학적 시도들의 실패에 관하여"(On the Miscarriage of All Philosophical Trials in Theodicy)라는 논문에서 그는 자연적인 악을 인간의 도덕적인 악에 대한 하나님의 형벌로 이해하려는 시도를 과감하게 비판한다.[32]

---

31   Nicholas Shardy, 165.

32   Immanuel Kant, "On the Miscarriage of All Philosophical Trials in Theodicy," in *Religion and Rational Theology*, Allen Wood and George Di Giovanni, eds.(Cambridge: Cambridge University Press, 1996), 26.

칸트에 의하면, 인간이 저지르는 도덕적인 악은 자신의 개인적인 판단에 따른 것일 뿐, 결코 선에 대한 무지에서 기인한 것이 아니다.

첫째, 칸트가 비판하는 신정론의 오류는 도덕악과 자연악을 구분 없이 사용하여 서로 다른 악을 동일한 악으로 취급하는 실수를 범하였다는 것이다. 특히, 자연재해와 같은 자연악을 인간이 저지른 도덕악에 대한 하나님의 심판으로 이해하려는 시도에 대하여, 인간이 범하는 도덕악과 자연재해가 가져다주는 자연악은 아무런 필연적인 연결 고리가 없다고 주장하였다.[33]

둘째, 칸트가 비판하는 전통적인 신정론의 문제점은 현재 발생하는 자연현상으로서의 자연적인 악을 미래의 상급과 암암리에 연결하려는 사고방식이다. 전통적으로 기독교 신학은 종말론의 구도 안에서 현재의 고난이나 헌신을 미래의 보상과 연결해 왔다. 하지만, 칸트는 어느 사람도 현재 발생하는 자연적인 악이 사후의 행복한 삶을 보증하는 징표가 될 수 없다고 주장했다.

셋째, 칸트는 인간의 행위와 관련한 도덕악은 철저히 인간에게만 국한된 것이며 하늘의 하나님과는 아무런 상관이 없다고 주장함으로써 도덕이나 윤리, 혹은 악의 문제와 성경이 계시하는 하나님과의 연결 고리를 과감하게 끊어 버렸다.

---

33 Susan Neiman, *Evil in Modern Thought: An Alternative History of Philosophy* (Princeton: Princeton University Press, 2002), 244-245.

5. 레비나스의 타자 지향적인 책임 윤리

1) 레비나스의 신정론 비판

라이프니츠의 신정론이 칸트와 볼테르와 같은 합리주의 철학자들로부터 비판을 받은 이후 20세기의 여러 역사적인 경험들, 곧 제1, 2차 세계 대전과 아우슈비츠와 캄보디아의 대학살의 참상, 히로시마의 원폭 투하, 소련의 독재주의자들에 의한 강제 수용소 학살 사건은 인류 전체의 인격적인 존엄성과 아울러 그러한 인격적인 존엄성을 지탱하던 하나님의 존재와 역할에 관한 근본적인 의문을 제기하였다.

과연 하나님은 아우슈비츠 난민 수용소 안에 살아 계셨던가?
하나님이 아우슈비츠의 고통을 지켜보고 계셨다면, 이 고통의 원인이나 이유, 혹은 의미를 어떻게 설명할 수 있을까?
수백만 명, 또는 수천만 명이 학살 당하는 처참한 현실에서 어떻게 이 모든 고통의 원인이 고통받는 당사자들의 도덕적인 죄악이라고 단정할 수 있을까?

아우슈비츠 난민 수용소의 학살 사건은 분명 도덕악의 범주에 포함된다. 그러나 아우슈비츠 난민 수용소 학살 사건은 전대미문의 방대함과 참혹함 때문에, 자연악의 범주에 해당하든 도덕악의 범주에 해당하든 신정론을 통해서 현존하는 악과 하나님의 정의의 모순을 해결하려는 신학적인 시도의 치명적인 한계를 그대로 노출하였다.

라이프니츠와 칸트의 신정론 논쟁 이후, 악과 고난의 현실에 관하여 깊이 탐구한 대표적인 학자로 레비나스를 들 수 있다. 레비나스는 칸트와 마찬가지로 현재의 고난과 미래의 보상을 연결하는 구조를 인정할 수 없었고, 종교를 단순히 이성의 한계 안에서만 다루는 것에 대해서도 동의하지 않았다. 그는 여기서 한 걸음 더 나아가 신정론 논쟁을 통해서 고통과 악의 현실로부터 하나님에게 논리적이고 신학적인 면죄부를 허락하는 것이 과연 정당한 것인지에 관하여 근본적인 의문을 제기하였다.[34]

그에 의하면 철학적인 사유로서의 신정론은 전형적인 합리주의의 산물로서 악으로 인한 고난과 분리된 제삼자의 객관적인 입장에서 악의 현실과 하나님에 대한 신앙의 모순을 지나치게 논리적이며 사변적으로 해결하려는 사유 체계에 불과하다는 것이다.[35]

이에 레비나스는 칸트와 달리 신정론을 이성에 기반한 분석적인 탐구로 수행하는 것이 아니라, 서구 계몽주의의 원동력이며 신정론에 관한 합리적이고 논리적인 추론의 동력으로 작용한 이성 자체에 대하여 깊은 회의를 제기하였다. 그는 2천 년 교회 역사와 이성 중심의 신학적인 탐구가 계속되고 있지만, 복잡한 신정론 논쟁들이 20세기 인류가 경험하는 전례 없는 전 지구적인 참사 문제에 효과적인 해결책을 제시하지 못하고 있는 현실에서, 인류가 직면한 총체적인 악과 대재앙의 문제를 새롭게 다룰 것을 주장했다.[36]

레비나스에 의하면 "서양 철학은 존재에 대한 이해를 안전하게 하는 중간적이고 중립적인 용어를 사용함으로써 타자(the Other)를 동일자(the same)로 환원하는 존재론이다"[37] 서양 철학은 인식하는 주체와 인식 대상으로서의 객체를 이분법적으로 분리한 다음, 인식과 판단의 유일한 주체를 자아로 규정하여 자아에게 자율적인 주체성과 절대적인 지위를 부여했다는 것이다.

---

34 Kang, "Levinas on Suffering and Solidarity", in *Tijdschrift Voor Filosofie* 59/3(1997), 482-504; Susan Nieman, *Evil in Modern Thought: An Alternative History of Philosophy*(Princeton: Princeton University Press, 2002), 22ff

35 Kessler, "Die Frage nach Gott angesichts der Übel und Leiden in seinner Schöpfung", H. Kessler(Hg.), *Leben durch Zerstörung?*(Würzburg, 2000), 225.

36 박원빈, "에마뉘엘 레비나스와 임마누엘 칸트를 중심으로 본 신정론의 비판과 타자 윤리로의 전환" 사회와 철학 연구회 논문집「사회와 철학」15(2008년 4월):113-140.

37 Emmanuel Levinas, *Totality and Infinity*, tr. by Alponso Lingis(Pittsburgh: Duquesne University Press, 2005), 43.

서구 철학은 주체가 객체를 타자로 규정하고 대상화하면서, 그 타자를 자기 안으로 동일화하려는 동일성의 철학으로 이해될 수 있다는 것이다. 달리 말하면, 주체는 세상과 관계 맺기를 하는데 그 노력의 결과물이 세계상이다.

주체는 자아 중심으로 형성된 세계상을 통하여 주체 밖의 세상이나 타자를 대상화하고 지배와 정복의 방식으로 동일화한다.[38] 이러한 지배적인 정신구조를 통하여 주체의 동일화가 밖으로 표현될 때 그 표현 양식은 우월주의와 지배주의, 정복주의, 식민주의적인 화법으로 표출될 수 있다.[39]

2) 레비나스의 고통의 철학

레비나스에 의하면 고통은 그 자체로는 어떠한 의미도 없고 쓸모도 없는 경험이다. 고통 속에는 어떠한 내재적인 합목적성도 찾아볼 수 없다. 그러므로 타인의 고통에 대하여 이성적인 해명이나 논증을 들이대는 것은 전혀 가능하지 않을뿐더러 고통당하는 당사자에게는 전적으로 무의미하다.[40]

그에 의하면 우리가 실제로 지각하는 고통은 추상적이고 사변적인 언어로 전환하여 경감할 수도 없고 상황화할 수도 없다. 실재하는 고통을 언어로 표현하고 개념화하는 순간, 실제로 고통당하는 당사자의 고유한 인격 존재는 언어적인 표현을 주도하는 주체의 전체성(totality) 속으로 환원되고 포섭되기 때문이다.

이런 이유로 레비나스는 고통의 의미를 존재론적으로 범주화하려는 시도를 철저히 부정하면서, "고통의 상상할 수 없는 측면"(unassumability) 또는 표현 불가능성을 강조한다. 각 개인의 고통은 철저하게 사적인 영역이며, 따라서 타인의 고통은 환원 불가능하다는 것이다.

---

38 서동욱, 『차이와 타자』(서울: 문학과지성사, 2000), 8-17.

39 임희모, "타자와 환대의 선교: 레비나스 철학과 선교신학의 만남"「한국기독교신학논총」 56(2008):191.

40 강영안, 『레비나스의 철학: 타인의 얼굴』(서울: 문학과지성사, 2005), 211-212.

레비나스가 보기에 신정론의 기본 기능은 카를 마르크스가 종교를 민중이 실재하는 고통을 무시하고 부재한 쾌락을 환각하도록 속이는 아편으로 깎아내렸듯이, 실재하는 대재앙과 이로 인한 고통의 문제를 직시하지 못하게 만들고 고통당하는 자들을 위한 일시적인 위안과 도덕적인 합리화에 불과하다는 것이다.

하나님의 존재와 악의 존재 사이의 모순을 해결하려는 신정론의 출발점은 실제로 고통당하는 당사자가 아니라 고통의 현실로부터 분리되어 고통을 관찰하는 주체의 사변적인 사유 체계다. 고통을 합리적으로 해명하려는 시도 속에서 고통의 현실과 무관한 나 자신은 타인의 고통을 통해서 어떤 의미와 깨달음을 얻을 수 있을지 몰라도, 그러한 사변적인 해명은 고통당하는 당사자에게는 철저하게 무의미할 뿐이다. 또한 굳이 고통의 본질을 설명하자면 그것은 부조리와 무의미, 반 의미 또는 반이성에 불과하다는 것이다.[41]

레비나스는 고통의 현상학을 분석하면서 악의 현존성을 두 가지 층위로 구분한다.

첫째, 고통 받는 당사자에게 현존하는 고통 그 자체로, 이는 악의 일차적인 요인이다.

둘째, 타자의 고통을 합리적으로 해명하려는 시도로 인해 고통받는 당사자에게 또 다른 고통을 가하는 악의 이차적 요인이다.[42]

레비나스는 이 두 번째 악, 즉 타자의 고통을 합리화하는 악을 '모든 비도덕성의 근원'(the source of all immortality)이라고 한다. 결국, 레비나스가 보기에 자연악이든 도덕악이든, 세계 질서 내에 엄연히 현존하는 악과 고통 그리고 고통당하는 당사자에 대하여 하나님의 공의와 섭리를 변호하기 위한 신정론

---

41 강영안, 『레비나스의 철학: 타인의 얼굴』, 218.

42 Richard A. Cohen, *Ethic, Exegesis, and Philosophy: Interpretation after Levinas*(Cambridge University Press, 2001), 275.

은 고통당하는 당사자 개개인을 신정론이라는 추상적인 담론의 전체성으로 환원시키려 하는 부조리가 전제되어 있다는 것이다.

사실 고통은 언어나 추상적인 담론으로 환원 불가능하지만 그렇게 시도함으로써 고통당하는 당사자의 필요에 직접 개입하여 윤리적인 책임을 적극적으로 감당해야 하는 일차적인 과제를 희석할 뿐 아니라, 고통당하는 당사자에게는 부당한 판결이라는 언어적인 폭력을 행사하는 오류를 범하기도 한다.

3) 타자의 근접성과 압박

그러면 세계 질서 내에 분명히 현존하는 고통은 전혀 논리적으로 설명할 수도 없고, 그럴 필요가 전혀 없다는 말인가?

그렇지 않다. 고통은 언어로 환원 불가능하더라도 고통이 존재한다는 현실만큼은 부정할 수 없다.

레비나스 역시 고통의 존재 그 자체를 부정하지 않으며, 오히려 고통을 자아 주체성의 핵심으로 발전시킨다. 그에 의하면 진정한 의미의 주체는 타인의 고통에 둔감한 자가 아니라, 오히려 타인의 고통에 대하여 열려 있고, 나아가 타인의 고통을 자신의 고통으로 수용할 수 있는 존재를 의미한다.

그렇다면 자기중심적이고 이기적인 삶을 포기하고 타인의 고통에 반응하며, 타인에 대하여 윤리적인 책임을 감당할 가능성은 어디에서 찾을 수 있는가?

레비나스는 그 가능성을 나의 존재를 유지하는 내면성에서 찾지 않고 나의 존재와는 전혀 다른 차원으로 다가오는 타인과의 상호 작용으로서의 윤리적인 사건에서 찾는다.

레비나스가 말하는 윤리적인 사건이란 타인의 얼굴 출현을 가리킨다.[43] 얼굴은 단순히 이목구비를 갖춘 타인의 시각적인 이미지에 머무르지 않고, 자신의 모든 정체성과 필요를 보여줌으로써 우리 삶에 개입해 들어온다. 그에

43　강영안, 『타인의 얼굴』, 65-66.

의하면, 타인의 얼굴은 우리 밖에서, 우리의 유한성의 테두리를 깨뜨리고, 우리의 삶에 개입하여, 타자를 나타내고 드러낸다.[44]

타인의 얼굴은 자신의 정체성을 스스로 드러내고 나타내 보이는 결정적인 방식인데, 레비나스는 얼굴이 이렇게 자신을 스스로 내보이는 방식을 '계시'(revelation)라는 종교적인 용어를 사용하여 설명한다. 타인의 얼굴의 현현은 나 자신의 노력 결과가 아니라 스스로 자신을 나타내 표현하기 때문이다. 타인의 얼굴은 스스로 열려 있고, 이 열려 있음을 통하여 개인적으로 자신을 보여 준다. 얼굴은 존재가 그것의 동일성 속에서 자신을 나타내는, 다른 어떤 것으로 환원할 수 없는 방식이다.

한편, 레비나스는 타인의 얼굴 출현을 고통에 대한 윤리적인 책임의 문제와 연결함으로써 대재앙과 같은 고통의 문제에 대한 신정론 논쟁의 한계를 극복하려고 했다. 즉, 고통당하는 타인의 얼굴이나 고통받는 사람의 외침과 신음은 고통에 대한 당연한 반응인 동시에 고통의 현실을 다른 사람들에게 표현하여 책임 있는 윤리적인 반응을 이끌어 내려는 호소이기도 하다.

그러므로 고통당하는 얼굴의 현현과 외치는 소리는 우리 앞에 고통에 관한 사건을 묘사하고 서술하는 행위라기보다, 타인의 즉각적인 구제를 요청하는 행위 유발적인 행위(perlocutionary action)라고 할 수 있다.[45]

레비나스는 나(자신)의 고통이나 타자의 고통 자체는 쓸모없고 의미 없으며, 타자의 고통을 덜기 위한 나(자신)의 고통만이 의미 있다고 주장했다. 고통 그 자체만으로는 무의미하지만, 타자의 고통을 수용하여 감당하는 가운데 파생되는 고통이 유의미한 이유는, 타자의 고통을 위한 나의 고통은 자아 내부로 함몰되기 쉬운 주체성의 이기적인 내면성의 한계를 깨뜨려 무한히 열린 세계로의 초월을 가능하게 해 주기 때문이다.

이렇듯 레비나스는 서구 기독교 신학의 중요한 구심점을 확보해 온 악과 고통의 현실에서 하나님의 공의를 변호하려는 신정론이 고통당하는 당사자

---

44 강영안, 『타인의 얼굴』, 148.

45 강영안, 『타인의 얼굴』, 224.

의 고통을 경감시키거나 제거하는 데 적극적인 역할을 감당하지 못했음을 비판하였다. 또 그는 고통당하는 타자의 얼굴 속에 담긴 윤리적인 요청을 주체성의 회복을 위한 절대명령으로 부각함으로써, 타자의 고통이 담긴 얼굴의 현현 앞에서 타인의 고통을 자신의 고통으로 수용함으로써 타자를 향한 윤리적인 책임을 이행하는 타자 윤리, 또는 타자의 고통에 대한 책임의 윤리학을 천명하였고, 이 세상에 엄연히 존재하는 악과 하나님의 섭리의 부조화 문제를 사변적인 추론이 아니라 "인간 상호 간의 책임 있는 윤리적인 전망"에서 접근하도록 요청하였다.

6. 대재앙에 관한 설교 전략

역사의 주권자로서의 하나님을 신앙하는 기독교 설교자들은 대재앙의 문제를 어떻게 설교해야 하는가?

지금까지의 논의를 통해서 우리는 대재앙에 관한 기존의 신정론 관점의 설교를 비판적으로 살펴보았고, 이어서 레비나스의 타자 윤리를 통해서 대재앙에 관한 기존의 신정론 관점의 설교에 잠복한 철학적이고 언어적인 폭력의 가능성을 비판적으로 검토하였다.

유대교 철학자인 레비나스가 서구 기독교 신학의 사유 체계에 중요한 구심점을 차지하고 있는 신정론의 무위를 주장하면서 타자의 고통에 대한 책임 있는 수용의 윤리를 그 대안으로 제시하였다.

이러한 통찰은 유대교 철학자의 사유 체계를 빌리지 않더라도 성경이나 기독교 신학 체계에서도 얼마든지 찾아볼 수 있다. 예를 들어, 예수는 강도 만난 사람의 이웃이 누구인지에 관한 질문을 통해서(눅 10:36), 고통 가운데 있는 사람을 향한 무조건적인 구제와 섬김의 중요성을 교훈하셨다. 조건을 갖춘 사람을, 조건에 부합하는 이웃을 선택하는 문제가 아니라, 고난 속에서 도움이 필요한 모든 사람에게 이웃으로 다가가서 구제와 섬김의 손길을 베풀어야 한다는 뜻이다.

따라서, 기독교 설교자들이 강단에서 대재앙의 문제나 이 세상 속에 현존하는 고통의 문제, 또는 고통당하는 사람들의 문제에 관하여 올바로 설교하기 위해서는 설교자와 교회가 먼저 대재앙의 고난 속에서 도움의 손길을 베풀 수 있는 환대의 수사학(rhetoric of hospitality)을 적극적으로 개진하는 것이 중요하다.

이를 위해서는 다음 몇 가지 사항들을 고려해 볼 필요가 있다.

1) 인과응보 설교의 문제점

기독교 설교자들이 강단에서 대재앙의 문제를 설교의 주제로 다룰 때, 참사를 인과응보의 관점이나 처벌의 모델로 해석하지 않도록 주의해야 한다.[46] 앞서 살펴본 바와 같이 자연악의 문제는 단순히 인과응보의 관점 또는 이전의 죄악에 대한 처벌의 관점으로 설명하기 어렵다. 자칫 잘못하면 욥의 친구들과 같은 폐쇄적인 순환 논리에 빠질 수 있다(욥 4:8). 욥의 친구들은 욥의 고난의 원인을 이전의 범죄에 대한 하나님의 심판으로 해석하였지만, 정작 하나님은 이러한 해석을 긍정하지 않으셨다(욥 42:7-9).

물론, 도덕악과 자연악이 밀접하게 결부된 예도 있고 인간의 탐욕과 범죄가 장기간에 누적되어 돌이킬 수 없는 초대형 참사가 종종 발생하곤 한다.

그런데 이렇게 자연악과 도덕악이 밀접하게 결부되어 있거나 도덕악이 지속해서 누적되어 대도시 안에서나 물질문명 속에서 거대한 참사가 발생하더라도, 도덕악에 대하여 회개함으로써 대형 참사의 원인을 제거하기 위해서는 먼저 도덕악을 범한 당사자들이 스스로 자신들의 도덕악의 범죄를 인정하고 스스로 회개할 수 있어야 한다.

---

46 김운용, "재난 설교, 어떻게 할 것인가?" 「목회와 신학」통권 263권(2011년, 5월):70-79; Kathy Black, *A Healing Homiletic: Preaching and Disability*, 이승진 역, 『치유 설교학: 설교와 장애』(서울: CLC, 2008), 32-34.

따라서, 교회와 설교자들은 악을 범한 당사자들을 책망하고 심판하기 이전에 먼저 역사를 향한 하나님의 뜻과 의지를 천명할 수 있는 영적인 권위를 회복하고 또 회개가 필요한 자들과의 인격적인 유대 관계를 회복해야 한다. 이렇게 기독교 설교자들과 도덕악과 관련된 당사자들 간에 영적인 권위가 회복되고 유대 관계가 회복될 때, 비로소 범죄에 대한 회개의 메시지가 설득력을 발휘할 수 있다.

그러나 대부분 대재앙의 문제는 해당 지역 주민들의 도덕악과 무관하며, 대재앙의 참사의 희생자들 역시 선인과 악인의 구분 없이 무차별적으로 목숨을 잃는 경우가 대부분이다. 이런 경우 대재앙의 원인을 단순히 인과응보나 범죄에 대한 처벌의 관점에서 해석하거나 설교하는 것은 논리적으로도 설득력이 없을 뿐만 아니라 고난의 당사자들에게는 말할 수 없는 고통을 더욱 가중하는 행위로 비칠 수도 있다.

그러므로 설교자는 참사의 원인을 고통당하는 당사자들에게 직접 돌리기보다 앞서 간단히 살펴보았던 "고난에 대한 목회적 돌봄의 모델" 중에서 처벌의 모델을 제외한 여타의 다른 모델들, 즉 계획 모델이나 교육 모델, 하나님의 체휼 모델, 대속적 고난의 모델, 종말론적 전망 모델 그리고 신비적 합일의 모델을 활용하여 대재앙의 참화 배후에 숨어 있는 하나님의 뜻에 대한 해명을 시도할 필요가 있다.

더불어 대재앙에 관한 설교의 일차적인 목적은 참화에 대한 신학적인 시시비비를 가리는 것에 있지 않음을 기억해야 한다. 당장 눈앞에 벌어진 끔찍한 참사에 대한 교회의 신속한 구제와 봉사를 독려하고 교회와 교인들의 동참을 유도하는 데 집중해야 한다.

2) 일부 설교자들의 과잉 대표 문제

대재앙에 관한 편협한 설교가 한국 사회로부터 폭발적인 비판을 초래하는 이유가 있다. 교회의 양극화와 일부 대형 교회 목회자들의 과잉 대표 그리고 과잉 대표하는 일부 대형 교회 목회자들의 편협성에 대한 언론의 집중 보도 때문이다. 양희송에 의하면 현재 한국 교회가 대형 교회와 중소형 교회로 양극화된 상황에서, 일부 대형 교회 목회자들이 마치 한국 개신교 전체를 대표하는 위치에 있는 것처럼 비치고 있다.[47]

이렇게 일부 대형 교회 목회자들이 한국 교회 전체를 과잉 대표하는 것처럼 비치는 상황에서 대재앙에 관한 이들의 편협한 설교는 한국 개신교 전체에 대한 한국 사회의 비판으로 이어진다. 게다가 한국 교회를 보도하는 언론사들이 대재앙에 관한 중소형 교회 목회자들의 설교 메시지보다는 몇몇 대형 교회 설교자의 편협한 설교만을 집요하게 비판적으로 보도하는 상황에서, 한국 교회에 대한 한국 사회의 비판과 배척은 더욱 심화할 수밖에 없다.

한국 개신교회는 대형 교회와 중소형 교회 사이에 그리고 여러 유형의 목회자들과 다수의 신자가 주변의 세속 문화 속에서 상호 작용하는 일종의 거대하고 유기적인 생태계를 구성하고 있다.[48] 한국 교회 전체가 다양한 구성 요소 간에 유기적으로 상호 작용하는 복잡한 생태계를 구성하고 있으므로, 중소형 교회 목회자들은 원하든 원하지 않든 유기적 생태계의 구성 요소인 대형 교회 목회자들의 대재앙에 관한 부정적인 설교 메시지와 그에 따른 언론의 비판적인 보도로부터 결코 자유로울 수 없다.

이러한 문제점을 극복하려면 중소형 교회 목회자들은 대재앙과 고난에 관한 주제를 적극적으로 설교해야 하고, 일부 대형 교회 목회자들의 잘못된 관점이 언론을 통해서 보도되거나 사회적으로 공론화될 때, 그들의 입장이 한국 교회 대다수 목회자와 신자들의 입장과는 전혀 거리가 멀다는 점을 적극적으로 교육하고 안내해야 한다.[49]

---

47 양희송, 『다시 프로테스탄트』 (서울: 복있는사람, 2012), 80.

48 윤영수, 채승병, 『복잡계 개론』 (서울: 삼성경제연구소, 2005), 59-61.

49 권호는 한국 교회의 설교 환경과 관련하여 "미디어를 통해 무제한적으로 쏟아지는 메시지 때문에 발생되는 과잉커뮤니케이션과 이로 인한 가치관 위기의 문제"를 지적한다. 권호, "현대 매스미디어의 도전과 설교학적 대응", 한국복음주의실천신학회, 『복음과 실천신학』 제 27권(2013, 봄):284.

이를 위해서 지역 교회 목회자들은 대재앙에 관한 설교를 듣는 회중의 구체적인 상황과 필요를 파악해야 하며, 그 상황에 어울리도록 설교의 수사적인 의도를 특정해야 한다.

즉, 설교를 듣는 회중에 죄악에 대한 경각심을 일깨우려는 것인지, 아니면 대재앙의 참사를 직접 겪고 있는 당사자들을 위로하려는 것인지, 교회 신자들이 구제와 봉사에 동참하도록 안내하려는 것인지에 따라 수사적인 목표를 구체화해야 하며, 설교 내용이 그러한 목표를 효과적으로 달성할 수 있도록 목표에 부합된 것인지 아니면 언론의 보도를 통해서 왜곡된 파문을 초래할 가능성은 없는지 고려해야 한다.

3) 대재앙의 참사에 대응하는 선교적인 교회

기독교 설교자들이 대재앙에 관한 주제를 하나님의 섭리와 결부하여 설교할 때 인과응보의 편협한 논리를 극복하려면 세상 속에 존재하는 교회의 본질과 그 역할에 관한 교회론(ecclesiology)을 올바로 정립해야 한다.

세상 속에서 하나님 나라를 구현하도록 부름을 받은 교회에 관한 신학적인 논의는 본 연구의 범위를 벗어나는 것이기 때문에 여기서는 간단히 세상 속에서 복음의 영광을 구현하도록 부름을 받은 하나님 나라 백성 공동체로서의 선교적인 교회(missional church)의 설교학적인 함의만을 다루고자 한다.

하나님의 통치를 구현하는 공동체인 교회는 세상 속에서 '선교하는 교회'(missional church)로 존재한다.

에디 깁스(Eddie Gibbs)에 의하면 교회가 선교적이란 의미는 기독교 교회가 예배와 교육, 상담, 친교, 복음 전도와 같은 다양한 목회 사역 중 하나로 선교 사역을 감당하는 것이 아니라, 태생적으로 그리고 그 목표지향적인 차원에서 본질로부터 세상 속에 하나님의 영광과 복음을 선포하여 "세상 속에서 변화를 가져오는 존재로(as a transforming presence)서 있어야 한다"는 뜻이다.[50]

---

50   Eddie Gibbs, *ChurchNext: Quantum Changes in How We Do Ministry*(Downers Grove, IL:

기독교 교회가 세상 속에서 변화를 가져오는 존재의 역할을 올바로 감당하려면 기독교의 복음과 교회의 설교 사역 그리고 세상의 문화의 세 요소 사이의 역학 관계를 올바로 이해해야 한다.

기독교 교회의 존재 가치와 목표는 성경에 계시된 예수 그리스도의 복음에 근거하여 삼위일체 하나님의 통치를 지상에 구현하는 데 있다. 지상의 교회가 세상 속에서 복음을 통하여 하나님의 영광을 구현하기 위해서는 교회의 수직적인 복음 수용과 수평적인 복음 소통이 요구된다.

이를 위해서 기독교 교회 설교자들은 협소한 의미의 구원론이나 교회 내부 지향적인 설교신학을 수정하여 성경이 제시하는 총체적인 구원론(wholistic soteriology)[51]과 온 우주 만물의 구원을 추구하는 선교적인 교회론(missional ecclesiology)을 정립하고, 이에 근거한 총체적인 구원과 회복을 추구하는 선교적인 설교 전략(missional preaching strategy)을 마련해야 한다.

세속 사회에서 교회의 선교적인 사명을 지향하는 선교적인 설교(missional preaching)와 관련하여 마이클 J. 퀴케(Michael Quicke)는 조지 R. 훈스베르거(George Hunsberger)의 복음과 문화 그리고 교회 사이 삼중의 상호 관계에 관한 선교적인 교회의 모델을 응용하여 선교적인 설교 전략을 제시한다.[52]

조지 훈스베르거가 제안하는 선교적인 교회의 모델은 복음과 교회 그리고 문화의 세 요소는 복음과 교회 간의 호혜적인 관계의 축, 복음과 세속 문화

InterVarsity, 2000), 64. 최동규, "참된 교회의 성장을 위한 선교적 교회론의 기초", 「복음과 실천신학」23(2011, 봄), 288-89.

51　총체적인 구원론의 초점은 예수 그리스도의 십자가 죽음과 부활의 영향력이 신자의 칭의와 성화 그리고 개인의 구원과 사회적인 복지를 전방위적으로 포함하는데 집중된다. Cf., 송인설, "한국 교회에서 통전적 구원론의 가능성" 「한국 교회사학회지」21(2007), 179-206.

52　Michael J. Quicke, 이승진 역, 『전방위 리더십: 회중을 변화시키는 리더십 설교』 (서울; CLC, 2009), 57-61; George R. Hunsberger, "The Newbigin Gauntlet: Developing a Domestic Missiology for North America," in George R. Hunsberger and Craig Van Gelder, eds. *The Church between Gospel and Culture: The Emerging Mission in North America*(Grand Rapids: Eerdmans, 1996), 6-7.

간의 회심 만남의 축, 그리고 교회와 문화 간의 선교적인 대화의 축으로 이루어진다

마이클 퀴케는 훈스베르거의 선교적인 교회를 이루는 삼중의 축을 삼중의 선교적인 설교 모델로 발전시키고 있는데, 여기서 우리는 훈스베르거의 선교적인 교회를 이루는 삼중의 축과 퀴케의 선교적인 설교를 형성하는 삼중의 축 사이의 대응 관계를 발견할 수 있다.

복음과 문화 사이의 회심의 만남의 축을 위한 부름의 설교, 복음과 교회 사이의 호혜적인 관계의 축을 위한 세움의 설교 그리고 교회와 문화 사이의 선교적인 대화의 축을 위한 보냄의 설교다.

이는 선교적인 교회 모델과 선교적인 설교 모델로 서로 상응한다.

첫째, 복음과 문화 사이의 회심의 만남의 축을 위한 부름의 설교(calling-into preaching)다. 세속 문화에 속한 불신자들과 교회 안의 신자들에게 복음 전도의 기회를 마련하여 그들에게 성경에 계시된 예수 그리스도의 복음을 있는 그대로 선포하여 자신의 지은 죄악을 회개하고 예수 그리스도를 영접하여 성화의 삶을 살아가도록 안내하는 설교다.

둘째, 복음과 교회 사이의 호혜적인 관계의 축을 위한 세움의 설교(building-up preaching)다. 예수 그리스도를 구세주로 영접하고 교회에 등록하여 신앙생활을 시작한 신자들이 구원과 성화의 기본 도리와 성경의 가르침을 숙지하도록 교육하고 훈련하여 거룩한 성화의 삶을 살아가도록 안내하는 설교다.

셋째, 교회와 세속 문화 사이의 선교적인 대화의 축을 위한 보냄의 설교(sending-out preaching)다. 신자들이 세상 속에서 복음을 증거하며 구제와 선교의 사명을 감당하도록 안내하는 설교다.

이상의 세 가지 선교적인 설교 중에서 대재앙의 참사에 관하여 가장 시급한 설교는 교회 안에서 설교를 듣는 신자들이 대재앙의 참사 현장에서 고통 당하는 당사자들에게 구제와 봉사의 역할을 감당하도록 독려하고 안내하는

보냄의 설교다.

  대재앙 당사자들이 설령 탐욕과 죄악 속에 갇혀 있고, 그들에게는 죄악에 대한 회개가 필요하고, 회심이 필요하고, 성결한 삶에 관한 부름의 설교 메시지가 필요하더라도, 그것은 일단 끔찍한 참사와 조난 현장에서 목숨을 보존한 후의 일이다.

  기독교 교회가 베푼 구제와 봉사와 희생에 감동하여서 그들이 교회의 이야기에 귀를 기울일 자세가 되었을 때, 그때 회개의 복음을 선포해도 결코 늦지 않다.

  대재앙의 참사에 관한 우선적인 설교 메시지의 지향점은 대재앙의 참사에 대한 치유와 회복, 구제, 섬김 그리고 돌봄이어야 한다.[53]

7. 나가는 말

  21세기 들어서 지구촌은 점차 심해지는 지구 온난화 현상과 전 세계적인 기상 이변, 대규모 참사를 초래하는 대지진 사태와 빈발하는 쓰나미로 인하여 고통당하고 있다.

  이런 상황에서 기독교 신자들은 전능하신 하나님의 역할에 관하여 심각한 질문을 제기하기 마련이다. 이 질문에 대한 해답이 설득력을 얻느냐 얻지 못하느냐에 따라서 질문을 제기한 당사자나 신자들의 하나님에 대한 신앙이 더욱 견고해지기도 하고 허물어지기도 한다.

  이런 상황에서 인류 역사 속에서 일하시는 하나님의 절대주권과 능력을 선포하고 가르치는 설교자들은 대재앙에 관하여 올바로 설교의 과제가 매우 중요해지기 마련이다.

---

53 신현광, "한국 교회의 복음 전도 방향에 관한 연구", 「복음과 실천신학」 제 20권(2009, 가을):40-41.

본 장에서는 이 세상에 현존하는 악과 하나님의 공의의 부조화 문제에 대한 라이프니츠의 신정론적인 전통이 1755년 리스본 대지진과 20세기의 양차 세계 대전 그리고 아우슈비츠의 참사를 계기로 심각한 의문에 직면하게 되었고, 신정론의 통찰이 악과 고난의 실체에 대한 정직한 대면과 연대 책임에 오히려 장애로 작용할 수 있는 한계를 담고 있음을 살펴보았다.

이상의 논의를 통해서 기독교 설교자들이 대재앙에 관련한 주제를 다룰 때, 이것을 인과응보의 단순 논리로 해석하기보다 선교적인 교회론(missional ecclesiology)에 입각하여 대재앙 당사자들을 위한 구제와 나눔을 위한 보냄의 설교를 위한 전략에 관하여 살펴보았다.

현대 사회에서 대재앙에 관한 설교가 적실성을 획득하려면, 설교자는 먼저 세상 속에서 선교적인 교회로 존재하는 실천적인 교회론, 또는 선교적인 교회론을 올바로 정립할 필요가 있다.

교회는 복음과 문화의 이중적인 교량 역할을 감당해야 하며, 이를 위해서 복음과 교회 그리고 문화 사이의 삼중의 축에 기초한 부름의 설교와 세움의 설교 그리고 보냄의 설교를 위한 목회 사역을 감당해야 한다.

대재앙에 관한 설교는 선교적인 교회를 구성하는 신자들이 참사로 말미암은 고난에 동참하여 희생자들이 요청하는 구제와 봉사의 사역을 감당할 수 있도록 독려하는 데 최우선의 목표를 두어야 한다.

이상의 연구가 전대미문의 거대한 대재앙의 참화에 직면한 당사자들과 해당 지역 주민들을 위한 기독교 교회의 바람직한 목회 전략을 위한 이론적인 토대로 활용될 수 있기를 기대한다.

제8장

신자의 고난에 관한 설교 전략:
욥기에 관한 틀 의미론 해석을 중심으로

1. 들어가는 말

이사야 선지자는 이제 하나님의 징계가 끝났으니 "내 백성을 위로하라"는 사명을 부여 받고 언약을 파기함으로 징계를 받았던 이스라엘 백성에게 하나님의 말씀을 선포하였다(사 40:1).

'하나님의 백성을 위로하라!'

이 명령은 예나 지금이나 모든 설교자, 목회자가 수행해야 하는 엄중한 사명이다.

설교자의 관점에서 이 엄중한 사명을 어떻게 감당할 것인가?

고난 겪는 신자들을 위한 목회신학 또는 실천신학의 전략은 주로 상담학이나 목회신학 그리고 설교학의 중요한 과제다. 몇몇 유명한 목회자들과 설교학자들이 '고난에 관한 설교'의 주제들을 다루었다. 예를 들어, 옥한흠 목사는 고난에 관한 몇 권의 설교집을 출간하였다.[1] 토마스 롱(Thomas G. Long)도 '고난 설교'를 다룬 설교학 저서를 출판하였다.[2] 필자도 2013년 "대재앙

---

[1] 옥한흠, 『고통을 다루시는 하나님의 손길』 (서울: 두란노서원, 1987), 『고통에는 뜻이 있다』 (서울: 나침반, 1987), 『나의 고통 누구의 탓인가: 욥기 강해설교』 (서울: 두란노, 1994), 『시험이 없는 신앙생활은 없다』 (서울: 두란노서원, 1995).

[2] Thomas G. Long, *What shall we say?: Evil, suffering, and the Crisis of Faith*, 장혜영 역, 『고통과

에 대한 신정론 관점의 설교 연구"를 학술지에 발표하였다.[3]

필자는 기존의 고난 설교에 관한 설교집이나 설교학 저자들의 학문적인 연구와 그 결과물을 존중한다. 하지만, 또 다른 한편으로 한 가지 아쉬운 부분을 발견하였다. 그것은 고난에 관한 설교의 설교신학적인 토대를 구약의 욥기로부터 충분히 확보하지 못했다는 것이다.

욥기는 억울한 고난을 겪은 욥과 세 친구의 논쟁과 이후에 하나님의 계시 말씀을 통하여 신자가 경험하는 고난의 모순 문제에 대한 하나님의 해답 말씀을 가장 심오한 계시적 차원에서 제시한다.

필자가 생각하기에 고난 설교 메시지의 신학적인 뼈대로 욥기에 담긴 계시의 말씀이 충분히 확보될 때, 비로소 그 메시지는 고난 중에 있는 청중에게 설득력 있는 하나님의 말씀으로 들려질 수 있다. 고난의 배후에서 신자를 훈련하시고 연단하시는 하나님의 최종 목표는, 고난 중에 있는 신자들을 예수 그리스도의 십자가 죽음의 관문을 거쳐서, 만유를 통치하시는 하나님의 영광스러운 통치 보좌로 안내하고 초청하는 것이다.

이것이 신자의 고난(suffering)을 설교의 주제나 소재로 삼는 모든 설교자의 최종적인 목적이어야 한다.

아래에서는 '신자의 고난에 관한 설교 전략'에 관한 연구를 위하여 '틀 의미론'(frame semantics)의 관점에서 욥기의 핵심적인 사상을 해석하여 고난 설교를 위한 설교학적인 전략을 마련할 것이다.

틀 의미론에 의하면 의사소통 과정에서 상호 공유하는 의미가 대조 프레임과 암시 프레임 그리고 모순 프레임을 통하여 전달된다. 이러한 논의에 근거하여 신자의 고난에 관한 핵심적인 설교 전략으로, 무죄한 고난의 배후에는 십자가 대속을 통한 언약 백성의 구속과 하나님 나라 통치의 영광으로 신자들을 초청하려는 하나님의 의도가 담겨 있음을 밝힐 것이다.

씨름하다: 악, 고난, 신앙의 위기에 대한 기독교적 성찰』(서울: 새물결플러스, 2014).

3 이승진, "대재앙에 대한 신정론 관점의 설교 연구," 「복음과 실천신학」, 29(2013): 36-85.

2. 언약 관계 안에서 고난 설교의 목적과 언어 수단

고난 설교의 언어적인 수단으로서의 설교 메시지가 고난 중인 청중 신자들을 하나님의 위로로 충분히 초청하고 참여시키지 못하는 이유가 있다. 그것은 설교자가 설교 의사소통(preaching communication)에서 발화자(설교자)와 청취자(청중)의 상호 관계가 하나님과 신자 사이의 언약 관계를 반영하고 있음을 고려하여 상호 인격적인 신뢰 관계에 근거한 참여적인 언어를 구사하지 못한 채, 자꾸만 고난(suffering)의 의미를 객관적이고 합리적인 차원에서 설명하는 데 치중하기 때문이다.

'언어를 통한 정보 전달'은 '어떤 언어를 통하여 무슨 정보를 전달하는가'에 따라서 다음 두 내용으로 구분된다.

설명 언어를 통한 과학적인 사실에 관한 설명과 참여 언어를 통한 주관적인 생각이나 신념에 관한 초청이다. 정보 전달에 치중하는 언어가 서술적인 언어(descriptive language)라면, 관계 안에서 공감대를 강조하는 언어는 참여적인 언어(participative language)다.

발화자와 청취자의 의사소통에 관한 관심이 객관적인 사실에 집중된다면, 설명 언어를 통하여 객관적이고 과학적인 정보를 설명하고 이해하는 것이 의사소통의 성패를 좌우할 것이다.

반면에 발화자와 청취자의 의사소통에 관한 관심이 주관적인 느낌이나 신념, 혹은 내면의 생각에 집중된다면, 초청 언어를 통하여 발화자와 청취자가 공유하거나 공유해야 할 주관적인 신념이나 내면의 느낌을 잘 공유하는 것이 의사소통의 성패를 좌우할 것이다.

설교학의 관점에서 발화자와 청취자 사이의 언어를 통한 정보 전달을 설명하자면, 설교 메시지 중에서 하나님의 구속에 관한 역사적인 사실과 정보를 전달하는 언어는 설명하는 언어로서 의사소통 참여자들의 지성에 호소한다. 반면, 참여적인 언어는 의사소통 참여자들의 지·정·의가 결합한 양심의 공감대에 호소하며 더 깊은 언약 관계의 발전으로 청취자를 초청한다.

그러므로 고난 설교 메시지를 준비하여 전달하려는 설교자의 설교 목적이 고난의 의미에 관한 객관적인 설명에 있다면, 정작 고난 중에 있는 신자들을 하나님의 말씀으로 위로하려는 설교의 목적 달성은 더욱 어려워질 것이다. 이는 서구 철학과 신정론에 관한 레비나스의 비판과 욥기에서 욥이 고난 겪는 원인을 분석하고 설명을 시도했던 욥의 세 친구에 대한 욥의 분노를 통해서도 거듭 확인된다.

3. 고난의 의미를 합리적으로 설명하려는 시도

1) 서구 철학과 신정론에 관한 레비나스의 비판

레비나스에 의하면, "서양 철학은 존재에 대한 이해를 안전하게 하는 중간적이고 중립적인 용어를 사용함으로써 타자(the Other)를 동일자(the same)로 환원하는 존재론이다."[4]

서구 철학은 대상을 인식하는 주체(subject)와 주체가 인식과 설명을 시도하는 대상(object)을 이분법적으로 분리한 다음, 인식과 판단의 주도권을 행사하는 주체를 자아로 규정하고 자아가 가진 합리적인 이성과 자율적인 사고 능력에 인식과 판단의 절대적인 지위를 부여했다는 것이다.

그래서 절대적인 지위를 확보한 자아가 인식 능력을 동원하여 자아 바깥의 모든 사물과 인격체를 인식 대상의 객체로 대상화·추상화하고, 비인격화한 객체를 다시 자아의 인식 세계 안으로 분류하고, 하나의 지식과 정보로 동일화하는 동일성의 철학에 불과하다는 것이다.

주체는 끊임없이 변화하는 주체 바깥의 모든 객체를 객관화하고 추상화하며 비인격적인 지식과 정보로 바꾸는 방식으로 세상과 관계 맺기를 시도한

---

4 Emmanuel Levinas, *Totality and Infinity*, Trans. Alponso Lingis(Pittsburgh: Duquesne University Press, 2005), 43.

다. 하지만, 그러한 노력의 결과물로 만들어진 세계관에서 모든 객체는 지배와 정복의 대상으로 전락한 파편적인 정보에 불과할 뿐이다.[5]

주체가 자아 바깥의 모든 인격적, 비인격적 객체를 자아와 인격적인 관계가 없는 대상으로 추상화하였을 때 뒤따르는 결과는, 타자에 대한 지배와 정복을 통한 동일시, 즉 자아와의 관계 맺기로 귀결될 뿐이다. 객체에 대한 추상적 동일화가 밖으로 표현될 때 그 표현 양식은 주로 객체에 대한 우월주의와 정복주의, 비인격적인 무관심으로 표출될 수 있다.[6]

레비나스는 2천 년의 유구한 서구 철학에서 발견되는 비인격적인 동일화의 문제점이 하나님의 존재에도 불구하고 현실 세계에 존재하는 악의 문제에 대한 철학적인 성찰을 시도하는 신정론(神正論, theodicy)에도 그대로 남아 있음을 비판하였다.

서구 철학의 전통에서 신정론은 현실 세계에서 결코 해결할 수 없는 악과 고난의 문제에 대한 깊이 있는 성찰을 시도하였지만, 레비나스에 의하면 탁월한 철학자들과 지성인들이 현실 세계의 악과 고난의 문제에 관하여 깊이 있는 성찰을 시도한 모든 노력도 앞서 지적했던 객체의 비인격화와 추상화를 통한 철학적 동일화의 문제를 결코 피하지 못했다는 것이다.

레비나스에 의하면 타인에 고통에 대한 그 어떤 이성적인 해명이나 논리적인 설명은 전혀 가능하지 않을뿐더러 그러한 설명을 통하여 기존의 고통이 경감되거나 희석되는 것도 아니고, 또 고통당하는 당사자에게는 전적으로 무의미하고 오히려 기존의 고통을 더욱 가중할 뿐이라는 것이다.[7]

고통당하는 당사자에 대하여 제삼자가 그 고통을 설명 언어로 환언하고 개념화하여 주체 안으로 동일화하는 방식으로 관계 맺기를 시도하는 순간, 고통당하는 당사자의 고유한 인격체는 객관적이고 합리적인 설명을 시도하

---

5   서동욱, 『차이와 타자』 (서울: 문학과지성사, 2000), 8-17.

6   임희모, "타자와 환대의 선교: 레비나스 철학과 선교신학의 만남", 한국기독교학회, 「한국기독교신학논총」 56(2008):191.

7   강영안, 『레비나스의 철학: 타인의 얼굴』 (서울: 문학과지성사, 2005), 211-12.

는 주체의 획일적인 논리 체계의 전체성(totality) 안으로 환원되고 포섭되기 때문이다.

겪는 자 편에서 실존적으로 끔찍한 고난의 문제가 설명하는 자 편에서는 하나의 추상적인 개념으로 환원되고 마는 것이다. 자신의 고난이 추상적인 개념으로 환원되었음을 인지하는 순간, 고난 겪는 자 편에서 고난은 더욱 가중될 뿐이다. 그러한 전체성으로의 비인격적인 환원은 당사자에게는 고통 해결에 아무런 도움이 되지도 않고, 오히려 자신의 인격적 통전성이 합리적인 설명 아래 철저하게 파편적이고 비인격적인 한 조각 정보로 전락하는 상실감마저 경험하면서 기존의 고통이 더욱 가중될 수 있다.[8]

2) 고난 중인 욥을 인과응보 관점으로 설명하려던 세 친구

우스 땅에 살던 욥은 온전하고 정직하여 하나님을 경외하며 악에서 떠난 사람이었다(욥 1:1). 하지만, 어느 날 갑자기 욥의 소와 나귀들이 약탈을 당하고(1:15), 양과 종들이 벼락에 불타 버리고(1:16), 낙타들과 종들이 거듭 약탈과 죽임을 당하고(1:17), 갑자기 불어닥친 태풍에 집 기둥이 무너지면서 자녀들까지 모두 사망하였다(1:19).

이후에도 재난은 그치지 않아 욥마저도 그의 발바닥에서 정수리까지 종기가 나서 곧 죽더라도 전혀 이상할 것이 없는 지경까지 내몰렸다(욥 2:7). 이런 상황에서 그와 가장 가까운 아내마저 "당신이 그래도 자기의 온전함을 굳게 지키느냐 하나님을 욕하고 죽으라"고 저주를 퍼부었다(2:9).

욥의 심각한 재난을 닫고 세 친구, 엘리바스와 빌닷 그리고 소발이 욥을 찾아와서 인과응보의 관점에서 은밀한 범죄를 하나님께 회개할 것을 충고하기 시작했다.

욥기 전체 42장 중의 4장부터 31장까지는 세 친구의 정죄와 욥의 반박이 계속 이어진다. 33장부터 37장까지는 고난의 배후에 숨어 있는 하나님의 섭

---

[8] 이승진, "대재앙에 대한 신정론 관점의 설교 연구," 「복음과 실천신학」29(2013), 67-8.

리에 관한 엘리후의 강화가 이어지고, 38장부터 42장까지 욥의 불평에 대한 하나님의 말씀이 선포된다.

욥기 전반부에 등장하는 세 친구의 인과응보와 욥의 반박은, 신자의 고난에 관한 설교 메시지를 전하려는 설교자와 목회자들이 반드시 피해야 하는 고난에 관한 객관적인 설명 언어의 심각한 문제점을 잘 보여 준다.

(1) 엘리바스의 첫 번째 발언(4:7-8)

> ⁷생각해 보라! 이 세상에 죄 없는 사람이 망한 일이 단 한 번이라도 발생한 적이 있더냐? ⁸죄악을 범한 자는 반드시 그대로 벌을 받는다(저자의 사역)

"그러니 너도 은밀한 죄를 하나님께 자백하고 범죄를 회개하라."

(2) 욥의 대답(6:5-6)

> ⁵들나귀가 풀이 있으면 어찌 울겠으며 소가 꼴이 있으면 어찌 울겠느냐

"내(욥)가 억울한 일이 없으면 어찌 탄식하겠느냐?"라는 말은 청자에게 설득력을 얻지 못할 수 있다. 그리하여 욥은 삼라만상의 보편적인 이치를 근거로 항변함으로써 절대적인 설득력을 확보한다.

"들나귀가 풀이 있으면 어찌 울겠느냐?"

> ²⁵(너 소발의) 옳은 말이 어찌 그리 고통스러운고

엘리바스의 말이 설득력을 갖지 못하는 일차적인 이유는 추상적인 규범이 구체적인 상황에 적실하게 연관성을 맺지 못하기 때문이고, 더 심층적으로는 선인과 악인을 섭리하시는 하나님의 신비로운 섭리가 현실 세계에서 때로는 모순적인 방식으로 드러나는 것을 이해하지 못하기 때문이다.

²⁵ …너희의 책망은 무엇을 책망함이냐 ²⁶너희가 남의 말을 꾸짖을 생각을 하나 실망한 자의 말은 바람에 날아가느니라 ²⁷너희는 고아를 제비 뽑으며 너희 친구를 팔아 넘기는구나

(3) 빌닷의 첫 번째 발언(8:3-12)

³하나님이 어찌 정의를 굽게 하시겠으며 전능하신 이가 어찌 공의를 굽게 하시겠는가 ⁴네 자식들이 주께 죄를 지으면 주께서 그들을 벌하시는 것은 당연하지 않느냐? ⁵네가 만일 하나님을 찾으며 전능하신 이에게 간구하고 ⁶또 청결하고 정직하면 반드시 너를 돌보시고 네 의로운 처소를 평안하게 하실 것이라 … ¹¹왕골이 진펄 아닌 데서 크게 자라겠으며 갈대가 물 없는 데서 크게 자라겠느냐

"갈대는 물 없는 데서 결코 크게 자라지 못하고 삐쩍 말라 죽는다. 마찬가지로 네가 삐쩍 말라 죽어가는 이유는 둘 중 하나다. 네가 하나님의 은혜의 물이 풍성한 곳에 심겨지지 않았기 때문이거나, 네가 푸르른 갈대처럼 하나님께 복을 받은 의인이 아니라 삐쩍 말라 불 속에 던져지는 (마른 갈대 같은) 죄인이든지 둘 중 하나다."

¹²이런 것은 새 순이 돋아 아직 뜯을 때가 되기 전에 다른 풀보다 일찍이 마르느니라

"악인을 상징하는 갈대는 물 없는 데서 자라고 있어서 다른 풀보다 일찍이 마르느니라. 이와 마찬가지로 악인은 아무리 번성하는 것처럼 보이더라도 신속하게 멸망할 뿐이다."

(4) 계속되는 욥의 항변(9:17-20; 10:1-2)

¹⁷그가 폭풍으로 나를 치시고 까닭 없이 내 상처를 깊게 하시며 ¹⁸나를 숨 쉬지 못하게 하시며 괴로움을 내게 채우시는구나 ¹⁹힘으로 말하면 그가 강하시고 심판으로 말하면

누가 그를 소환하겠느냐 [20] 가령 내가 의로울지라도 내 입이 나를 정죄하리니 가령 내가 온전할지라도 나를 정죄하시리라

[1] 내 영혼이 살기에 곤비하니 내 불평을 토로하고 내 마음이 괴로운 대로 말하리라 [2] 내가 하나님께 아뢰오리니 나를 정죄하지 마시옵고 무슨 까닭으로 나와 더불어 변론하시는지 내게 알게 하옵소서

친구들의 인과응보 원리는 욥에게 전혀 해답이 되지 못한다. 그는 우주적인 재판관 하나님께 직접 항소하겠다고 말한다.

(5) 소발의 첫 번째 발언(11장)

[4] 네 말에 의하면 내 도는 정결하고 나는 주께서 보시기에 깨끗하다 하는구나 [7] 네가 하나님의 오묘함을 어찌 능히 측량하며 전능자를 어찌 능히 완전히 알겠느냐

하나님의 오묘함에 관한 소발의 묘사는 욥과 생명을 맞바꾼 언약 관계 안에서 진행하는 참여적인 언어가 아니라, 합리적인 이성을 겨냥하여 하나님의 섭리를 해명하려는 설명적인 언어였다. 소발과 같은 욥의 친구들은 욥의 고난에 전인격적으로 동참하지 않았고 동참할 수 없었기 때문에, 그들의 설명적인 언어는 욥에게 전혀 설득력 있게 들리지 못했다.

[8] 하늘보다 높으시니 네가 무엇을 하겠으며 스올보다 깊으시니 네가 어찌 알겠느냐 [9] 그의 크심은 땅보다 길고 바다보다 넓으니라 [10] 하나님이 두루 다니시며 사람을 잡아 가두시고 재판을 여시면 누가 능히 막을소냐 [11] 하나님은 허망한 사람을 아시나니 악한 일은 상관하지 않으시는 듯하나 다 보시느니라

(6) 계속되는 욥의 탄식(12:2-9)

> ² 너희만 참으로 백성이로구나 너희가 죽으면 지혜도 죽겠구나(지혜로운 사람이라곤 너희 밖에 없는 것 같구나. 고통을 당해보지 않은 너희가 불행한 내 처지를 비웃고 있구나)…⁷ 하지만 이제 짐승들에게 물어 보아라 그것들이 가르쳐줄 것이다(너희 지혜는 짐승만도 못하구나)…⁹ 이것들(짐승들) 중에 어느 것이 여호와의 손이 이를 행하신 줄을 알지 못하랴

사람의 지성이 짐승만도 못한 이유는 하나님의 형상으로 창조된 양심의 감각판이 아담의 타락과 범죄로 오염되었기 때문이다. 짐승은 하나님과 소통 가능한 지·정·의의 결합체인 양심이 없으므로 하나님의 창조된 의지를 있는 그대로 표현하지만, 타락한 사람의 지·정·의는 죄악으로 왜곡되어 하나님의 말씀에 온전한 반응을 나타내지 못한다.

(7) 엘리바스의 두 번째 논박(15:6-11)

> ⁶ 너를 정죄한 것은 내가 아니요 네 입이라 네 입술이 네게 불리하게 증언하느니라

엘리바스의 첫 번째 변론에서 그는 욥에게 "너 욥이 죄를 범했기 때문에 하나님이 징계하시는 것"이라고 주장했고 이 주장은 받아들여지지 않았다. 두 번째 논박에서 욥은 이 주장을 자신에 대한 정죄로 받아들여서 억울하다고 주장하지만, 엘리바스는 자신이 아니라 욥의 탄식이 스스로에게 불리하게 증언하고 있지 않으냐고 반박한다.

> ⁷ 네가 제일 먼저 난 사람이냐 산들이 있기 전에 네가 출생하였느냐?

"네가 인과응보를 무시한다면 네가 그 인과응보대로 섭리하시는 하나님보다 더 높고 위대한 존재냐?"

제8장 신자의 고난에 관한 설교 전략: 욥기에 관한 틀 의미론 해석을 중심으로

⁸ 하나님의 오묘하심을 네가 들었느냐 지혜를 홀로 가졌느냐? ⁹ 네가 아는 것을 우리가 알지 못하는 것이 무엇이냐 네가 깨달은 것을 우리가 소유하지 못한 것이 무엇이냐?

¹⁷ 내가 네게 보이리니 내게서 들으라 내가 본 것을 설명하리라 ¹⁸ 이는 곧 지혜로운 자들이 전하여 준 것이니 그들의 조상에게서 숨기지 아니하였느니라 ¹⁹ 이 땅은 그들에게만 주셨으므로 외인은 그들 중에 왕래하지 못하였느니라 ²⁰ 그 말에 이르기를 악인은 그의 일평생에 고통을 당하며 포악자의 햇수는 정해졌으므로 ²¹ 그의 귀에는 무서운 소리가 들리고 그가 평안할 때에 멸망시키는 자가 그에게 이르리니 ²² 그가 어두운 데서 나오기를 바라지 못하고 칼날이 숨어서 기다리느니라

"이 세상은 인과응보대로 돌아간다. 하나님께 범죄한 악인은 반드시 망한다. 우리 이전 지혜자들이 전해준 최고의 지혜가 이것이다."

(8) 욥의 두 번째 답변(16장)

¹ 욥이 대답하여 이르되 ² 이런 말은 내가 많이 들었나니 너희는 다 재난을 주는 위로자들이로구나

"인과응보 원리는 많이 들었지만, 지금 나에게는 위로가 되지 못하고 오히려 고통을 가중시킨다."

³ 헛된 말이 어찌 끝이 있으랴 네가 무엇에 자극을 받아 이같이 대답하는가 ⁴ 나도 너희처럼 말할 수 있나니 가령 너희 마음이 내 마음 자리에 있다 하자 나도 그럴 듯한 말로 너희를 치며 너희를 향하여 머리를 흔들 수 있느니라 ⁵ 그래도 입으로 너희를 강하게 하며 입술의 위로로 너희의 근심을 풀었으리라

"너희가 나와 같은 고통을 당하는 지경이라면 나는 이렇게 너희들처럼 고통스런 저주를 퍼붓지 않고, 오히려 너희에게 위로가 되는 말을 해 주었

을 것이다."

(9) 욥의 계속되는 항변 (19:1-29)

> [1] 욥이 대답하여 이르되 [2] 너희가 내 마음을 괴롭히며 말로 나를 짓부수기를 어느 때까지 하겠느냐 [3] 너희가 열 번이나 나를 학대하고도 부끄러워 아니하는구나 [4] 비록 내게 허물이 있다 할지라도 그 허물이 내게만 있느냐 [5] 너희가 참으로 나를 향하여 자만하며 내게 수치스러운 행위가 있다고 증언하려면 하려니와 [6] 하나님이 나를 억울하게 하시고 자기 그물로 나를 에워싸신 줄을 알아야 할지니라

욥은 억울한 고난 속에서 그리고 절대 고독의 상황에서 친구들의 인과응보에 근거한 비난을 반박한다. 그 과정에서 자신의 억울한 고난의 배후에는 하나님의 이해할 수 없는 이유와 목적이 있음을 깨닫고, 그 이해할 수 없는 하나님의 이유와 목적을 캐묻기 시작하였다.

오늘날에도 모든 신자는 하나님과 단독자로 관계하여 직접 풀어야 할 인생의 개인적인 비밀들이 있다. 그 비밀을 풀어가는 과정에서 목회자나 상담자가 할 수 있는 일은 고난 중에라도 낙심하지 말고 하나님 앞으로 나아갈 수 있도록 계속 격려해 주시고 위로해 주는 것뿐이다. 인과응보의 원리로 책임을 묻거나 죄를 회개하라고 권면하는 것은 아무런 도움이 되지 못하고, 오히려 고난을 가중할 뿐이다.

> [19] 나의 가까운 친구들이 나를 미워하며 내가 사랑하는 사람들이 돌이켜 나의 원수가 되었구나 [20] 내 피부와 살이 뼈에 붙었고 남은 것은 겨우 잇몸뿐이로구나 [21] 나의 친구야 너희는 나를 불쌍히 여겨다오 나를 불쌍히 여겨다오 하나님의 손이 나를 치셨구나 [22] 너희가 어찌하여 하나님처럼 나를 박해하느냐? 내 살로도 부족하냐?

"죄를 짓지 않았음에도 억울하게 하나님이 고난을 주셔서 썩어 문드러지고 고름이 흘러넘치는 내 살로도 너희들의 근거 없는 비난을 반박하기에 부

족해 보이냐?
너희는 눈으로 보면서도 어찌하여 그런 악담을 퍼붓느냐?"

세 친구가 계속되는 비난과 욥의 원망에도 불구하고 만족스러운 해답이 제공되지 않자, 욥은 하나님의 법정으로 가서 하나님의 중보자를 청원하였다. 친구들의 계속되는 비난과 이에 대한 욥의 반박 항변에도 불구하고 하나님의 중보자가 등장하여 자신의 억울한 고난의 문제를 명쾌하게 해명해 주지 않자, 욥은 (21장부터) 이 세상에 하나님의 인과응보가 제대로 작용하지 않는다고 하나님을 원망하기 시작했다.

이어서 욥기 후반부(33장~37장)는 욥이 앞서 요청했던 중보자의 도입 단계로 먼저 엘리후가 등장하여 세 친구의 관점과 욥의 하나님 원망을 책망하고 삼라만상을 절대주권으로 통치하시는 하나님의 절대적인 섭리를 선포한다.

37장에서 엘리후의 강화가 끝나면, 드디어 38장부터 하나님이 욥에게 직접 찾아오신다. 하나님은 무죄한 고난의 배후에 있는 섭리에 관하여 말씀하신다.

4. 틀 의미론과 욥기 해석

'틀 의미론'(frame semantics)에 의하면, 특정한 낱말이나 문장을 통해서 전달되는 의미는 언어 사용자의 인지 세계에 선행하는 지식과 경험, 가치관과 사고방식, 신념, 문화 체계들을 종합적으로 고려할 때 비로소 이해될 수 있다고 한다.[9]

---

9 Charles J. Fillmore, "Frame Semantics," The Linguistics Society of Korea, ed, *Linguistics in the Morning Calm*(Seoul: Hansin, 1982), 111-137. 임지룡, 『인지언어학』 (서울: 탑출판사, 1997). 박윤만, "신약성서 본문의 문맥에 대한 인지 언어학적 고찰" *Canon & Culture*(3/1)

따라서, 특정한 낱말이나 문장을 통해서 전달되는 의미를 올바로 이해하려면, 그러한 낱말이나 문장들이 어떠한 의미의 프레임을 형성하고 있는지를 주의깊게 살펴야 한다.

언어 사용자가 전달하려는 의미는 그 전달자의 마음이 들어 있고, 의미를 파악하여 마음에 도달하려면, 그 마음과 정신세계를 표현한 의미 프레임의 조합을 전체적으로 살펴봐야 한다.

성경 본문을 올바로 해석하려면 '전체 성경'(tota scriptura)의 관점으로 해석하는 것이 필수적인 이유도 틀 의미론 때문이다.

'체계 속의 의미'(meaning in the frame system)의 관점에서 볼 때, 의미 프레임은 크게 대조 프레임과 암시 프레임 그리고 모순 프레임으로 구분할 수 있다.

첫째, 대조 프레임은 의인과 악인, 순종하는 신자와 불순종하는 불신자, 축복과 저주와 같은 대조적인 개념들을 순차적으로 제시한다.

둘째, 암시 프레임이란 눈에 보이거나 쉽게 이해할 수 있는 개념을 보조관념으로 사용하여 눈에 보이지 않는 추상적인 개념이나 심층의 원관념을 설득한다.

셋째, 모순 프레임은 대조 프레임과 암시 프레임이 결합한 의미 프레임으로서 표층의 선한 하나님 자녀들의 삶과 심층 하나님의 저주를 서로 연결하여 모순과 불합리를 전달한다.

이상의 세 가지 의미 프레임은 각각의 수사적인 의도를 달성하기에 가장 효과적인 수사 형식이다.

(2009, 봄), 247-248.

1) 대조 프레임

대조 프레임을 사용하는 발화자가 추구하는 수사적인 의도는 모든 발생 가능한 경우의 수를 이항 대립 안에 포획하고서 이항 대립의 구조 안에서 좋은 편을 선택하도록 청취자를 안내한다.

예를 들어, 잠언의 지혜로운 자와 어리석은 자에 대한 대조적인 묘사는 다음 두 가지 수사적인 목표를 달성하는 효과적인 수단이다. 이 잠언 구절을 읽는 모든 독자를 두 극단의 대조점 사이에 포섭(포함)하여 올바른 극단의 모델을 선택하고, 그 올바른 극단의 모델을 인생의 목표로 설정하도록 안내한다. 잠언과 욥기 그리고 전도서는 신자의 말씀 순종과 불순종 그리고 순종에 따른 축복과 불순종에 따른 저주를 대조 프레임에 담아서 제시한다.

까닭 없는 고난 중에 있는 욥에게 세 친구가 찾아왔다. 그들은 의인과 악인, 선행과 악행, 축복과 저주의 대조 프레임으로 고난 중의 욥을 정죄하고 회개를 촉구하였다.

대조 프레임의 수사적인 목적은 욥과 세 친구의 대화를 주의 깊게 듣고, 그들의 대화에 참여하는 후대의 독자들을 대조 프레임이 포괄하는 의인 욥의 고난과 욥에 대한 친구들의 정죄의 두 극단 사이 어느 한 점에 포획하려는 것이다. 더 나아가서 독자 자신은 까닭 없이 고난을 겪는 욥에게 가까운 편인지, 아니면 반대로 그러한 사람을 선악의 대조 프레임으로 정죄하는 친구들에게 가까운 편인지를 스스로 판단하고, 욥기의 대조 프레임을 교훈 삼아서 독자 스스로 바람직한 방향성을 추구하도록 동기를 부여하려는 것이다.

고난 설교가 이러한 수사적 목적을 효과적으로 달성하려면, 설교자와 청중의 수사적인 관계가 욥과 세 친구의 수사적인 관계를 그대로 재현해서는 결코 안 된다.

설교자가 고난 중에 있는 청중을 향하여 설교 메시지를 전하는 일차적인 목적이 고난의 원인을 분석하고 고난 배후에 있는 하나님의 목적을 설명하여 고난 겪는 자들의 이성에 하나님의 목적을 이해시키려고 해서는 안 된다는 것이다.

그보다는 욥기 내러티브를 포함하여 성경에 기록된 하나님 나라 백성의 고난과 영적 전쟁에 관한 내러티브를 그대로 현대적인 언어로 재현하는 설교 메시지를 듣는 가운데, 청중 스스로 자신이 지금 욥처럼 또는 다윗처럼 억울한 고난의 상황에 빠져서 하나님의 약속이 실현되는 과정에서 영적 전쟁을 경험하고 있음을 스스로 깨닫도록 해야 한다.

이를 위해서 설교자는 성경 내러티브의 암시 프레임을 구속 역사의 관점에서 해석해야 한다. 그리고 영적 전쟁에서 하나님의 절대주권과 그에 대한 절대적인 믿음의 인내를 암시 프레임에 담아서 현대 청중에게 전달해야 한다.

2) (은유적인) 암시 프레임

은유와 은유 집합체인 이야기는 서술적인 언어보다는 참여적인 언어다.

은유와 이야기는 발화자와 청취자가 맺은 기존의 신뢰 관계 안에서 공통의 가치를 확인하고 강화하며 공감대를 확장함으로 공통의 목표 달성에 필요한 정서적인 역동성을 강화한다. 은유와 이야기를 통하여 공통의 의지가 강화된다.

레이코프와 존슨에 의하면, "은유의 본질(metaphor)은 한 종류의 사물을 다른 종류의 사물의 관점에서 이해하고 경험하도록 설득하는 것"이다. 설득의 과정은 발화자와 청취자가 함께 공유하는 개념들의 언어(근원 영역 [source domain])로부터 시작하여 발화자가 목표하는 개념을 청취자가 깨닫고 동의하고 공감하며 실천을 결단하는 단계(목표 영역 [target domain], 개념적 통합)로 진행된다.

예를 들어, 사탄이 여호와 하나님의 인과응보 원리를 조롱하면서 이의를 제기하는 논리의 저변에는 표층의 단어와 심층의 의미 사이에 은유적인 암시 프레임이 작용하고 있다.

⁴ 사탄이 여호와께 대답하여 이르되 가죽(a)으로 가죽(b)을 바꾸오니 사람이 그 모든 소유물(A)로 자기의 생명(B)을 바꾸올지라(2:4).

가죽 a로 가죽 b를 바꾸는 것은 동등한 가치로 물물 교환하는 세상의 시장 질서와 상식을 의미한다. 사탄은 세상의 상식적인 문화를 동원하여 설득 논리를 시작한다. 사탄은 일관성의 원리에 근거하여 세상 상식적인 문화에서도 동등한 가치로 물물 교환하듯이, 욥도 하나님에게서 그 모든 소유물을 축복으로 받았기 때문에 자기 생명과 목숨을 다하여 하나님을 섬긴다고 주장한다.

하나님의 무한하신 은혜와 공의에 따른 섭리를 세상 사람들도 잘 따르는 인과응보의 원칙의 수준으로 깎아내리고 격하시키려는 것이다. "만일에 그 모든 소유물을 박탈당하면 욥은 그렇게 전심으로 하나님을 섬기지는 못할 것"이라는 주장이다.

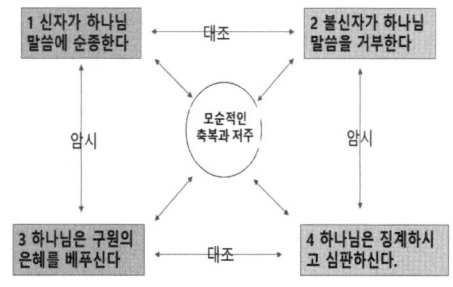

[모순 때문에 흔들리는 인과응보]

사탄은 하나님과 인격적이고 생명 맞바꿈의 언약 관계가 없고 하나님 사랑과 공의에 대한 공감대가 없으므로, 하나님의 섭리를 참여적 언어로 묘사하지 못하고, 객관적이고 합리적인 수준에서 서술적인 언어로 묘사를 시도하였다.

계속되는 친구들의 비난과 정죄에 욥은 계속 은유적이고(하나님과 맺은 언약에 관한 공감대가 흔들리는 상황에서 계속 언약 갱신을 추구하는) 참여적인 언어로 자신의 무죄한 고난에 관한 하나님의 판결을 탄원하였다.

욥은 하나님의 법정에서 하나님이 인과응보의 원칙을 지키지 않는다며 하나님의 모순적인 섭리에 문제를 제기하였다. 자기가 당하는 무죄한 고난은 인과응보의 법칙에 어긋나는 모순이라는 것이다.

> ⁹ 만일 내 마음이 여인에게 유혹되어 이웃의 문을 엿보아 문에서 숨어 기다렸다면 ¹⁰ 내 아내가 타인의 맷돌을 돌리며 타인과 더불어 동침하기를 바라노라 (31:9-10).

욥 자신을 향한 하나님의 섭리가 모순과 불합리의 정점을 찍고 있으니 이제 그만 인과응보가 작용하지 않은 모순을 멈춰 달라는 것이다. 욥은 여기서 한 걸음 더 나아가 자신의 억울한 고난에 관하여 하나님이 직접 판결을 내려 주실 것을 간청하였다.

> ²³ 나의 말이 곧 기록되었으면, 책에 씌어졌으면 ²⁴ 철필과 납으로 영원히 돌에 새겨졌으면 좋겠노라 ²⁵ 내가 알기에는 나의 대속자가 살아 계시니 마침내 그가 땅 위에 서실 것이라 ²⁶ 내 가죽이 벗김을 당한 뒤에도 내가 육체 밖에서 하나님을 보리라 ²⁷ 내가 그를 보리니 내 눈으로 그를 보기를 낯선 사람처럼 하지 않을 것이라 내 마음이 초조하구나 ²⁸ 너희가 만일 이르기를 우리가 그를 어떻게 칠까 하며 또 이르기를 일의 뿌리가 그에게 있다 할진대 (19:23-29).

"인과응보의 원리로 계속 남을 평가하고 비난하며 정죄하면 너희에게 무슨 일이 벌어지는 줄 아느냐?

하나님의 섭리를 편협한 인과응보의 프레임 안으로 가두어서, 그 편협한 프레임으로 고난 중인 의인을 비난하면, 고난 중인 의인을 섭리하시는 하나님께서 자신의 섭리를 자신의 마음으로 잘 이해하지도 못하면서 이런저런 말을 늘어놓은 너희에게 나의 저주가 옮겨가게 하실 것이다.

그 저주와 심판을 어떻게 감당하려고 그렇게 알지도 못하는 헛소리를 늘어놓느냐?"

> ²⁹ 너희는 칼을 두려워 할지니라 분노는 칼의 형벌을 부르나니 너희가 심판장이 있는 줄을 알게 되리라 (욥 19:29).

3) 모순 프레임에 담긴 하나님의 계시 말씀

모순 프레임은 선악의 대조 프레임과 표층에서 심층으로 진행되는 암시 프레임이 하나로 결합한 의미 전달 프레임이다.

욥이 고난을 겪은 이야기는 일종의 모순 프레임이다. 욥의 고난에 관한 모순 프레임은 대조 프레임과 선한 암시 프레임이 결합한 것이 아니라, 대조 프레임과 악한 암시 프레임이 결합한 것이다.

욥이 하나님 말씀대로 순종했음에도 불구하고(선을 선택한 대조 프레임), 하나님으로부터 축복을 받지 못하고 오히려 하나님의 심판과 저주를 받은 것(불신자에 해당하는 암시 프레임)이기 때문이다.

모순 프레임의 수사적인 의도는 무엇일까?

모순 프레임의 수사적인 의도는 입장을 바꾸어 생각해 보라는 것이다. 역지사지(易地思之)로 안내하고 초청하는 것이다. 과거의 관점을 버리고 미래 시점에서 새롭게 깨달은 (하나님 나라) 실재를 받아들이고 발화자의 관점에서 그 실재를 감당하고 참여하라고 초대하는 것이다.

욥이 하나님의 재판정에 출두하여 자신의 무죄를 주장하며 하나님의 섭리를 원망하는 과정에서 최고로 지혜롭게 처신한 부분이 바로 중보자의 개입과 중재를 요청한 것이다.

욥의 최고 지혜는 하나님의 재판정 안에서 최고 모순이다. 왜냐하면, 유한한 인간이 영원한 하나님의 품 안에서 영원한 세상을 향하여 눈을 뜬 것이기 때문이다. 자신의 유한함을 결코 깨달을 수 없는 한 죄인이, 자신의 유한함에 눈을 뜨고서, 영원의 시각을 가지고서, 그 영원의 기준 앞에서 자신의 유한성을 깨닫고 탄식하고 절망한 것이다. 그대로 절망 중에 사라져야 할 죄인이 감히 하나님의 중보자를 요청하여 중보자가 대신 자신의 유한성의 문제를 해결해 달라고 요청한 것이다.

그러자 하나님도 하나님 편에서의 역지사지를 요청하는 계시 말씀을 모순 프레임에 담아서 제시하였다.

> ⁴내가 땅의 기초를 놓을 때에 네가 어디 있었느냐 네가 깨달아 알았거든 말할지니라(38:4).

"하나님이 땅의 기초를 놓을 때에 너 욥은 어디 있었느냐?"

하나님의 질문을 서술문으로 바꾸어 보면 다음과 같다.

땅의 기초라는 이 세상의 질서는 하나님이 태초에 정한 것이고, 욥이 당하는 고난은 하나님이 창조하셨으나, 패역함으로 타락한 이 세상과 그 자녀들을 대속하시고 구원하시며 처음 창조 때 의도하셨던 영광스러운 하나님 나라를 완성하고 그 자녀들을 동일한 영광으로 초청하시고 영생하도록 이끄시는 하나님 섭리 안에서 필연이라는 것이다.

하나님은 고난 겪는 욥에게 하나님 편에서 세상을 바라보라고 초청하신다. 하나님은 무죄한 고난을 겪는 욥을 동일한 방식으로, 즉 무죄한 고난을 통해서 대속을 감당하신 독생자의 새 창조 사역에 동참하도록 초청하고 계시는 것이다.

하나님은 온 세상을 공의로 통치하시되, 죄악이 가득한 세상을 처음 창조 때 에덴동산으로 회복하시고자 독생자의 대속적인 고난의 시각으로 욥의 인생을 섭리하고 계시다는 것이다. 하나님은 욥에게 역지사지의 의도가 담긴 모순적인 질문들을 통하여 욥을 '모순적인 공의'를 펼치고 계시는 하나님의 마음과 하나님의 시각 안으로 초청하였다.

> ⁸바다가 그 모태에서 터져 나올 때에 문으로 그것을 가둔 자가 누구냐?(욥 38:8)

바다는 사망 권세를 암시한다. '그 모태에서 터져 나올 때'라는 참여적인 언어는 사탄이 욥의 생명마저 거둬가려고 할 때, 그 목숨을 하나님 품에 견고하게 지켜주셨던 때를 가리킨다. 하나님이 욥과 맺은 언약 관계 안에서 서로 누리고 있는 공감대를 거듭 확인하는 말씀이다.

하나님이 이 말씀을 통해서 욥과 맺은 언약의 공감대를 확인하는 수사적인 목적은 지금도 온 우주 만물에 관하여 모순적인 공의를 펼치고 계시는 하나님 나라의 놀라운 영광과 권능의 자리로 욥을 초청하시려는 것이다.

4) 전도서에 대한 자크 엘룰의 모순 프레임 해석

자크 엘룰(Jacques Ellul)은 『존재 이유』(*La Raison Detre*)에서 전도서의 주제에 따른 전체 구조가 헛됨과 하나님의 양극단 중앙에 지혜가 배치되어 있다고 보았다. 그리고 전체 주제를 관통하여 해석할 중요한 해석 비결을 하나님 앞에 모순적인 인간 실존에서 찾았다.

> 전도서만큼 모순적인 책은 거의 없다. 나는 이 책의 주된 의미 가운데 하나가 정확히 이 모순에 있다고 생각한다. 이 책은 우리를 본질상 그 자체로 모순적인 인간 실존의 참된 성격으로 이끌어 가서 그것을 보게 한다. 코헬레트는 생명체와 존재와 사회의 내부에 파고 들어 인간의 이해할 수 없는 집요한 모순의 난처함을 절대적으로 온전히 드러나게 한다. 이 책을 이끌어 가는 노선 가운데 하나는 정확히 집요한 모순이다. 선과 악 사이, '하나님을 따르기'와 '하나님을 따르지 않기' 사이에 아무런 분리가 없다. 인간이라는 모순적 존재만이 있다. 그것이 전부이다. 바로 이 모순이야말로, 만물 가운데서 솟아오르면서, 전반적으로 '헛되다'고 말할 수 있게 한다. 하지만, 포기도 아니요. 절망도 아니다. 정반대로 삶에 대한 항구적인 부름이다.[10]

자크 엘룰에 의하면, 전도서는 코헬레트의 사고방식의 열쇠인 모순의 원리로 해석해야 한다.

전도서의 화법이 모순 화법인 이유는 전도서의 저자 코헬레트가 한 책에서 '모든 것이 헛되다'고 말하면서도 그와 동시에 '하나님이 모든 것을 섭리하신다'고 말할 수 없기 때문이다.

---

10 Jacques Ellul, 『존재의 이유』, 312.

이 모순 화법을 하나님이나 그분이 섭리하시는 세상에 관한 묘사나 설명으로만 이해한다면 전도서의 모순 화법은 비논리로 가득차 있다.

전도서 화법을 묘사나 설명 언어로 이해하면 모순과 비논리 때문에 정경적 가치를 인정할 수 없다. 그러나 전도서의 비논리적인 모순 화법이 수사적인 의도를 염두에 둔 독특한 화법이라면 독자들은 그 수사적인 의도를 염두에 두면서 해석해야 한다. 그럴 때 비로소 전도서가 독자들에게 하나님의 말씀으로 들릴 것이다.

자크 엘룰에 의하면 '모든 것이 헛되다'는 전도서의 허무주의는 세상을 바라보는 사람들 편에서 읽고 공감할 것이 아니라, 허무한 세상 속에서 하나님을 경외하면서 살아가기를 바라시는 '하나님 편에서 읽고' 하나님의 마음에 공감할 수 있어야 한다.

달리 말하면, 전도서 해석 과정에서 해석자는 하나님 편에 서서 '역지사지' 할 수 있는 영적 분별력을 동원해야 한다.

> 헛됨의 가혹함과 혹독함은 이스라엘 하나님의 선포에서부터 그 가치와 빛과 전망을 발견한다. 오직 모순만이 진보를 허락한다는 것을 인정해야 한다. 비 모순의 원리는 죽음의 원리이다. 모순이야말로 의사소통의 조건이다. 모순만이 존재의 이해와 궁극적으로 연합을 허락한다. 살아 있는 모든 것은 이런 모순 속에 있으며, 이런 모순에 머물러 있는 기간에만 살아 있다.[11]

결국, 허무주의와 하나님을 향한 절대주권에 관한 절대적인 신앙을 함께 말하는 코헬레트의 수사적인 의도는 하나님 경외의 시각으로 허무한 세상을 감당하라는 요청이다. 허무한 세상 속에서 새로운 창조의 기적을 계속 이어가시는 하나님의 창조하시는 절대주권에 동참하기 위하여 예수 그리스도처럼 고난 속에서 하나님의 뜻을 깨닫고 하나님 섭리에 순종함으로 하나님의

---

11 Jacques Ellul, 『존재의 이유』, 312-313.

온전하신 영광에 도달하라는 초청이다.

하나님은 신자들이 하나님의 비밀인 영광에 동참할 기회를 주시려고, 고난 중에서도 침묵하시고 묵묵히 모든 치욕과 저주를 몸소 감당하신 예수 그리스도의 치욕스러운 십자가와 죽음의 저주를 신자들에게 개방하셨다. '십자가 죽음의 계시'는 하나님 편에서 절대 치욕과 저주에 대한 개방인 동시에 그 치욕과 저주에 동참하라는 초청이다.

십자가 죽음의 계시를 전도서의 화법으로 고쳐 표현하자면 '일의 결국을 다 들었다'는 것이다. 전도서 기자가 언급한 "일의 결국"은 하나님이 신자들의 능력 바깥에서(extra nos) 초역사적인 차원에서 진행하는 하나님의 객관적인 구속의 경륜 전체를 의미한다.

전도서 메시지가 독자들에게 하나님의 계시 말씀으로 다가오는 이유는, 하나님의 객관적인 구속 경륜 전체(extra nos)가 언약 관계 안에 있는 독자들에게도 그대로 해당하는(pro nobis) 초청장이기 때문이다.

하나님이 신자 바깥에서 섭리하시고 주관하시는 전체 구속 경륜을 먼저 예상하고 바라보는 관점을 가리켜서 종말론(eschatology)이라고 한다. 종말론은 하나님의 구속 경륜에 관한 전체적인 시각을 의미한다. 기독교 종말론은 성부 하나님이 성령의 능력으로 그리스도 안에서 만유를 통일하시고 천하 만물과 화목을 달성하신다는 거시적이고 총체적인 전망이다. 천지를 창조하신 하나님께서 예수 그리스도의 십자가 죽음과 부활 사건 안에서 온 세상과 화목하시고 최종적으로 자신의 공의를 구속과 심판으로 온전하게 드러내어 성취하신다.

신약의 성도들 관점에서 "일의 결국"은 그리스도 중심의 구속 역사를 가리킨다. 예수 그리스도께서 십자가에서 대속의 희생제물이 되어 죽으셨고, 사흘 만에 부활하시고 승천하신 후, 성령 하나님을 보내셔서 지상에 교회를 세우시고, 재림으로 우주적 심판과 구원이 완성된다는 그리스도 중심의 구속 역사가 신자들에게 계시로 알려졌다. 요한계시록은 삼위 하나님께서 구속하시는 천하 만물이 그리스도 안에서 온전하게 통일을 이루는 새 하늘과 새 땅을 보여 준다.

신약의 성도들에게 요한계시록을 통하여 하나님의 구속 경륜의 결국을 모두 계시하신 수사적인 의도는 무엇일까?

십자가를 짊어지라는 것이고, 하나님처럼 고난의 모순을 감당하라는 것이다. 타락한 세상과 인류 구속의 완성을 위해 십자가를 지신 예수 그리스도처럼 각자에게 주어진 고난의 십자가를 지고, 지금도 세상의 모순을 묵묵히 감당하시며 이 세상을 영원한 영광의 나라로 이끌어 가고 계시는 하나님의 새 창조에 동참하라는 요청이다.

5. 신자의 고난에 관한 설교 전략

설교자가 설득력 있는 고난 설교는 전하려면 먼저 다음 세 가지 설교학적인 선행 조건을 반드시 확보해야 한다.

첫째, (고난을 포함하여 모든 신앙적인 주제에 관한) 설교 언어의 수사적인 목적은 고난에 관한 설명(언어)이 아니라 고난의 배후에 하나님의 절대주권적인 섭리에 참여(언어)시키고 초청하려는 것이다.

따라서, 설교자가 고난 중에 있는 청중의 형편과 비통한 처지를 (심방이나 상담을 통하여) 개인적으로 미리 파악한 다음에, 설교 시간에 그 청중에게 그가 당하는 심각한 고난의 의미나 가치에 관하여 직접 교훈을 주려는 목적으로 설교 메시지를 준비하여 전달한다는 느낌이 들어서는 안 된다.

그보다는 성경의 특정 책(출애굽기나 사무엘상, 마태복음)이나 이야기 전개(모세 이야기 전개나 다윗 이야기 전개)을 연속적으로 설교하는 과정에서 하나님의 절대주권의 구원과 약속의 말씀 그리고 그 약속에 대한 믿음에 따른 고난과 인내의 주제를 연속적으로 설교하는 전략을 따라야 한다.

둘째, 신자의 성화 정체성이 형성되는 과정은 설교자가 주도하는 것이 아니라 하나님의 말씀이 절대적으로 주도하는 것이다.

설교자가 설교 메시지를 이용하여 주도적으로 청중의 영적 문제를 해결하려고 나서면, 청중은 설교자가 자신의 고난에 충분한 공감대를 맺지 않은 상태에서 설명에 치중하려 한다는 인상을 느끼고, 더 나아가서 자신의 끔찍한 고난이 설교자의 설교 메뉴 테이블에 올려져서 이리저리 난도질당하는 모욕감을 느낀다.

신자의 성화 정체성 형성은 결코 설교자가 아니라, 하나님의 말씀이 절대적으로 주도하도록 해야 한다. 그러려면 성경의 구속 역사 내러티브 그 자체를 생생하면서도 구속 역사의 신학적 관점으로 그리고 청중의 삶에 적실하도록 설교하는 것이 최고의 방법이다.

셋째, 앞서 논의한 틀 의미론을 고려하여 고난 설교를 위한 성경 본문을 선택한다면, 내러티브 본문이 가장 효과적이다. 왜냐하면, 성경의 내러티브 본문은 신자의 고난이라는 주제를 포괄하는 더 큰 상위 주제인 하나님의 구속적인 섭리를 대조와 암시 그리고 모순 프레임에 담아서 독자들을 하나님의 구속적인 섭리의 세계로 초청하여 영적인 언약 관계의 공감대를 강화하는 수사적인 목적을 달성하기 때문이다.

예를 들어서, 아브라함 내러티브나 요셉 내러티브, 룻기, 사무엘상·하, 복음서의 내러티브 단락들은 삼위 하나님이 자기 백성과 맺은 영원한 언약(의 약속)을 그리스도 안에서 성령의 능력으로 성취하는 과정을 대조 프레임과 암시 프레임 그리고 모순 프레임에 담아서 독자들을 모순적인 하나님의 구속 세계로 초청하고 있다.

신자의 고난에 관한 설교 전략을 간단히 정리하자면 다음과 같다.

첫째, 성경 내러티브를 틀 의미론 관점으로 해석하기
둘째, 성경 본문을 하나님의 절대주권과 등장인물의 후속 반응이란 두 주제를 중심으로 원리화하기
셋째, 설교 형식 전체를 문제와 해답, 설명-확증-적용, 간증을 결합하기

넷째, 원리화한 두 주제를 문제에서 해답으로 진행되는 내러티브 형식으로 전환하기
다섯째, 문제에서 해답으로 진행되는 내러티브 설교 형식 채택하기
여섯째, 복음 메시지를 통한 반전의 깨달음을 제공하기
일곱째, 간증이 포함된 적용점 제시하기

하나님의 구속적인 섭리에 관한 내러티브 본문을 설교할 때, 설교 결론부에 '간증이 포함된 적용점 제시'가 효과적인 이유가 있다. 이현우에 의하면 한국인에게 효과적인 설득 전략으로 '정에 호소하는 방법'이 있다.

> 곧, 정에 호소하는 방법이 우리나라에서 매우 효과적인 설득 전략이 될 수 있음을 암시한다. 정에 의해 유지되고 관리되는 문화에서는 겉으로 드러난 행위보다는 그러한 행위를 유발한 동기나 심정을 더 중요하게 여긴다.[12]

6. 나가는 말

로고테라피의 창시자 빅터 프랭클(Viktor Emil Frankl)에 의하면 '인생의 목적은 의미를 추구하는 것'이다.

고난을 겪는 신자들은 자신의 고통스러운 삶의 배후에 어떤 가치와 의미가 들어 있는지, 그 의미를 간절히 추구한다. 설교자는 그 의미를 하나님의 말씀으로 성경에서 가져와 청중에게 선포하여 선포되는 성경 말씀 안에서 자기가 찾던 하나님의 말씀을 발견하도록 도와야 한다.

필자는 '신자의 고난에 관한 설교 전략'에 관한 연구의 기초 이론(base theory)으로 틀 의미론(frame semantics)에 따른 욥기 해석을 시도하였다. 틀 의미론의 핵심은 모순적인 고난의 신비에 관한 하나님의 계시 말씀이 대조 프레임과 암

---

[12] 이현우, 『한국인에게 가장 잘 통하는 설득전략 24』 (서울: 더난출판, 2005), 259.

시 프레임 그리고 모순 프레임을 통하여 전달된다는 것이다.

이러한 논의에 근거하여 필자는 신자의 고난에 관한 핵심적인 설교 전략으로 무죄한 고난의 배후에는 십자가 대속을 통한 언약 백성의 구속과 하나님 나라 통치의 영광으로 그 신자들을 초청하려는 하나님의 모순적인 의도가 담겨 있음을 논증하였다.

연구자의 연구가 고난 중에 하나님의 말씀을 간절히 구하는 신자들에게 효과적인 설교 메시지를 준비하고 전달하려는 설교자들에게 중요한 설교학적인 통찰을 제공할 수 있기를 기대한다.

제9장

반전의 깨달음을 통한 섬김의 내러티브를 만들어내는 설교

1. 들어가는 말

예수 그리스도를 구세주로 신앙하는 신자들은 일상생활에서 다양한 고난(suffering)에 직면한다. 신자들이 경험하는 고난의 유형이나 종류 그리고 그 정도는 신자 개개인의 고유성만큼이나 천차만별이다.

하지만, 그토록 다양한 신자들의 다양한 고난에는 공통분모가 존재하는데, 이는 하나님의 말씀과 자기 삶의 현실 사이의 불일치와 그로 말미암은 미해결의 질문이다. 신자들이 경험하는 가장 심각한 고민은 역사의 주권자이시고 인생들의 생사화복을 주관하는 하나님이 자신들의 문제를 속 시원하게 해결해 주시지 않는다는 것이다.

신자들은 때로 가족들과의 다양한 긴장과 갈등 때문에 힘들어 하고, 사회에서는 직장에서나 학교에서 다양한 긴장과 갈등 그리고 문제에 직면한다. 그리고 다양한 방식으로 문제의 해결을 시도하지만, 그러한 시도가 헛된 결과를 가져올 때면 신자는 절망하고 좌절할 수밖에 없다.

최근 한국 사회를 짓누르는 용어 중에서 '헬조선'이란 단어는 이렇게 살기 힘들고 팍팍한 한국을 탈출하고 싶어하는 한국인들의 심리를 반영한다.

대부분의 신자가 불신자들처럼 현실을 저주하며 '헬조선'을 되뇌면서 살지는 않을 것이다. 실존적인 긴장과 갈등은 신자들에게도 예외는 아니지만, 불신자들이 경험하는 실존적인 고통과 신자들이 세상 속에서 경험하는 실존적인 고난 사이에는 중요한 차이점도 있다. 가장 중요한 차이점은 불신자의 고통은 자아 내면의 욕망과 그 욕망을 쉽게 충족할 수 없는 현실 사이의 간격에서 비롯되는 반면, 신자들이 당하는 고난은 그들이 하나님 나라와 세상의 왕국이 서로 교차하고 중첩하는 영역에서 살아가고 있기 때문에 발생한다는 데 있다.

신자들의 삶에는 역사의 주인이시고 인생의 섭리주이신 하나님 말씀의 권세와 그 하나님을 대적하는 사탄과 마귀의 영적인 영향력이 동시적으로 미치고 있다. 신자는 한편으로는 선포되는 하나님의 말씀 속에서 구원과 영생을 경험하는 동시에, 다른 한편으로 예전의 욕망과 번민이 새로 경험한 구원과 영생을 무너뜨리려고 달려든다.

이러한 문제와 갈등 속에서 신자들은 최소한 주일 예배 시간 그리고 설교 시간만큼이라도 자신들의 모든 번민과 갈등을 속시원하게 해결해 줄 하나님과의 영적인 소통(spiritual communication)을 경험하기를 기대하며 교회로 모인다. 신자들이 하나님의 해답을 기대하고 주일날 교회로 모이고 설교단 앞으로 다가오는 이유는 교회와 설교단은 응당 그 질문에 대한 해답을 제공하리라는 기대감이 있기 때문이다.

구약학자이면서 실천신학과 설교학 분야에 깊이 있는 통찰을 제시하는 월터 부르그만(Walter Brueggemann)은 일요일에 신자들이 기독교 교회의 설교단과 강단 앞에 모이는 중요한 이유는 교회 안에서 진행되는 예배와 설교를 통해서 하나님과의 영적인 소통(spiritual communication)을 경험하기 위함이라고 한다.[1]

기독교 신자들이 교회에 함께 모여서 삼위 하나님을 만나고 그분께 경배를 드리며 설교자의 입에서 선포되는 설교를 통하여 살아 계신 하나님의 말씀을 경청하는 열망과 기대감은 그들이 중생한 신자이기에 생겨난 것이다. 중생한 신자가 아니라면 그러한 영적인 기대감이나 열망이 없다. 하지만, 안타깝게도 현대 한국 교회에는 설교가 하나님과 신자 사이의 영적인 친교와

---

1 Walter Brueggemann, *Finally Comes the Poet: Daring Speech for Proclamation*(Minneapolis: Fortress Press, 1989), 43.

연합을 촉진하기보다는 오히려 방해하는 경우가 적지 않다.

설교자는 성경 본문에 근거하여 나름대로 열심히 설교하는데, 예수님과 사도 바울이 선포함으로 수많은 영적인 감동과 변화를 일으켰던 동일한 메시지를 설교하는데, 왜 그 결과는 판이하게 다르게 나타나는가?

필자는 교회 안에서 목회자들이 신자들에게 전하는 하나님 말씀의 설교가 영적인 친교와 연합을 저해하는 문제점을 설교의 차원에서 분석하고 그에 대한 설교학적인 대안을 모색하고자 한다. 이를 위한 연구방법론과 관련해서 필자는 실천신학의 연구방법론을 활용할 것이다.[2]

실천신학자 리차드 R. 오스머(Richard Osmer)에 의하면 문제 해결을 추구하는 이론과 실천의 통합적인 과정은 다음 네 단계로 진행된다.

첫째, 현재 무슨 일이 벌어지고 있는지에 관하여 서술하는 서술적인 과제(descriptive task)

둘째, 현재 상황과 문제의 배후에 있는 배경이나 원인을 분석하는 해석적인 과제(interpretative task)

셋째, 현재 상황이나 문제가 해결되어야 하는 바람직한 해답이나 규범을 확립하는 규범적인 과제(normative task)의 단계

넷째, 현재 상황으로부터 바람직한 규범이나 해답에 도달할 실천적인 전략을 마련하고 실행하는 전략적인 단계(strategic task)[3]

---

2   이 분야의 대표적인 실천신학자로는 Don Browning(1996), Gerben Heitink(1999)와 Gijisbert D. Dingemans(1996)이 있다. D. Browning, *A Fundamental Theology: Descriptive and Strategic Proposals*(Minneapolis: Fortress Press, 1996), 7-8 Gerben Heitink, *Practical Theology*(Grand Rapids: Ederdmans, 1999):10ff Gijisbert D. J. Dingemans, "Practical Theology in the Academy: A Contemporary Overview," *The Journal of Religion*, 76/1(January 1996):82-96.

3   Richard Osmer, *Practical Theology: An Introduction*, 김현애, 김정형 공역, 『실천신학의 네 가지 중심과제』(서울:WPA, 2012), 27-59.

본 장은 다음과 같이 진행될 것이다.

첫째, 포스트모던 시대에 진입한 현대 교회 안에서 설교가 하나님과 신자들 간의 영적인 친교와 연합을 추구해야 함에도 설교자와 신자들 간의 설교 소통의 단절이 발생하는 문제점을 서술할 것이다.

둘째, 설교자의 설교 권위가 붕괴하면서 신자들과의 설교 소통이 실패하는 원인에 관하여 동일자를 추구하는 동일성의 철학과 비인격적인 물화의 관점에서 비평할 것이다.

셋째, 설교 소통에 관한 규범적인 과제의 단계에서는 오스틴의 화행론의 효과수반발화의 관점에서 설교의 목표는 신자의 영적인 각성과 변화에 있음을 확인할 것이다.

넷째, 전략적인 과제의 단계에서는 설교를 통한 하나님과 신자들 사이의 영적인 친교와 연합의 목표를 달성할 수 있는 설교의 내용과 형식으로서 반전의 깨달음에 관한 내러티브 정체성(narrative identity)을 제시할 것이다.

2. 영적인 친교를 방해하는 설교

1) 하나님과의 영적인 소통을 기대하는 신자들

신자들이 목회자에게 기대하는 것은 무엇인가?

앞서 간략히 확인한 바와 같이 중생한 신자들이 목회자와 교회에 기대하는 것은, 교회에서 진행되는 예배와 설교를 통하여 자신들이 믿는 살아 계신 하나님을 만나고, 그분의 말씀을 듣고, 또 그분에게 감동적인 예배를 드리며, 인생의 의미와 가치와 목표를 새롭게 깨닫고, 하나님과 세상을 올바로 섬기는 가치 있는 삶을 살도록 안내 받는 것이다.

말하자면, 신자들은 교회와 목회자들을 통해 하나님을 만나고 그분과 소통하기를 원한다.

교회에 모여서 살아 계신 하나님을 만나고 그분의 말씀을 듣기를 원하는 신자들의 영적인 열망과 기대감은 어떻게 충족될 수 있을까?

2천 년의 교회 역사에서 기독교 교회와 목회자들은 하나님과 만남을 추구하는 신자들의 영적인 열망과 기대감을 어떻게 충족시켜 왔는가?

교회는 다음의 다섯 가지 방식으로 이 질문에 대한 해답을 시도해 왔다.

첫째, 이미 도래한 하나님 나라의 영광을 세상의 권력 속에서 확인하려는 콘스탄틴주의(Constantinianism)다. 콘스탄틴주의는 세상을 살아가는 신자들에게 그들이 쉽게 확인할 수 있는 세상의 부귀와 영광과 권세를 제공하는 장점이 있는 반면, 하나님의 통치를 따르면서 하나님 나라를 살아가야 할 신자들을 세상 왕국의 노예로 변질시키는 폐해를 가져온다.

우리는 과거 역사 속에서—그것이 교회 역사든 일반 세속 역사든 관계없이—콘스탄틴주의가 얼마나 심각한 교회의 부패와 타락을 가져왔는지를 잘 안다. 중세 시대 십자군운동이 그렇고, 로마가톨릭의 교황권 남용이 그렇고, 오늘날 한국 교회 안에 대형 교회나 교단장들의 이권 다툼이 그렇다.

하나님 나라의 영향력을 세속적인 권력이나 부귀 권세로 증명하려는 시도는 일견 지상에 임재하시는 하나님의 영광을 가시적으로 증명하는 최고의 수단처럼 보일지 모르지만, 그 저변에는 예수를 시험하였던 마귀의 유혹과 동일한 시험이 도사리고 있음을 직시해야 한다.

> 마귀가 또 그를 데리고 지극히 높은 산으로 가서 천하만국과 그 영광을 보여 이르되 만일 내게 엎드려 경배하면 이 모든 것을 네게 주리라(마 4:8-9).

둘째, 가톨릭교회에서 찾아볼 수 있는 장엄한 예전을 중시하는 성례전주의(liturgical sacramentalism)다. 성례전주의는 신자들에게 세상에서 경험할 수 없는 장엄하고 신비로운 종교 체험을 제공하여 신자들을 예배당 안으로 더욱 이끌어 들이는 데는 효과적이다. 하지만, 신자들이 계속해서 살아가야 할 곳은 예배당 안이 아니라 그 바깥세상이다. 성례전주의는 예배당 안에서 경험한 종교적인 경험과 일상생활의 단절 문제를 극복하지 못한다.

성례전주의가 지상에 임재하는 가시적인 하나님의 영광을 담보할 수 없다는 지적은 고대 이스라엘의 지혜자 솔로몬의 성전 봉헌 기도에서도 분명하게 천명되고 있다.

> 하나님이 참으로 땅에 거하시리이까 하늘과 하늘들의 하늘이라도 주를 용납지 못하겠거든 하물며 내가 건축한 이 전이오리이까(왕상 8:27).

셋째, 성례전주의는 성자들의 유물이나 성물, 혹은 성화상을 통한 주술적인 치유와 환상적인 체험을 강조하는 카리스마적인 신비주의(caristmatic mysticism)와 유사한 측면이 있다.

두 가지 방식 모두 이미 임한 하나님 나라의 능력과 영광과 권능을 쉽게 인지할 수 있는 가시적이고 신비적인 차원에서 해답을 제시하려고 한다.

그러나 신비주의가 삼위 하나님의 가시적인 임마누엘을 담보할 수 없음은 예수님의 산상수훈에서 다음과 같이 분명하게 확인되고 있다.

> 그날에 많은 사람이 나더러 이르되 주여 우리가 주의 이름으로 선지자 노릇 하며 주의 이름으로 귀신을 쫓아 내며 주의 이름으로 많은 권능을 행하지 아니하였나이까 하리니 그 때에 내가 그들에게 밝히 말하되 내가 너희를 도무지 알지 못하니 불법을 행하는 자들아 내게서 떠나가라 하리라(마 7:22-23; cf., 마 24:23-24).

넷째, 이상의 세 가지 방식에 깔린 인간의 이기적인 욕망과 탐욕을 거부하고 세상의 일상적인 삶을 거부하고 은둔지에서의 청빈과 고행, 금욕을 강조하는 수도원주의(monasticism)가 있다.

하지만, 수도원주의 역시 세상을 구원하시기 위해 여전히 세상 속에서 일하시는 삼위 하나님의 세상에 대한 긍정을 도외시하는 약점이 있다.

수도원주의의 최대 문제점은 세상 속에서 하나님의 말씀과 성령의 조명하심을 통해서 그리스도의 가시적이고 잠정적인 임재를 대행하는 신앙의 신비를 인본주의로 변질시키는 것이다. 신자가 교회를 통해서 하나님의 말씀을 공급 받으며 성령의 인도하심 속에서 일상을 살아가는 것은 타락한 세상의 영향력을 부정하면서도 신자 속에 있는 하나님의 말씀과 성령의 조명하심으로 타락한 세상의 영향력을 극복하며 하나님의 영광을 발현하는 삶의 신비다.

사도 바울은 이 신앙의 신비를 다음과 같이 간명하게 선포한다.

> 이제는 내가 산 것이 아니요 오직 내 안에 그리스도께서 사신 것이라 이제 내가 육체 가운데 사는 것은 나를 사랑하사 나를 위하여 자기 몸을 버리신 하나님의 아들을 믿는 믿음 안에서 사는 것이라(갈 2:20).

신자에게 금욕과 고행 그리고 금식기도가 필요한 때가 있지만, 그리스도의 지상 임재와 그 임마누엘의 신비는 수도원주의로 모두 담아낼 수도 없고, 수도원주의로 임마누엘의 신비를 모두 표현하려고 해서도 안 된다.

다섯째, 문서로 기록된 하나님의 말씀인 성경의 해석과 복음 전도 그리고 말씀의 실천을 강조하는 복음주의(evangelism)다. 16세기 루터와 칼빈과 같은 종교개혁자들에 의하여 그 가치가 다시금 선명하게 주목받은 성경적인 복음주의(biblical evangelism)는 선지자들과 사도들을 통하여 계시 되고 기록된 하나님의 말씀으로서의 성경의 절대적인 가치를 중요시한다. 그리고 성경에 대한 올바른 해석과 교회로 회집한 신앙공동체 안에서의 예배와 설교 그리고 일상에서의 말씀의 순종과 복음 전도 그리고 섬김(디아코니아, diaconia)을 강조한다.

복음주의 중에서 특히, 성경을 무오한 하나님의 말씀으로 받아들일 뿐만 아니라 창세기로부터 계시록까지의 성경 전체를 하나의 언약에 관한 하나님의 말씀으로 믿는 성경적인 복음주의, 또는 개혁 신학 관점의 임마누엘에 관한 이해를 주목할 필요가 있다.

개혁 신학(reformed theology)은 앞서 확인한 성경적인 복음주의와 상당한 공통분모를 가지면서도 특별히 성경 전체에 관한 구속사 언약신학의 관점에 따른 해석과 실천을 강조한다. 달리 표현하자면, 오직 성경만이 하나님의 말씀이라는 솔라 스크립투라(sola scriptura) 관점의 성경 해석이 창세기로부터 계시록까지 일관되게 흐르는 구속사 언약신학의 일관된 관점(tota scriptura, 토타 스트립투라)에서 진행되어야 한다는 것이다.

이러한 신학적인 관점은 어느 탁월한 몇몇 신학자가 학문적인 연구로 발전시킨 것이 아니라, 예수 그리스도와 성경의 계시로부터 발원하여 사도 바울과 어거스틴 그리고 칼빈이나 루터 등 16세기의 종교개혁자들, 청교도 신학자들에 의하여 체계적으로 정리되고 장로교회의 역사 속에 일관성 있게 계승된 신학 사상이다.

성경적인 복음주의는 삼위일체 하나님의 절대적인 주권 사상을 강조하며, 역사 속에서 인류의 구원에 관한 하나님의 계시를 위하여 성령의 영감으로 기록된 하나님의 말씀으로서의 성경의 권위를 강조하고, 그 성경이 일관되게 가르치는 교리에 근거하여 구속 역사 속에서의 끊임없는 교회 개혁을 강조한다.

하나님 나라 백성인 신자들이 하나님과 만남과 소통을 원할 때, 양자 사이의 중재를 책임지는 목회자들은 이상의 다섯 가지 중재 방법 중에서 어느 신학 사상을 따라야 할까?

이 질문을 마치 이상의 다섯 가지 임마누엘에 관한 신학적인 입장 중에서 어느 하나만을 배타적으로 선택할 것을 강요하는 질문으로 받아들일 필요는 없다. 다만, 신학적인 사고에 있어서 어느 관점을 우선순위에 두고서 나머지 입장들을 부차적으로 배치하고 사고할 것인지에 관하여 세심한 주의를 기울일 필요가 있다는 점만 분명히 확인하고자 한다.

하나님과 신자들 사이에 선 목회자의 가장 중요한 책무는 신자들에게 하나님의 말씀을 잘 해석하여 설교하고 교육함으로써, 그렇게 선포된 하나님의 말씀 속에서 그리고 그 선포된 말씀을 깨닫게 하시는 성령의 조명의 역사 속에서, 하나님을 만나고 그분의 음성을 들을 수 있도록 해야 한다.

이런 의미에서 기록된 하나님의 말씀으로서의 성경에 대한 올바른 해석과 선포로 구성된 설교는 하나님과 신자 사이의 영적인 친교와 연합을 위한 중

요한 수단이다.⁴

개혁파 실천신학자인 제이콥 피렛(Jacob Firet)이나 다니엘 로우(Daniel Louw)도 말씀을 설교하고 교육하는 목회자의 역할을 하나님의 말씀을 통한 하나님과 신자들 간의 '목회적인 만남의 사건'(pastoral encounter)의 관점으로 설명한다.⁵

성경에 기록된 하나님의 말씀에 대한 해석에 기초한 설교는, 단순히 목회자나 설교자가 신자들에게 성경 본문에 관한 의미를 해석하고 교육하는 시간이 아니라, 하나님이 신자들에게 말씀하시고 또 신자들이 하나님의 음성을 듣는 목회적인 만남의 사건이다.

설교 사건은 하나님과 신자들이 서로 만날 뿐만 아니라, 서로에게 의미를 전달하고 공유하는 이중적인 소통이다. 설교는 설교적언 언어 사건을 구성하는 다양한 구성 요소들로 이루어진다. 한 편의 설교가 회중에 전달될 때, 성경 본문과 설교자, 그 설교를 듣는 회중 그리고 설교가 전달되는 배경을 형성하는 특정한 사건이나 상황 등 모든 요소와 더불어 임재하는 성령 하나님이 개입한다.

그리고 이러한 다섯 가지 구성 요소들로 형성된 설교를 통하여 하나님과 회중 사이, 회중과 하나님 사이에 하나님의 말씀과 본문의 의미를 함께 전달하고 공유하는 이중적인 소통(double communication)이 이루어진다.⁶

하나님의 백성 된 신자들은 설교에서 일어나는 하나님과 만남의 사건과 이중적인 소통을 통해서 하나님 나라와 세상 왕국 사이에 "끼어 있는 존재"로 경험하는 모든 긴장과 갈등, 문제점, 고민 그리고 고난이 해결되는 순간

---

4 Daniel J. Louw, *A pastoral Hermeneutics of care and encounter*(Cape Town: Lux Verbi, 1998), 248, 447.

5 Jacob Firet, *Dynamics in pastoring*(Grand Rapids: Eerdmans, 1986) 15-17, 245.

6 G D J Dingemans, 1996a, "A Hearer in the Pew: Homiletical Reflections and Suggestions", in: Thomas Long & E Farley(eds), *Preaching as a Theological Task: World, Gospel, Scripture: In Honor of David Buttrick*(Louisville: Westminster John Knox Press, 1996a), 38-49.

을 경험할 수 있다.

16세기 종교개혁 이후로 개신교는 기록된 하나님의 말씀인 성경에 대한 올바른 해석과 설교, 기독교 교육 그리고 이를 통한 교회, 신앙공동체의 지속적인 성숙과 섬김(diaconia), 복음 전도(evangelism)를 강조해 왔다. 그리고 교회가 하나님의 말씀에 대한 깨달음에 근거하여 시행하는 섬김과 복음 전도의 기초와 근간이 '설득력 있는 설교'에 달려 있음을 직시하고서 설교가 교회의 목회 사역에서 매우 중요함을 강조해 왔다.

2) 실패하는 현대 설교의 문제점들

이어지는 질문은 현대 교회, 오늘날 한국 교회 안에서는 설교가 하나님과 신자들의 만남과 이중 소통을 잘 끌어내고 있는지다.

21세기에 진입한 한국 교회 안에서 설교가 하나님과 신자들의 만남과 이중 소통을 효과적으로 끌어내고 있는지에 관한 평가는 그다지 긍정적이지 못하다. 목회자들은 자신의 설교에 대하여 높은 점수를 줄지 몰라도, 신자들은 그다지 좋은 점수를 주지 못하고 있다. 명백한 증거는 90년대 이후 한국 교회의 지속적인 침체 국면에서 발견된다.

신자들이 특정 교회를 출석할 때 교회에 기대하는 가장 중요한 출석 동기나 이유는 "감동적인 설교"를 듣기 위해서다. 그런데 교회는 설교 메시지를 경청하는 곳만이 아니라, 삼위 하나님을 예배하며 성경과 기독교 교리를 학습하는 장소이기도 하고, 경제적으로 힘들고 고난 당하는 자들을 위로하고 돌보며 도움이 필요한 약자들과 병자들 그리고 사회적으로 외면 당한 약자들을 보살피고 섬기며 구제함으로써 세상 속에서 하나님의 영광을 나타내는 신앙공동체다. 따라서, 신자들이 교회를 출석하는 동기나 이유가 "감동적인 설교를 듣기 위해서"라는 한 가지 이유에 집중되는 것은 결코 바람직하지 못하다.

만일, 21세기 현대 교회에서 신자들의 교회 출석 동기가 오직 "감동적인 설교를 듣기 위해서"라는 한 가지 이유에 집중된다면, 신자들이 하나님의 말씀을 개인의 심리적인 문제점을 해결하는 심리 기제로만 사용하고 있는 것은 아닌지 점검해 보아야 한다.

신자의 관점에서 설교자가 전하는 설교 메시지를 듣고, 그 메시지를 계기로 회심을 경험하고 믿음이 자란 후에, 교회와 세상을 구제하고 섬길 수 있다. 신자들이 교회를 섬기고 불우한 이웃을 섬기는 것은 믿음의 행위이기에 이러한 섬김의 수고를 올바로 감당하려면 말씀을 듣고서 그 섬김과 구제를 감당할 정도로 믿음이 자라야 한다.

믿음이 자라도록 하는 설교 메시지를 듣지 않고서는 믿음이 자랄 수 없고, 믿음이 없이는 구제와 섬김의 사역을 제대로 감당할 수 없다.

> 그런즉 저희가 믿지 아니하는 이를 어찌 부르리요 듣지도 못한 이를 어찌 믿으리요 전파하는 자가 없이 어찌 들으리요(롬 10:14).

"믿음은 들음에서 나며 들음은 그리스도의 말씀으로 말미암기 때문"이다(롬 10:17). 그러므로 신자들의 믿음이 자라서 그 믿음으로 교회 안팎에서 구제와 섬김의 사역을 잘 감당하기 원한다면, 설교자는 신자들이 설교 시간에 하나님의 말씀을 듣고, 그 말씀 속에서 하나님을 만나고 하나님과 영적인 친교와 소통을 경험하도록 해야 한다.

현재 한국 교회의 설교자들은 이러한 책무를 잘 감당하고 있는가?

안타깝게도 현대 한국 교회 안에서는 설교가 하나님과 신자 사이의 영적인 친교와 연합을 촉진하기보다 오히려 방해하는 경우가 적지 않다.

한국 교회 설교가 심각한 위기 국면에 진입했음을 보여 주는 징후들이나 이에 대한 경고의 목소리들이 여기저기서 들리고 있다. 김영한은 "영광 신학의 설교와 십자가 신학의 설교"라는 논문에서 "번영주의와 성공주의에 물든 한국 교회 강단" 때문에 "한국 교회는 대사회적인 역량을 상실하고 세상으로부터 비판을 넘어 혹독한 비난의 대상으로까지 전락하면서 성도들도 급격

하게 줄어들고 있다"고 평가한다.[7]

한국 교회의 양대 진영은 목회자와 신자들이다.

한국 교회가 대사회적인 역량을 상실하고, 세상으로부터 개혁의 주도 세력으로 인정받기는커녕 오히려 개혁의 대상이자 비난의 대상으로 전락하고 있다면 이는 누구 책임인가?

무능한 목회자 책임인가 아니면 불순종하는 신자들 책임인가?

한국 교회 침체의 원인을 여러모로 분석하고 진단할 수 있겠지만, 필자는 그 일차적인 책임은 하나님의 말씀을 올바로 선포하지 않는 (또는 못하는) 목회자에게 있다고 본다.

혹자는 '한국 교회 목회자들이 나름대로 열심히 성경을 설교하고 신자들에게 말씀을 열심히 가르치고 있지 않으냐?'며 반문할지 모른다.

필자 역시 한국 교회 목회자들이 나름대로 열과 성의를 다하여 매주 5-10회 이상 강단에서 말씀을 전하고 가르치는 노력을 무시하고 싶지는 않다. 하지만, 설교자로서 심각하게 고민하고 해답을 제시해야 하는 질문은 '왜 한국의 목회자들이 이렇게 열심을 다하여 신자들에게 하나님의 진리와 생명의 말씀을 전하고 가르치는데, 신자들은 그 메시지를 적극적으로 수용하여 실천하기를 거부하는가' 하는 것이다.

목회자들은 나름대로 교회에서 열심히 설교하고 가르치는데, 신자들은 그 교훈을 잘 따르지 않고, 교회는 여전히 침체하고 있음은 분명한 사실이다.

목회자들이 강단에서 설교하면 신자들은 그 메시지를 하나님의 말씀으로 받아들이기보다는 목회자의 개인적인 생각이나 견해라며 깎아내리는 경우가 심심치 않게 발생한다.

예수님이 전했던 복된 소식을 설교자들이 그대로 전하는데도 청중은 그 말씀을 예수님의 말씀으로 받아들이지 않고 거부하거나 배척하는 일들이 발생하는 이유는 무엇일까?

---

[7] 김영한, "영광 신학의 설교와 십자가 신학의 설교: 오늘날 번영주의 설교 비판", 「한국개혁 신학」 26(2009), 8-38

청중이 설교자가 전하는 설교 메시지를 거부하지 않고 적극적으로 수용할 방법은 없을까?

제1, 2차 세계 대전이 끝나고 서구 사회가 전통적인 종교의 가르침이나 권위에 집단으로 반발하기 시작하자, 교회 안에서도 하나님의 대사로서의 영적인 권위에 근거하여 설교하는 설교자들의 설교 영향력이 본격적으로 흔들리기 시작하였다.

현대 설교학을 대표하는 대표적인 설교학자인 프래드 B. 크래독(Fred Craddock)과 유진 로우리(Eugene Lowry), 데이비드 버트릭(David Buttrick) 그리고 로널드 J. 앨런(Ronald J. Allen)과 같은 일단의 설교학자들 역시 이러한 문제점을 심각하게 의식하고 이에 대한 설교학적인 해답을 여러모로 모색하였다.[8]

프래드 크래독은 설교자의 일방적인 권위를 의지하는 연역적인 3대지 설교 형식의 한계를 직시하면서 귀납적인 설교 형식을 대안으로 제시하였다.[9] 유진 로우리는 설교의 전체 구조와 형식이 발단과 전개, 절정 그리고 결말로 이어지는 내러티브 형식을 따라가는 내러티브 설교 형식(narrative preaching form)을 제안하였고,[10] 데이비드 버트릭은 설교자가 청중의 심리 세계 안에서 연속적인 이미지들을 형성함으로써 결정적인 깨달음의 순간을 만들어 내는 현상학적인 설교(phenomenological preaching)를 제안하였다.[11]

이 외에도 찰스 라이스(Charles L. Rice)나 에드먼드 스테임플(Edmund Steimle)의 이야기 설교(storytelling sermon)나 폴 스캇 윌슨(Paul Scott Wilson)의 네 페이

---

[8] Ronald J. Allen, *Theology for preaching: Authority truth and knowledge of God in a postmodern ethos*(Nashville: Abingdon, 1997). Ch. 2, "Authority in the pulpit in a postmodern ethos" 35-57.

[9] Fred B. Craddock, *As one without authority: Essays on inductive preaching*(Okla.: Phillips University Press, 1974).

[10] Eugene Lowry, *The homiletical plot: The sermon as narrative art form*(Atlanta; John Knox Press, 1985).

[11] David Buttrick, *Homiletic: Moves and structures*(Philadelphia: Fortress Press, 1987).

지 설교 등 다양한 설교학적인 대안들이 쏟아져 나왔다.¹²

하지만, 이러한 대안에도 불구하고 현대 한국 교회 설교는 하나님과 신자들 사이의 영적인 친교와 연합을 촉진하고 강화해 줄 수 있는 설교학적인 대안이 충분히 마련하지 못하고 있다.

설교자들은 나름대로 열심히 설교문을 준비하여 강단에 올라 설교 메시지를 전달하지만, 청중은 점차 설교에 흥미를 잃고 더이상 설교를 살아 계신 하나님이 선포하시는 말씀(the Word of God)으로 받아들이려 하지 않고 있다. 이러한 문제들 앞에서 설교자들은 고민하기 마련이다.

도대체 무엇이 문제이며, 그 해결 방안은 무엇일까?

3) 영적인 친교를 저해하는 설교자들

대부분 설교자는 나름대로 열심을 다해 설교를 준비한다. 메시지를 준비할 때 자신의 설교가 하나님의 말씀이 아니라 그저 듣고 싶으면 듣기 싫으면 거부할 개인적인 사견이라고 생각하는 설교자는 한 사람도 없다.

대부분 설교자는 나름대로 자신의 메시지를 상당히 기대하고 설교를 준비한다. 이때 설교자가 기대하는 설교의 중요한 목표는 이 설교 메시지와 설교 사건을 계기로 삼위 하나님과 그 백성인 신자들 사이에 영적인 언약 관계를 회복하고 갱신하는 것이다.

하나님과 그 백성들 사이의 영원한 언약 관계는 성경 전편에 걸쳐서 "나는 너희 하나님이요 너희는 내 백성이라"는 선언문으로 거듭 확인된다(출 6:7; 레 16:12; 렘 31:31; 겔 11:20; 37:27; 고후 6:16; 히 8:10).

설교자가 설교 사건을 통해서 하나님과 신자 사이의 영적인 언약 관계가 갱신되기를 기대한다면, 실제 청중 편에서는 그 언약 관계의 갱신이 어떤 방식으로 일어날까?

---

12   이현웅, "현대 기독교 설교 패러다임의 변화에 대한 분석평가와 한국 교회에서의 적용에 관한 연구", 「신학과 실천」제26호 1권(2011년 2월), 208-9.

어떤 육체적인 질병이 고침을 받거나 귀신이 떠나가고 입신의 체험을 하는 것이 그 증거인가?

설교를 듣는 신자들의 관점에서 하나님과의 언약 관계가 갱신되고 또 하나님과의 영적인 친교와 연합이 일어나는 가장 대표적인 방식은 설교를 계기로 청중 편에서 영적인 각성과 변화(spiritual enlightenment and transformation)가 일어나는 것이다.

설교를 통한 회중의 영적인 각성과 변화는 하나님에 대한 무지로부터 하나님에 대한 깨달음으로의 변화, 청중의 문제로부터 하나님의 해결책으로의 변화, 옛 사람의 사망으로부터 새 사람의 탄생과 성숙으로의 변화, 하나님의 저주와 심판으로부터 하나님의 영원한 언약과 축복으로의 변화다.

설교를 통한 청중의 영적인 변화는 단순히 무지에서 깨달음으로의 지적인 변화뿐만 아니라, 타락한 성품과 행동으로부터 거룩한 성품과 행동으로의 전인격적인 변화를 포함한다.

물론, 설교 한 편을 통해서 신자에게 남아 있는 특정의 타락한 성품과 행동이, 곧바로 거룩한 성품과 행동으로 곧바로 바뀌는 일은 현실적으로 쉽지 않다. 하지만, 분명한 점은 설교 한 편은 성품과 행동의 변화를 끌어내는 전환점(turning point)을 제공해야 한다는 것이다.[13]

그러나 현대 설교는 하나님과 신자들 사이의 영적인 친교와 연합이나 영적인 변화는 고사하고 설교자와 신자들 사이의 소통도 실패하는 경우가 적지 않다.

여러 이유가 있겠지만 현대 설교에서 설교자와 신자들 사이의 소통이 실패하는 가장 대표적인 원인은 강단에서 설교자가 신자들을 무시하거나 자신과 다른 존재로 여기고 이들을 차별하기 때문이다.

데이비드 고든(T. David Gordon)은 설교자가 설교 시간에 청중을 자신과 차별하거나 열등한 존재로 전제하고 설교하는 설교 유형을 도덕주의 설교와

---

13 한재동, "진리와 소통: 현대복음주의 설교 동향과 신설교학적 환경",「신학과 실천」제24호(2010년 9월):74

요령을 가르치는 설교, 자기 성찰을 요청하는 설교 그리고 문화전쟁을 독려하는 설교로 분류한다.[14] 그리고 설교자가 청중을 자신보다 열등한 존재로 전제하는 설교가 청중이 듣기에 고역스러운지를 다음과 같이 묘사한다.

> 몇몇 신(新) 청교도는 신자가 아님을 설득하는 것을 설교의 목적과 핵심으로 삼고 있는 듯하다. 그들이 전하는 설교에 부제를 붙이자면, '그대는 그대가 그리스도인인 줄 알고 있지만, 그대는 그리스도인이 아니다'가 될 것이다. 이런 설교는 교회 가길 싫어하고 성경을 띄엄띄엄 읽고 가정예배나 기도를 빠뜨리는 사람은 신자가 아니라고 끊임없이 주입한다.
> 우리 부부는 2년 동안 이런 설교에 시달렸다. '시달렸다'는 전혀 과장이 아니다.
> '주여 주여 하는 자마다 하늘나라에 다 들어가는 것은 아니라'는 경고의 말씀은 분명히 성경에 있지만, 모든 성경 본문이 그런 내용으로 둔갑하는 것을 듣는 일은 고역이었다. 약하고 불완전한 믿음일지라도 믿음은 믿음인데 믿음이 없다는 소리를 계속 들으면 정말로 그런 생각이 들게 된다. 신자는 이런 설교에서 배울 것이 없다. 이런 설교는 신자에게도 이롭지 못하고 정작 이런 설교를 들어야 할 사람에게도 효과가 없다.[15]

설교자가 청중을 자신보다 영적으로 열등한 존재나 혹은 영적으로 개선이 필요한 존재로 생각하고 설교하면, 청중은 그 설교 메시지에 마음을 열지 않고, 설교 메시지를 경청하고 싶어 하지 않는다. 결국, 설교자와 청중 사이의 소통이 실패하는 것이다.

피에르 바벵(Pierre Babin)에 의하면 의사소통의 상황에서 소통의 수단인 언어의 내용이나 언어적인 메시지의 전달을 감싸고 있는 주변적인 요소들보

---

14 T. David Gordon, *Why Johnny Can't Preach*, 최요한 역, 『우리 목사님은 왜 설교를 못할까』 (서울: 홍성사, 2012), 83-95.

15 T. David Gordon, *Why Johnny Can't Preach*, 88-89.

다는, 소통 당사자의 상호 관계의 질이 소통에 더 중요한 역할을 감당한다고 한다. 그에 의하면 효과적인 소통을 위해서는 소통 당사자가 먼저 서로 함께 공유된 정신(a shared spirit)을 전제해야 한다.[16]

말하자면, 설교자의 마음속에 설교자와 다른 두 존재, 즉 하나님과 신자들의 마음이 함께 들어 있어야 한다. 설교자가 자신과 다른 두 존재인 하나님과 신자들의 마음과 입장을 얼마나 공감하느냐에 설교의 성패가 달린 셈이다.

이를 위해서 설교자는 철저히 하나님의 말씀에 대한 해석과 청중이 처한 상황에 대한 공감 그리고 청중의 관점에서 설교자가 전하려는 말씀을 실제로 적용해 보고 실천해 본 경험을 가져야 한다.

설교자가 하나님의 말씀만 이해할 뿐 신자의 입장과 처지를 공감하지 못하고, 청중을 자신들과 여러 수준의 차원에서 다른 존재로 인식한다면 설교자와 청중 사이에 효과적인 소통은 기대할 수 없다.

필자가 한국 교회 설교자들에게서 발견하는 '청중 인식'의 가장 심각한 문제점은 설교자와 청중 사이에 존재하는 일종의 영적인 갑을 관계(甲乙關係)다. 설교자(목회자)가 자신을 영적으로 청중보다 더 우월한 존재로, 신자(회중)는 열등한 존재로 생각하는 것이다. 설교자가 영적인 순례의 정상에 도달한 제왕같은 태도로 아직도 방황하거나 힘들어하는 신자들 위에 군림하거나 무시하는 자세로 바라보는 것이다. 자기 메시지의 도움을 받아서, 자신이 서 있는 순례의 정상으로 올라와 보라는 것이다.

> 여러분 앞에 설교자로서 있는 나는 성경을 열심히 공부했으나, 반대로 여러분은 성경 말씀에 무지하다. 나는 오늘 예배와 설교를 위해서 기도도 많이 하고 성경 본문도 많이 묵상했지만, 여러분은 세상에서 자기 마음대로 하고 싶은 것을 다 하다가 주일이라고 교회에 와서 멍한 상태로 앉아 있다. 나는 경

---

16 Pierre Babin, *The new era in religious communication* (Minneapolis: Fortress Press, 1991), 94-98..

건하고 하나님을 사랑하고 주님의 일에 열심히 있지만, 여러분은 불경건하고 하나님을 사랑하지도 않으며 주님의 일에 열심을 전혀 내지 않는다. 여러분은 이토록 자기 욕망과 탐욕에 집착하며 이기적이고 동시에 하나님의 일에 대해서는 게으르고 무관심하고, 하나님의 말씀에 순종하는 일에는 나태하고 심지어 패역하기까지 하다. 나는 이 예배와 설교를 준비하기 위하여 모든 정성과 열심을 다 하고 있지만, 여러분은 그러한 정성과 열심을 찾아볼 수 없다.

물론, 설교자들이 강단에서 이렇게 노골적으로나 공개적으로 회중을 나무라거나 비난하지는 않는다. 하지만, 교회에 출석하고 예배에 참석하는 신자 중에서 예배에 늦게 참석하거나, 직분을 맡았으면서도 갑자기 자기 책무를 이행하지 않고 주일에 나타나지도 않는 신자를 자주 접하다 보면 설교자들의 마음에 이런 생각이 쉽게 찾아온다.

또 신자들 사이에 문제를 일으키거나 하나님의 말씀으로 계속 권면하고 가르쳐도 전혀 영적인 변화를 보이지 않을 때, 설교자(목회자) 중에는 신자들을 영적으로 열등한 존재로 생각할 수 있다.

게다가 교회가 쉽게 부흥하지 못하고 장기적으로 침체를 거듭하고, 그러한 암담한 상황 속에서도 신자들이 온갖 고생을 무릅쓰고 있는 목회자의 심정을 전혀 이해하려 들지 않을 때, 목회자는 신자들을 심리적으로 내치게 된다. 그리고 그러한 배척의 마음은 강단에서 설교를 통하여 은연중에 회중(신자)에게 전달된다.

오늘날 한국 교회의 적지 않은 설교자들이 회중석에 앉은 신자들을 자신보다 영적으로 열등한 존재로 간주하는 결정적인 증거는, 설교 메시지 속에 깔린 설교의 형식 논리와 어투에서 발견된다. 설교자와 회중을 영적인 갑을 관계로 전제하는 설교자의 언어적인 방식은, 설교 중에 반말을 하거나, 회중의 잘못을 지적하며 윽박지르거나 책망하는 모습으로 표출된다.

물론, 회중이 영적으로 잘못할 수 있고 그래서 설교 시간에 책망을 들어야 할 때도 있다. 하지만, 성경 강해를 통하여 회중을 책망할 때 하나님의 책망을 전달하는 설교자의 어투와 설교자가 직접 나서서 자신의 우월한 입장이나 회중을 비난하는 감정을 담아서 책망하는 어투는 분명 구분된다.

강단에서 자신들을 책망하는 설교자의 비난과 책망의 메시지를 듣는 회중은 이 메시지가 설교자의 우월한 자의식에서 비롯된 것인지 아니면 자신들을 책망하시는 하나님의 음성인지를 쉽게 분간할 수 있다.

회중이 두 가지 음성의 차이점을 쉽게 분간할 수 있는 이유는 설교자의 심령과 회중의 심령 속에 동일하게 성령 하나님이 조명의 깨달음(빛)을 비추시면서 함께 역사하고 계시기 때문이다. 그래서 설교자의 마음에 한 점이라도 자신은 영적으로 우월하고 월등하다고 생각하고, 반대로 회중은 자기보다 열등하고 무능하다고 생각하면서 설교 메시지를 전달하면, 회중은 즉각 영적인 갑을 관계의 구조를 간파하고서 설교자의 메시지에 귀를 닫는다.

아무리 설교자가 열심을 다하여 외치더라도 회중이 귀를 닫아 버리면 그만이다. 설교자와 청중 사이의 소통이 실패하면, 곧 그 설교 시간에 청중과 하나님 사이의 영적인 친교와 연합이 이루어질 수 없다.

그렇다면 하나님과 신자들 사이의 영적인 친교를 추구하는 설교가 오히려 설교자와 청중 사이의 소통도 제대로 성공하지 못하는 현상과 그 원인은 무엇일까?

포스트모던 시대에 발견되는 설교 소통 실패의 원인과 대안은 설교학자마다 제각기 다양하게 제시되고 있다.

필자는 현대 설교가 하나님과 회중 사이의 영적인 소통을 제대로 달성하지 못하는 현상을 '율법주의 설교'에서 찾고, '율법주의 설교'라는 잘못된 설교 현상의 저변에 깔린 원인을 동일자를 추구하는 동일성의 철학과 비인격적인 물화의 관점에서 분석하고자 한다.

4) 율법주의 설교의 문제점

오늘날 현대 교회 설교자들과 목회자들의 설교가 하나님과 신자 사이의 영적인 친교와 연합을 끌어내지 못하고, 오히려 그러한 영적인 친교를 방해하는 계기로 작용하는 모습은 율법주의 설교에서 쉽게 발견된다.

율법주의 설교는 설교자가 신자들의 영적인 나태와 방종을 개선하려는 목적으로 신자들이 자신의 신앙생활 속에서 실행해야 할 것과 하지 말아야 할 것들을 강조하는 설교를 말한다.

설교학자 요한 실리에(Johan Cilliers)가 비판한 율법주의 설교에 알미니안 신학의 색채를 가미한다면 설교는 다음과 같은 구조가 될 것이다.[17]

(1) (과거에) 하나님이 은혜와 사랑의 선물을 마련하셨다.
(2) (현재) 여러분이 하나님의 선물을 위하여 믿음으로 노력한다면,
(3) (가까운 미래에) 그 선물은 여러분의 것이 될 것이다.

요한 실리에에 의하면 율법주의 설교의 핵심 사상(main idea)은 하나님과 신자의 조건적인 관계를 전제한다. 이 조건적인 관계에서 하나님은 신자들에게 복을 주시려고 준비된 분이지만, 신자들은 아직 그 복을 받지 못하였으나, 앞으로 그 복을 받아 누리기 위해서 무언가를 실행해야 하고 또 거부해야 할 범죄나 죄악들을 실행하지 말아야 한다.

이러한 조건적인 상호 관계를 다시 3대지로 확장하면 다음과 같다.

1대지: 하나님은 복을 베풀기를 원하시지만, 신자들은 이를 제대로 누리지 못하고 있다. 하나님은 (성경 본문에 나와 있듯이 과거에) 우리 인간들과 신자들을 위하여 그리스도 안에서 복을 베풀어 주셨다. 그리고 하나님은 과거에 베푸신 은총의 연장선상에서 앞으로도 신자들에게 행복과 선을 기대하

---

17 Johan H. Cilliers, 『설교 심포니』, 159.

시며 복을 베풀어 주실 것이다. 그러나 가장 심각한 문제는 그렇게 하나님이 복을 베풀어 주려고 하심에도 불구하고 설교자 앞에 앉아 있는 현재의 신자들은 아직 그 복을 제대로 받아 누리지 못하고 있다는 것이다.

2대지: 신자들이 하나님의 복을 제대로 누리지 못하는 이유는 선행을 실천하지 않기 때문이다. 현재 신자들이 하나님의 복을 제대로 누리지 못하는 것은 하나님이 기대하시는 선행을 실행하지 않고 있기 때문이라는 것이다. 현재 신자들은 제대로 기도도 하지 않고, 헌신도 하지 않고, 그 마음속에 죄악을 품고 있으며 하나님이 원하시는 헌신적인 삶을 제대로 살고 있지 않다.

3대지: 신자들이 오늘 새롭게 하나님께 헌신하기로 결단하고 선행을 실행하면 당장 하늘의 복을 누릴 수 있다. 오늘 여러분이 이 설교를 듣고서 감동하여서 앞으로 집으로 돌아가서 선행을 실행한다면, 즉시로 하늘의 문이 열리고 하나님이 예비하신 하늘의 신령한 복이 그 가정에 그 신자의 인생에 쏟아질 것이다. 그러므로 이 시간 즉시 하나님의 말씀에 순종하기로 결단하기 바란다. 그럴 때 하나님의 은총은 즉시로 하늘로부터 폭포수처럼 쏟아부어질 것이다.

이상의 3대지로 압축될 수 있는 율법주의 설교는 네 가지 특징을 가진다.

첫째, 율법주의 설교는 조건문(conditional syntax)의 형식을 취한다. 율법주의 설교에서 조건문들은 그 설교의 저변에서 하나님과 신자들 사이의 조건적인 관계를 암시한다. 하나님이 신자들에게 복을 베풀기를 원하시지만, 아직 신자들이 그 복을 받아 누리지 못하는 이유는 신자들이 선을 행하지 않고 악행을 일삼기 때문이다.

하지만, 신자들이 설교 메시지를 계기로 결단하여 선행을 실천하면 하나님은 즉시로 복을 베푸시리라는 것이다. 하나님의 복과 은총이 신자들의 선행에 조건적으로 매달려 있다.

앞에서 요한 실리에가 지적하는 율법주의 설교의 개요에서도 이러한 조건문의 문법적인 구조는 쉽게 발견된다. 첫째 대지는 성경 본문에 대한 올바른 주해와 해설로부터 출발하는 것처럼 보이지만, 둘째 대지는 확정적인 미래가 아니라 조건절에 의한 불확실한 미래가 지배적이다.

극단적으로 말하면 하나님이 신자를 구원하시는 능력도 인간 신자들의 심리적인 선택과 결단과 헌신과 순종에 종속적으로 결정된다. 결단하여 헌신하면 하나님의 복이 뒤따르는 것이고, 그렇지 않으면 하나님도 어찌할 수 없다는 논리다.

둘째, 율법주의 설교에서 현재 하나님의 역할이나 행동은 신자 편에서의 결단과 실천을 멀리서 지켜볼 뿐인 무능력하고 방관자 같은 모습으로 묘사된다.

앞서 실리에가 지적하는 율법주의 설교의 핵심 요지에서도 쉽게 확인되는 바와 같이, 율법주의 설교에서 과거의 하나님과 미래의 하나님은 엄청난 능력과 사랑의 소유자로 묘사되지만 유독 현재 청중이 당하는 비극과 불행에 대해서만큼은 조용히 청중의 선택을 기다리는 무능한 하나님으로 암시된다.[18]

셋째, 율법주의 설교는 하나님의 확정된 과거와 불확실한 미래 사이의 현재 하나님의 개입을 결정하는 결정 요인으로서 신자 편에서의 현재 선택과 실천을 위한 인본주의적인 의지를 강조한다.[19]

현재 신자는 하나님의 은총을 누리고 있는가?

이 질문 앞에서 율법주의 설교는 부정적이다. 현재 신자의 삶은 문제투성이고 하나님의 은총에서 멀리 떠나 있을 뿐이다. 하나님의 행동과 관련해서 주목받는 것은 과거에 역사하신 하나님과 미래에 역사하실 하나님이다. 현재는 신자의 갈등과 그 갈등을 극복할 인본주의적인 선택과 결단뿐이다.

---

18   Johan H. Cilliers, 『설교 심포니』, 160-161.

19   Johan H. Cilliers, 『설교 심포니』, 168.

그래서 하나님의 절대주권적인 구원이 드러났던 과거와 하나님의 해결책이 실현될 미래의 가능성이 서로 연결되는 현재의 연결 고리는 하나님의 차원에서는 철저하게 진공의 빈자리일 뿐이고, 다만 설교를 듣는 청중의 오늘날의 결단과 헌신 여부에 달려 있을 뿐이다.

> 모든 율법적인 설교의 출발점은 현재에는 하나님이 부재하시고, 이 빈자리는 완전무결한 인간(homo intactus)의 경건한 열심히 채워야 한다는 것이다.[20]

넷째, 율법주의 설교는 성경적인 구속사 종말론이 아니라 비성경적인 인본주의가 지배한다.

율법주의 설교에는 과거와 현재 그리고 미래를 관통하는 기독교 신학의 구속사 종말론(redemptive historical eschatology) 구조 대신에, 인간 편에서의 현재 불확실성과 미래 확실성 사이를 부지런히 오가는 신경증적인 긴박성(neurotic urgency)이 깔려 있다.

구속사적인 종말론은 하나님께서 그리스도 안에서 성령의 능력으로 절대주권적으로 이 땅에 가져오시는 이미 확정된 그리스도의 파루시아(παρουσία, 재림으로 말미암은 영원한 심판과 구원)를 강조한다.

설교자들이 하나님의 복음을 확정된 진리로 선포할 수 있는 근거는 무엇인가?

그것은 삼위 하나님이 역사와 인생들 속에서 자신의 주권적인 하나님 나라의 능력과 영광과 권능을 스스로 계시하시고, 예수 그리스도와 성령 하나님의 조명으로 스스로 성취하셨고, 장차 반드시 임할 하나님의 영원한 파루시아가 모두 확정됐기 때문이다. 이는 신자들이 선택할 선택 사항이 아니다.

하지만, 율법주의 설교에서 하나님의 미래를 결정하는 것은 불확실성에 직면한 현재 신자들의 심리적인 선택의 문제다. 율법주의 설교자들은 현재 신자들의 선택을 끌어내기 위한 설교자들의 수사적인 설득 작업은 성경 본

---

20 Johan H. Cilliers, 『설교 심포니』, 159-162.

문의 확정된 종말론을 추구하지 않고, 현재의 불확실성을 미래의 확실성으로 연결하기 위하여 인간 내면의 심리 세계를 자극할 수 있는 심리적인 수사학을 추구한다.

요한 실리에는 이러한 설교 메시지는 모두가 "여러 세기 동안 반복적으로 고개를 내미는 반(半) 펠라기우스주의(semi-pelagianism)의 현상에 불과하다"[21]고 말한다.

물론, 이상의 네 가지 특징 중의 어느 한 가지 특징만으로 율법주의 설교 여부를 단정지을 수 없다. 예를 들어, 건전한 복음 설교에서도 조건문이 등장할 수 있고 청중의 심리적인 결단과 선택을 요청할 수도 있다.

율법주의 설교는 사실 설교자가 가진 성경 해석 관점을 포함하여 전체 신학 체계를 반영한다. 설교자가 알미니안의 인본주의적인 신학 체계를 갖추고 있다면 설교 메시지 역시 인간의 행위를 부각할 수밖에 없고, 개혁주의적인 신본주의 신학 체계를 갖추고 있다면 설교 메시지에서도 하나님의 주권적인 구속과 그에 대한 깨달음에 기초한 신자의 헌신을 이끌어 낼 수 있다.

오늘날 현대 교회의 적지 않은 설교자들이 율법주의 설교를 전하고 있다. 하지만, 율법주의 설교는 단순히 설교자의 설교 기술이나 전달 능력의 문제가 아니라, 설교자가 어떤 신학 체계를 갖추고 있느냐 하는 문제이기 때문에, 율법주의 설교의 문제를 해결하는 것도 그리 쉬운 일이 아니다.

필자는 설교 세미나를 인도하면서 마태복음 25장의 '열 처녀 비유'에 관한 율법주의 설교의 문제점을 지적한 적이 있다.

> 예수님이 '열 처 녀 비유'를 말씀하신 의도는 천국에 관하여 교훈하기 위함이다. 천국은 멀리 하늘로부터 미래에 임하는 것이 아니라 이미 하나님의 백성들인 제자들과 신자들의 현재 삶 속에 '은밀한 방식으로' 이미 임하였다.

21　Johan H. Cilliers, 『설교 심포니』, 336. R. Scott Clark, *Covenant, Justification, and Pastoral Ministry*(New Jersey: P & R Publishing, 2007), 365.

²¹ 또 여기 있다 저기 있다고도 못하리니 하나님의 나라는 너희 안에 있느니라(눅 17:21).

이미 하나님의 나라가 예수님의 인격과 사역과 그분의 말씀으로 제자들의 삶 속에 그리고 현재 신자들의 삶 속에 임하였지만, 그 나라가 임한 방식이 '매우 은밀한 방식'임을 잘 깨닫지 못하기 때문에, 비유로 말씀하여 깨닫도록 하려는 의도로 말씀하시는 내용이다.

천국은 신자의 관점에서 어떤 노력으로 만들어 내거나 하늘로부터 끌어내릴 수 있는 그러한 작품이 아니라, 하나님이 일방적으로 가져오시고 일방적으로 베푸시는 하나님의 주권적인 은총이다.

그래서 열 처녀 비유의 핵심은 어떤 지혜로운 노력과 헌신으로 착한 처녀가 되라는 것이 아니라, 이미 등잔에 성령의 기름과 등불을 가지고 있는 지혜로운 처녀이니 착하고 지혜로운 처녀답게 종말의 파루시아를 준비하면서 살라는 말씀이다.

만일 설교자가 '열 처녀 비유'의 본문을 설교할 때, 신자들에게 '당신네는 평소에는 악하고 게으른 처녀처럼 살고 있는데, 오늘 내 설교를 듣고 마음에 감동하여서 착하고 지혜로운 처녀로 살기로 결단하고 헌신하라'고 설교한다면 이는 예수님이 말씀하신 의도에서 완전히 벗어난 율법적인 설교다.

열 처녀 비유를 말씀하신 예수님의 의도는 청중이 이미 착하고 지혜로운 처녀로 거듭났으니 그렇게 착하고 지혜롭게 살라는 것이다.

이미 본문에서도 등잔의 기름(예수님의 말씀과 성령의 조명)은 미련한 자들과 슬기 있는 자들이 서로 나누어주고 나누어 받고 할 수 있는 성질의 것이 아니라고 말씀하고 있지 않은가?

슬기 있는 자들이 대답하여 가로되 우리와 너희의 쓰기에 다 부족할까 하노니 차라리 파는 자들에게 가서 너희 쓸 것을 사라 하니(마 25:9).

이 본문에서 등잔의 기름과 등불은 예수님이 전해주신 진리의 말씀과 그 진리의 말씀을 가진 신자들의 심령 속에서 깨달음의 빛을 비추시는 성령의 조명을 가리킨다. 말씀과 성령을 통한 중생과 성화는 오직 하나님만이 가능하시지 신자가 평소에 악하고 게으르게 살다가, 감동적인 설교 메시지를 듣고서 다시 거룩하게 살기로 결단하는 쪽을 선택해서 그렇게 착하고 거룩하며 지혜로운 신자로 자신을 바꿀 수 있는 문제가 아니다.

필자는 설교 세미나에서 이상의 요지로 설교하도록 제안한 적이 있다. 그랬더니 그 세미나에 참석한 어떤 오순절 계통의 목회자가 필자의 설명을 이해할 수 없다고 반문하였다. 자기는 그동안 계속해서 필자가 율법주의 설교라고 비판한 방식으로 설교를 해왔고 또 주변의 목회자들도 그렇게 설교하는 것을 듣곤 했다는 것이다.

그 설교자가 오랫동안 율법주의 설교를 듣고 자랐을 뿐만 아니라 자신도 오랫동안 그렇게 율법주의 설교를 전해 왔다면, 이 문제는 설교 세미나를 한 번 참석해서 해결될 수 있는 문제가 아니다. 설교자 자신의 영적인 회심과 이후의 소명, 3년 동안의 M. Div. 신학 교육 그리고 이후의 현실 교회에서 하나님의 말씀을 수종드는 실제 목회 사역 전반에 걸쳐서 지속해서 학습하고 연마해야 할 아주 장기간의 과제다.

3. 동일성의 철학과 비인격적인 물화

하나님의 말씀을 전하는 설교자가 성경 해석과 설교 시간에 하나님의 절대주권을 강조하기보다는, 설교자와 신자 편에서의 인본주의적인 역할을 더욱 중하며 율법주의 설교에 치우치는 이유는 무엇 때문일까?

지적한 바와 같이 설교자가 강단에서 청중을 향하여 고함을 치고 야단을 치는 이유나 동기는 무엇일까?

여러 이유가 있겠지만-앞서 확인한 바와 같이-설교자가 설교 메시지를 준비하여 강단에 올랐을 때, 자신을 여러 관점이나 수준의 차원에서 청중과 질적으로 전혀 다른 존재라고 생각하기 때문이다. 설교자는 거룩한 하나님의 말씀을 하고 있지만, 청중은 무지하거나 영적으로 미숙하다고 생각하는 것이다. 또 설교자는 자신을 성경과 영적인 진리에 대해서 해박하고 아는 바를 잘 실천하는 거룩한 존재이지만, 회중은 그에 미치지 못한다고 생각할 수 있다.

그러한 암시적인 차별성은 강단에서 설교자의 비 구어적이지만 권위적이고 강압적인 어투를 통해서 구어적인 메시지보다 더 효과적으로 은연중에 청중에게 전달된다.[22]

설교자의 권위적이고 일방적인 어투(語套)는 설교자와 청중 사이의 소통을 오히려 방해하고 결국, 하나님과 신자 사이의 영적인 친교도 방해한다. 회중의 입장에서는 설교자에게 마음의 문이 열리지 않으면 당연히 그가 선포하는 메시지에 대해서도 마음의 문이 열릴 수 없다.

회중이 설교 시간에 만나는 하나님은 설교자가 자신의 언어로 청중의 심령 속에 구현하는 언어적인 프레임(linguistic frame)을 통해서 형성된다. 설교자의 언어가 청중의 관점에서 수용성이 높고 긍정적이면, 청중의 마음속에서도 하나님의 이미지는 쉽게 긍정적인 방향으로 형성된다. 반대로 설교자의 언어가 부정적이고 거부감이 생기면 하나님과 만남도 이루어지기 어렵다. 회중의 입장에서는 설교자의 고압적인 모습이 부정되고 그 연장선상에서 설교자의 고압적인 언어가 부정되는데, 그러한 언어를 통해서 긍정적인 하나님 이미지나 하나님의 형상이 그들의 심령 속에 쉽게 형성될 리 만무하다.

말하자면 회중의 입장에서는 설교자가 싫으면 설교자가 하는 말도 싫은 것이고, 설교자가 하는 말이 듣기 싫으면 설교자가 말로 전달하는 하나님도 수용하기 싫은 것이다.

그렇다면 설교자와 청중 사이의 의사소통이 실패하고 급기야 하나님과 청중 사이의 영적인 친교도 불가능할 정도로 설교자가 청중을 일방적으로 차별하는 언사를 행사하는 근본적인 원인은 무엇 때문일까?

22　Pierre Babin, 70-109.

필자는 그 원인을 레비나스의 타자 윤리의 관점에서 분석하고 한 걸음 더 나아가서 청중에 대한 비인격적인 사물화의 연장선상에서 설교자의 청중 차별적인 언사의 문제점을 비판하고자 한다.

1) 동일성의 철학

사도 바울이 지적한 바와 같이 헬라인들은 지혜를 찾아왔다(고전 1:22). 그들이 보기에 이 세상은 계속 변화하지만, 그렇게 변화하는 세상 속에서 다양한 경우의 수들을 관통하는 불변의 상수가 지혜이고 그 지혜를 확보하면 변화하는 세상 속에서 불변의 상수로 모든 문제를 해결할 수 있으리라고 기대했기 때문이다.

유구한 서양 철학의 역사를 정리한 에마뉘엘 레비나스(Emmanuel Levinas)에 의하면 "서양 철학은 존재에 대한 이해를 안전하게 하는 중간적이고 중립적인 용어를 사용함으로 타자(the Other)를 동일자(the same)로 환원하는 존재론"이다.[23]

소크라테스와 플라톤을 필두로 르네 데카르트나 칸트를 거쳐서 발전해 온 서양 철학의 인식론은, 비평적인 사고의 주인인 주체가 주체 바깥에 펼쳐진 세상의 객체를 자신과 전혀 다른 타자로 규정하고 대상화한 다음에, 다시 그 타자를 자신의 지식 세계 안으로 또는 논리의 세계 안으로 동일화하는 동일성의 철학으로 이해될 수 있다.

동일화의 과정에서 먼저 주체는 주체 바깥의 무수한 객체들과 그 객체들로 이루어진 세상과 일정한 인식론적인 관계 맺기를 시도한다. 그런데 주체는 하나이지만 객체는 수도 없이 많다. 주체가 바라보는 객체의 문제점은 다양성과 변화 그리고 불확실성에 있다. 주체 바깥의 객체들은 너무나도 다양하고 모두 시간이 흐르면 변화할 뿐만 아니라 앞으로 이 모든 다양한 객체들

---

23   Emmanuel Levinas, *Totality and Infinity*, tr. by Alponso Lingis(Pittsburgh: Duquesne Univ. Press, 2005), 43.

이 어떻게 바뀔 것인지를 전혀 알 수 없다. 모든 것이 불확실하다.

서구 철학자들의 고민은 이렇게 다양하고 계속 변화하는 수많은 객체를 관통하는 공통의 불변 상수를 어떻게 확보할 것인가 하는 것이다. 만일에 주체가 그러한 불변 상수를 확보할 수 있다면 수많은 객체의 불확실성의 문제를 극복할 수 있을 것이다. 이것이 바로 헬라인들과 그 철학자들이 추구했던 지혜다.

레비나스가 보기에 서구 철학의 문제점은 그렇게 수많은 개별적인 객체들을 보편적인 동일자 안에서 환원할 수 있는 수단으로 철학적인 사고나 비평적인 사고를 활용한다. 주체와 객체의 관계 맺기는 객체들의 공통점을 논리적으로 파악하는 것뿐만 아니라, 인격적인 관계 맺기와 객체의 상황에 대한 인격적인 동참도 중요하지만 이를 위해서는 필연적으로 주체의 전인격적인 희생이 요구된다.

하지만, 주체는 그러한 희생을 배제하면서도 수많은 객체를 포획하고 통제하려는 수단으로 보편적인 동일자를 추구한 것이다. 주체의 희생과 헌신을 배제하고서 오직 철학적이고 비평적인 사고 능력만을 활용하는 주체는, 주체 바깥의 무수한 객체들을 다만 인식론적인 차원에서 접근하여 수많은 개별적인 객체 전체를 포괄하고 포섭할 수 있는 보편적인 원칙이나 본질적인 요소를 추출하려 시도한다. 그리고 수많은 개별적인 객체 속에 깃들어 있음직한 추상적인 진리나 공통분모를 확보함으로 주체는 객체와 객체로 구성된 세계를 이해하려고 한다.

이런 과정에서 주체는 객체를 주체의 세계상 안으로 포섭함으로써 주체 바깥의 객체들이나 타자를 대상화하고 추상화시키고 논리화시키고, 여기서 한 걸음 더 나아가 지배와 정복의 대상으로 동일화(identification)하려 한다.[24]

이렇게 획득된 동일화는 객체의 고유성을 그대로 용납하는 동일화가 아니라 객체의 고유성이 박탈되거나 거세된 상태에서 주체의 인식론적인 구도 안으로 붙잡혀 포획된 비인격적이고 추상적인 동일화다. 비인격적이고 추상

---

24 서동욱, 『차이와 타자』 (서울: 문학과지성사, 2000), 8-17.

적인 동일화 속에서는 주체와 객체 사이의 인격적인 만남과 연대를 전혀 찾아볼 수 없다.

레비나스에 의하면 이러한 주체의 타자 동일화 과정이 비인격적인 이유는, 자아 안에 동일화된 타자는 타자의 고유한 특성이 박탈되고 거세되어 하나의 개념이나 물질 혹은 파편적인 인식으로 비인격화된 타자이기 때문이다. 이렇게 주체가 객체를 사유하고 객체와 사유적인 관계를 맺고 주체와 지배적인 동일화를 시도하는 사고방식이 한 사회 안에서 보편적인 가치관으로 받아들여질 때, 그런 지배적인 가치관은 배타적인 우월주의로부터 시작하여 획일적인 지배주의나 정복주의, 혹은 자민족 우월주의(ethnocentrism)에 근거한 식민주의(colonialism)로 나타날 수 있다.

레비나스가 비판한 서구 철학의 비인격적인 동일화의 문제점은 그대로 포스트모던 시대에 영적인 친교에 실패하는 현대 설교의 문제점에도 그대로 적용될 수 있다. 즉, 현대 설교가 청중과 하나님 사이의 영적인 친교를 달성하는 문제의 배후에는 설교자가 신자들에 대하여 주체와 객체를 지나치게 이분법적으로 구분하고 타자를 설교자 자신의 신학적인 위치로나 관점으로 이끌어 들이기 위해서 타자의 고유한 정체성을 부정하거나 비판하며, 자기 우월적인 논리로 타자에게 과도한 권위를 행사하며 억압하려 들기 때문이다.

2) 비인격적인 물화

현대 설교가 하나님과 청중 사이의 영적인 친교를 이루지 못하고 설교자가 두 세계를 중재하는 중재자의 역할을 잘 감당하지 못하는 또 다른 이유는, 설교자가 강단 위에서 청중을 그들의 고유한 정체성이 제거된 비인격적인 사물처럼 간주하는 데서 찾아볼 수 있다.

하나님의 말씀을 전달하려는 설교자가 주로 이성적이고 합리적인 접근 방법을 따라서 성경 본문을 해석하고 설교문을 준비하다 보니, 결국은 설교자가 청중을 단순히 논리적인 정보만을 흡수해야 하는 비인격적인 물체처럼 탈인격화하고 사물화(事物, Reification)하여 청중을 대할 수 있다.

필자는 이러한 분석을 악셀 호네트(Axel Honneth)의 사물화의 관점에서 비판하고자 한다.[25]

사물화(事物, Reification)란 자본주의가 발달한 사회에서 사람들 간의 인격적인 관계가 사물을 대하듯 하는 관계로 변질한 것을 가리킨다. 사람들 간의 인격적인 관계는 소통과 친교를 추구한다. 반면에 자본주의 사회에서 사람이 사물을 대할 때에는 경제적인 재화의 가치를 추구한다.

자본주의가 심화하는 사회 속에서는 사람들 간의 관계가 비인격화되고 마치 물건을 대하듯 하는 물화 현상이 나타날 수 있다. 물화 된 관계에서는 더 이상 소통과 친교는 기대할 수 없고 가치의 우선순위에 의하여 비인격적인 소외와 차별, 분리 그리고 박탈이 발생한다. 이러한 현상은 비단 자본주의 사회나 조직 안에서만 발생하는 것이 아니라 설교자가 청중을 배제하는 언사를 사용할 때에도 발생할 수 있다.

설교 현장에서 진리를 깨달은 자신과 무지한 타인의 차별 구도나 성·속의 이원론적인 구분을 전제로 하는 설교자들의 권위적인 설교 방식이 설교자와 동일한 하나님의 말씀과 성령을 가진 타인들을 전체적으로 부정하는 기류 속에서 진행될 때에 설교 소통은 필연적으로 단절될 수밖에 없다.

설교자가 강단에서 하나님의 말씀을 설교할 때, 그 설교자의 언어 행위 속에는 설교자가 모든 불확실성을 극복할 수 있으리라고 지성적으로 그리고 논리적으로 확인한 핵심 사상(main idea), 그 설교의 핵심 사상을 자신이 자신의 삶 속에서 직접 고스란히 실천한 실존적인 삶, 자신과 동일한 문제에 직면한 회중의 상황에 대한 설교자의 연민과 공감, 자신의 핵심 사상이 곧 하나님의 말씀이기 때문에 그대로 실천하면 반드시 회중도 그 문제를 극복할 것이라는 애정 어린 확신, 그리고 청중은 자기 사람이 아니라 하나님의 백성이기 때문에 하나님께서 이들의 문제도 하나님의 말씀과 성령의 조명으로 직접 해결해 주시고 자라게 하실 것이라는 신뢰감 등이 담겨 있다.

---

25 사물화에 대한 논의로는 다음을 참고하라. Axel Honneth, 강병호 역, 『물화』 (서울: 나남 출판사, 2006), 8-9.

이 모든 것을 제외하고 오직 논리적이고 지성적인 핵심 사상(main idea)만 전달한다면, 또는 설교자가 자신을 회중과 전혀 다른 차별적인 존재로 인식하면서 회중에 대하여 억압적이고 오만한 언사를 행사한다면, 바람직한 효과를 기대할 수 없다.

우월적인 지위를 주장하는 설교자 안으로 일반 신자들을 동일시적으로 환원하여 비인간화하려는 설교의 문제점을 어떻게 극복할 수 있을까?

필자는 다음의 규범적인 연구 단계에서 설교자가 회중을 올바로 바라보아야 할 '구속사적인 관점의 설교학적인 인간론'을 제시하고, 이어서 오스틴의 화행론의 관점에서 설교의 목표를 영적인 각성과 변화의 효과를 소개할 것이다.

그리고 이에 근거하여 마지막 전략적인 과제의 단계에서는 설교 소통과 영적인 연합을 위한 반전의 깨달음에 관한 설교 플롯을 제시할 것이다.

4. 설교자와 청중: 이타적인 자아

앞에서 필자는 현대 설교가 청중에게 하나님과의 영적인 합일을 경험하도록 인도하지 못하는 이유로 율법주의 설교의 문제점과 그 저변에 깔린 설교자들의 왜곡된 청중관의 문제를 지적하였고, 이에 대한 사상적인 기원으로 서구 철학의 비인격적인 동일화의 문제점과 비인격적인 물화의 문제점을 지적하였다.

설교자는 청중을 어떻게 이해해야 하며, 그 이해에 근거한 바람직한 설교 메시지와 그 논리적인 형식은 무엇인가?

이 질문에 대하여 필자는 먼저 레비나스가 비판했던 서구 철학의 비인격적인 동일화에 대한 비판의 연장선상에서 그가 제시한 '이타적인 자아' 개념을 확인하고, 이어서 설교자가 청중을 자신과 동일시하는 '구속사적인 관점의 설교학적인 인간론'을 제시하고자 한다.

1) 레비나스의 타자 윤리학과 '이타적인 자아'

레비나스는 자아가 타자와 관계를 맺으려는 시도의 해답을 현상학자인 후설의 인간 의식의 본질인 지향성(intentionality)에서 발견한다.

> 지향성이란 간단히 말해서 주체가 대상과 관계를 맺거나 주체가 대상에 향하는 행위를 지칭하는 개념이다[26]

지향성의 개념은 레비나스가 타자 윤리학을 구축하는 데 매우 중요한 이론적인 전거를 제공한다. 하지만, 레비나스는 후설의 현상학적인 지향성 개념을 그대로 빌리지 않는다. 왜냐하면, 레비나스가 보기에 후설의 자아 지향성에는 진정한 타자성이 부족하기 때문이다.

> 지향성은 단순히 자아가 타자와 관계를 맺거나 자아가 타자에 향하는 행위를 지칭하는 개념이 아니다. 지향성은 오히려 자아가 자기 자신으로부터 탈출해서 타자를 무한히 욕망하고 그에게로 다가가는 행위를 의미한다. 이것이 레비나스 타자 윤리학의 핵심 개념이다.[27]

레비나스는 타자(alter ego)를 단순히 다른(alter) 자아(ego)가 아니라, 보편적인 동일성의 차원에서 자아로 흡수될 수도 없고, 이성적으로 받아들여질 수도 없는, 완전히 다른 존재로 이해한다. 타자는 자아와 전적으로 다를 뿐만 아니라 절대로 다르다.[28] 타자는 자아의 내면성 안으로 흡수될 수 없으며 철저히 자아의 외부에 존재하는 외재성이며, 자아와 완전히 벗어나 존재한다는 점에서 자아에 대하여 초월적인 존재다.

---

26 민대훈, 『바르트와 레비나스가 본 형상금령 해석』(서울: 도서출판 B&A, 2007), 118.

27 민대훈, 118-120.

28 Emmanuel Levinas, 서동욱 역, 『존재에서 존재자로』(서울: 민음사, 2003), 39.

이렇게 타자가 자아와 완전히 다름에도 불구하고, 어떻게 타자와의 관계 속에서 존재하는 자아가 '보편적인 동일자'의 추상화와 비인격화의 함정에 빠지지 않으면서 타자와 바람직한 관계를 맺을 수 있는가?

레비나스에 의하면 자아와 타자의 관계 맺기는 나의 존재 유지를 위한 수단으로 타자를 이용하려 하는 동기에서 벗어나야 한다.[29]

레비나스는 그러한 가능성을 자아의 내면에서 꿈틀대는 자아의 존재 유지 욕망에서 찾지 않고, 서구 철학이 그동안 추구해 왔던 보편적인 동일자를 파악함으로써 '철학적인 사유'의 수단으로 이뤄지는 것이 아니라, 내 존재와는 전혀 다른 차원, 즉 나와 타인 사이에서 일어나는 윤리적인 요청과 그에 대한 응답의 사건 속에서 찾아낸다.

레비나스가 말하는 윤리적인 사건은 한 마디로 타인의 얼굴 출현과 그 얼굴의 요청에 대한 윤리적인 응답 사건이다.[30] 타인의 얼굴은 사물과 근본적으로 다르다. 사물은 전체의 일부분을 구성하며 자신의 필요나 처분의 변화나 수정을 요청할 수 없다. 하지만, 타인의 얼굴은 자신을 표현하며 필요에 응답할 것을 요청하며, 그 요청에는 거부할 수 없는 힘이 실려 있다. 그리고 그 얼굴의 나타남으로 나에게 윤리적인 반응을 요청하는 타자는 강자의 얼굴로 나타나는 것이 아니라 나에게는 전혀 낯선 이방인의 모습으로, 그것도 비참한 이방인의 모습으로 나타난다.

타인의 얼굴에서 발산되는 윤리적인 명령은 스스로 상처받을 가능성과 무저항에 근거한 도덕적인 힘이요 윤리적인 힘이다.[31] 그리고 자아는 타자의 얼굴 출현을 통한 윤리적인 요청에 반응함으로써 타자와 관계를 맺고 그렇게 관계를 맺은 타자는 자아의 일부분을 형성한다.

---

29 강영안, "책임으로서의 윤리: 레비나스의 윤리적 주체 개념", 한국철학회 편, 「철학」 81(2004), 58.

30 강영안, "책임으로서의 윤리: 레비나스의 윤리적 주체 개념", 66.

31 강영안, 『주체는 죽었는가』 (서울: 문예출판사, 2007), 237-41.

그러므로 레비나스에 의하면 타인의 얼굴은 '직설법이 아니라 명령법'으로, 타인이 자아와 접촉하여 관계를 맺으면서 '이타적인 자아'를 형성해 가도록 윤리적인 힘을 행사한다. 이때 나에게 윤리적인 반응을 요청한 타인은 나의 유한성과 폐쇄성의 한계를 일깨워 주고 그 한계에서 벗어날 수 있도록 문자 그대로 혼과 영을 불어 넣어 준 존재, 즉 나와 무관한 타자로만 존재하는 것이 아니라 '내 안에 있는 타자', '동일자 안의 타자' 또는 '내재 속의 초월'을 만들어 준 존재다.[32]

레비나스의 "이타적인 자아" 개념은 그대로 설교자와 회중 사이에도 적용될 수 있다. 설교자가 설교 메시지의 선포를 통하여 하나님과 회중 사이의 영적인 친교와 연합을 시도할 때 설교자는 회중을 하나님의 말씀 앞에서 자신과 전혀 다른 존재로 생각할 수 없다.

청중은 또 다른 설교자의 내면을 고발하는 설교자 자신의 또 다른 모습이다. 청중은 하나님의 말씀에 대한 설교자 자신의 무지와 불신앙을 고발함과 동시에 그 불신앙을 극복할 하나님의 말씀을 요청하는 하나의 간절한 외침과 절규로 설교자에게 다가온다.

그러므로 설교자가 청중에게 하나님의 은혜와 구원의 말씀을 선포하는 것은 반대편에 앉은 설교자 자신을 향한 하나님의 말씀하시는 사건이요, 하나님과의 영적인 연합을 통하여 그러한 내면의 영적인 기갈을 해소 받는 사건이 된다.

레비나스의 "이타적인 자아" 개념을 동원하면 설교자에게 청중은 또 다른 자신의 얼굴이며 설교자 자신의 내면의 영적인 기갈과 곤경의 해소를 요청하는 하나의 윤리적인 명령으로 다가오는 이타적인 자아 얼굴의 출현이요, 이타적인 자신의 윤리적인 요청이다.

---

32   강영안, "책임으로서의 윤리: 레비나스의 윤리적 주체 개념", 74.

2) 내재적인 삼위일체와 설교자의 이타적인 자아

설교자가 회중을 이타적인 자아의 관점에서 접근해야 하는 이유는 레비나스의 "이타적인 자아" 개념이 그러한 이론적인 기반을 제공하기 때문이 아니라, 설교를 통한 영적인 친교와 연합은 일종의 영적인 사랑을 베푸는 행위이기 때문이다.

설교자는 회중을 어느 정도로 사랑하며 설교해야 하는가?

그리스도께서 교회를 사랑하고 자기 목숨을 내어 주셨듯, 설교자는 회중을 아끼고 사랑하며 설교해야 한다.

사도 바울은 에베소서 5장에서 성경적인 모델을 제시한다.

> 남편들아 아내 사랑하기를 그리스도께서 교회를 사랑하시고 위하여 자신을 주심 같이 하라 이는 곧 물로 씻어 말씀으로 깨끗하게 하사 거룩하게 하시고 자기 앞에 영광스러운 교회로 세우사 티나 주름잡힌 것이나 이런 것들이 없이 거룩하고 흠이 없게 하려 하심이니라 이와 같이 남편들도 자기 아내 사랑하기를 제 몸같이 할지니 자기 아내를 사랑하는 자는 자기를 사랑하는 것이라(엡 5:25-28).

남편들이 자기 몸을 사랑하듯이 아내를 사랑해야 하는 이유는 무엇인가?

사도 바울에 의하면 남편과 아내의 부부 관계는 단순히 이기적인 욕망이나 정욕으로 맺어진 관계가 아니라, 성부와 성자 그리고 성령의 삼위일체 하나님의 내적인 상호 친교와 연합에서 비롯되고 그러한 상호 연합을 상징하고 반영하기 때문이다.

말하자면, 삼위 하나님의 내적인 상호 친교와 연합이 있으므로 그 연장선상에서 지상의 교회에 대한 그리스도의 사랑과 설교자와 회중의 사랑 그리고 신자 가정의 부부 간의 사랑도 지탱될 수 있다. 가정이 있기에 교회가 있는 것이 아니라, 그리스도께서 자신의 피로 값 주고 구원하시고, 그 구원의 영광을 만방에 드러내시기 위하여 교회를 세우시고, 같은 능력과 영광과 권능으로 교회를 사랑하고 계시기 때문에, 그 연장선상에서 가정을 지탱하는 부부 관계의 사랑도 성립되는 것이다.

　그런 의미에서 그리스도께서 교회를 사랑하시는 방법이나 열정은 고스란히 그리스도인 남편들이 아내를 사랑하는 방법이나 열정과 순결의 모범이 된다. 남편들은 자기 아내를 사랑할 때 그리스도께서 교회를 사랑하듯이 해야 한다.

　남편과 아내는 서로 다른 존재가 아니라 레비나스의 용어를 빌리자면 '이타적인 자아'라고 할 수 있다. 굳이 레비나스의 용어를 빌리지 않더라도 이미 사도 바울은 "자기 아내를 사랑하는 자는 자기를 사랑하는 것이라"고 가르친다. 그리고 사도 바울의 관점에서 남편이 자기 아내를 사랑하는 것은 자신과 다른 존재를 사랑하는 것처럼 보이지만 실상은 자기 자신을 사랑하는 것이다.

　사도 바울이 "자기 아내를 사랑하는 자는 자기를 사랑하는 것이라"고 교훈할 수 있는 이유는 무엇인가?

　그것은 성부 하나님이 성자 예수님과 성령 하나님과 영원한 친교를 나누시며 연합을 이루시는 비결이 궁극적으로는 하나님의 자기 사랑에서 비롯되기 때문이다.

　이런 의미에서 하나님의 말씀을 설교하되, 그리스도께서 교회를 위하여 자기 목숨을 내어 주며 사랑하는 마음으로 회중을 사랑하며 설교하려는 설교자들은 삼위 하나님의 영원한 친교와 연합에 관한 '내재적인 삼위일체'를 잘 이해할 필요가 있다.

　성부와 성자 그리고 성령의 상호 관계에 대한 이해는, 내재적인 삼위일체와 경세론적인 삼위일체로 구분된다.

　내재적 삼위일체(immanent trinity)는 만물이 창조되기 이전 단계에서 성부와 성자 그리고 성령의 삼위 하나님 사이에 영적인 질서가 어떻게 성립되었으며, 그 다음에 삼위 하나님이 만유의 창조와 그리스도 안에서의 인류의 구속에 관한 영원한 계획과 작정을 어떻게 수립했는지에 관한 이론적인 기반을 제공한다.

경세론적 삼위일체(economic trinity)는 만물의 창조와 아담, 하와의 타락 이후에 삼위 하나님께서 그리스도 안에서 인류의 구속을 완성하시고, 성령의 조명으로 교회를 통치하시며, 그리스도의 재림으로 모든 구속 사역을 완성하시는 전체 과정에서 삼위 하나님의 고유한 역할들을 강조한다.

두 가지 삼위일체 이론을 모두 다 살펴보는 것은 이 책의 논의의 범위를 벗어난다. 하지만, 설교자와 청중 사이의 '이타적인 자아'에 관한 신학적인 기원을 확인하기 위하여, 내재적인 삼위일체 이론 중에서 특히 성부 하나님이 어떻게 독생자를 낳았으며, 어떻게 성령이 성부로부터 보내심을 받았는지에 대해서 살펴보고자 한다.

필자가 생각하기에 내재적인 삼위일체 이론 중에서 특히 성부가 성자를 낳으시고 성령 하나님이 성부로부터 보내심을 받은 삼위 하나님의 상호 친교와 연합을 설명하는 페리코레시스(perichoresis)는 지상의 교회를 향한 그리스도의 사랑 근거를 제시할 뿐만 아니라 그리스도의 몸 된 교회 안에서의 설교자와 청중 사이의 '이타적인 자아'를 향한 사랑에 관한 신학적인 기반을 제공하며, 앞서 확인한 바와 같이 하나님의 거룩한 가정 안에서 부부 사이의 이타적인 자아를 향한 사랑의 기반도 제공한다.

만물이 창조되기 이전에 성부와 성자 그리고 성령의 삼위 하나님 사이에서, 성부가 성자를 낳으시고 또 성령은 성부로부터 그리고 성자로부터 보냄을 받은 상호 관계에 대한 설명은 2천 년의 교회 역사 속에서 여러 신학자에 의하여 다양한 방식으로 시도됐다.

대표적으로 초대 교회의 교부인 어거스틴(Aurelius Augustinus)은 내재적인 삼위일체의 모형을 인간 속에서 찾는다. 그에 의하면 우리 인간의 마음과 지식과 사랑은, 서로 분리할 수는 없더라도 서로 구분할 수 있는 방식으로 존재한다고 한다. 마음은 성부 하나님에 대응하고 지식은 성자 그리고 사랑은 성령에 대응된다.

논리적인 순서의 관점에서 성부 하나님은 이 세상 만물이 창조되기도 전에, 그리고 성자 예수님과 성령 하나님이 탄생하고 자신에게서 발출되기 전에, 먼저 자신이 가진 무한한 능력과 영광과 권능과 지혜와 지식의 그 깊이와 넓이와 그 방대함을 스스로 생각하기 시작한다.

성부 하나님은 아무것도 없는 상황에서 자신의 무한한 능력과 영광과 권능과 지혜와 그 지식의 모든 깊이와 넓이와 그 무궁함에 대해서 생각하고 인지하고 알고 계시며 파악하고 계신다.

그런데 하나님이 자기 스스로에 대해서 알고서 생각하는 관념은 사람들의 관념과 다르다. 사람들의 생각이나 관념은 아무리 많이 생각하고 또 그 생각을 아무리 완벽하게 구현하더라도, 그 생각의 주체인 사람 자신보다 더 클 수 없다. 아무리 위대한 영웅이라도 무한대의 생각을 실현한 사람은 하나도 없다. 그리고 사람의 생각은 이를 실제로 구현하여 만들어 내는 데 일정한 시간이 소요되고 또 자기 바깥의 일정한 재료와 에너지들이 소요된다.

필자가 설교에 관해 생각하여 그 내용을 글로 적고 책으로 그 생각을 만들고, 또 커피를 마실 생각을 하고 나중에 그 커피를 실제로 만들지만, 아무리 생각을 많이 하더라도 생각하는 즉시 실현될 수도 없고, 또 그 생각의 내용과 생각의 주체인 필자 자신과 동일할 수는 없다.

하지만, 무한한 능력과 영광과 권능과 지혜와 지식을 모두 다 알고 계시고 생각하고 인지하고 파악하고 계시는 성부 하나님에게 자신에 관한 생각은 추상적인 생각으로 멈추지도 않고 그대로 실제(reality)로 존재한다.

우리는 성부 하나님이 스스로에 관하여 생각하고 인지할 때, 그 생각하는 주체로서의 성부 하나님이 존재하신다면, 그와 동시에 성부 하나님이 자신에 관하여 생각하고 인지함으로 생겨나는 생각의 내용과 대상이신 성자 하나님이 성부 하나님과 구별되게 성부 하나님으로부터 탄생하는 것으로 이해할 수 있다.

사람은 자기 생각을 실제로 구현할 때, 이를 가리켜서 '만들다'라는 단어를 사용할 수 있다. 하지만, 성부 하나님이 스스로에 관한 생각을 실제로 구현할 때는 성부 하나님이 어떤 사물을 생각하고 인지하여 만드는 것이 아니라 자기 자신의 인격체를 생각하고 이를 실제로 구현하는 것이기 때문에, 성부의 관념으로부터 실제로 파생된 하나님을 가리켜 '성부가 성자를 낳았다'고 표현한다. 이를 가리켜서 사도 바울은 '예수는 하나님에게서 나왔다'(고전

1:30)고 설명한다.

그런데 성부가 자기 스스로에 관하여 생각하고 인지하는 과정에서, 생각의 주체인 성부가 생각의 대상인 성자를 낳는 과정은 단순히 추상적이고 사변적인 관념이나 인지가 아니라, 자기 자신을 무한대로 사랑하며 인지하고 바라보며 그 생각을 대상화하고 실제화하는 사건이다.

사람은 타인을 사랑하더라도 자신의 전부를 줄 수도 없고 사랑의 의지가 마음속에서 시작되더라도 그 의지가 실현되는 과정에서 어느 정도의 착오가 발생한다. 하지만, 하나님의 사랑은 자신의 전부를 내어 주는 사랑이며 사랑의 의지와 그 사랑의 실현 사이에는 일점일획도 착오가 있을 수 없다.

성자 하나님을 향한 성부 하나님의 사랑은 자신의 전부를 내어 주는 사랑이며, 그 모든 능력과 영광과 권능을 완벽하게 구현하는 사랑이다. 그리고 성부 하나님의 모든 사랑이 성자 하나님에게 전달될 때, 성부로부터 흘러나오는 하나님의 모든 것이 바로 성령 하나님이시다.

이렇게 성부 하나님이 자신의 모든 것을 성자에게 내어 주고 사랑할 때, 성부로부터 성부의 모든 사랑이 성자에게 전달되는데, 이때 성부로부터 성자에게로 전달되는 성부의 모든 사랑을 가리켜서 성령 하나님이 성부에게서 '발출한다'고 표현한다.

삼위일체의 상호 관계는 내재적인 관계로만 파악되는 것이 아니라, 구속 역사 속에서의 각자의 역할에 관한 이해를 담은 경세적인 삼위일체를 통해서도 이해되기 때문에, 서방교회는 동방교회와 달리 성령 하나님은 성부로부터만이 아니라 성자 하나님으로부터도 파송을 받는 것으로 이해한다.

이런 맥락에서 안셀무스(Anselmus)라는 중세 시대 저명한 신학자는 어거스틴의 삼위일체론을 이어받아서 하나님에게서는 관념이 실제가 된다고 설명한다.

성부가 성자를 낳으시고 성령을 파송하시는 상호 관계를 맺더라도, 성부와 성자 그리고 성령의 삼위 하나님은 하나님으로서의 동일한 본질을 취하시면서 서로 섞이거나 혼합되지 않고 완벽하게 구분되는 인격체로 존재하신다. 그런데 성부와 성자 그리고 성령의 삼위 하나님의 상호 친교와 연합은 그 어떤 인간의 이성적인 이해의 차원을 완전히 초월하는 영원한 신비의 영역이며, 신자들이 이를 언급할 때에는 다만 삼위일체 하나님은 영원한 경배와 찬양의 대상일 뿐이다.

삼위일체에 대한 그 어떤 논리적인 설명도 삼위 하나님에 대한 경배와 찬양의 목적에서 벗어난다면 논리적인 문제점을 초래한다. 그럼에도 이 책에서 필자가 내재적인 삼위일체의 관점에서 성부가 성자를 낳으시고 성령을 파송하시는 것을 내재적인 삼위일체의 관점에서 논리적으로 설명하려고 시도하는 한 가지 이유는, 성부와 성자 그리고 성령의 상호 친교와 연합의 관계가 교회의 머리가 되신 그리스도께서 교회를 사랑하시는 그 사랑의 연장선상에서 설교자와 회중이 '이타적인 자아'의 관점에서 함께 살아 계신 삼위 하나님의 말씀을 함께 경청할 수 있는 신학적인 기반을 제공하기 때문이다.

사도 바울이 '자기 아내를 사랑하는 자는 자기를 사랑하는 것'이라고 교훈할 때, 무슨 근거로 이런 교훈을 에베소 교회에 선포할 수 있었는가?

성부와 성자 그리고 성령의 삼위 하나님 사이에서도 자신의 전부를 내어주는 사랑이 충만하므로, 그 연장선에 있는 교회와 가정도 내재적인 삼위일체의 친교와 연합의 모범을 따르라는 것이다.

삼위 하나님의 친교와 연합으로부터 만물의 창조와 구속 그리고 교회를 향한 그리스도의 구속과 사랑이 비롯되며, 삼위 하나님의 친교와 연합에 근거하여 동일한 하나님을 경배하고 섬기는 행복한 가정 안에서의 남편과 아내의 사랑 그리고 동일한 하나님의 말씀을 증거하는 설교자와 회중의 사랑 충만한 연합이 가능해 진다.

삼위 하나님의 사랑 충만한 교제와 연합의 연장선상에서 하나님의 말씀을 설교하고 그 말씀을 경청하는, 설교자와 회중 사이에서도 '이타적인 자아'로서의 설교자와 회중 사이의 상호 교제와 연합이 가능하다.

설교자가 회중을 "이타적인 자아의 얼굴 출현"의 관점에서 인식하고 설교하려면, 그 설교 이전에 또는 그 설교의 저변에서 설교자는 자기 설교를 듣는 회중을 '이타적인 자아'의 관점에서 또는 자신과 동일한 관점에서 바라볼 수 있어야 한다.

그렇다면 설교자가 회중을 이타적인 자아의 관점에서 바라보며, 회중이 처한 고난의 상황에 공감한다는 것은 구체적으로 어떤 의미인가?

이 질문에 대하여 필자는 '구속사에 기초한 설교학적인 인간론'을 소개하고자 한다.

3) 구속사에 기초한 설교학적인 인간론

설교자가 선포하는 설교 메시지가 그 설교를 듣는 회중과 삼위 하나님 사이에 영적인 연합과 친교를 구축하는 도약대 역할을 감당하려면, 설교자가-설교 메시지를 전하기 전에 그리고 설교 메시지를 전하는 그 저변에서-회중을 자신과 다르거나 혹은 열등한 존재로 생각할 것이 아니라 영적인 순례의 삶을 사는 자신과 동일한 존재로 인정해야 한다.

만일 회중을 자신과 다르거나 열등한 존재로 생각한다면 설교자의 차별 의식은 고스란히 차별적이고 권위적인 어투로 회중에 전달될 수밖에 없고, 그러한 권위적인 어투는 회중이 하나님과의 영적인 친교와 연합을 경험하는 데 장애물로 작용할 것이다.

그래서 필자는 앞서 레비나스가 비판했던 서구 철학의 비인격적인 동일화의 관점에서 설교자가 회중을 파악하려는 문제점을 지적하고, 설교자가 회중을 '이타적인 자아'로 이해할 수 있는 신학적인 근거로 성부와 성자 그리고 성령의 삼위 하나님 사이의 내재적인 친교와 연합에 관한 내재적인 삼위일체 이해를 제시하였다.

내재적인 삼위일체의 관점에서 성부와 성자 그리고 성령 하나님 사이의 사랑이 충만한 탄생과 발출을 통한 상호 친교와 연합을 이해한다면, 그 연장선상에서 설교자는 자신의 설교 사건에 말씀과 성령의 조명을 통하여 함께 임재하시는 하나님을 의식할 수 있다.

신전의식(coram Deo)에 기초하여, 하나님의 음성을 듣기 위하여 모여 앉아 있는 회중과 자신을 비교하면, 그들을 자신과 동일하게 '구원의 서정'(ordo salutis)을 밟아가는 동일한 순례자로 이해할 수 있다. 회중을 자신과 함께 구원의 서정을 밟아가는 순례자로 이해할 때, 비로소 설교자는 자신의 언어 속에 무한하신 하나님의 찾아오심을 영접할 준비와 동시에 자신의 언어로 회중과의 영적인 연합과 친교를 구현할 방편을 확보할 수 있다.

설교 사건은 성경이 증언하는 구속 역사의 내러티브를 선포하여 구원의 서정을 따라가는 신자가 이 내러티브를 자신의 영적 변화에 관한 내러티브로 수용하도록 유도하는 것이다. 설교 사건에는 4가지 내러티브가 상호 교차한다.

첫째, 성경 전체가 증언하는 그리스도 중심의 구속 역사에 관한 내러티브
둘째, 성경의 내러티브가 교회 역사 속에서 적용됨으로 파생된 교회 역사의 이야기와 기독교적인 내러티브
셋째, 설교자가 앞의 두 가지 내러티브를 설교할 때 회중이 자극을 받아서 영적인 변화를 경험하고서 자신의 정체성을 새롭게 인식하면서 만들어 내는 개인 정체성의 내러티브
넷째, 변화 받은 개인들이 공동체로 모여서 함께 자신들의 정체성을 표현하는 공동체 정체성의 내러티브

신자들의 영적인 변화를 끌어내려면 설교자는 회중을 성경적인 내러티브의 관점에서 이해해야 할 뿐만 아니라, 그들 개개인을 '구원의 서정'을 밟아가는 순례자로 이해해야 한다.

구원의 서정은 소명과 중생으로부터 시작하여 '회심, 신앙, 칭의, 양자로 받아들여짐(수양), 성화, 견인 그리고 영화'로 이어진다. 오늘 신자들에게서 구원의 서정이 실제로 발생하려면 설교자는 자기 앞에 앉은 신자들을 그 구원의 서정을 따라가는 대상자들로 이해해야 할 뿐만 아니라, 그 내용을 설교의 핵심 주제로 삼아야 한다.

설교자가 결코 잊지말아야 할 것은, 지금 설교를 듣는 회중은 창세 전에 그들의 예정되었고 주님의 십자가 보혈로 이미 죄 사함을 받았으며, 성령을 받아서 구원의 서정을 밟아가는 순례자, 곧 성경에 등장하는 하나님 나라 백

성과 동일한 존재라는 것이다.

좀더 거시적으로 성경의 내러티브의 관점에 의하면 설교를 듣는 신자는 천지 창조와 인간의 범죄, 구약 시대에 이스라엘의 역사를 통하여 계시된 하나님 나라, 이스라엘의 배반과 바벨론 포로 심판, 새 언약의 예언, 그리스도의 초림과 십자가 죽음, 부활, 승천, 오순절 성령 강림, 교회의 탄생, 선교 그리고 재림으로 이어지는 거대한 구속 역사가 개인의 정체성 형성과 변화에 고스란히 적용되는 대상자들이다.

설교자는 이런 신학적인 기대에 근거하여 설교해야 한다. 그래야 내러티브를 설교할 때 신자 개개인의 영적인 변화와 성숙이라는 결과를 얻을 수 있다. 그리고 그러한 영적인 변화와 성숙은 '구원의 서정'이 소개하는 순례의 삶과 정확하게 일치하게 된다.

이것이 설교자가 가져야 할 구속사에 기초한 설교학적인 인간론이다. 구속사에 기초한 설교학적인 인간론은, 설교를 듣는 신자를 그리스도 중심의 계시가 된 구속 역사(redemptive history revealed)가 고스란히 적용되는 구원의 서정(ordo salutis)의 전체 과정을 일관되게 밟아가는 대상으로 이해하고 그렇게 설교하도록 유도한다.

설교자가 회중을 바라보는 구속사 관점의 설교학적인 인간론을 신자 개개인이 밟아가는 구원의 서정에 적용하면, 구원의 서정을 따라가는 신자에 대한 인간론은 다시 인죄론부터 시작하여 기독론과 구원론, 성령론, 교회론 그리고 종말론으로 확대된다. 그리고 구원의 서정에 관한 확대된 신학적인 이해는 다시 설교자가 각각의 단계에서 어떤 주제를 설교해야 할 것인지에 대한 해답을 제시한다.

그 해답을 간략하게 소개하자면 다음과 같다.

먼저 인죄론에 기초한 설교학적인 인간론은, 설교자에게 신자들을 하나님의 일방적인 은혜와 선택으로 구속 받아야 할 정도로 전적인 타락의 관점에서 이해하고 또 그런 주제를 설교하도록 안내한다.

이어서 기독론과 구원론에 기초한 설교학적인 인간론은 설교자에게 신자들이 그리스도 안에서 중생하고 회심하며 그리스도의 십자가 대속 사건에 대한 이중 전가를 통하여 하나님으로부터 의롭다고 인정받는 대상으로 이해하고, 그런 내용을 설교하여 그런 효과수반발화의 효과가 나타나도록 설교하도록 유도한다.

성령론과 교회론에 기초한 설교학적인 인간론은, 오늘 설교를 듣는 신자들이 자신의 의지와 노력으로 성화의 과정을 밟아가는 신인 협력적인 존재(synergistic being)가 아니라 은혜로 그들 속에 내주하시는 성령의 인도하심과 지상 교회가 제공하는 말씀과 성찬을 통하여 점진적으로 거룩한 변화의 증표를 나타낼 수밖에 없는 존재로 이해하고 그런 결과가 나타날 것을 믿으며 그런 주제와 그런 목표로 설교할 수 있는 신학적인 기반을 제공한다.

마지막으로 종말론에 기초한 설교학적인 인간론은 설교자들에게 신자들을 자신의 노력과 공로로 최종 구원과 칭의를 획득해야 할, 최종 구원에 대해서 확신할 수 없는 존재가 아니라, 내주하시는 성령의 보증에 근거하여 최종 구원을 확신하되 지금 교회가 위치한 자리에서 최선의 노력으로 최종 구원을 향하여 부단히 죄악과 싸우며 하나님의 영광을 추구하도록 말씀과 성령으로 독려해야 할 대상으로 이해하고, 그런 결과를 추구하도록 설교하도록 안내한다.

필자는 '구속사 관점의 설교학적인 인간론'에 관하여 특강을 하는 자리에서, 비록 회중 가운데 알곡이 아니라 가라지처럼 보이는 불량한 사람이 앉아 있을 때라도 절대로 그 사람을 내치거나 책망하는 메시지를 설교해서는 안 된다는 것을 강조하였다.

예수님도 알곡과 가라지 비유(마 13:24-30)에서 알곡 사이에 가라지가 함께 자라고 있음을 불평하는 일꾼들에게 "가라지는 뽑지 말고 가만두어라. 가라지를 뽑다가 곡식까지 뽑을까 염려하노라"는 교훈을 주셨다.

불신자를 책망해서 신자다운 사람으로 변화시켜보겠다는 의도를 품는 것은 나쁠 것이 없지만, 그 의도를 율법주의 설교나 조건부 축복의 논리가 깔린 설교, 또는 책망조의 설교로 달성하려고 설교하면, 불신자 같은 미숙한 신자들의 처지에서는 자신들을 내치고 책망하는 설교에 기분이 상하고 또 하나님의 전적인 은혜로 인한 성화(이신성화)를 믿는 신자들마저도 이신

성화의 은총을 버리고 인본주의적인 헌신에 의한 신앙생활로 돌아설 위험이 있다.

필자가 예전의 세미나에서 이런 내용을 강조하였더니, 어느 목회자가 심각하게 다음과 같은 질문을 던졌다.

목회하다 보면 자기가 생각하기에 분명 회심을 경험하지 않은 것 같은 육적인 신자들이 예배당에 앉아서 설교를 듣고 있는데, 그럴 때는 어떻게 해야 하는가?

필자는 다음과 같이 대답했다. 그 패역한 신자가 공동체 전체에 악한 영향력을 행사할 때는 마태복음 18장 15-17절의 순서를 밟으면 된다.

> 네 형제가 죄를 범하거든 가서 너와 그 사람과만 상대하여 권고하라 만일 들으면 네가 네 형제를 얻은 것이요 만일 듣지 않거든 한두 사람을 데리고 가서 두세 증인의 입으로 말마다 확증하게 하라 만일 그들의 말도 듣지 않거든 교회에 말하고 교회의 말도 듣지 않거든 이방인과 세리와 같이 여기라 (마 18:15-17).

교회 안에서 은밀한 방법으로든 공개적으로든 죄를 범하는 지체가 발견되면 먼저 목회자와 장로는 그 사람만을 개인적으로 만나서 "그 사람과만 상대하여" 죄에서 떠나도록 권고한다. 만일에 그 지체가 개인적인 만남의 자리에서 제시한 권면을 듣지 않으면 다시 장로와 직분자 두세 사람과 함께 그 사람을 만나서 다시 협동으로 권면하고 충고한다. 그런데도 반복적인 권면과 충고를 듣지 않으면 교회 회중 전체에 광고해서 출교를 시켜야 한다.

이러한 절차를 밟지 않고서 설교 메시지로 어느 패역한 신자들을 고쳐보겠다고 덤비는 것은 전혀 효과적이지도 않고, 주님의 말씀에서 지혜를 얻지 못하는 무지이며, 심지어 은혜로운 말씀으로 직접 사람을 변화시키는 하나님의 주권을 침해하는 설교자의 월권행위다.

물론, 한국 교회 안에서는 설교자가 강단에서 특정 신자의 악행을 공개적으로 거명하거나 책망하고 협박해서 그 사람을 변화시킨 사례들이 적지 않다. 하지만, 필자가 나름 오랜 경험 속에서 깨달은 것은 그런 변화의 뒤끝이

별로 아름답지 못하다는 것이다. 당장은 신자의 관점에서 목회자의 권위에 도전하거나 반발하는 것이 부담스럽겠지만, 시간이 흐르면서 한번 마음에 생긴 상처는 쉽게 사라지지 않고 마음 깊숙한 곳에서 자리하고 있다가, 3-5년의 세월이 흐른 다음에 다시 용수철처럼 튀어 올라서 목회자와 갈등을 만들어 내거나 결국 교회를 떠나고 만다.

설교야말로 모든 목회 활동 중에서 가장 신학적인 기반과 밀접한 관계를 맺고 있는 사역이다. 설교뿐만 아니라 심방이나 예배, 행정, 당회 등등의 모든 목회 활동이 신학적인 기초에 근거하여 실행되겠지만, 설교 사역은 설교자가 내면에 확보한 신학적인 기초에 의하여 계속적이고 장기적으로 그리고 심대하게 교회 전체 회중과 신자들 모두의 영적인 성숙과 성장에 상당한 영향을 미친다.

설교자가 설교 사역을 온전히 감당하는 데 중요한 여러 신학적인 확신들 중에 가장 중요한 확신이 소명 의식이다. 내 앞에 있는 성도들은 하나님께서 그리스도의 십자가 핏값으로 속량하시고 말씀과 성령의 능력 안에서 나(목회자 자신)에게 맡기신 천하보다 귀한 영혼이라는 확신이다.

하나님 앞에서는 설교자가 신자들보다 나을 것이 없다. 다른 것이 있다면 하나님 앞에서 맡은 직분이 다를 뿐이다.

구속사적인 인간론의 관점에서 이해한 후, 설교자는 어떤 주제를, 어떤 형식으로 설교해야 하는가?

그리고 설교를 통해 어떤 목표를 달성해야 하는가?

앞서 언급한 바와 같이 설교는 하나님과 설교자 그리고 회중의 삼자 사이에 진행되는 이중적인 소통(double communication)이다. 소통은 내용과 형식 그리고 목표의 3요소로 구성된다.

그렇다면 하나님과 회중 사이의 영적인 연합과 친교를 끌어내는 설교의 내용과 그 목표 달성에 효과적인 설교 형식이나 방법은 무엇일까?

이 질문에 응답하기 위하여 필자는 먼저 오스틴의 화행론을 살펴보고자 한다. 오스틴의 화행론은 소통에서의 내용과 형식 그리고 그 효과를 통전적으로 이해하는 토대를 제시하기 때문이다.

5. 오스틴의 화행론과 영적인 변화를 끌어내는 설교

1) 오스틴의 화행론

오스틴(J. Austin)에 의하면 사람이 말을 주고받는 언어 행위는 단순발화행위와 효과수반발화행위 그리고 효과수반발화행위의 세 차원으로 이뤄진다.[33]

먼저 단순발화행위(locutionary act)는 음성이나 텍스트, 기호와 같은 다양한 시청각적인 언어적인 요소들을 서로 주고받는 행위를 가리킨다. 의미수반발화행위(the illocutionary act)는 단순발화행위가 단순한 언어적인 행동에 머무르지 않고 그 과정이 곧 의미(meaning)를 주고받는 행동이고 사건이라는 것이다. 마지막으로 효과수반발화행위(the perlocutionary act)는 단순발화행위를 통해서 전달되는 의미가 소통에 참여하는 당사자에게 특정한 행동의 반응을 불러일으키는 효력을 발휘한다는 의미다.

오스틴의 화행론(speech-act theory)을 하나님의 말씀으로서의 성경을 해석하고 설교하는 과정에 적용한 케빈 밴후저(Kevin J. Vanhoozer)에 의하면, 설교는 단순히 성경에 관한 강연이 아니라, 살아 계신 성령 하나님이 설교하는 설교자와 설교 메시지를 듣는 회중 가운데서 본래 성부 하나님이 의도했던 효과수반발화의 효과를 달성하고 성취하도록 역사하신다고 한다.[34]

하나님이 본래 설교에서 의도했던 효과수반발화의 효과가 성취되려면 설교를 통한 하나님의 소통에는 전달해야 할 의미가 확보되어야 하고 또 그 의미가 전달되고 소통되도록 하는 원동력과 궤적 그리고 최종적인 목적도 함

---

33 J. L. Austin, *How to Do Things with Words*, 2d. ed.(Cambridge: Harvard Univ. Press, 1975), 8장-10장, 94-132; J. L. Austin, "Performative utterance", *Philosophical Papers*, 3d ed.(Oxford: Oxford Univ. Press, 1979), 233-252. Cf. John Searle, *Speech Acts: An Essay in the Philosophy of Language*(Cambridge; Cambridge Univ. Press, 1979).

34 Kevin J. Vanhoozer, *Is There a Meaning in the Text?* 김재영 역, 『이 텍스트에 의미가 있는가』 (서울: IVP, 2003), 689-691.

께 확보되어야 한다.

그래서 밴후저에 의하면, 하나님과 신자 사이에 소통되는 의미(meaning)는 "형식과 질료(명제적 내용), 에너지와 궤적(의미 수반발화 작용력) 그리고 목적론 혹은 최종 목적(효과수반발화 효과)이 있는 삼차원적인 커뮤니케이션 행위다."[35]

앞서 확인한 바와 같이 설교의 중요한 목표는 성경에 보존된 하나님의 말씀을 청중에게 전달하여 하나님과 청중 사이의 영적인 친교와 연합을 달성하는 것이다.

오스틴의 화행론의 관점에서 설명하면, 설교자와 청중 사이에 진행되는 음성적인 행위는 단순발화행위다. 하지만, 설교는 단순한 음성적인 행위에 머무르지 않고 성경에 기록된 하나님의 말씀이 그 설교 사건에 참여하는 청중에게 말씀하시는 의미수반발화행위다.

설교의 의미수반발화행위를 통해서 성경에 기록된 하나님의 말씀이 청중에게 전달됨으로 청중에게 무지에서 깨달음으로의 변화라는 의미(meaning)가 수반된다(의미수반발화행위).

그런데 설교는 설교자로부터 청중에게로 변화에 관한 의미만 전달되는 것이 아니라, 무지에서 깨달음으로의 변화에 관한 의미를 전달하는 설교를 통해서 청중은 자신의 인식 지평에 무지에서 깨달음으로의 반전의 변화를 실제로 경험하며 하나님과의 영적인 친교를 경험하는 효과가 달성된다(효과수반발화).

결국, 설교가 청중을 무지에서 깨달음으로 변화시켜서 하나님과의 영적인 친교를 경험하는 효과를 달성하려면 이 목적에 부합하는 설교의 특정한 명제적인 내용이 확보되어야 하며, 그 명제적인 내용을 효과적으로 전달하는 의미수반발화의 작용력이자 에너지와 궤적에 해당하는 일정한 설교의 형식이 확보되어야 하는 것이다.

---

[35] Kevin J. Vanhoozer, *Is There a Meaning in the Text?*, 350-51, 361.

그렇다면 청중의 영적인 변화를 끌어낼 수 있는 설교 내용과 설교 형식은 무엇일까?

2) 설교의 내용과 형식: 대반전의 드라마

하나님의 말씀 선포로서의 설교가 청중의 영적인 변화를 끌어내려면, 그 설교는 어떤 식으로든 하나님의 세계와 청중의 세계 사이의 무한한 질적인 차별성과 심연의 간격을 서로 연결할 뿐만 아니라 두 세계로의 급격한 변화를 끌어내는 현격한 반전의 과정을 확보해야 한다. 그리고 하나님의 말씀 선포로서의 설교가 두 세계 사이의 현격한 반전을 끌어내려면, 설교의 3요소인 내용과 형식 그리고 목표가 설교학적인 반전을 중심으로 통합되어야 한다.

다시 말하면, 설교의 내용은 두 세계를 언급해야 하며, 설교의 형식은 두 세계의 반전 과정을 담아야 하며, 설교의 목적은 청중이 설교를 통해서 두 세계 사이의 현격한 반전과 변화를 경험할 수 있어야 한다.

두 세계 사이의 현격한 변화와 반전 그리고 대비를 가져오는 설교의 내용은 신자의 문제와 하나님의 복음에서 확보된다.

성경은 전체가 대반전의 드라마로 이루어졌다. 삼위 하나님께서 그분의 영원한 지혜와 영광으로부터 천지 만물을 창조하시고 첫 인류 아담과 하와를 하나님의 영광으로 초청하신다. 그런데 사탄의 반역으로 말미암아 첫 인류 아담과 하와가 죄를 범하면서 하나님이 창조하신 아름다운 세상에 비극이 찾아온다. 그러나 하나님께서는 자신의 언약 안에서 신실하게 사단의 반역을 무력화시키고 그리스도 안에서 온 세상을 다시 회복하실 계획을 예고하시다가, 때가 차매 하나님의 독생자 예수 그리스도를 이 타락한 세상에 보내셔서 대속의 죽음을 감당케 하셨다. 그리고 예수 그리스도는 사망 권세를 깨고 사흘 만에 부활하시고 그를 믿는 모든 이의 마음에 성령 하나님을 보내주셔서 그를 따르는 모든 이가 성령의 능력을 따라 사망 권세 이기며 새 생명의 삶을 살도록 인도

하신다. 이것이 바로 성경이 말하는 대반전의 드라마다.[36]

성경이 제시하는 대반전의 드라마는 하나님이 역사 속에서 자신을 계시하시며 통치권을 행사하시는 내용에 관한 구속 내러티브(redemption narrative)로 보존되어 있다.

성경에 기록된 대반전에 관한 구속 내러티브는 다양한 내용과 형식의 반전과 변화를 담고 있다. 구속 내러티브는 타락한 죄인으로부터 구속 받은 의인으로의 변화를 담고 있으며, 그리스도의 십자가 대속 사건 안에서 옛 사람의 죽음으로부터 그리스도의 부활 사건 안에서 새 사람의 탄생으로의 반전과 변화를 담고 있으며, 이기적인 자아로부터 성령의 내주로 말미암은 이타적인 새 사람으로의 변화를 담고 있다.

따라서, 설교자는 대반전을 추구하는 성경의 구속 내러티브를 설교하여(의미수반발화행위), 설교를 듣는 청중에게도 무지로부터 깨달음으로의 대반전이 발생하도록 설교해야 한다(효과수반발화행위).

이상의 대반전의 내용을 설교하여 청중에게 실제로 대반전의 효과가 발생하도록 설교할 수 있는 설교의 형식이나 방법은 무엇일까?

이 질문에 대하여 필자는 반전의 깨달음을 추구하는 내러티브 형식(narrative form)을 제시하고자 한다.

---

36 Allen Verhey, *The great reversal; ethics and the New Testament*(Grand Rapids: W. B. Eerdmans, 1984), 94; Andrew Steinmann, *Called to be God's people: An Introduction to the Old Testament*(Eugene, OR: Wipf & Stock Pub, 2006), 95.

6. 반전의 깨달음과 설교 형식

1) 아리스토텔레스의 시학과 반전의 깨달음

내러티브 의미론의 고전적인 근거는 아리스토텔레스의 『시학』(詩學, poetics)에 나타난 '반전의 깨달음'에서 확보된다. 아리스토텔레스의 『시학』의 원제목(Περί Ποιητικής)의 의미는 '제작술에 관하여'이다.[37]

아리스토텔레스가 『시학』(Περί Ποιητικής)에서 다루는 제작술은 단순히 시(詩, a poem) 한 편을 짓는 방법이 아니라, 오늘날과 같이 작가나 시인, 음악가 등등의 다양한 예술가로 분화되기 이전에 이야기(narrative)에 관한 모든 예술 작품의 창작을 위하여 고려해야 할 사항들을 담고 있다.[38]

아리스토텔레스에 의하면 사람들이 시나 이야기와 같은 내러티브를 좋아하는 이유는 사람들은 본래 모방적인 행동 성향을 타고났기 때문이며 모든 사람은 모방적인 사물을 통하여 학습하며 모방적인 이야기로부터 즐거움을 얻기 때문이라고 한다.[39] 그러니 시를 짓고 이야기를 창작하는 작가의 입장에서는 사람들이 듣기 좋아하고 몰입하기 쉬운 이야기를 만들어야 한다.

그렇다면 사람들의 모방 본능을 자극하여 이야기를 듣는 즐거움을 줄 수 있는 문학적인 수단은 무엇일까?

아리스토텔레스는 『시학』에서 어떤 내러티브가 사람들에게 강력한 정서적인 호소력을 발휘하려면 그 내러티브 속에는 반드시 반전(reversal of the situation)과 인지(recognition, 깨달음)이 들어 있어야 하며, 갈등으로부터 시작하여 복선을

---

37 http://www.ae-lib.org.ua/texts-c/aristoteles__about_poetics__gr.htm

38 김헌, "아리스토텔레스『시학』의 세 개념에 기초한 인간 행동 세계의 시적 통찰과 창작의 원리" 가톨릭대학교 인간학연구소 편,「인간연구」(Journal of human studies) 7(2004), 27-52.

39 박정자,『스토리텔링의 비밀이 된 아리스토텔레스의 시학』(서울: 인문서재, 2013), 67; 아리스토텔레스, 천병희 역,『시학』(서울: 문예출판사, 1999), 37; .

거쳐서 V자 형태의 반전, 깨달음과 종결로 이어지는 치밀한 플롯을 갖추어야 한다고 교훈한다.[40]

그렇다면 아리스토텔레스가 말하는 반전과 인지란 무엇인가?

아리스토텔레스는 『시학』의 11장에서 반전과 인지에 관하여 다음과 같이 정의한다.

> 반전이란 행해지는 것이 반대로 역전되는 것을 의미하는데, 이때 변화는 위에서 말했듯이 개연적 또는 필연적인 인과 관계 속에서 이루어진다.[41]
> 인지는 이미 그 명칭이 암시하듯이 무지에서 깨달음으로의 역전인데, 이로 인해 우호적인 또는 적대적인 관계가 발생하고 인물들의 행복, 불행이 결정된다.[42]

이어서 아리스토텔레스는 앞에서 정의 내린 반전과 깨달음에 대한 해설을 위하여 "그런데 인지는 <오이디푸스왕>에 있어서와 같이 반전과 함께 일어날 때 가장 훌륭하다"고 부연 설명한다. 내러티브의 흐름 속에서 결정적인 순간에 반전과 깨달음이 발생하여 이야기를 듣는 청중에게 강력한 정서적인 호소력이 발휘된다는 것이다.

이야기의 흐름이 어떤 방식으로 구성되어야 결정적인 순간에 반전과 깨달음이 발생하여 독자나 청중에게 강력한 정서적인 호소력을 발휘할 수 있을까?

그 해답을 얻기 위하여 먼저 내러티브 안에서 반전과 인지의 상호 관계를 살펴볼 필요가 있다. 김태환에 의하면, 아리스토텔레스가 『시학』에서 염두에 두었던 반전과 인지, 혹은 인지와 반전의 상호 관계에 관하여 전통적으로

---

40 아리스토텔레스가 말하는 비극의 범주는 오늘날 이야기나 내러티브에도 그대로 적용될 수 있다.

41 아리스토텔레스, 『시학』, 64.

42 아리스토텔레스, 『시학』, 66-67.

두 가지 입장으로 구분할 수 있다고 한다.[43]

첫째, 아리스토텔레스는 인지 때문에 반전이 발생하는 경우를 염두에 두었다는 견해다. 인지는 그 이후에 찾아오는 반전의 원인으로 작용하는 것으로 본다.

둘째, 반전의 사건이 먼저 발생하고 그다음에 인지가 찾아오는 것으로 보는 견해다.

> 주관적인 기대와 현실의 불일치와 대립이 반전의 핵심이라면, 주관적 기대 속에는 현실에 대한 무지나 착오가 숨어 있고, 그 기대를 깨뜨리는 현실이 펼쳐질 때, 그러한 무지나 착오의 해소, 즉 깨달음이 찾아올 것이다.[44]

하지만, 반전을 인지의 필연적인 결과로 보는 해석에서는 '반전과 함께 일어나는 인지'가 인지 일반과 구별되지 않는 문제가 발생하며, 인지를 반전의 필연적인 결과로 해석하는 경우에는 '반전과 함께 일어나는 인지'가 반전 일반과 구별되지 않는 문제점이 발생한다.[45]

이런 문제점을 극복할 수 있는 한 가지 방법은 반전과 인지를 분명히 구별되는 개념으로 이해하되, 반전과 인지가 순차적으로 어느 하나가 앞서거나 뒤서거나 하는 것이 아니라, 반전과 인지가 함께 발생하는 것으로 이해하는 것이다.

43　김태환, "'반전과 함께 일어나는 인지'에 대하여: 아리스토텔레스의 플롯 이론 연구", 「독일문학」116(2010), 215-243.

44　김태환, "'반전과 함께 일어나는 인지'에 대하여: 아리스토텔레스의 플롯 이론 연구", 219.

45　박정자, 『스토리텔링의 비밀이 된 아리스토텔레스의 시학』, 92-94; 김태환, 220.

> 반전과 함께 일어나는 인지는 반전을 일으키는 인지가 아니라 반전을 통해서 발생하는 인지, 주체의 의도 너머에서 일어나는 인지를 가리킨다.[46]

그래서 등장인물이 인지를 전혀 의도하지도 않고, 인지와는 다른 의도를 가진 행위를 하는 가운데 갑자기 반전과 함께 인지가 발생하는 플롯을 고려하는 것이다.

아리스토텔레스에 의하면 반전의 깨달음을 끌어내는 효과적인 플롯으로는 다음 네 종류의 플롯이 있다고 한다.

첫째, 주인공이나 등장인물이 자신의 행위가 어떤 의미가 있는지를 잘 알고 시도하지만, 그것이 좌절되는 경우
둘째, 주인공이나 등장인물들이 자기가 실행한 무서운 일을 깨닫지 못하지만, 나중에야 반전의 깨달음을 계기로 그 악행의 상대가 친척 관계 혹은 친구 관계라는 것이 밝혀지는 경우
셋째, 주인공이나 등장인물이 자신의 행위나 그 행동의 의미를 잘 알고 시도하려다가 실행에 옮기지 못하고 실패하는 경우
넷째, 주인공이나 등장인물이 자신들의 행위의 궁극적인 의미를 전혀 눈치채지 못하고 계속해서 시도하다가 돌이킬 수 없는 행위를 저지르려는 찰나에 반전의 깨달음이 개입함으로 모든 행위의 의미가 밝혀져 악행이 실행되지 못하는 경우

아리스토텔레스에 의하면 이 네 가지 플롯이 독자나 청중에게 반전의 깨달음을 가져다주는 모든 방식이기 때문에, 결국 행위는 저질러지든가 저질러지지 않든가 둘 중 하나이며, 행위자들은 그것을 고의로 하거나 아니면 별 생각 없이 하거나 둘 중의 하나라고 한다.

46　김태환, 235, 241.

아리스토텔레스에 의하면 이상의 네 가지 플롯 중에서 가장 흥미가 떨어지는 플롯은 첫 번째 플롯이다. 이 플롯에서는 행위자가 모든 사실을 환히 알면서 행동을 하려다가 실패하기 때문에, 독자의 예상대로 플롯이 진행되므로 지루하다는 것이다.

반면, 가장 강력한 감동을 가져다주는 플롯은 마지막 플롯으로 반전의 깨달음은 가장 최고조에 도달하면서도 대단원의 마무리는 비극적이지 않고 평온한 해피 엔딩을 안겨준다고 하였다.

이상의 네 가지 반전의 깨달음에 관한 플롯은 성경 내러티브를 해석할 때 매우 유용한 해석의 도구를 제공한다.

첫째, 주인공이 고의로 실행하려다가 불발로 그치고 이후의 반전 깨달음이 등장하는 플롯은 아브라함이 이삭을 번제물로 바치려다가 하나님의 제지로 멈추고서 "번제할 어린양은 하나님이 친히 준비하신다"는 반전의 깨달음이 등장하는 내러티브(창 21장)에서 찾아볼 수 있다.

둘째, 주인공이 의도를 가지고 실행하려다가 이를 감행함으로 내러티브의 중심축이 새로운 국면으로 전개되는 플롯은 요셉의 형들이 요셉을 애굽에 팔아버린 이후 그의 인생에 반전이 발생하는 계기가 만들어지는 내러티브(창 37:18-36), 모세가 이스라엘 백성을 위하여 애굽의 관원들을 살해하고 광야로 도망치다가 이후 소명을 받는 내러티브(출 2:11-3:12)에서 발견된다.

셋째, 주인공이 자신의 행동 의미를 잘 모르고 부지불식간에 감행해버리는 플롯은, 사도 바울이 무지로 그리스도인들을 핍박하고 참회한 다음에 예수 그리스도의 사도로 거듭나는 내러티브에서 발견된다.

넷째, 부지불식간에 실행하려다가 불발로 그치고 해피 엔딩으로 종결되는 내러티브는 다윗이 나발을 죽이려다가 아비가일의 제지로 분노를 포기한 경우(삼상 25:4-13)에서 발견될 수 있다. 또 구원의 서정에서 신자가 자신의 옛 사람이 계속 살아 있다고 착각하면서 죄악과 투쟁하는 삶을 살지만 그러면서도 지옥에 갈 만한 악행은 결코 범하지 못하고 '자기 안에 옛 자아가 아니라 그리스도께서 살고 계심'을 깨닫는 내러티브에서도 흔히 발견된다.

이렇게 성경의 내러티브는 구원의 서정을 밟아가는 등장인물이 경험하는 반전의 깨달음을 다양한 방식으로 제시하므로, 설교자는 그러한 관점에서 성경의 내러티브를 회중에게 감동적으로 전달해야 한다.

2) 내러티브 설교와 반전의 깨달음

아리스토텔레스가 강조하는 반전과 함께 일어나는 깨달음의 내러티브 형식의 설교학적인 가치는 유진 로우리(Eugene Lowry)가 제안하는 내러티브 설교 형식에서 발견된다.[47]

로우리는 청중이 설교자의 영적인 권위를 인정하지 않음으로 권위적이고 연역적인 설교 전달이 더이상 설득력을 발휘하지 못하는 시대에, 재미있는 이야기를 듣기를 좋아하는 포스트모던 청중의 성향을 고려하여 설교의 전체 형식이 재미있고 감동적인 이야기를 이끌어 가는 반전의 깨달음을 확보하는 설교 형식으로 내러티브 설교 형식을 제안한다.

첫째, 설교의 서론에서 모순되는 문제를 제기함으로 청중의 마음에 평형을 깨뜨리는 단계(Upsetting the equilibrium)다.[48]

---

[47] John McClure, "Narrative and Preaching: Sorting it all out", *Journal for Preachers*, 15/1(1991, Advent), 24-29. 설교학자 유진 로우리는 신학 분야 내에서 내러티브가 적용되는 세부 분야를 설교 형식에 관한 내러티브 설교학과 성경의 내러티브 장르 해석에 관한 내러티브 해석학 그리고 기독교 신학을 표현하고 전달하는 도구로서의 내러티브에 대한 신학적인 이해를 추구하는 내러티브 신학으로 구분한다. Eugene Lowry, "서사설교"(narrative preaching), William H. Willimon & Richard Lischer eds, *Concise Encyclopedia of Preaching*, 이승진 역, 『설교학사전』 (서울: CLC, 2003), 255-258. Cf. 문영식, "아우구스티누스와 기독교 수사학", 『신학과 실천』 제44호(2015년 3월):125.

[48] Eugene Lowry, *The homiletical plot: The sermon as narrative art form*(Atlanta; John Knox

둘째, 서론에서 제시했던 모순점의 문제를 더욱 자세히 분석하고 심화시키는 단계(Analysing the discrepancy)다. 청중이 마음속에 품는 해답에 대한 기대감에 맞게, 그 기대감의 성취를 의도적으로 지연시키는 방식으로 이루어진다.

셋째, 문제 해결을 위해 실마리를 제시하는 단계(Disclosing the clue to resolution)다. 설교자가 이전의 모순되는 문제를 자세히 분석하고 심화하는 과정에서 필연적으로 관점의 전환이나 해답을 모색하는 차원의 전환을 경험하면서, 회중이 막연하게 기대하는 해답에 대한 역전이 발생한다.

넷째, 앞서 확보한 역전의 실마리가 더욱 확대되면서 청중에게 복음이 선포되는 단계(Experiencing the gospel)다.

다섯째, 복음으로 말미암은 미래에 대한 긍정적 결과를 예견하는 단계(Anticipating the consequence)다. 복음에 대한 새로운 발견과 깨달음이 미래를 향하여 투사되면서 긍정적인 청사진이 제시된다.

설교 전체의 이야기 전개 플롯이 이러한 플롯 형식을 갖출 때 청중에 대한 반전의 깨달음을 효과적으로 전달할 수 있을 것이다.[49]

3) 섬김의 내러티브를 전하는 '타자 교회'의 이야기

유진 로우리의 내러티브 설교 형식에 반전의 깨달음을 담아서 전달하면, 현대 설교의 비인격적인 동일자의 문제는 해결되고 설교가 추구하는 영적인 변화와 연합이라는 효과수반발화의 효과는 제대로 달성될 수 있는가?

Press, 1985).

[49] 본회퍼는 설교 형식의 문제를 '공동체 형성'과 '공동체 양육'의 목적에 따라서 선포 지향적인 케리그마 설교와 교육 지향적인 디다케 설교, 강해설교 그리고 주제 설교로 분류했다. 김윤규, "디트리히 본회퍼의 설교학에 관한 연구", 「신학과 실천」제30호(2012년 2월):213-4.

앞서 우리는 레비나스의 '이타적인 자아'는 타자에 대한 추상적이고 보편적인 이해의 문제가 아니라 타인의 얼굴의 급작스러운 출현에 대한 윤리적인 응답의 문제임을 확인하였다. 타인의 요청에 대한 윤리적이고 책임 있는 응답이 배제된다면, 이타적인 자아는 허상에 불과하고, 설교를 통한 하나님과 신자들의 영적인 친교와 연합은 무산될 수밖에 없다.[50]

설교가 반전의 깨달음을 통한 영적인 변화와 연합이라는 효과수반발화 효과를 제대로 달성하기 위해서는 '반전의 깨달음'이란 설교 주제가 인지적인 차원으로만 전달하는 것이 아니라, 공동체적으로 그리고 목회 실천을 통해서 실천되고 구현되어야 한다.

실천이 없는 반전과 깨달음은 여전히 비인격적인 동일자의 한계에 포섭된 언어유희에 불과하기 때문에, 영적인 변화와 연합으로 청중을 설득하려면 설교자와 교회가 함께 전하며 만들어가는 공동체적인 이야기가 그 전하는 내용을 실제로 구현하는 단계까지 나아가야 한다.[51]

언어를 통한 인지적인 반전의 깨달음이 실제 설교자와 회중의 영적인 연합과 변화로 구현되고 설교 언어와 교회 실천이 신자와 하나님 사이의 영적인 친교와 연합으로 구현되도록 하려면 어떻게 해야 하는가?

즉, 반전의 깨달음에 관한 설교가 하나님과 신자들 사이의 영적인 연합으로 구현됨으로써 지행합일(知行合一, unity of knowledge and action)을 달성하려면 어떻게 해야 하는가?

필자는 이 질문에 대한 한 가지 해답을 폴 리쾨르(Paul Ricœur)의 지식과 실천의 통합에 관한 내러티브 정체성(narrative identity)에서 찾고자 한다.

---

50 김옥순, "디아코니아신학 관점에서 본 장애인과 함께하는 교회공동체에 관한 연구", 「신학과 실천」제42호(2014년 11월), 671-2.

51 기독교 안에서 언어와 실재(reality) 사이의 긴밀한 연관성은 Peter Berger가 서구기독교의 영향력을 설명하기 위하여 고안한 "설득력 구조"(혹은 타당성 구조, plausibility structure)의 관점에서 쉽게 설명된다. 가시적인 실재가 없는 언어는 언어유희에 불과하다. Peter L Berger and Thomas Luckmann, *The Social Construction of Reality: A Treatise in the Sociology of Knowledge*(Garden City, N. Y.: Doubleday & Co., Anchor Books, 1966), 158.

앞서 살펴본 바와 같이 레비나스의 "이타적인 자아"는 문제 해결을 요청하는 타인의 얼굴 출현에 대한 자아의 윤리적인 응답으로 형성되는 이타적인 자아다. 리쾨르의 자아 정체성에 대한 이해도 레비나스와 같이 타자와 관계를 맺는 자아이지만, 리쾨르는 자아가 특정한 사회 공동체 안에서 타자와 관계를 맺음으로 형성되는 타자로서의 자아(oneself as another)에 관한 내러티브 정체성(narrative identity)을 강조한다.[52]

리쾨르에 의하면 특정한 공동체 속의 자아는 타자와의 필연적인 관계를 맺는 가운데 타자로서의 자아에 관한 정체성을 형성하는데, 그러한 정체성은 아리스토텔레스의 『시학』에 등장하는 인간의 행동 모방(미메시스, mimesis)으로서의 내러티브를 통해서 형성되고 표현된다.

타인과의 관계 속에서 지속해서 형성되는 자아 정체성을 담아내며 표현하고 발전하는 내러티브 정체성(narrative identity)은 자아 정체성 형성을 위한 이야기 해석의 세 국면으로서 선 구성(prefiguration), 구성(configuration), 재구성(refiguration)의 국면을 따라서 지속해서 형성 발전한다.[53]

선 구성은 내러티브 텍스트로 기록되기 이전의 행동이나 삶의 세계를 해석하여 파악하는 것이고, 구성은 저자와 시공의 차원에서 분리된 본문을 상상력 있게 해석하여 본문의 의도를 파악하는 것이다. 마지막으로 재구성은 본문에 대한 구성 작업을 통해서 획득한 본문의 세계와 독자의 세계가 서로 만남으로 독자의 세계가 다시 구성되는 과정이다.

자아는 이러한 내러티브 해석 과정을 거쳐서 자신의 내러티브 정체성을 형성, 수정 및 발전시켜 나아간다.

52　Paul Ricoeur, *Oneself as Another,* trans. Kathleen Blamey(Chicago: The University of Chicago Press, 1992), 2-3.

53　Paul Ricoeur, *Time and Narrative,* vol. I trans. K. McLaughlin & D. Pellauer(Chicago: The University of Chicago Press, 1984), 57-58; Henry I. Venema, *Identifying Selfhood: Imagination, Narrative and Hermeneutics in the Thought of Paul Ricoeur*(New York: States University of New York Press, 2000), 92ff.

내러티브 정체성(narrative identity)의 관점에서 볼 때, 반전의 깨달음을 추구하는 설교는 설교자가 청중을 자신과 또 다른 자아, 곧 타자로서의 자아로 연합할 뿐만 아니라 서로의 윤리적인 요청에 대하여 응답하는 과정에서 섬김의 내러티브를 만들어 내는 설교다.

이렇게 자아 이해에 대한 성경적인 반전을 가져다 주는 설교의 핵심 메시지는 '내가 그리스도와 함께 죽었기 때문에 더이상 나는 옛날의 내가 아니다'라거나, "내 안에 내가 사는 것이 아니라 그리스도께서 사신다"는 깨달음이다(갈 2:20). 그러므로 나는 예전의 나의 유익을 구하는 것이 아니라 새로운 자아인 타자를 섬기는 삶을 기쁨으로 살아간다.[54]

4) 반전의 깨달음을 담은 내러티브들

설교자는 설교 메시지를 계기로 회중이 이전의 자신과 전혀 다른 새로운 자아로 거듭난 경험을 지속해서 확인할 수 있도록 안내해야 한다.

이를 위해 효과적인 한 가지 방법은 설교자가 설교 시간에 이전의 자신과 전혀 다른 새로운 자아로 거듭나는 경험을 담은 예화나 간증을 들려주는 것이다. 다음의 예화는 주인공이 반전의 깨달음(V) 속에서 이타적인 자아와의 연합을 경험하는 사례를 담고 있다.

> 1994년부터 2002년까지 8년 동안 경북대학교 총장으로 지내고 2004년에 열린우리당에 입당해서 정치인으로도 활동했던 박찬석 의원은 경남 산청에서 태어나서 국민학교 시절에 늘 전교 꼴찌였습니다.
> 그런데 당시 박 의원의 부친은 경남 산청 산골에서 농사를 지으면서도 코홀리개 아들에 대한 기대감에 가정 형편도 안 되고 머리도 안 되는데 멀리 대구까지 유학을 보냅니다. 대구중학교에 다니는데 공부는 되지 않고 계속해서 꼴찌

---

54 "내가 달려갈 길과 주 예수께 받은 사명 곧 하나님의 은혜의 복음을 증언하는 일을 마치려 함에는 나의 생명조차 조금도 귀한 것으로 여기지 아니하노라"(행 20:24).

를 면하지 못합니다. 방학이 되면 학교 성적표를 가지고 집으로 가서 아버지를 뵈야 하는데 아버지를 뵐 면목이 없습니다.
정말 끼니도 제대로 잇지 못하는 소작농 신세인데 아들을 도회지로 유학을 보내놨는데 성적이 전교 꼴찌이니 참 자기도 양심은 있었나 봅니다. 여러분도 혹시 어렸을 때 성적표를 조작해 본 적이 있으신지 모르겠습니다만, 이 박 의원이 꼴찌 성적표를 내보일 수 없어서 68명 중에 68등이란 숫자에서 위의 분자에 해당하는 68이란 숫자를 그냥 1로 고쳤다고 합니다. 아버지는 전에 보통학교도 나오지 못한 무지렁뱅이라 생각하고 성적표를 고쳤다고는 꿈에도 꾸지 못할 것으로 생각한 것입니다.
그래서 전교 1등이라고 성적표를 속여서 가지고 집에 갔더니, 오랜만에 도회지로 유학을 갔다가 방학 때라고 아들이 왔다고 해서 주변에 친척들이 집을 방문했습니다. 그리고는 찬석이 공부는 잘했더냐고 묻습니다.
그랬더니 아버지가 대뜸 "이번에는 어쩌다 1등을 했는가? 본디 이제 앞으로 봐야제."
그러니까는 주변에 친척 어른들이 "아따. 명순이는 정말 자식 하나는 잘 뒀네. 이제 도회지 유학 가서 1등을 했으니까 책거리를 해야제" 그럽니다.
이튿날 강에서 멱을 감고 집에 돌아와 보니까는 아버지가 동네 사람들을 불러놓고는 집에 있던 돼지를 잡아서 아들 1등 기념 잔치를 하는 것입니다. 그 돼지는 당시 그 집에 재산 목록 1호로 키우고 있던 돼지인데 아들이 1등 했다고 하니까 아버지가 마음이 너무나도 기뻐서 그냥 잡아버린 것입니다.
이 모습을 목격한 이 박찬석 코흘리개 아이가 "아부지"를 불렀지만, 그다음은 말을 할 수 없어서 집을 뛰쳐 나가버렸습니다.
어린 마음에 아부지가 진짜로 자기가 1등 한 줄로 알고는 재산 목록 1호 돼지를 잡아버렸는데, 이제 나중에 이게 거짓이란 것이 발각되면 이 돼지는 살릴 수도 없고 '나는 이제 아버지한테 맞아 죽었구나' 싶어서 강으로 도망가서는 그냥 물속에 빠져 죽어버리려고 물속에 뛰어들어서는 숨을 안 쉬고 버텨 보는데, 어린 마음에 정말 죽을 것 같아서 그러지도 못하고 있는데 가족들이 뒤쫓아 찾아내서는 집으로 돌아왔다고 합니다. 그런데 집에 와보니 아버지는 별다른 말씀도 없으셨다고 합니다.

코흘리개 박찬석 씨가 이 충격적인 사건을 경험한 다음에 이 사람이 그 후로 완전히 달라져 버렸다고 합니다. 자기를 정말 1등으로 받아준 아버지의 마음이 자기 마음속으로 들어온 순간에 '이제 정말 나는 1등이 되어야 하는구나.' 그렇게 생각하고는 공부에 매진한 결과 그 후로 17년이 지난 다음에 대학교수가 되었다고 합니다.

이 박찬석 교수가 나이가 45세가 되고 자기 아들이 자기처럼 중학교에 입학하던 해에 자기 아들이랑 같이 부모님을 방문했다고 합니다.

그리고는 그로부터 33년 전의 일을 부모님께 사과하기 위해서 33년 전에 있었던 일을 꺼내기 시작합니다. "어무이 저 중학교 1학년 때 그 1등 했던 거 있잖아요." 그렇게 말을 시작하려고 하는데, 옆에서 담배를 뻐끔뻐끔 피우고 계시던 부친께서는 "다 알고 있었다. 그만해라. 아가 듣는다."

부모님은 자식이 성적표를 위조한 사실을 알고서도 재산 목록 1호인 돼지를 잡아서 동네 사람들 모아서 잔치해 버린 것입니다.

코흘리개 박찬석의 마음속에 아버지의 마음이 들어왔습니다. 내 아들은 1등이라고 그렇게 기대하는 아버지의 마음이 아들의 마음속으로 들어와 코흘리개 박찬석의 마음 속에 아버지의 마음이 들어왔습니다. 내 아들은 1등이라고 그렇게 기대하는 아버지의 마음이 아들의 마음 속으로 들어와서 그 기대감이 진짜 1등을 만들었습니다.

이상의 예화는 사람이 어떻게 변화했는지의 사례를 담고 있는 동시에, 다시 들어보아도 여전히 감동적이다. 이것이 바로 반전의 깨달음이 담긴 내러티브의 위력이고 한 개인이 이타적인 자아와의 만남을 통해서 이전과 전혀 다른 자아로 변화되는 효과적인 방법이다.

회중의 영적인 변화와 성숙 그리고 그러한 영적인 변화에 근거한 섬김의 이야기를 기대하는 설교자라면, 앞서 소개한 반전의 깨달음이 담긴 내러티브들을 발굴하여 설교를 통하여 이를 회중에 선포함으로 동일한 경험을 유도해야 한다.

이런 영적인 변화를 경험하는 신자 개개인이 많이 양산되면 유사한 영적 경험은 신앙공동체 전체로 확산할 것이고, 신자 개개인의 영적인 변화에 관한 내러티브는 공동체 전체의 영적인 변화와 성숙에 관한 내러티브로 발전될 것이다.

5) 공동체 전체의 정체성에 관한 내러티브

내러티브 신학자인 조지 스트룹(George Stroup)에 따르면, 기독교공동체도 신자 개개인처럼 그 공동체 나름의 독특한 정체성을 담아내는 정체성의 내러티브를 가지고 있으며, 신앙공동체의 정체성은 내러티브의 형태를 통해서 드러난다고 한다.[55] 즉, 특정한 신앙공동체 구성원들이 하나님 나라에 관한 동일한 집합 의식을 공유할 때, 그렇게 공유된 집합 의식(shared communal consciousness)은 공동체 정체성의 내러티브(communal identity narrative)의 형태를 취한다는 것이다.[56]

기독교 설교는 하나님의 객관적인 구원 역사에 관한 직설법적인 진술로서의 구원 내러티브만을 다루지 않고, 그 구원 내러티브가 특정한 시점에 함께 모여 신앙공동체를 구성한 회중의 삶 속에서 어떻게 적용되어야 하는지에 관한 명령법도 함께 제공한다.

더불어 말씀에 대한 신자들의 실천을 유도하는 명령법적인 지침들을 일방적으로 쏟아놓음으로써 끝나는 것이 아니라, 그 설교에 대한 회중의 실천적인 반응과 순종의 경험들을 유도하는 공동체적인 활동들과 연결되어야 하며, 이러한 다양한 경험들을 통해서 설교자들은 회중과 함께 공동체적인 연대감

---

55 George W. Stroup, *The Promise of Narrative Theology*(Atlanta: JohnKnox Press, 1981), 91-95.

56 James Hopewell도 이와 유사한 관점에서 회중 연구 분야에서의 공동체 이야기의 중요성을 강조한다. Cf., James F. Hopewell, *Congregation: Stories and Structures*, ed. Barbara J. Wheeler(Philadelphia: Fortress Press, 1987), 30-35.

을 담은 공동체 정체성의 내러티브를 만들어 낼 수 있다.

아래에서는 설교를 통하여 공동체 정체성의 내러티브를 만들어 내고 이를 구심점 삼아서 교회의 영적인 성장과 성숙을 끌어낼 수 있는 한 가지 방법을 소개한다. 이 방법은 필자가 교회를 담임하는 몇몇 제자들의 교회에서 직접 실행해 보면서 그 효과를 거듭 확인하였다.

먼저 설교자는 설교를 통하여 하나님께서 해당 교회에 그 교회만의 고유한 하나님의 구속 이야기를 만들어가고 계심을 신자들에게 이해시켜야 한다. 만일에 설교자가 스스로 개척한 교회가 아니라 후임으로 나중에 부임한 상황이라면 회중은 젊은 설교자, 목회자에게 자신들에 대한 목양의 리더십을 허락하지 않기 때문에, 좀더 간접적인 방법으로 '공동체 정체성의 내러티브'를 만들어야 한다. 예를 들어, '신자 정체성 세우기'라는 주제로 3회 연속 설교한 다음, '가정 정체성 세우기'라는 주제로 또 3회 연속 설교하고, 이어서 마지막으로 '교회 정체성 세우기'를 도입함으로써 회중 모두가 자연스럽게 '공동체 정체성의 내러티브'에 관심을 가지도록 유도해야 한다.

이를 위하여 설교자, 목회자는 교회 창립 연도부터 현재 연도까지 흘러온 역사와 그 가운데 일어났던 중요한 사건들을 중심으로 해당 교회가 어떤 정체성을 공동체적으로 공유하고 있는지를 확인해야 한다. 후임으로 부임한 목회자의 관점에서 그런 자료들을 교회 장로들이나 권사들에게 문의해서 확보해야 하고, 호의적이지 않으면 간접적으로 자료를 수집해야 하지만 공개적으로 확보하는 것이 바람직하고 가장 효과적인 방법은 그런 자료의 수집과 정리를 공론화하는 것이다.

이를 위해서 목회자는 교회 예배당 현관부터 본당 입구까지, 또는 본당 로비에서부터 강대상 앞쪽까지, 교회 건물의 형편과 여건을 고려하여 흰색 전지나 벽지를 연속으로나 중간에 붙이고 교회 창립 연도부터 현재 연도까지를 표시한 다음에, 교인들에게 해당 연도에 있었던 교회 행사들이나 일정들을 소개하거나, 기억나게 하는 내용을 포스트잇에 적어서 붙이거나 교회 행사들을 촬영한 사진들을 붙이도록 안내한다. 그런 사진이 없으면 해당 연도 때 각자의 가정에서 일어났던 중요한 행사들이나 사건들(결혼식, 출산, 입학,

승진, 군 입대와 전역, 장례 등)을 보여 주는 사진이나 당시의 기도 제목을 적어서 붙이도록 안내한다.

이 과정에서 목회자는 어느 한 사람이 지나치게 드러나거나 소외되지 않도록 주의해야 하고, 공동체 정체성의 내러티브에서 최고의 주인공은 담임 목회자가 아니라 삼위 하나님이심을 부각해야 한다. 어떤 영웅적인 신자의 사진이나 자료가 지나치게 드러난다거나 또는 소외 당할 만한 사람들의 사진이나 자료들이 빠지지 않도록 유도해야 한다.

모든 신자가 이 교회를 통해서 함께 하나님께서 우리 각자에게 베푸신 구원의 은혜를 경험하고 함께 누려가고 있음을 깨달을 수 있도록 유도해야 한다. 사진이 없는 신자의 경우는 디지털카메라로 현장에서 직접 신자들의 얼굴 모습을 촬영하여 출력한 다음에 본인이 직접 게시할 수 있도록 안내한다.

이렇게 안내하면 예배당 현관 입구부터 본당 입구까지 또는 본당 로비에서부터 강대상 아래까지 교회 역사 속에서 있었던 모든 사건에 관한 사진들과 기도 제목들이 공개적으로 노출된다. 모든 성도가 오가면서 그 내용을 바라보고 또 읽어보면서 교회가 걸어온 전체 과거의 흐름을 한눈에 파악하게 된다.

교회가 걸어온 모든 과거의 역사가 정리되면 이어서 설교자는 그렇게 흘러온 교회의 역사 속에서 하나님이 만들어 내신 교회공동체의 정체성에 관하여 평가하는 내용을 설교한다.

교회의 과거 역사 속에 어떤 부정적이고 언급하기 싫고 숨기고 싶은 사건들이 있는 경우, 목회자는 과거 교회 역사 속에 남아 있는 부정적이고 어렵고 힘들었던 사건들이나 순간들을 무조건 덮어버리고 은폐하려고 할 것이 아니라, 이런 부정적인 사건들까지도 우리 교회를 향한 하나님의 깊은 의도가 담긴 고난의 관점에서 새롭게 해석하여 성도들에게 안내해 주는 것이 중요하다.

어떤 교회에서는 분열의 아픔과 상처가 있는 때도 있다. 그럴 때 타임라인에 그런 과거의 사건들을 상기시켜 주는 사진들이나 자료들이 등장하는 것을 거부하지 말고, 이를 공동체 정체성의 내러티브 안에서 해석하고 평가해 주어야 한다. 예를 들어, 우리 교회는 바로 이런 사건들을 계기로 하나님께서는 우리 교회가 주변 지역 사회와 이 세상에서 진리에 대한 일치와 성도에 대한 사랑을 추구하는 교회로 거듭나게 하셨다고 평가하는 것이다. 또는, 우리가 서로 하나 됨으로써 세상이 우리가 정녕 하나님의 백성임을 알도록 하는 일로 우리 교회가 거듭나는 계기가 되었다고 평가하면서, 그 과거의 분열 사건들을 애써 외면할 것이 아니라 이를 긍정적인 도약의 발판으로 삼을 수 있도록 안내하는 것이 중요하다.

마지막으로 하나님께서 우리 교회에 기대하는 구속 이야기, 즉 공동체 정체성의 내러티브는 아직 끝나지 않았고, 목회자와 신자들이 함께 말씀 안에서 일치단결하여 나머지 이야기를 계속 만들어 가도록 이 자리에 함께 부름 받았다는 믿음과 기대로 아직 끝나지 않은 하나님의 미래 구원의 역사 이야기를 향하여 달려가도록 설교하는 것이다.

7. 나가는 말

현대 교회 안에서 기독교 설교가 설교자와 청중 사이의 소통을 촉진하지 못하고 오히려 방해함으로 궁극적으로는 하나님과 신자 사이의 영적인 친교와 연합을 방해하는 이유는 무엇일까?

필자는 이 질문에 대한 설교학적인 대안을 모색을 위하여 실천신학의 연구방법론을 활용하여 현대 교회 안에서의 영적인 연합의 실패 원인을 추상적이고 보편적인 동일자를 추구하는 동일성 지향적인 서구 철학의 문제점과 비인격적인 물화의 관점에서 비판하였다.

이어서 설교를 통한 영적인 각성과 변화의 목표를 오스틴의 화행론과 효과수반발화행위의 관점에서 확인하고 설교자와 청중의 영적인 연합과 동일시의 가능성을 레비나스의 타자 윤리학과 이타적인 자아 개념에서 확보하였다.

그리고 설교자와 청중의 영적인 연합을 촉진하기 위한 설교 형식을 아리스토텔레스의 『시학』에 등장하는 반전의 깨달음과 유진로 우리의 내러티브 설교 형식을 통하여 모색하였다.

마지막으로 하나님과 신자들 사이의 영적인 연합과 친교는 내러티브 정체성을 통하여 표현된다는 점에 주목하면서 리쾨르가 제안하는 관계적인 내러티브 정체성에 관하여 살펴보았다.

결국, 설교자가 일차적으로 성경이 제시하는 이타적인 자아에 관한 반전의 깨달음을 설교로 전달하면 청중도 이타적인 자아에 관한 깨달음을 통하여 변화를 받을 수 있을 것이고, 이러한 깨달음이 신앙공동체 안에서 지속해서 누적될 때 신앙공동체 전체가 이타적인 자아에 관한 섬김의 내러티브를 만들어 낼 수 있을 것이다.

제10장

미디어 생태계의 변동에 따른 기독교 설교의 소통 전략

1. 들어가는 말

모든 종교는 초월적인 세상과 사람들을 매개하기 위해 사람들이 느낄 수 있는 다양한 미디어(media, 혹은 매체)를 사용한다. 초월적인 세계와 사람들을 매개하는 미디어를 통해 현실 세계의 사람들과 그 매체가 지향하는 초월적인 세계 사이의 의미 교환이 가능하다.

사람들이 느끼고 느낄 수 있는 미디어가 없이는 어떤 종교도 성립될 수 없다.[1] 기독교와 교회도 과거 2천 년의 교회 역사 속에서 다양한 미디어를 활용하여 하나님의 세계와 사람들의 세계를 매개해 왔다.

예를 들어, 하늘 높이 치솟은 고딕 양식의 교회 예배당과 스테인글라스 이미지들, 예배당 안에서 진행되는 다양한 예식들, 성만찬, 귀에 들리는 설교, 우렁차고 감동적인 찬양과 기도 등 다양한 종교적인 매체는 보이지 않는 하나님의 세계를 기독교 신자들에게 매개한다.

---

1 Hoover, Stewart & Lundby, Kuut eds., *Rethinking media, religion, and culture*.(Thousand Oaks, CA: Sage, 1997); Hoover, Stewart, *Religion in the media age*.(New York: Routledge, 2006); Lövheim, M., & Lynch, G., "The mediatization of religion debate: An introduction", *Culture and Religion*, 12/2(2011):111-117. 종교와 미디어 그리고 문화의 상호 관계에 관한 국내 연구로는 다음을 참고하라. 박진규, "미디어, 종교 그리고 문화," 한국언론학회 편, 「한국언론학보」53/6(2009. 12), 309-329.

미디어의 중요한 역할은 인류의 역사에서도 확인할 수 있다. 활자와 문자 미디어가 발명되기 전, 전-미디어 시대(pre-media age)에는 사람의 목소리를 통해서, 또는 그림이나 북소리 그리고 횃불을 통해서 소통했다. 이후 활자가 등장하면서 서신과 같은 기록 매체를 통한 소통 방법이 추가되었고, 중세 시대 인쇄술의 등장과 더불어 서적이 널리 보급되면서 본격적인 미디어 시대(media age)가 열렸다. 특히, 활자와 인쇄술은 항해술과 무역의 발달, 지식과 정보의 확산으로 근대적인 문명의 형성과 발전 과정에 중요한 역할을 감당하였다.

20세기에 전기와 라디오, TV, 무선 송수신 기술이 발전하면서 활자와 청각 미디어 그리고 시각 미디어가 다양하게 사용되기 시작하다가, 21세기 무선 인터넷이 등장하면서 이전에 사용되던 모든 미디어가 하나로 융합되는 미디어 융합 시대(media convergence age)가 시작되었다.

인류의 역사는 효과적인 소통을 위한 미디어 발전의 역사라고 해도 과언이 아닐 것이다.[2]

21세기의 미디어 융합 시대의 특징은 사람들 사이에 정보를 교환하고 뉴스를 확산하는 미디어들이 한 가지 형태로만 이루어지는 것이 아니라, 다른 미디어 양식들과 융합되었다는 점이다. 예를 들어, 무선 핸드폰은 이전에 소리만 전달하던 전화기 미디어에 영상 이미지를 전달하는 TV 미디어가 서로 결합된 복합 미디어의 전형적인 사례다.

이렇게 소통을 위한 미디어가 비약적으로 발전하는 과정에서 사람들의 지각 양식과 사고방식에 상당한 변화가 뒤따랐다. 다양한 전자 미디어가 하나로 융합된 21세기 뉴미디어는 정보 제공자의 권위나 신뢰감에 관한 사람들의 기존 생각을 바꾸어 놓았다. 오늘날 뉴미디어 생태계 환경 속에서 소통하는 현대인들은 1960년대를 살았던 사람들처럼 그렇게 방송사의 뉴스를 맹목적으로 신뢰하지 않는다.

---

2 Mitchell Stephens, 이광재, 이인희 역, 『뉴스의 역사』(서울: 커뮤니케이션북스, 2010), 2.

이런 변화는 기독교 신자들의 사고방식이나 신앙생활 양식에도 상당한 영향을 미쳤다. 예를 들어, 현대의 기독교 신자들의 영적인 필요는 더이상 예전의 신자들처럼 특정 교회 목회자 한 사람이 전하는 설교 메시지만으로 충족되지 않는다. 오히려 인터넷에 널려 있는 수많은 유명 설교자의 설교 메시지나 온라인 서점에서 인기를 끌고 있는 유명 설교자의 설교집을 통해서 영적인 필요를 충족한다.

그뿐만 아니라, 그러한 필요를 충족하는 방법도 달라졌다. 예전처럼 일요일 오전에 지정된 예배당 회중석에 앉아서 강단에서 들려오는 설교 메시지에 집중하는 방식이 아니다. 핸드폰의 무선 인터넷을 통하여 지하철이나 사무실같이 자신들이 원하는 장소에서, 자신들이 원하는 시간에, 마음에 맞거나 인기 있는 설교자의 설교 동영상으로부터 영적인 필요를 충족 받고 있다.

이렇게 뉴미디어 생태계의 변화는 필연적으로 기독교 소통 환경을 바꾸어 놓았을 뿐만 아니라, 설교를 통해서 하나님의 음성을 듣는 지각 양식이나 하나님의 말씀에 순종하는 신앙생활 패턴에도 상당한 영향을 주고 있다.

따라서, 급변하는 뉴미디어 환경에서 하나님의 말씀을 증거하여 신자들을 성경의 세계, 또는 하나님 나라의 통치 영역으로 인도해야 하는 목회자, 설교자들은 다음과 같이 깊이 있는 반성과 그 해답을 모색해야 한다.

미디어 생태계가 융복합 뉴미디어로 재편되는 상황에서 기독교 목회자들과 신자들은 어떤 방식으로, 어떤 미디어를 활용하여 소통해야 하는가?
미디어 생태계 환경이 무선 인터넷 통신과 사물 인터넷 중심으로 급속도로 재편되는 상황에서, 하나님 말씀을 올바로 소통할 수 있는 신학적인 원리와 규범은 무엇인가?
이런 상황에서 효과적으로 기독교 설교를 소통할 수 있는 바람직한 원리와 전략은 무엇일까?

2. 연구방법론과 선행 연구

필자는 이 질문들에 대한 심층적인 해답을 얻기 위하여 서술-분석-규범-전략의 4단계로 진행되는 실천신학의 연구방법론을 따라서 연구하였다.

뉴미디어 생태계가 등장한 현재 상황의 문제점에 관한 서술로부터 시작하여 현 상황의 문제점에 대한 심층적인 분석과 해석을 시도하였다.

미디어 생태계에 대한 심층적인 분석이 필요한 이유는, 마샬 맥루한(Marshall McLuhan)의 주장처럼 미디어는 메시지를 전달하는 수단이나 도구에 불과한 것이 아니라 미디어 자체가 메시지로 변화하기 때문이다. 그에 의하면, 미디어의 맥락과 환경이 어떻게 메시지로 변화하는지를 잘 살필 때 언어를 더 잘 이해하고 활용할 수 있다.[3]

필자는 미디어 생태계의 급속한 변화의 전체 과정에 대한 심층적인 분석이 21세기의 뉴미디어 시대에 하나님의 말씀을 전파하는 목회자, 설교자들에게 매우 중요한 과제라고 판단하고, 다음과 같은 선행 연구 작업을 진행했다.

먼저 "다차원의 사회적인 소통망 안에서 진행되는 설교 목회"(2011)라는 논문에서 기독교 설교의 소통을 거시적이고 다차원의 사회적인 소통망의 차원에서 이해할 것을 제안하였다.[4]

이어서 "미디어 생태계의 변화에 따른 설교 생태계의 변화"(2013)라는 논문에서 미디어 생태계의 변화로 인하여 설교 메시지의 과잉과 진정성에 대

---

[3] Casey Man Kong Lum ed., *Perspectives on Culture, Technology and Communication: The Media Ecology Tradition*, 이동후 역, 『미디어 생태학 사상』 (서울: 한나래출판사, 2011), 349-350. 닐 포스트먼은 이런 관점을 '메타의미론'(meta-semantics)라고 명칭하였다. "메타 의미론의 근본적인 전략은 자신을 심리적으로 상징 환경의 맥락 바깥에 놓음으로써 그것을 온전히 그대로 보거나 적어도 다양한 시각에서 볼 수 있게 하는 것이다. Neil Postman, Crazy Talk, *Stupid Talk: How We Defeat Ourselves By The Way We Talk and What To Do About It*(New York: Delacorte Press, 1976), 236-7.

[4] 이승진, "미디어 생태계의 변화에 따른 설교 생태계의 변화", 27(2013,5), 301-334. Cf., 권호, "현대 매스미디어의 도전과 설교학적 대응", 『복음과 실천신학』 27(2013,5), 275-300.

한 무관심 설교 메시지의 지식 편향성, 지식 편향적인 설교로 인한 행동-가치가 배제된 설교 커뮤니케이션의 문제점, 정보-행동의 격차 확대와 같은 문제점을 지적하였다.[5]

또 "뉴미디어 생태계가 기독교적인 의사소통 환경에 미친 영향"(2017)에서 뉴미디어 생태계가 기독교적인 의사소통의 환경에 미친 영향에 관하여 비평적으로 연구하였다.[6] 이 논문의 전반부에서는 21세기에 비약적으로 발전하고 있는 뉴미디어 생태계의 실상을 서술하였고, 후반부에서는 미디어 생태학자들의 통찰을 활용하여 뉴미디어 생태계가 기독교적인 의사소통 환경에 미친 영향들을 평가하였다.

이 논문에서 필자가 분석한 뉴미디어 생태계 환경은 콘텐츠(Contents)와, 플랫폼(Platform), 네트워크(Network) 그리고 디바이스(Device)의 네 가지 요소(CPND)가 상호 작용하는 가치 사슬 체계다.

CPND로 구성된 뉴미디어는 현대 사회에 긍정적인 유익을 가져왔을 뿐만 아니라 부정적인 문제점도 간과할 수 없다.

뉴미디어가 가져온 긍정적인 유익들은 다음과 같다.

첫째, 정보의 확산이 빛의 속도로 이뤄질 수 있게 되었다.
둘째, 정보 전달 과정에서 정보를 가진 자와 정보를 갖지 못한 자 사이에 형성되는 수직적인 위계 구조가 사라짐으로 정보 수용자의 권익이 많이 증가하였고 수평적인 민주화가 더욱 견고해졌다. 이는 메트칼프의 법칙을 통해서도 잘 설명된다. 메트칼프의 법칙(Metcalfe's Law)이란 "네트워크의 가치는 그 네트워크에 참여하는 사람 수의 제곱에 비례한다"는 것이다.[7]

---

5 이승진, "뉴미디어 생태계가 기독교적인 의사소통 환경에 미친 영향",「신학과 실천」54(2017,5), 227-264.

6 이승진, "뉴미디어 생태계가 기독교적인 의사소통 환경에 미친 영향",「신학과 실천」54(2017, 5), 227-264.

7 Cf., 오세경, "국내 e-business기업에 있어서 재무정보와 웹교통량 정보의 가치관련성 분석", 국제e-비즈니스학회 편,「e-비즈니스연구」11(1)(2010.03), 369-404.

셋째, 정보가 전달되는 과정에서 정보에 내재한 현장감과 실재감이 수용자에게 온전히 실현됨으로써 정보의 소통에 시공간의 장벽을 포함한 여러 소통 장애물들이 상당 부분 적어졌다.

이러한 장점에도 불구하고 뉴미디어가 가져온 부정적인 파장 또한 무시할 수 없다. 뉴미디어 생태계는 전통적인 권위 구조의 쇠퇴와 영적인 설득력 구조의 붕괴 그리고 실제 현실과 가상 현실의 양극화 심화에 상당한 영향을 끼쳤다.[8]

의사소통과 설득을 위해서는 권위 체계와 설득력 구조가 중요하다. 그러나 뉴미디어 생태계는 전통적인 권위 구조와 설득력 구조를 무너뜨리면서 현대인들의 설득력 기제를 바꾸어 놓았다.

현대인들은 더이상 전통적인 권위 구조나 설득력 구조를 따르지 않고 뉴미디어의 가치 사슬 체계를 채우고 있는 가공된 시뮬라크르(simulacre: 가상, 거짓 그림 등의 뜻을 가진 라틴어 시뮬라크룸에서 유래한 말로, 시늉, 흉내, 모의 등의 뜻을 지님) 이미지들에 의하여 더 많은 영향을 받는다.[9]

이전 설득력 기제의 중심에 일방적인 권위와 전통에 대한 맹목적 수긍이 자리하고 있었다면, 미디어 융합 시대를 살아가는 현대인들은 미디어가 자기중심적인 호기심을 자극하고 즐거움의 욕구를 충족해 주어야 설득을 허락하게 되었다.

그런데 뉴미디어의 심대한 영향력에도 불구하고 가상 공간이 제공하는 가상 현실과의 상호 작용이나 교감은 면대면 상호 작용이 아니라 '매개된 의사-상호 작용'(mediated quasi-interaction)에 불과하다. 그 세계에서 상호 작용

---

8 이승진, "뉴미디어 생태계가 기독교적인 의사소통 환경에 미친 영향", 227-264.

9 예를 들어, 자크 엘룰은 현대 사회에서 미디어에 의한 비인간화에 주목하였다. "엘룰의 주요 논점은 현대 사회의 기술적 방법과 심적 태도가 기술적 환경을 만들고, 이를 통해 인간 사회, 사고 과정, 커뮤니케이션이 바뀐다는 것이다." Cf., Casey Man Kong Lum ed., 『미디어 생태학 사상』, 172.

하는 이미지들 역시 현실에 존재하지 않는 초현실의 이미지들인 시뮬라크르에 불과하다.

현실을 왜곡하는 시뮬라크르의 이미지들 때문에 현대인들은 실제 객관적인 현실 세계와 가상 현실의 세계 사이에 끼어 방황하기 때문에 실제 현실과 가상 현실의 괴리감과 정보 무력감이 심화되고 있음을 위의 논문을 통해서 확인하였다.

이런 상황에서 기독교 목회자들과 신자들이 확보해야 할 바람직한 기독교 소통과 설교 메시지의 소통에 관한 신학적인 토대나 규범은 무엇인가?
뉴미디어 시대에 기독교 목회자들과 신자들이 기독교적인 미디어를 사용하여 하나님의 말씀을 소통할 때 그 저변에 정초되어야 할 미디어에 대한 신학적인 이해는 무엇인가?
21세기에 급속도로 진행 중인 미디어 생태계의 변동 상황에서, 바람직한 기독교 소통 원리에 근거하여 기독교적인 설교 메시지를 소통하고 확산할 수 있는 효과적인 전략은 무엇인가?

본 장에서 필자는 전반부에서는 기독교적인 소통과 설교에 관한 올바른 신학적인 원리와 규범을 마련하고, 후반부에서는 21세기 뉴미디어 융합 시대에 설교 메시지를 효과적으로 소통할 실천적인 전략을 모색하고자 한다.

3. 기독교 미디어에 관한 신학적인 이해

미디어 생태학자 중에서 전자 미디어에 관한 철학적인 탐구의 범위를 기독교 신학으로까지 확장했던 대표적인 학자들로는 마샬 맥루한(Marshall McLuhan)과 자크 엘룰(Jacques Ellul)이 있다.

마샬 맥루한은 "미디어가 곧 메시지"라는 자신의 대표적인 주장이 예수 그리스도에게서 가장 정확하고 완벽하게 나타난다고 보았다.[10] 미디어에 관한 깊이 있는 성찰의 지평을 예수 그리스도에 관한 신학적인 이해의 지평까지 확대를 시도한 것이다.

자크 엘룰은 현대의 매스미디어 기술 문명이 사람들 간의 인격적인 소통과 연합을 촉진하지 못하고 오히려 방해하고 있다고 진단하면서, 인간이 진실로 상호 작용할 수 있도록 해 주는 진정한 매체는 예수 그리스도와 성령 하나님의 작용이라고 주장하였다.[11]

최근 반 데르 레이우(Gerardus van der Leeuw)는 Sacred and Profane Beauty: The Holy in Art(2006)에서 종교와 예술적인 미디어 또는 미디어의 역할을 하는 예술에 관한 예술 신학을 성령론의 관점에서 설명하였다.[12]

종교와 예술적인 미디어의 상호 관계를 성령론의 관점에서 설명한다는 의미는 춤이나 드라마, 언어, 이미지, 건축 그리고 음악과 같은 예술 장르가 (춤의) 리듬과 (언어의) 말하기, (건축의) 거주하기와 같은 반응을 가져오는 연관성을 상징과 실재 사이의 기호학의 관점에서 통전적으로 서술하는 것을 의미한다.

이 책에서 반 데르 레이우는 춤과 드라마, 말, 이미지, 건축 그리고 음악의 여섯 영역에 관한 종합적인 예술 신학을 서술하였지만, 설교신학까지 탐구의 범위를 확대하지는 못했다.

그렇다면 최근에 비약적으로 발전하는 뉴미디어 생태계와 설교의 소통 전략에 관한 국내 기독교 신학자들의 신학적인 분석 작업은 어떻게 진행되고

---

10   Marshall McLuhan, *The Medium and the Light: Reflections on Religion and Media*(Eugene, OR: Wipf and Stock Publishers, 1999), 82-83.

11   Jacques Ellul, *The Presence of the Kingdom*(Colorado Springs, CO: Helmers & Howard, 1989), 102-6.

12   Gerardus van der Leeuw, tr. by David E Green, *Sacred and Profane Beauty: The Holy in Art*(Oxford, Oxford University Press, 2006), 5.

있는가?

문영빈은 "정보미디어 시대의 종교학의 새 지평"(2008)이란 논문에서 디지털 기술의 혁명이 매체의 근원적 종교성에 관한 새로운 질문을 제기하고 있음을 직시하면서 니클라스 루만(Niklas Luhmann)의 시스템 이론을 응용하여 매체학과 인지 과학 그리고 시스템 종교학을 대안으로 제시했다.[13] 하지만, 뉴미디어 생태계 안에서의 기독교적인 의사소통의 촉진을 위한 실제적인 대안이나 설교의 효과적인 소통을 위한 설교학적인 대안 제시는 다루지 않았다.

고원석은 "현대 미디어 철학의 관점과 기독교 교육의 과제"(2011)에서 발터 벤야민(W. Benjamin)과 마샬 맥루한(M. McLuhan), 빌렘 플루서(V. Flusser), 귄터 안더스(G. Anders) 그리고 니일 포스트만(N. Postman)과 같은 미디어 생태학자들의 관점을 참고하여 뉴미디어 생태계의 속성들을 비판적으로 분석하고, 뉴미디어 생태계 환경 안에서의 기독교 교육의 적극적인 수용 방안을 제시한다. 이를 위하여 고원석은 가상 현실에서 뛰놀기와 가능성의 감각을 중요한 대안으로 제시했다.[14]

이렇게 기독교 신학자들은 미디어 생태계의 변동이 기독교적인 의사소통에 끼친 영향에 관하여 연구를 시도하고 있으나, 미디어 생태계의 변동에 관한 기독교 신학의 규범과 그에 따른 설교의 소통 전략에 관한 연구는 후속 연구로 남겨 놓았다.

이에 필자는 기독교 미디어에 관한 신학적인 토대를 확인하고 이어서 그에 따른 설교의 소통 전략을 모색하고자 한다.

필자는 기독교 미디어를 신학적인 관점에서 심층적으로 고찰하기 위하여 조나단 에드워즈 성향의 존재론 관점의 삼위일체론을 논의의 출발점으로 삼

13　문영빈, "정보미디어시대의 종교학의 새 지평: 매체학, 인지 과학, 시스템이론의 창조적 융합", 「종교연구」52(2008, 09), 191-228. Idem, "뉴미디어, 종교 체험, 예배: 가상체험의 매체신학적 조명", 「기독교교육정보」25(2010, 4):227-260.

14　고원석, "현대 미디어철학의 관점과 기독교교육의 과제"「장신논단」41(2011. 7), 289-314.

을 것이다. 이어서 발터 벤야민의 사물 언어와 구술 언어에 관한 언어 철학에 근거하여 청각지향적인 구술 언어와 시각지향적인 사물 언어의 융합 관점에서 기독교 미디어의 신학적인 목표를 고찰할 것이다.

그리고 성부 하나님이 아담의 범죄와 타락의 문제를 해결하기 위하여 자신의 미디어인 성자 그리스도를 세상에 보내셨다는 성육신신학을 고찰하고, 성육신의 계시가 그리스도의 십자가 죽음과 부활, 승천, 성령 강림과 교회의 탄생 그리고 그리스도의 재림에 관한 일련의 구속 역사 의식에 관한 내러티브 형식을 제시하였다.

오늘날 목회자, 설교자들은 신자들에게 구속 역사에 관한 의식을 심어 주고 이를 통하여 삼위 하나님과의 구속 역사적인 연합을 추구해야 함을 고찰할 것이다. 이런 논의 과정을 통해서 기독교 미디어의 신학적인 기초를 마련할 것이다.

1) 조나단 에드워즈의 성향적 삼위일체론과 천지 창조

비기독교적인 세계에서 종교를 매개하는 미디어의 필요에 관한 학문적인 탐구는 가시적인 물질과 비가시적인 정신의 상호 관계에서 물질의 우위를 강조하는 유물론(materialism)이나 반대로 물질에 대한 정신 우위를 강조하는 범신론(pantheism)에서 그 이론적인 실마리를 모색한다.[15]

전체론(holism)의 관점에서 볼 때, 또는 앞에서 살펴본 '메타 의미론'(meta-semantics)의 관점에서 볼 때, 사람들은 자신이 속한 주변 환경에 대한 인식의 패러다임 안에서 사고할 수밖에 없기 때문이다.[16]

삼위 하나님의 존재를 믿고 신앙하는 기독교인들의 관점에서 기독교 미디어에 관한 논의는 삼위일체론에서 시작하는 것이 바람직하다.

---

15 Herman Bavinck, *Our Reasonable Faith*, 원광연 역, 『개혁교의학 개요』 (서울: 크리스챤다이제스트, 2013), 195.

16 Casey Man Kong Lum ed., 『미디어 생태학 사상』, 152.

삼위일체 하나님에 관한 신학적인 이해는 무한의 세계와 유한의 세계를 연결하는 하나님의 계시와 천지 창조, 인간의 타락에 대한 하나님의 해결책인 예수 그리스도와 교회 그리고 기독교적인 미디어들을 통한 영적인 소통에 관한 모든 논의의 출발점을 제공하기 때문이다.

2) 조나단 에드워즈의 삼위일체 모델

조나단 에드워즈(Jonathan Edwards)는 성부 하나님을 "제일의, 기원이 없고, 가장 절대적인 방식으로 존재하시는 신성"으로 정의했다.[17] 성부 하나님은 무한하시고, 보편적이시고, 모든 것을 포괄하시는 실유이시기 때문에 최고로 탁월한 존재이실 수밖에 없다.

에드워즈에 의하면 "만일 하나님이 자신에 대한 관념을 지니고 계시다면 거기에는 분명 이중성(duplicity)이 존재한다. 그리고 만일 하나님이 자신을 사랑하시고 자신을 기뻐하신다면, 거기에는 분명 삼중성(triplicity), 즉 절대 혼동할 수 없고 각각의 본질에서 하나님인 세 위격이 존재한다."[18]

영원 전에 성부는 자기 관념을 실제로 실현하여 성자를 낳으셨고, 성부와 성자 사이에는 온전하고 완벽한 자신을 내어 주는 사랑의 상호 관계가 형성되었으며, 그 상호 관계 안에서 성령 하나님은 성부와 성자로부터 발출하셨다.

에드워즈의 삼위일체론을 연구한 에이미 플랜팅거 포우(Amy Plantinga Pauw)에 의하면, 어거스틴의 자기 관념에 관한 삼위일체 모델과 12세기 어거스틴주의 신학자인 생 빅토르의 리처드(Richard of Saint Victor)에게서 빌려온 인격

17　Edwards, Jonathan, *The Works of Jonathan Edwards*, 21 Vols. eds., Perry Miller, John E. Smith and Harry Stout(New Haven and London: Yale University Press, 1957-2008), 131. "The Father is the Deity subsisting in the prime, unoriginated and most absolute manner, or the Deity in its direct existence", 이하에서 이 전집을 *WY*로 약칭함.

18　Edwards, Jonathan, *WY*, 13:262; Amy Plantinga Pauw, "The Trinity", 이상현 편저, 이용중 역, 『조나단 에드워즈의 신학』 (서울: 부흥과개혁사, 2008), 107-8.

적 존재들의 공동체적인 상호 관계의 모델이 에드워즈의 삼위일체 모델 안에서 하나로 수렴된다고 한다.[19]

3) 소통 지향적인 삼위 하나님

이상현의 연구에서 드러났듯이 에드워즈는 전통적인 내재적 삼위일체론과 경륜적 삼위일체론을 성향적 관점(dispositional perspective)에서 통합하였다.[20]

전통적으로 하나님의 본체는 신적인 공유적 및 비공유적 속성들을 소유한 존재로 이해되었으나, 조나단 에드워즈는 하나님 자신의 무한한 거룩과 아름다움을 주체 바깥으로 실현하려는 의지를 실행에 옮기는 행위자로 이해하였으며,[21] 이런 맥락에서 본체론적인 실체를 성향(disposition)이라는 개념으로 대체하였다.[22]

이상현에 의하면 에드워즈는 성향이라는 단어를 경향성(habit), 지향성(propensity), 법칙(law), 성벽(inclination), 경향(tendency), 기질(temper) 같은 단어와 의미 교환적으로 사용했다고 한다.[23]

19　Amy Plantinga Pauw, *The Supreme Harmony of All: The Trinitarian Theology of Jonathan Edwards*(Grand Rapids: Eerdmans, 2002); idem, "'Heaven is a World of Love': Edwards on Heaven and the Trinity", *Calvin Theological Journal* 30(1995), 392-401.

20　Sang Hyun Lee, "Jonathan Edwards's Dispositional Conception of the Trinity: A Resource for Contemporary Reformed Theology",in *Toward the Future of Reformed Theology: Tasks, Topics, Traditions*. ed., by David Willis-Watkins and Michael Welker(Grand Rapids: Eerdmans, 1999), 444-55.

21　Wallace E. Anderson, "Editor's Introduction", *WY* 6:67.

22　Sang Hyun Lee, "Editor's Introduction", *WY* 21:6.

23　이상현, "삼위일체, 은혜 그리고 믿음: 조나단 에드워즈 신학연구"(서울: 대한기독교서회, 2003), 34. Cf., *WY* 2:206-07, 282-83, *WY* 8:539, 623, *WY* 6:384-85.

에드워즈의 삼위일체론에서 "성향과 아름다움은 동일한 실재를 바라보는 두 개의 방법이다. 성향은 아름다움의 역동적 측면을 나타내지만, '아름다움'은 성향이 나타내는 방식, 곧 방향을 말한다."[24]

> 습관이나 성향이 존재할 경우, 그것은 특정한 상황이 조성될 때마다 특정한 사건이 개연적으로만이 아니라 필연적으로 발생할 것이라는 규정적 법칙과 같은 역할을 한다.[25]

에드워즈에게 있어서 "하나님은 참된 아름다움이고 전지한 존재이며 사랑의 존재이기 때문에, 하나님의 존재는 참된 아름다움을 계속 알고 계속 사랑하려는 주권적 성향이다."[26]

무한히 거룩하시며 아름다우신 하나님은 자신의 아름다움을 존재 바깥으로 나타내어 구현하려는 역동적 성향이 있다는 것이다. 이런 맥락에서 에드워즈는 자신을 전달하려고 하는 성향이 (하나님의) 본질이라고 말한다.[27]

> 삼위 하나님은 내적으로 충만하게 실재적인 동시에 본질에서 자신을 소통하려는 성향이다. 이 신적 성향은 그 성향의 온갖 발현을 기뻐한다. 따라서, (안으로) 자신의 영광을 기뻐하는 '바로 그 성향'은 이제 밖으로 발현되고자 한다.[28]

---

24 Sang Hyun Lee, "Editor's Introduction," *WY* 21:7.

25 이상현, "하나님과 세계와의 관계," 이상현 편저, *The Princeton Companion to Jonathan Edwards*, 이용중 역, 『조나단 에드워즈의 신학』 (서울: 부흥과개혁사, 2008), 133.

26 Sang Hyun Lee, "Editor's Introduction", *WY* 21:8.

27 Edwards, "Miscellanies", no. 332, *WY* 13:410:"God is communicative being", "Miscellanies", no. 107[b], *WY* 13:277-78:"For it is essence to incline to communicate himself".

28 이상현, "하나님과 세계와의 관계", 114.139; Edwards, "Miscellanies,"no. 1217, *WY* 23:150-53; Edwards, *The End of Creation*, *WY* 8:433; Jonathan Edwards, "하나님의 천지창조 목적", 백금산 역, 『존 파이퍼의 하나님의 영광을 위한 하나님의 열심』(서울: 부흥과개혁사, 2003), 223.

4) 천지 창조를 통한 하나님의 계시와 소통

에드워즈에 의하면 삼위 하나님이 자신을 기뻐하는 성향이 하나님 바깥으로, 가장 최고로 영광스럽게 발현된 것은 천지 창조 사건이다.

조나단 에드워즈의 삼위일체론과 천지 창조의 밀접한 관계를 깊이 연구했던 존 파이퍼(John Piper)에 의하면, "왜 하나님께서 세상을 창조하셨는가에 대한 에드워즈의 대답은 하나님께서 하나님의 백성들이 하나님을 알고, 찬양하고, 기뻐하도록 함으로써 하나님의 충만한 영광을 나타내시려고 하는 성향을 가지고 계신다는 것이다."[29]

하나님이 천지 창조를 작정하신 이유는 어떤 필요 때문이 아니다. 삼위 하나님이 스스로를 즐거워함에 어떤 부족이나 결핍을 보충할 목적으로 천지 창조를 작정하신 것이 아니다. 그보다는 자신을 기뻐하고 사랑하는 하나님의 선한 성품이 삼위 사이에서뿐만 아니라 바깥의 천지 만물에게까지 그 선과 은혜를 나누고 베풀어 주어서 자신의 영광에 동참하고, 또한 하나님이 자신의 자족과 만족에 동참하기를 원하셨기 때문이다.

> 하나님이 자신의 선을 베푸시고 피조물에 은혜를 베풀려고 하는 것은 자신을 확산시키려고 하는 하나님의 보편적인 성향을 만족시켜 주는 하나님의 정하신 방식으로서, 하나님이 우주를 통해 활동하는 모든 것의 원천이 될 것이다.[30]

---

29 존 파이퍼, 『존 파이퍼의 하나님의 영광을 위한 하나님의 열심』, 137. 이런 맥락에서 존 파이퍼는 사람들이 천지 창조와 그리스도에 관한 계시를 통해서 하나님의 영광스러운 은혜와 구원을 기뻐하고 감사할 때 하나님은 최고로 영광을 받으시며 피조물을 향한 본래의 목적, 즉 자신의 영광을 적극적으로 소통하려는 성향적인 목적을 성취하신다는 기독교 희락주의(Christian hedonism)를 제안하였다. Jonathan Edwards, "하나님의 천지 창조 목적", 15.

30 Jonathan Edwards, "하나님의 천지 창조 목적", 225.

하나님의 천지 창조의 궁극적인 목적은 영원히 자신을 전달하는 것이며, 피조물들이 하나님의 영광을 목격하고 수납하여 기쁨과 감사의 찬양으로 표현함으로써 그분의 영광을 기뻐하도록 피조물을 창조하셨다.

그렇다면 자기 자신을 삼위 하나님 사이에서뿐만 아니라 삼위 하나님의 바깥으로까지 소통하기를 기뻐하시는 하나님은 천지 창조를 통한 계시 이후 어떻게 소통 지향적인 성품을 실제로 구현하고 계실까?

그 해답의 실마리는 발터 벤야민의 언어 철학에서 발견할 수 있다.

4. 발터 벤야민의 언어 철학과 미디어

발터 벤야민(Walter Benjamin)은 창세기 1-3장에서 이 세상의 모든 언어를 다음 3가지로 압축한다.[31]

첫째, 이 세상 만물을 창조하신 하나님의 언어(language of God)다. 창세기 1장 1절과 요한복음 1장 1절의 말씀에서 확인되듯, 하나님은 모든 만물과 각종 동물과 식물들과 사물들 전체를 오직 말씀만으로 창조하셨다.

둘째, 사물 언어(object language, or language of thing) 또는 형상 언어다. 만물과 사물들이 오직 하나님의 말씀과 창조 언어로 창조되었기 때문에, 만물 속에는 거룩한 하나님의 본질과 창조적인 속성을 가리키는 언어적인 본질이 내재되어 있다. 예를 들어, 사자의 몸에는 하님이 사자에게 넣어주신 "용맹"과 "권세"라는 언어적인 본질이 깃들어 있다. 꽃에는 아름다움이라는 언어적인 본질이 깃들어 있으며, 나무에는 생명과 성장 그리고 풍요로움이 깃들어 있다.

31　Walter Benjamin, 최성만 역, 『언어 일반과 인간의 언어에 대하여-번역자의 과제』 (서울: 길, 2008), 71ff. 오근재, 『인문학으로 기독교 이미지 읽기』 (서울: 홍성사, 2012), 152-159.

발터 벤야민은 모든 만물 속에 내재한 언어적 본질을 가리켜 사물 언어(object language, or language of thing) 또는 형상 언어라고 한다.

셋째, 하나님이 아담과 하와에게 제공하신 언어적인 소통 능력이 구술 언어(oral language)다. 삼위 하나님께서 천지를 창조하실 때 아담과 하와는 말씀만으로 창조하지 않으시고, 자신의 형상을 따라 이미 만들어진 흙에 자신의 숨결인 성령의 생기를 불어넣어 하나님과 언어적인 교감이 가능한 생령으로 창조하셨다.

만물을 자신의 말씀으로만 창조하신 하나님께서 오직 인간만 하나님처럼 언어를 구사할 능력을 갖춘 존재, 즉 생령으로 창조하신 것은, 아담과 하와를 하나님과 소통하며 교제하는 자리로 초대하고 그들에게 선사하신 언어로 온 세상을 통치하는 권세를 위탁하기 위함이다.

그리하여 인간은 창조 시부터 하나님의 말씀에 응답하는 존재로 지음을 받았으며, 하나님과 소통하는 능력을 통해서 하나님과 만물 사이에 소통을 매개하는 중보자 역할을 감당하는 사명을 부여 받았다.

하나님과 만물 사이의 소통을 매개하는 역할을 위임 받은 인간에 관한 이해는 헹크 게르체마(Henk G. Geertsema)의 인간관을 통해서 쉽게 설명된다. 게르체마는 인간 존재 자체가 자신을 소통하며 말씀을 통해서 사람들에게 찾아오시는 하나님을 감지하고, 그 말씀에 응답하는 특권과 책임을 지녔다는 의미를 담아 인간을 응답하는 인간(*Homo Respondens*)으로 명명하였다.[32]

조나단 에드워즈의 성향적 삼위일체의 관점에서 설명하자면, "지적 존재자들은 참된 아름다움을 인식하고 사랑하는 그들의 행위를 통해 하나님의 내적인 삼위일체적 지식과 사랑을 시공간 속에서 재현할 수 있도록 창조되었다."[33]

---

32 Geertsema, Henk G. "Homo Respondens; On the Historical Nature of Human Reason" *Philosophia Reformata* 58(1993), 120-152.

33 이상현, "하나님과 세계와의 관계," 140.

아담은 자신의 언어적 능력을 발휘하여 온갖 사물과 동식물의 이름을 불러주면서 그것들 속에 있는 거룩한 언어적 본질을 바깥으로 끌어내었다. 초원의 황제와 같은 사자를 가리켜서 "사자!"라고 부르면서 그 사자의 몸통 속에 있는 "지도력과 권위" 그리고 "용맹스러움"이 피조 세계 안에 구현되도록 유도한다.

발터 벤야민은 아담의 구술 언어의 능력을 사물 언어와 구별하여 구술 언어(oral language) 또는 명명 언어(naming language)라고 한다.[34] 구술 언어와 사물 언어는 자신에 관한 지혜와 사랑을 소통하려는 하나님의 성향의 목표를 달성하는 효과적인 미디어이자 소통 수단이다.

오늘날 설교자들은 자신의 영광을 만방에 구현하기를 기뻐하시는 삼위 하나님의 소통 의지를 어떻게 언어로 전달할 수 있을까?

그 해답을 모색하기 위하여 삼위 하나님이 그리스도의 구속에 관한 내용을 성령의 감동으로 기록한 성경 계시에 관하여 살펴볼 필요가 있다.

5. 하나님의 영광을 소통하는 언어와 인간의 감각

1) 문자 문화를 통한 정보의 객관화와 개인적인 자의식의 발달

선사 시대의 구술 문화가 막을 내리고 고대 근동에서 문자 문화가 등장하자 이전의 구술 문화와 전혀 다른 차원의 사고방식이 등장했다.

제러미 러프킨(Jeremy Lifkin)에 의하면 기원전 3500년경 진흙에 새긴 그림 문자나 쐐기 문자가 등장하면서 개인적인 자의식이 발달하게 되었다.[35]

34　Walter Benjamin, 최성만 역, 『언어 일반과 인간의 언어에 대하여-번역자의 과제』(서울: 길, 2008), 71ff. 오근재, 『인문학으로 기독교 이미지 읽기』(서울: 홍성사, 2012), 152-159.

35　Jeremy Lifkin, The Empathic Civilization, 이경남 역, 『공감의 시대』,(서울:민음사, 2010),

문자가 사용되기 전, 구두 발성과 음성으로 의사소통이 이뤄지는 구술 문화에서는 발성자와 청취자가 특정한 시간과 공간에 함께 현존하여 집단적인 의식을 형성하고 공유하는 가운데 소통이 진행되었다.

하지만, 문자가 발명되고 사람들이 정보를 토판이나 파피루스에 기록하고 수신자가 기록물을 읽는 방식으로 소통이 진행되자, 발성자와 청취자 사이의 공현존과 집단적인 의식보다는 저자와 기록 중인 문서 사이 또는 기록된 문서와 독자 사이의 지각 매커니즘이 더 중요해졌다.

그리고 문서를 매개로 진행되는 소통에서는 문서를 단독으로 기록하려는 기록자나 단독으로 해석하려는 독자의 관점에서 개인적인 자의식이 발달할 수밖에 없었다.

2) 체계적인 정보와 과학적인 사고방식의 발달

문자의 발명과 기록을 통해서 구술 문화보다 훨씬 더 정교하고 복잡한 기호 체계가 창출되었다. 구술 문화에서 발성된 소리나 단어는 모두 구체적인 지시 대상을 가지고 있었지만, 문자 문화에서는 개념들이나 사상들이 문자의 기호를 통하여 시각화됨으로써, 시각적인 글자와 그 글자가 연상하는 실제 의미 사이의 복잡한 기호 체계가 형성되었고, 또 그 기호 체계 안에서 추상적인 사상과 개념들이 비약적으로 발전하였다.

문자 문화를 통하여 정보 전달자가 전달 현장에서 정보를 실제 발성으로 구현할 필요가 없는 정보의 추상화와 체계화 그리고 과학적인 사고의 객관성이 증진되었다.[36]

243.

36 Robert K. Logan, "글쓰기와 알파벳의 영향", David Crowley and Paul Heyer eds., *Communication in History: Technology, Culture, Society*, 김지운 역, 『인간 커뮤니케이션의역사』 (서울:커뮤니케이션북스, 2012),138.

월터 옹(Walter J. Ong)은 청각과 시각의 차이점을 감각의 중심화와 주변화의 관점에서 설명하였다.[37] 그에 의하면, 시각적 정보는 바라보는 대상으로부터 이미지가 한 방향으로 들어온다.

> 방이나 풍경을 보려면 나는 한 부분에서 다른 부분으로 눈을 움직여야 한다. 하지만, 우리가 귀로 들을 때는 즉각적이고 동시적으로 모든 방향으로부터 들려오는 소리를 수집한다. 즉, 우리는 우리를 둘러싸는 청각 세계의 중심에 서서 한꺼번에 모든 방향에서 들려오는 소리를 수집한다.[38]

월터 옹에 의하면 "산산이 갈라놓는 시각과는 대조적으로, 음향은 한데 합쳐 주는 감각이다. 시각 중심의 지각 양식은 정보들을 세부적으로 분석하여 명백하게 판명하는 것이라면, 청각 중심의 지각 양식은 수집된 정보들을 종합하고 불일치들을 조화하는 것이다."[39]

청각은 소리를 내보내는 발신체의 내부를 수신자가 침범하지 않고도 그 내부를 알아낼 수 있도록 함으로써 발신체와 청각 주체의 통합을 유도한다. 반면에 시각은 보는 사람이 보는 대상으로부터 거리를 유지하도록 한다.

그리하여 월터 옹은 사람의 청각이 소리를 내는 대상과의 관계에서 감각 주체의 중심화와 화합을 초래하는 지각 양식이라면, 시각은 보이는 대상 이미지의 명확화와 감각 주체와의 관계에서 주변화를 초래하는 지각 양식이라

---

37 Walter J. Ong, *Orality and Literacy: The Technologizing of the Word*, 이기우, 임명진 역, 『구술 문화와 문자 문화』 (서울: 문예출판사, 2009), 119

38 Walter J. Ong, "구두언어, 문자 해독, 현대 매체", David Crowley and Paul Heyer eds., 『인간 커뮤니케이션의 역사』, 158.

39 Walter J. Ong, "구두언어, 문자 해독, 현대 매체", 158. Walter J. Ong에 의하면 명백화와 구별의 지각 양식이 두드러지는 문자성과 비교하여 구술성의 중요한 특징이 연대와 화합 그리고 조화였다면, 전자 미디어의 등장으로 인류는 이전의 구술성의 지각양식인 강력한 집단 의식(strong group sense)이 전자미디어로 다시 재현되는 이차적 구술성(second orality)의 시대를 살고 있다고 한다. Cf., Walter J. Ong, "구두언어, 문자 해독, 현대 매체", 160.

고 한다.⁴⁰

3) 과거 기억의 현재화와 선적인 시간 의식

문자의 시각 작용에서 주목할 점은 과거 기억의 현재화다. 기록된 문자들과 문장들은 과거에 발생한 사건들에 관한 기억을 종이 위에 현재화하고 객관화하여, 제3의 입장에서 관찰 가능한 대상을 만들어 낸다. 이렇게 문자를 통해서 시각화되고 영구화된 기억은 지속해서 축적의 과정을 거치면서 선적인 시간 의식을 낳는다.⁴¹

제러미 러프킨(Jeremy Lifkin)에 의하면 문자 문화를 통하여 형성된 선적인 시간 의식이 가장 탁월하게 발전된 사례가 유대인들의 모세오경(또는 토라, Torah)이다.

> 히브리 사람들은 문자를 사용하여 역사적 사건을 기록한 최초의 민족이 되었다. 그들은 역사라는 개념을 창안했고, 그 역사에서 설명이 있는 실제 인물들이 과거 어느 시점에 자리 잡은 실제의 사건에 참여했다.⁴²

고대 근동의 수메르인들이나 바벨로니아인, 앗시리아인, 히타이트인 같은 다른 문자 문화도 역사적 사건을 기록하기 시작했지만, 유대인들의 역사 기록과 비교했을 때 이들의 역사 기록은 전후의 역사적인 일관성이 없을 뿐만

---

40   이창익, "소리의 종교적 자리를 찾아서"『종교, 미디어, 감각』(서울: 모시는사람들, 2016), 36, 39.

41   이창익, "소리의 종교적 자리를 찾아서", 27. 얀 아스만에 의하면 문화적인 기억은 기록된 경전과 반복적인 구술 사이의 연결 고리를 제공한다. Cf., Jan Assmann, *Religion and Cultural Memory*, tr.by Rodney Livingstone(Stanford, California: Stanford Univ. Press, 2006).101-121.

42   Jeremy Lifkin, *The Empathic Civilization*, 이경남 역,『공감의 시대』(서울:민음사, 2010), 262.

아니라, 왕이나 특정 권력자의 치적을 부각하는 것만을 목적으로 하는 일종의 신화처럼 기록되거나 고립된 사건들의 나열로만 기록되었다.

그러나 유대인들을 통해서 하늘의 하나님이 이스라엘 백성을 구원하시는 역사적인 사건들이 모세오경이라는 문서를 통해서 기록되었고, 그 성경의 본문을 살아 있는 하나님의 음성으로 읽는 전통이 형성되면서, 이전의 신화적인 의식이 신학적인 의식으로 도약하였다.

> 만물을 다스리는 유일한 우주의 하나님이 존재하며 그 하나님이 모든 개개 인간과 관계를 맺기 원한다는 사실을 집단이 아닌 개인이 비로소 처음으로 알게 된 것이다.
> 모든 개인은 인격이나 신분에 상관없이 신에게 다가갈 수 있다. 일찍이 종전의 어떤 우주 설화도 개인을 이런 식으로 격상시킨 적이 없었다. 모든 개인은 집단과 독립해서 이제 자신의 삶을 각자 책임지며 하나님에 의해 하나님과 인격적 관계를 맺을 자격을 부여 받는다.[43]

모세오경으로부터 시작하여 하나님의 말씀이 파피루스와 같은 문서에 기록되고 그 사본들이 신앙공동체에서 집단으로 낭독되고, 또 선지자들과 사도들 그리고 교사들이 등장하여 그 말씀의 의미에 대한 해설과 적용적인 권면이 선포되었고, 이러한 중재자들의 말씀 선포 행위를 통하여 하나님 나라의 백성들은 살아 계신 하나님이 자신들에게 말씀하시는 것 그리고 그 말씀을 통하여 자신들에게 찾아오시는 말씀 사건을 동시에 경험할 수 있게 되었다.

---

43   Jeremy Lifkin, 『공감의 시대』, 265.

6. 하나님의 말씀을 소통하는 목회 사역의 미디어

기독교 미디어의 최종적인 목적은 기독교 설교자가 그리스도의 죽음과 부활, 승천, 성령 강림과 교회의 탄생으로 나타난 그리스도 중심의 구속 역사에 관한 내러티브를 신자들에게 반복적으로 설교하고 또 가시적인 성례를 통하여 인격적인 진정성을 보증하여 신자들의 마음속에 구속 역사에 관한 믿음을 형성하는 것이다.

그렇다면 신자들의 마음속에 구속 역사에 관한 의식과 신앙을 형성하는 기독교 미디어는 과연 무엇이 있을까?

이 질문과 관련하여 적절한 통찰을 제공하는 학자는 실천신학자 제이콥 피렛(Jacob Firet)과 다니엘 로우(Daniel Louw)다.

피렛(Firet)에 의하면 말씀을 통해서 자기 백성과 소통하는 하나님은 목회자의 말씀 사역을 도구 삼아서 회중과의 영적인 연합에 관한 목회적인 역할 성취(pastoral role-fulfillment)를 실행한다고 한다.

하나님이 말씀을 통해서 자기 백성과 영적인 연합을 이루는 목회적인 역할 성취는 케리그마를 통한 임재의 실행화(mode of actualization), 디다케를 통한 임재의 지속화(mode of continuation) 그리고 파라클레시스를 통한 하나님의 임재의 집중화(mode of concentration)라는 세 가지 매개 양식을 통해서 이루어진다.[44]

그리고 삼위 하나님이 말씀을 통하여 자기 백성과 영적인 연합을 이루는 과정에서 회중의 영적 깨달음과 회심이라는 해석학적인 사건(hermeneutical moment)과 회중과 하나님 사이의 언약 관계의 갱신과 영적인 성숙의 사건(agogic moment)이 진행된다고 한다.[45]

---

[44] Jacob Firet, *Dynamics in Pastoring: The Agogic Moment in Pastoral role-fulfillment* (Grand Rapids, Mich: Wm. B. Eerdmans, 1986), 15-17.

[45] Firet, Dynamics in Pastoring, 95ff. Cf., 김순성, "실천지향적 신학교육을 위한 방법론 및 실천적 제언", 한국복음주의실천신학회, 「복음과 실천신학」 38(2016), 20-21.

피렛(Firet)이 제시한 하나님의 말씀을 통한 목회적인 역할 성취는 다니엘 로우(Daniel Louw)의 실천신학적인 통찰에서도 그대로 반복된다. 다니엘 로우에 의하면 목회 사역의 중요한 목표는 하나님과 자기 백성 간의 언약적인 만남 사건을 성취하고 또 그 사건에서 발생하는 신자들의 깨달음과 변화 그리고 새로운 미래 전망에 관한 소망을 제공하는 것이며, 목회 사역을 신학적으로 탐구하는 실천신학의 목표는 이러한 과정을 신학의 논리로 자세히 설명하는 것이다.[46]

그에 의하면 하나님과 신자들의 만남과 영적인 연합이 발생하는 목회적인 양식으로 설교(proclamation), 교육(edification and instruction), 상담과 돌봄(care and admonishment), 친교와 코이노니아(mutual fellowship), 목회 사역(ministry), 예배와 찬양(worship and praise), 구제와 선교(outreach and stewardship)가 있다.[47]

결국, 기독교 미디어와 관련하여 피렛과 로우의 통찰에서 확인할 수 있는 것은, 예배와 설교를 포함하여 교회의 다양한 목회 사역은 하나님과 신자들의 만남과 영적인 연합을 매개하는 기독교적인 미디어의 유형들이라는 사실이다.

그러므로 목회자, 설교자들은 하나님의 말씀을 신자들에게 선포하고 가르치는 말씀의 사역을 통해서 자기 백성에게 찾아오시는 하나님을 청각적으로 매개할 수 있는 것이다.

이와 함께 목회자, 설교자들은 예배와 교육, 친교와 코이노니아, 상담과 돌봄 그리고 구제와 선교 등등의 다양한 목회 사역들을 통해 선포된 하나님 나라의 복음을 신자들이 실제로 경험할 수 있도록 매개해야 한다.[48]

---

46 Daniel Louw, *A Pastoral hermeneutic of care and encounter: A theological design for a basic theory, anthropology, method and therapy*(Capetown: Lux Verbi, 1999), 81; Daniel Louw, *Wholeness in Hope Care: On Nurturing the Beauty of the Human Soul in Spiritual Healing*(LIT Verlag, 2015), 105.

47 Daniel Louw, *Wholeness in Hope Care*, 111.

48 권호, "현대 매스미디어의 도전과 설교학적 대응",「복음과 실천신학」27(2013,5), 288.

그런 의미에서 교회의 다양한 목회 사역들은 하나님과 신자들을 매개하는 기독교적인 미디어의 실제적이고 실천적인 복합적 매개 양식이라고 말할 수 있다.

7. 미디어 생태계 변동과 기독교 설교의 소통 전략

하나님의 말씀을 선포하고 교육해야 하는 목회자들과 설교자들은 기독교 미디어를 활용하여 어떻게 효과적인 설교의 소통 전략을 모색할 수 있을까? 이 질문에 대하여 필자는 설교 소통을 구성하는 설교의 목적과 내용 그리고 형식의 관점에서 그 해답을 제시하고자 한다.

1) 뉴미디어 생태계의 한계를 극복하는 설교의 목적

(1) 삼위 하나님과 신자들의 영적인 연합과 하나 됨

뉴미디어 생태계가 인간의 욕망이 최고로 실현되는 가공의 시뮬라크르 세계로 현대인들을 몰입시키려고 한다면, 이에 대항하여 설교 사역을 감당하는 목회자들과 설교자들이 설정해야 할 설교 목표는 삼위 하나님과 신자들의 영적인 연합이다.

성부 하나님과 동일한 지혜이며 말씀이신 예수 그리스도는 자신의 성육신과 대속 사역의 최종 목적을 다음과 같이 천명하셨다.

> 아버지께서 내 안에, 내가 아버지 안에 있는 것 같이 그들도 다 하나가 되어 우리 안에 있게 하사 세상으로 아버지께서 나를 보내신 것을 믿게 하옵소서 내게 주신 영광을 내가 그들에게 주었사오니 이는 우리가 하나가 된 것 같이 그들도 하나가 되게 하려 함이니이다 내게 주신 영광을 내가 그들에게 주었사오니 이는 우리가 하나가 된 것 같이 그들도 하나가 되게 하려 함이니이다(개역한글, 요 17:21-23).

여기서 예수께서 신자들의 일치와 하나 됨을 위하여 성부께 간구할 때 염두에 두었던 일치의 본질이나 방식은 과연 무엇이었을까?

비슬리 머리(George R. Beasley-Murray)에 의하면, '내게 주신 영광'이란 표현에서 암시되듯이, 성부 하나님의 지혜이고 말씀이며 계시 그 자체이고 사람의 중보자이신 그리스도를 통해서 나타난 성부의 은총과 사랑 안에서의 일치와 하나 됨이다.[49]

성부 하나님은 자신의 독생자를 세상에 보내심으로 세상과의 소통 목적을 성취하기 위하여 최고의 희생을 치르셨다. 이것이 바로 성육신 사건에 내포된 기독교 미디어의 인격적인 진정성이다.

성부 하나님은 죄인의 구속에 관한 말씀을 단순히 정보가 담긴 언어적인 메시지로만 계시하신 것이 아니라, 직접 그 말씀을 인격적으로 구현하는 독생자를 세상에 파송하여 그가 직접 대속의 죽음을 감당하도록 하심으로써 구속에 관한 말씀을 액면 그대로 실현하셨다.

(2) 들리는 말씀의 설교 메시지와 보이는 말씀의 목회 사역의 일치를 통한 메시지의 인격적 진정성 확보

삼위 하나님과의 영적인 연합이 모든 설교 사역의 최종적이고 궁극적인 목적이라면, 21세기의 뉴미디어의 부정적인 영향 때문에 설교 메시지에 인격적인 진정성을 의심하는 청중을 향해 고려해야 할 전략적인 방법으로서 설교의 목적은 무엇일까?

앞서 확인한 바와 같이 우리는 설교 메시지가 질적인 검증 없이 폭발적으로 넘쳐나면서 목회자들의 설교 메시지에 대한 인격적인 진정성이 의심 받는 상황 속에 살고 있다.

이런 상황에서 기독교 설교자들은 무엇보다 구술 언어와 사물 언어의 일치를 통해서 메시지의 인격적 진정성을 확보하도록 노력해야 한다. 달리 말

49　George R. Beasley-Murray, John 1-21: *Word Biblical Commentary*, 이덕신 역, 『요한복음』 (서울:솔로몬, 2001), 572.

하면, 설교를 통한 청각적인 말씀 선포 사역이 성례전의 기능을 감당하는 가시적인 목회 활동들(visible pastoral ministry)과 서로 상보적인 기능을 감당할 수 있도록 설교해야 한다는 것이다.

예를 들어, 5월 가정의 달에 '신실하고 행복한 가정생활'에 관하여 설교한다면, 설교 도중에 신자들의 실제 가정생활에 관한 시청각적인 이미지들이나 사진들을 설교와 함께 소개하거나, 설교 후 예배 시간에 경건한 가족의 롤 모델을 보여 줄 수 있도록 가족이나 친구들을 그룹으로 정하여 그룹별 성만찬의 시간을 갖는 것이다.

이와 같이 목회자, 설교자는 행복한 가정이나 친구 관계에 관한 구술 언어의 말씀 선포와 그 메시지의 가시적인 모범을 제공하는 사물 언어의 실제 롤 모델(그룹별 성만찬)을 회중 앞에 제시함으로써, 말씀과 실제 사건이 서로 연결되는 메시지의 인격적인 진정성을 확보하도록 노력해야 한다.

2) 현대인의 자기 중심성을 능가하는 기독교 설교의 내용

인간과 소통하기를 원하는 삼위 하나님은 사람들을 위한 중보자 예수 그리스도의 십자가 죽음과 부활을 통하여 대속 사역을 완성하셨고, 그리스도의 대속 사역이 시간과 공간을 초월하여 모든 하나님 나라 백성에게 적용되도록 성령 하나님을 세상에 파송하셨다.

그뿐만 아니라, 그리스도 중심의 구속 역사에 관한 내러티브를 성경에 기록하여 후대의 설교자들이 구속 역사에 관한 내러티브를 설교함으로써 그 말씀 안에서 삼위 하나님과의 영적인 연합을 경험하도록 하셨다.

성경의 구속 역사에 관한 내러티브의 설교는 과거에 기록된 구속 사건에 관한 반복적인 해설을 의미하는 것이 아니다. 그보다는 과거에 기록된 구속 사건의 관점에서 전례 없이 새롭게 다가오는 회중의 삶의 정황(*Sitz im Leben*)에서 살아 계신 하나님을 만나고 그 말씀에 순종하는 삶을 살아냄으로 하나님과의 영원한 언약 관계를 새롭게 갱신하고 또 유지하는 것이다.

이 목적을 달성하고자 할 때 설교자가 반드시 회중에 제공해야 하는 설교의 내용은 그리스도 중심의 구속 역사에 관한 의식(redemptive historical consciousness)이다.[50]

구속 역사 의식이란 창조로부터 그리스도를 통한 구속과 재림으로 이어지는 일련의 그리스도 중심의 구속 역사의 시각으로 현재를 분별하는 사고방식을 의미한다. 사도들과 선지자들은 이러한 그리스도 중심의 구속사 의식으로 성경의 말씀과 현실 세계의 연관성을 파악하고자 노력하였다.[51]

종이 위에 기록된 '하나님의 말씀'(the Word of God)은 그 자체로 정경적인 지위를 획득하지만, 기록된 하나님의 말씀이 기독교의 경우에는 창조와 타락, 그리스도를 통한 구속, 재림을 통한 심판과 하나님 나라 완성이라는 거대 담론(meta narrative)의 형태를 취하며, 하나님의 구속에 관한 거대담론은 구속 역사에 관한 선적인 시간 의식을 형성한다.

말하자면, 성경이라는 책으로 전달되는 하나님의 말씀은 그 말씀을 듣는 신자의 마음속에 하나님의 구속에 관한 선적인 시간 의식, 곧 구속사 의식(redemptive historical consciousness)을 형성하는 것이다.

3) 반전의 깨달음을 통한 영적인 연합

설교자가 성경에 기록된 구속 역사에 관한 내러티브를 설교하여 신자들에게 영적인 깨달음과 회심이라는 해석학적인 사건이 일어나고, 이를 통하여 하나님과의 언약 관계의 갱신과 영적인 성숙의 사건이 일어나도록 설교할 수 있는 설교의 전략이나 방법은 무엇일까?

---

50 김대혁은 성경 저자가 독자들에게 의도했던 본문의 내용, 형식 그리고 청중에게 전달하려는 효과를 포함하는 총체적 본문 커뮤니케이션을 가리켜서 본문성(textuality)이라고 명명한다. Cf., 김대혁, "본문성이 드러나는 그리스도 중심적 설교에 대한 제안", 「복음과 실천신학」42(2017), 11

51 Abner Chou, *The Hermeneutics of the Biblical Writers*(Grand Rapids: Kregel, 2018), 204.

성경에 기록된 구속 역사의 내러티브가 독자들과 청중에게 반전의 깨달음을 유도하는 수사적인 구조에서 그 해답의 실마리를 모색할 수 있다.[52]

성경의 내러티브가 독자들이나 청중에게 강력한 반전의 깨달음을 불러일으키는 이유는 그 내러티브가 대조 관계나 갈등으로부터 시작하여 실마리의 암시나 내포, 또는 복선의 과정을 거쳐서 극적인 반전과 깨달음 그리고 문제가 해결되고 해피 앤딩으로 종결되는 치밀한 플롯을 갖추었기 때문이다.

재미있는 문학 작품이나 소설에서 발견되는 반전의 깨달음의 수사적인 구조는 프래드 크래독이나 유진 로우리와 같은 현대의 신설교학자들에 의하여 설교학에 도입되었다.

유진 로우리가 제안한 내러티브 설교 형식은 다음의 단계로 진행된다.

첫째, 청중의 마음에 모순되는 문제를 제시하여 그들의 마음에 심리적인 평형 감각을 무너뜨리는 단계(Upsetting the equilibrium)다.[53]

둘째, 앞의 문제점을 더욱 자세히 파헤치면서 문제를 더욱 심화시키는 단계(Analysing the discrepancy)다. 문제에 대한 해답을 심리적으로 지연시켜서 나중에 반전의 동력을 충분히 확보하는 과정이다.

셋째, 문제 해결을 위해 실마리를 제시하는 단계(Disclosing the clue to resolution)다. 설교자는 관례적인 입장이 아니라 이와 전혀 다른 각도에서 문제점을 깊이 파헤치면서 문제에 대한 관점의 전환을 시도한다.

넷째, 회중이 전혀 기대하지 못했던 해답을 제공하면서 예상치 못했던 복음을 경험하도록 하는 단계(Experiencing the gospel)다.

---

52 이승진, "반전의 깨달음을 위한 설교 플롯에 관한 연구", 한국실천신학회, 「신학과 실천」36(2015, 9), 129-30. Cf., Allen Verhey, *The great reversal: ethics and the New Testament*(Grand Rapids: Eerdmans, 1984), 94; Andrew Steinmann, *Called to be God's people: An introduction to the Old Testament*(Eugene, OR: Wipf & Stock Pub. 2006), 95.

53 Eugene Lowry, *The homiletical plot: The sermon as narrative art form*(Atlanta: John Knox Press, 1985).

다섯째, 앞서 제시되었던 복음 선포에 근거하여 그 복음적인 메시지의 연장선상에서 충분히 예상할 수 있는 긍정적인 결과를 예견하는 단계(Anticipating the consequence)다.

유진 로우리의 주장처럼 설교 전체의 내러티브가 이러한 플롯 형식을 갖출 때 청중에게 반전의 깨달음을 효과적으로 전달할 수 있을 것이다.

4) 설교 목회를 통한 구속사 의식의 구현

21세기 뉴미디어 시대에 목회 현장의 설교자들이 하나님과 신자들의 영적인 연합과 언약 갱신을 달성할 효과적인 목회 전략은 무엇일까?

뉴미디어 시대 신자들의 특징은 이전의 위계적이고 지식 전달 위주의 목회 패러다임 대신, 직접 체험할 수 있고 관계를 맺을 수 있으며 감성적인 상호 작용을 경험할 수 있는 목회 패러다임을 요청한다는 사실이다.

레너드 스윗(Leonard Sweet)은 뉴미디어 시대에 걸맞은 목회 패러다임으로 경험(experience), 참여(participation), 이미지(image-driven) 그리고 관계(connected) 중심의 교회, 곧 'EPIC 교회'를 제안했다.[54]

또한, 그는 교회 건물 안에 모여서(attractional) 명제적인(propositional) 교리만을 강조하는(colonial) 전통적인 목회 패러다임을 APC 패러다임이라고 비판하면서, 공동체와 사람들 그리고 세상으로 들어가는 선교 지향적(Missional ministry)이며 하나님과 관계를 맺고 이웃 사랑을 실천하는 관계 지향적(Relational)이며, 예수님처럼 세상에 복된 소식을 구현하는 성육신적(Incarnational ministry)인 'MRI 목회 패러다임'을 주장하였다.

54　Leonard Sweet, *Postmodern Pilgrims*, 김영래 역, 『영성과 감성을 하나로 묶는 미래교회』(서울: 좋은씨앗, 2002). 김순환은 Leonard Sweet의 EPIC 교회 패러다임을 포스트모던 시대를 뛰어넘는 예배의 갱신 패러다임에 적용할 것을 제안하였다. 김순환, "포스트모던 상황과 예배의 지평확대를 위한 이론 및 실제", 「복음과 실천신학」42(2017):122-151.

레너드 스윗이 제안한 EPIC & MRI 목회 패러다임에 부응하는 설교 소통의 한 가지 전략은 하나님 나라에 관한 청각적인 메시지를 시각적인 성만찬과 목회 사역 전체와 서로 연결하는 것이다.

필자는 하나님 나라와 복음에 관한 청각적인 말씀과 성례전적인 시각의 말씀을 서로 통합하여 뉴미디어 시대에 부응할 수 있는 효과적인 설교 소통의 구체적인 대안으로써 문답식 교육 패러다임과 비블리오드라마 그리고 성경 체험 학습을 제안한다.

(1) 문답식 교육 패러다임

문답식 교육 패러다임은 설교자와 청중 사이에 구속 역사 의식이 공유되는 방향으로 하나님의 말씀을 선포하고 공유할 수 있는 설교학적인 전략이라고 말할 수 있다.

기독교 교육학자 브루스 윌킨슨(Bruce Wilkinson)에 의하면, 무능한 교사는 교육 과정의 초반부에서 자신이 가르치려는 내용을 학생들에게 주입하려고 급급하지만, 유능한 교사는 교육 과정의 초반부에 질문을 던지거나 관점의 전환을 유도하는 내용을 제시하여 학생들의 필요를 세우고 그들의 필요를 먼저 부각한다.

> 예수님도 가르침의 시작점은 학생들의 필요에 있었지 가르칠 내용에 있는 것이 아니었다.[55]

이것을 설교의 관점으로 적용하면, 설교자가 설교를 시작하는 출발점과 서론은 설교자가 전하려는 메시지가 아니라, 청중이 설교 메시지에 마음의 문을 열도록 동기를 자극할 만한 청중의 곤란한 상황이어야 한다는 것이다.

---

55 Bruce Wilkinson, *The 7 Laws of the Learners*, 홍미경 역, 『배우는 이의 7가지 법칙』 (서울: 디모데, 1995), 329-418.

문답식 교육 패러다임을 설교의 형식에 가장 잘 결합한 대표적인 사례는 브라이언 샤펠(Bryan Chapell)의 '타락한 상황에 초점 맞추기'(FCF, Fallen Condition Focus)다. FCF는 설교자가 설교문을 준비하고 전달할 때, 회중이 직면한 문제점이나 곤란한 상황을 설교를 통하여 해결할 과녁으로 의식하는 것을 의미한다.

'타락한 회중의 문제 상황'은 그에 대응하는 '그 상황에 대한 구속하시는 하나님의 은총 해답'을 기대하며 요청한다.[56] FCF가 설교 시간에 설교자가 해결해 주어야 할 청중의 문제(question)라면, 설교자가 설교 메시지 속에 담은 설교의 중심 사상에는 그 문제에 대한 설교의 해답(answer)이 포함되어야 한다.

이렇게 Q-A의 대응 구조를 갖춘 설교 형식을 위해서, 설교자는 서론에서 회중들이 고민하는 신앙생활에 관한 질문(question)을 제기하고 설교의 본론에서는 그 질문에 대한 2-3가지의 순차적인 답변(answers)을 제시해야 한다. 또는, 성경 공부 시간에는 본문 해석과 관련된 다양한 질문을 인도자가 참가자에게 던지거나, 참가자가 본문 해석과 관련된 질문들을 던지도록 유도함으로써 참여 지향적이고 성경 본문 체험 지향적인 방식으로 설교나 성경 공부를 진행할 수 있다.[57]

(2) 비블리오드라마

성경을 학습하는 과정에서 참여자들이 성경 본문의 세계를 좀더 적극적으로 경험하도록 할 수 있는 한 가지 방법이 '비블리오드라마'이다.[58]

---

56 Bryan Chapell, *Christ-Centered Preaching: Redeeming the Expository Sermon*, 김기제 역, 『그리스도 중심의 설교』(서울:은성, 1999), 51-63.

57 Cf., 전성수, 『자녀교육 혁명 하브루타』(서울:두란노,2013).

58 Björn Krondorfer, *Body and Bible: Interpreting and Experiencing Biblical Narrative*, 황헌영·김세준 역, 『비블리오드라마』(서울:창지사, 2008). Peter A. Pitzele, *Scripture Windows: Towards a Practical of Bibliodrama*, 고원석 역, 『비블리오드라마로의 초대』(서울:한국장로교출판사, 2106).

비블리오드라마(bibliodrama)란 성경 본문의 등장인물의 상황 인물들의 상호 작용과 사건들을 참가자들, 학습자들이 직접 현재의 무대 공간에 그대로 옮겨서 재현하면서, 그 과정에서 성경 본문 인물들의 고민이나 갈등 또는 반전의 깨달음이나 감동을 드라마의 형태로 표현하는 과정에서 성경 본문의 세계를 간접적으로 체험하도록 하는 기독교적인 교수법이다.

비블리오드라마는 뉴미디어가 제공하는 가상 현실 속에서 뉴스와 오락 그리고 간접 체험을 하나로 경험하는 것에 익숙한 현대인들에게 성경의 내러티브와 드라마를 통한 성경적인 가상 현실을 효과적으로 제공할 수 있다.[59]

(3) 성경 체험 학습

체험과 참여, 이미지 그리고 관계를 추구하는 EPIC시대에 EPIC 목회를 위해서 목회자는 신자들이 영적인 진리를 직접 체험할 다양한 기회를 제공해야 한다.

목회자들은 교회 안에서의 신앙 교육이 교실형 주입식 교육 패러다임을 지향하는 것을 버리고, 교회 바깥의 여러 공연장이나 국내외 다양한 기독교 유적지 그리고 선교지를 방문하여 교회에서 가르치고 제시했던 여러 성경적인 개념이나 사상을 현장에서 경험하면서 교육 내용에 직접 참여하는 가운데 학습이 이뤄지도록 해야 한다.[60]

예를 들어, 성찬식도 1년 4회 미만의 예배 시간에 진행되는 성만찬에 덧붙여서 성만찬이 지향하는 하나님 나라의 풍성한 만찬에 대한 소망 그리고 신

59　추태화, "비블리오드라마의 한국 교회 활용을 위한 연구,"「신앙과 학문」13(2008), 189-214; 김희영, "비블리오드라마를 통한 역동적인 성서교육에 관한 연구,"「한국사이코드라마학회지」11(2008), 59-80; 윤화석, "소통과 공감에 기초한 교회교육적 접근: 교회교육에서의 비블리오 드라마"「기독교교육논총」42(2015, 6), 73-100. 고원석, "기독교교육의 새로운 접근-비블리오드라마,"「기독교교육정보」48(2016,03), 1-31.

60　이은경, "청소년 통일교육의 새로운 모형: 고난함께'의 "평화캠프" 사례를 중심으로"「기독교교육논총」29(2012,01), 379-410; 이선영, "효과적인 성경교수를 위한 창조적 교수-학습 모형 설계: 로렌스 리차즈의 HBLT 접근법을 중심으로"「기독교교육논총」38(2014. 06), 255-280.

자들과의 하나 됨을 위하여 전교인 애찬식(agafe meal)을 정기적으로 시행하는 것이 효과적이다.[61]

또 단기 선교 프로그램의 경우에는 대체로 청년부 담당 교역자가 일방적으로 주도하여 진행했다면, 참가자들의 기대나 수준을 고려하여 미리 설문지를 통해서 참가자들이 구체적으로 희망하는 프로그램들이나 일정들을 문의하고 반영하여 참가자 주도적인 방향으로 진행하도록 노력해야 한다. 그리고 단기 선교 프로그램이 교역자나 현지 선교사들이 주도하는 것보다는 다양한 봉사 활동들을 미리 준비하고 훈련하여 선교지 현지에서 참가자들이 직접 참여하고 체험할 수 있는 방향으로 진행해야 한다.

8. 나가는 말

이상으로 필자는 조나단 에드워즈의 성향적 삼위일체론과 발터 벤야민의 언어 철학 그리고 월터 옹의 시각화된 구속 역사 의식과 기억의 관점에서 기독교 미디어에 관한 신학적인 토대를 마련하였다.

먼저 에드워즈의 성향적 관점의 삼위일체론은 삼위 하나님을 '삼위 사이에서뿐만 아니라 만유를 통해서 자신의 무한한 영광과 권능을 소통하려는 의지와 성향이 있는 존재'로 이해함을 밝혔다.

이어서 발터 벤야민의 사물 언어와 구술 언어에 관한 언어 철학은, 자신을 소통하려는 성향을 실현하는 삼위 하나님이 언어 능력을 가진 인간이 하나님의 미디어에 참여할 수 있도록 하는 언어적인 방법에 관한 통찰을 제공함을 살펴보았다.

그런데 자신을 소통하려는 하나님의 성향과 천지 창조 그리고 인간의 언어 능력에도 불구하고 기독교 미디어에 관한 신학적인 탐구에서는 아담의 범죄와 타락으로 말미암은 인간 언어와 미디어의 왜곡 문제를 피할 수 없다.

---

61   이은경, "교육의 장으로서의 세례와 세례교육" 「기독교교육논총」36(2013, 12), 293-317.

이 문제에 관하여 성부 하나님은 자신의 독생자를 세상에 보내어 인류의 죄에 대한 심판을 대신에 하여 십자가에서 대속의 죗값을 치르게 하시고, 다시 하나님의 궁극적인 소통을 완성하기 위하여 성령의 권능으로 그리스도를 부활시키셨다.

이후에 삼위 하나님은 자신의 말씀을 소통하도록 위임한 선지자들과 사도들 그리고 현대의 목회자들과 설교자들의 언어 활동을 통하여 하나님의 구속 역사에 관한 내러티브를 선포하고 전파하여 자기 백성을 구원하시고 이들을 거룩하게 하심으로 최종적으로 삼위 하나님과의 연합을 추구하신다.

이상의 신학적인 지평들이 기독교 미디어에 관한 신학적인 토대이다.

이어서 설교의 목적과 내용, 형식 그리고 실제적인 설교 목회의 관점에서 21세기 뉴미디어 시대에 효과적인 설교 소통의 전략을 모색하였다.

첫째, 21세기 미디어 융합 시대에 설교자들이 염두에 둬야 할 설교의 목적은 삼위 하나님과 신자들의 영적인 연합과 하나 됨임을 확인하고, 메시지의 진정성이 의심을 받는 상황에서 들리는 말씀의 설교 메시지와 보이는 말씀의 목회 사역의 일치를 통한 메시지의 인격적 진정성 확보의 중요성을 확인하였다.

둘째, 현대인의 자기 중심성을 능가하는 기독교 설교의 내용으로서 그리스도 중심의 구속 역사에 관한 내러티브와 구속 역사 의식의 중요성을 확인하였다.

셋째, 이상의 설교의 목적을 달성할 효과적인 설교 형식으로서 반전의 깨달음을 통한 영적인 연합과 설교 목회를 통한 구속사 의식의 구현을 제안하였다.

넷째, 하나님 나라와 복음에 관한 청각적인 말씀과 성례전적인 시각의 말씀을 서로 통합하여 뉴미디어 시대에 부응할 수 있는 효과적인 설교 목회의 구체적인 전략으로서 문답식 교육 패러다임과 비블리오드라마 그리고 성경 체험 학습을 제안하였다.

이러한 설교 목회 전략들은 하나님과 신자들의 영적인 연합을 위하여 목회자가 활용하는 기독교적인 매체들이며, 성경이 제시하는 구속 역사에 관한 의식이 신자들의 마음속에 형성되고 구현되도록 유도하는 효과적인 기능을 감당한다.

체험 학습과 참여 학습을 통해서 신자들은 21세기의 현란한 뉴미디어의 유혹을 물리치고 '하나님의 말씀이 육신이 되어 우리 가운데 거하시는 임마누엘'(요 1:14)을 확인할 수 있으며, 믿음 안에서 삼위 하나님과 하나된 신앙 공동체를 세울 수 있을 것이다.